中國共產黨

簡史

本書編寫組

香港中和出版有限公司
www.hkopenpage.com

★ 1949 年 10 月 1 日，毛澤東在天安門城樓上莊嚴宣告中華人民共和國中央人民政府成立

★ 1999 年 10 月 1 日，江澤民在天安門城樓上向參加慶祝中華人民共和國成立
50 週年大會的群眾遊行隊伍揮手致意

★ 2009 年 10 月 1 日，胡錦濤在慶祝中華人民共和國成立 60 週年大會上發表重要講話

★ 2019 年 10 月 1 日，習近平在慶祝中華人民共和國成立 70 週年大會上發表重要講話

目 錄

第一章

中國共產黨的創建和
投身大革命的洪流

　　1921 年 7 月的一個夜晚，中國共產黨第一次全國代表大會在上海法租界一座二層居民小樓中秘密開幕，一個以馬克思列寧主義為行動指南的、完全新式的無產階級政黨誕生了。這是開天闢地的大事變。這一大事變，猶如擎起的一把熊熊火炬，給近代飽受戰亂、災難深重的中國人民送來了光明和希望。從此，中國人民謀求民族獨立、人民解放和國家富強、人民幸福的鬥爭就有了主心骨，中國人民就從精神上由被動轉為主動。

一、近代中國民族復興的歷史任務和各種力量的艱難探索

　　在幾千年的歷史發展中，中華民族創造了悠久燦爛的中華文明，為人類作出了卓越貢獻，成為世界上偉大的民族。近代以後，由於西方列強的入侵，由於封建統治的腐敗，中國逐漸成為半殖民地半封建社會，山河破碎，生靈塗炭，中華民族遭受了前所未有的苦難。

　　從 1840 年開始，西方列強通過對中國的多次侵略戰爭（其中主要的有 1840 年至 1842 年英國侵略中國的鴉片戰爭，1856 年至 1860 年英法聯軍侵略中國的第二次鴉片戰爭，1884 年至 1885 年法國侵略中國的戰爭，1894 年至 1895 年日本侵略中國的戰爭，1900 年八國聯軍侵略中國的戰爭）和其他方法，強迫中國割地、賠款，貪婪地攫取種種特權。英國割去香港，日本侵佔台灣，沙皇俄國攫奪中國東北、西北的領土；還勒索中國的賠款，僅支付戰爭賠款一項，中國就損失白銀十幾億兩，而當時清政府每年的財政收入不過 8000 多萬兩白銀。西方列強通過一個比一個苛刻的不平等條約，在中國取得許多重

要特權。如設立港口、租界，開礦設廠，修築鐵路，設立銀行、商行、建造教堂，駐紮軍隊，劃分勢力範圍，享有領事裁判權和片面最惠國待遇，等等。數以百計的不平等條約、章程、專條，像一張無所不至的巨網，從政治、經濟、軍事、文化等各個方面束縛着中國，使中國在西方列強無盡的索取面前寸步難行，動輒得咎，而西方列強則據此為所欲為。它們控制中國的通商口岸、海關、對外貿易、交通運輸，大量地傾銷其商品，把中國變成它們的產品銷售市場和榨取原料的基地。

英法聯軍火燒圓明園，甲午戰爭北洋艦隊全軍覆沒，英、美、法、德、俄、日、意、奧八國聯軍在北京野蠻燒殺淫掠……所有這些，都給中華民族留下了難以抹去的痛苦記憶。代表地主階級和買辦資產階級利益的清政府，日益成為外國資本主義統治中國的工具，成為一個賣國的、腐朽無能的、扼殺中國生機的政權。帝國主義和中華民族的矛盾，封建主義和人民大眾的矛盾，成為近代中國社會的主要矛盾。中國人民生活在水深火熱之中，展現在中華民族面前的是一片瀕臨毀滅的悲慘黯淡的前景。

鴉片戰爭以後，實現中華民族偉大復興成為全民族最偉大的夢想；爭取民族獨立、人民解放和實現國家富強、人民幸福，成為中國人民的歷史任務。中華民族有着自強不息的光榮傳統，為了捍衛民族獨立和尊嚴，捍衛中華文明，從未停止過抗爭。在中國共產黨成立以前，有許多獻身於民族進步事業的愛國先驅，為了改變祖國的境遇和命運，前赴後繼、不懈探索。可是，歷次反對外國侵略的戰爭也好，太平天國的農民起義也好，「中體西用」的洋務運動也好，試圖變法

圖強的戊戌維新運動也好，起自社會下層並有着廣泛群眾規模的義和團運動也好，由於沒有找到科學的理論、正確的道路和可依靠的社會力量，一次又一次地失敗了，無數志士仁人為此而抱終天之恨。

1911 年 10 月爆發的辛亥革命，推翻了清王朝統治，建立了中華民國，結束了統治中國兩千多年的君主專制制度。孫中山領導的辛亥革命雖然沒有改變舊中國半殖民地半封建的社會性質，沒有改變中國人民的悲慘命運，沒有完成實現民族獨立、人民解放的歷史任務，但開創了完全意義上的近代民族民主革命，打開了中國進步的閘門，傳播了民主共和理念，極大推動了中華民族思想解放，以巨大的震撼力和影響力推動了中國社會變革，使反動統治秩序再也無法穩定下來。

現實有時是殘酷的。以袁世凱為首的北洋軍閥，在帝國主義和國內反動勢力的支持下，竊取了辛亥革命的果實，初生的資產階級共和國在中國只存在了幾個月即告夭折。袁世凱死後，北洋軍閥分化為直、皖、奉三系。在帝國主義列強的操縱下，中國陷入四分五裂的軍閥割據和軍閥混戰之中。在封建軍閥專制統治下，中國在半殖民地半封建社會的深淵中愈陷愈深。

「無量金錢無量血，可憐購得假共和。」辛亥革命之後，中國嘗試過帝制復辟、議會制、多黨制、總統制等各種形式，各種政治勢力及其代表人物紛紛登場，都沒能找到正確答案，舊中國的社會性質和中國人民的悲慘命運沒有改變。中國依然是山河破碎、積貧積弱，列強依然在中國橫行霸道、攫取利益，中國人民依然生活在苦難和屈辱之中。

歷史充分證明：沒有先進理論的指導，沒有用先進理論武裝起來的先進政黨的領導，沒有先進政黨順應歷史潮流、勇擔歷史重任、敢

於作出巨大犧牲，中國人民就無法打敗壓在自己頭上的各種反動派，中華民族就無法改變被壓迫、被奴役的命運。

歷史呼喚着真正能夠帶領中華民族實現偉大復興使命的承擔者，這個任務光榮地落到了先進生產力的代表 —— 中國工人階級的肩上。

二、五四運動和馬克思主義在中國的傳播

新文化運動的興起和俄國十月革命對中國的影響

中華民國的成立並沒有給人們帶來預期的民族獨立、人民民主和社會進步，沉重的失望代替了希望。舊的路走不通了，就要尋找新的出路。一些先進知識分子從總結辛亥革命經驗教訓着手，廓清蒙昧、啟發理智，使廣大民眾從封建思想束縛中解放出來。思想啟蒙的新文化運動成為引發社會大變動的先導。

1915 年 9 月，陳獨秀在上海創辦《青年雜誌》，後改名《新青年》，新文化運動由此發端。1917 年，他被聘為北京大學文科學長，《新青年》編輯部遷到北京。北京大學和《新青年》成為新文化運動的主要陣地。

新文化運動的基本口號是擁護「德先生」（Democracy）和「賽先生」（Science），也就是提倡民主和科學。新文化運動的倡導者以進化論觀點和個性解放思想為主要武器，猛烈抨擊以孔子為代表的「往聖先賢」，大力提倡新道德、反對舊道德，提倡新文學、反對舊文學，包括提倡白話文、反對文言文。通過批判孔學，動搖了封建正統思想的統治地位，打開了遏制新思想湧流的閘門，在中國社會掀起

陳獨秀創辦的《青年雜誌》

一股思想解放的潮流。

　　新文化運動仍以資產階級民主主義為救國方案，但在這些思潮發端地的歐美國家，資本主義制度的內在矛盾已經相當尖銳，第一次世界大戰又以極端的形式進一步暴露了資本主義制度固有的不可克服的矛盾。加上中國人學習西方的努力屢遭失敗的事實，更使中國先進分子對資產階級共和國方案在中國的可行性產生了極大疑問。中國先進分子對救國方案的探索，再一次走到了十字路口。

　　恰在此時，1917 年，俄國十月革命一聲炮響，給中國送來了馬克思列寧主義。中國先進分子從馬克思列寧主義的科學真理中看到了解決中國問題的出路。十月革命發出的反對帝國主義的號召，使飽受

帝國主義列強欺凌的中國人民感到「格外沉痛，格外嚴重，格外有意義」。這就推動先進的中國人傾向於社會主義，推動他們認真了解指導十月革命的馬克思主義學說。在這種情況下，中國出現了一批贊成俄國十月革命道路、具有初步共產主義思想的知識分子。

李大釗是在中國舉起十月革命旗幟的第一人，是中國最早的馬克思主義傳播者。從 1918 年 7 月起，他先後發表《法俄革命之比較觀》《庶民的勝利》《Bolshevism 的勝利》[①] 等文章，熱情謳歌十月革命的勝利。他指出十月革命是「二十世紀中世界革命的先聲」，是「世界人類全體的新曙光」。他預言十月革命所掀起的潮流不可阻擋：「試看將來的環球，必是赤旗的世界！」五四運動後，他更加致力於馬克思主義的宣傳，發表的《我的馬克思主義觀》系統介紹了馬克思主義理論，在當時思想界產生重大影響，標誌着馬克思主義在中國進入比較系統的傳播階段。他發表的《再論問題與主義》等文章，批駁反馬克思主義思潮，論證馬克思主義符合中國需要的深刻道理。

為甚麼 1917 年爆發的俄國十月革命能夠在中國產生如此強烈的反響？根本原因還在於中國社會內部正在發生的變化。當中國的思想界發生劇烈變化的時候，中國社會結構也在悄悄發生深刻變動。第一次世界大戰期間，西方主要帝國主義國家忙於在歐洲戰場廝殺，暫時放鬆對中國的經濟侵略，中國民族資本主義經濟得到比較迅速的發展，中國工人階級和民族資產階級的力量進一步壯大起來。五四運動前夕，產業工人已達 200 萬人左右，成為一支日益重要的新興社會力量。

---

① 　Bolshevism，即布爾什維主義。

中國工人階級是近代中國新生的偉大的革命階級，除了具有與最先進的經濟形式相聯繫、富於組織性紀律性、沒有私人佔有的生產資料等基本優點，還具有堅決而徹底的革命性等突出優點。在中國半殖民地半封建社會的土壤上，中國工人階級必然成為革命最基本的動力。與此同時，各種新式學校裡的學生、教師，報紙雜誌的記者等迅速增加，形成一個比辛亥革命時期更龐大、具有更新意識的知識分子群體。

一場新的人民大革命的興起，成為不可避免的事情。

五四運動標誌新民主主義革命的偉大開端

中國在巴黎和會上的外交失敗，是五四運動的直接導火線。

1919 年上半年，第一次世界大戰中取勝的協約國在巴黎舉行「和平會議」。中國代表在會上提出廢除外國在中國的勢力範圍、撤退外國在中國的軍隊等七項希望和取消「二十一條」[①]及換文的陳述書。會議拒絕了中國的合理要求，把德國在山東的特權全部轉交給日本。北洋軍閥政府屈服於帝國主義列強的壓力，準備在和約上簽字。消息傳到國內，中國人民積聚已久的憤怒終於像火山一樣爆發了。

5 月 4 日，北京學生 3000 餘人齊集天安門前舉行示威。他們提出「外爭主權、內除國賊」「取消二十一條」「還我青島」「誅賣國賊曹汝霖、章宗祥、陸宗輿」[②]等口號，衝破反動軍警的阻撓，從四面八

---

① 「二十一條」是 1915 年日本提出的旨在滅亡中國的條約草案，其中包括控制中國的山東、東北三省南部和內蒙古東部等無理要求。
② 曹汝霖、章宗祥、陸宗輿是北洋軍閥政府的三個親日派官僚。

五四運動中，北京大學學生遊行隊伍向天安門進發

方匯聚到天安門前，舉行抗議集會，震驚中外的五四運動爆發。

　　五四運動中，中國工人階級開始以獨立的姿態登上政治舞台。6 月 5 日起，上海工人自發舉行聲援學生的罷工，幾日內，罷工工人達到六七萬人。隨後，北京、唐山、漢口、南京、長沙等地工人也相繼舉行罷工，許多大中城市的商人舉行罷市，形成罷工、罷課、罷市的「三罷」高潮。鬥爭迅即擴展到 20 多個省區、100 多個城市。

　　五四運動突破了知識分子的狹小範圍，成為有工人階級、小資產階級和資產階級參加的全國規模的群眾運動。迫於人民群眾的壓力，北洋軍閥政府不得不釋放被捕學生，並宣佈罷免曹汝霖、章宗祥、陸宗輿。6 月 28 日，中國代表沒有出席巴黎和約簽字儀式。

　　五四運動是近代中國革命史上具有劃時代意義的事件，標誌着新民主主義革命的偉大開端。五四運動以徹底反帝反封建的革命性、追求救國強國真理的進步性、各族各界群眾積極參與的廣泛性，推動了中國社會進步，促進了馬克思主義在中國的廣泛傳播，促進了馬克思主義同中國工人運動的結合，為中國共產黨成立做了思想上幹部上的準備。五四運動孕育了以愛國、進步、民主、科學為主要內容的偉大五四精神，其核心是愛國主義精神，在近代以來中華民族追求民族獨立和發展進步的歷史進程中具有里程碑意義。

馬克思主義在中國的傳播

　　五四運動前後，中國先進分子從巴黎和會所給予的實際教訓中，認識到帝國主義列強聯合壓迫中國人民的實質，這是社會主義思想在中國進一步傳播的直接原因。1920 年三四月間，《東方雜誌》等刊登蘇俄政府第一次對華宣言，宣佈廢棄沙俄在中國境內享有的一切特權，對社會主義思想在中國的傳播給予新的有力推動。研究和宣傳社會主義，逐漸成為進步思想界的主流。

　　正是在這種情況下，許多原來有着不同經歷的先進知識分子，經過深思熟慮和反覆思考，通過不同的途徑，走上馬克思主義的道路。

　　在中國早期的馬克思主義思想運動中，李大釗起着主要作用。1919 年，他將《新青年》第六卷第五號編為「馬克思主義研究」專號，幫助北京《晨報》副刊開闢了「馬克思研究」專欄。

　　新文化運動的思想領袖陳獨秀，這時也站在了馬克思主義立

場上。他在五四運動以後宣稱，我們不應當再走「歐美、日本的錯路」，明確宣佈用革命的手段建設勞動階級的國家。

毛澤東在其主編的《湘江評論》上，熱情歌頌十月革命的勝利，認為這個勝利必將普及於世界，我們應該起而仿效。他第二次來到北京後，熱心搜尋並閱讀共產主義書籍，建立起對馬克思主義的信仰。毛澤東後來回憶說：「到了 1920 年夏天，在理論上，而且在某種程度的行動上，我已成為一個馬克思主義者了。」

一些老同盟會會員，也在這時開始轉向無產階級的社會主義。董必武曾回憶道，過去和孫中山一起搞革命，「革命發展了，孫中山掌握不住，結果叫別人搞去了。於是我們就開始研究俄國的方式」。

中國先進分子以馬克思主義為指導，積極投身群眾鬥爭實踐。1920 年初，北京的一些革命知識分子曾到人力車工人居住區調查他們悲慘的生活狀況。鄧中夏等到長辛店向工人作革命宣傳，開始同工人建立聯繫。先進知識分子與工人群眾相結合的過程，就是馬克思主義同中國工人運動相結合的過程。

三、中國共產黨的成立和民主革命綱領的制定

共產黨早期組織的建立及其活動

隨着馬克思主義在中國的廣泛傳播和一批確立了馬克思主義信仰的先進分子的出現，在中國成立共產黨組織的思想和幹部條件已經具備，建立工人階級政黨的任務被提上了日程。

最早醞釀在中國建立共產黨的是陳獨秀和李大釗。他們逐步認識

到，要用馬克思主義改造中國，就必須建立一個無產階級政黨，使其充當革命的組織者和領導者。1920 年 2 月，為躲避反動軍閥政府的迫害，陳獨秀從北京秘密遷移到上海。在護送陳獨秀離京途中，李大釗和他商討了在中國建立共產黨組織的問題。

1920 年 3 月，李大釗在北京大學組織成立馬克思學說研究會。這既是中國最早的學習和研究馬克思主義的團體，也為建黨作了重要準備。4 月，俄共（布）代表維經斯基等來華。他們先後在北京、上海會見李大釗、陳獨秀，討論建立共產黨的問題。這對於中國共產黨的創建起了一定的促進作用。

中國共產黨早期組織，是在中國工人階級最密集的中心城市上海首先建立的。1920 年 5 月，陳獨秀發起組織馬克思主義研究會，探討社會主義學說和中國社會改造問題。8 月，共產黨早期組織在上海《新青年》編輯部成立，陳獨秀任書記。11 月，共產黨早期組織擬定了《中國共產黨宣言》，指出「共產主義者的目的是要按照共產主義者的理想，創造一個新的社會」。在上海成立的共產黨早期組織，實際上是中國共產黨的發起組織，是各地共產主義者進行建黨活動的聯絡中心。

1920 年 10 月，李大釗等在北京成立共產黨早期組織，當時稱「共產黨小組」。同年底決定成立共產黨北京支部，李大釗為書記。

在上海及北京黨組織的聯絡推動下，各地黨的早期組織紛紛建立起來。1920 年秋至 1921 年春，董必武、陳潭秋、包惠僧等在武漢，毛澤東、何叔衡等在長沙，王盡美、鄧恩銘等在濟南，譚平山、譚植棠等在廣州，成立了共產黨早期組織。在日本、法國，成立了由留學生和華僑中先進分子組成的共產黨早期組織。

　　各地共產黨早期組織成立後，開展了大量的工作。主要有：研究和宣傳馬克思主義，研究中國實際問題；同反馬克思主義思潮展開論戰，幫助一批進步分子劃清社會主義同資本主義的界限、科學社會主義同其他社會主義流派的界限，走上馬克思主義道路；在工人中進行宣傳和組織工作，使工人開始接受馬克思主義的教育，提高階級覺悟；成立社會主義青年團組織，組織團員學習馬克思主義，參加實際鬥爭，為黨培養造就後備力量。

　　在建黨的思想理論準備中，《共產黨宣言》起了十分重要的作用。1920 年 2 月，陳望道為翻譯《共產黨宣言》，秘密回到浙江義烏自己家中。他在潛心翻譯時，把粽子蘸着墨汁吃掉卻渾然不覺，還說：「夠甜，夠甜的了！」「真理的味道非常甜」，這彰顯了中國的共產主義者對馬克思主義救國真理的渴求，對共產主義理想的堅定信念。1920 年 8 月，《共產黨宣言》中文全譯本出版，成為馬克思主義在中國傳播史上的一件大事。

　　在中國人民和中華民族的偉大覺醒中，在馬克思列寧主義同中國工人運動的緊密結合中，中國共產黨應運而生。

黨的一大

　　1921 年 7 月，中國共產黨第一次全國代表大會在上海法租界望志路 106 號（今興業路 76 號）開幕。[①]

---

① 　據後來考證，黨的一大開幕的準確日期是 1921 年 7 月 23 日，1941 年 6 月《中央關於中國共產黨誕生二十週年、抗戰四週年紀念指示》將 7 月 1 日作為黨成立紀念日。此後，每年 7 月 1 日成為中國共產黨成立紀念日。

黨的一大會址

　　參加會議的代表有：上海的李達、李漢俊，北京的張國燾、劉仁靜，長沙的毛澤東、何叔衡，武漢的董必武、陳潭秋，濟南的王盡美、鄧恩銘，廣州的陳公博，旅日的周佛海 [①]；包惠僧受陳獨秀派遣，出席了會議。他們代表着全國 50 多名黨員。共產國際代表馬林和尼克爾斯基出席了會議。陳獨秀和李大釗因事務繁忙未出席會議。

　　由於會場受到暗探注意和法租界巡捕搜查，最後一天的會議轉移到浙江嘉興南湖的遊船上舉行。

───────────

① 　張國燾，1938 年投靠國民黨，被中國共產黨開除黨籍；陳公博、周佛海，在黨的一大後不久因嚴重違反黨的紀律被清理出黨，抗日戰爭中成為漢奸。

　　黨的一大確定黨的名稱為「中國共產黨」。大會通過了中國共產黨第一個綱領，明確「革命軍隊必須與無產階級一起推翻資本家階級的政權」，「承認無產階級專政，直到階級鬥爭結束」，「消滅資本家私有制」，以及聯合第三國際。中國共產黨一經成立，就旗幟鮮明地把社會主義和共產主義規定為自己的奮鬥目標，堅持用革命的手段實現這個目標。

　　黨的一大決定設立中央局作為中央的臨時領導機構，選舉產生了以陳獨秀為書記的中央局。

　　黨的一大宣告中國共產黨正式成立。中國共產黨的成立，是近代中國歷史發展的必然產物，是中國人民在救亡圖存鬥爭中頑強求索的必然產物，是實現中華民族偉大復興的必然產物。中國共產黨作為中國最先進的階級 —— 工人階級的政黨，不僅代表着工人階級的利益，而且代表着整個中國人民和中華民族的利益。它從一開始就堅持以馬克思主義為行動指南，始終把為中國人民謀幸福、為中華民族謀復興作為初心和使命。

　　中國產生了共產黨，這是開天闢地的大事變，深刻改變了近代以後中華民族發展的方向和進程，深刻改變了中國人民和中華民族的前途和命運，深刻改變了世界發展的趨勢和格局。

　　上海黨的一大會址，嘉興南湖紅船，是中國共產黨的「產床」，是黨夢想起航的地方。中國共產黨的先驅們創建了中國共產黨，形成了堅持真理、堅守理想，踐行初心、擔當使命，不怕犧牲、英勇鬥爭，對黨忠誠、不負人民的偉大建黨精神，這是中國共產黨的精神之源。

黨的二大和民主革命綱領的制定

剛剛成立的中國共產黨，最重要的任務是學習運用科學理論來觀察和分析中國面對的實際問題。當時中國最突出的問題，就是帝國主義勢力操縱下愈演愈烈的軍閥混戰。黨深刻認識到，時局如此動盪，如果不先推倒禍國殃民的大小軍閥及帝國主義，一切美好理想的實現都無從談起。

1922 年 7 月，中國共產黨第二次全國代表大會在上海舉行。出席大會的代表 12 人，代表全國 195 名黨員。

黨的二大通過對中國經濟政治狀況的分析，揭示出中國社會的半殖民地半封建性質，指出黨的最高綱領是實現社會主義、共產主義，但在現階段的綱領，即最低綱領是打倒軍閥，推翻國際帝國主義的壓迫，統一中國為真正的民主共和國。大會指出，為實現反帝反軍閥的革命目標，必須聯合全國一切革命黨派，聯合資產階級民主派，組成「民主主義的聯合戰線」。

黨成立不過一年，就第一次提出了明確的反帝反封建的民主革命綱領，並使這個綱領很快傳播開來，「打倒列強，除軍閥」成為廣大群眾的共同呼聲。這說明只有用馬克思主義武裝起來的中國共產黨才能為中國革命指明方向。

黨的二大通過了第一個黨章，對黨員條件、黨的各級組織和黨的紀律作出具體規定，體現了民主集中制原則，這對加強黨的自身建設具有重要意義。大會還通過決議案，確認中國共產黨是共產國際的一個支部。

黨的二大通過決議案，闡明中國共產黨是無產階級中最有革命精

神的分子所組成的政黨，是「為無產群眾奮鬥的政黨」，強調黨的一切運動都必須深入廣大的群眾中去，都必須是不離開群眾的，這對建黨初期工農運動的開展具有重要意義。

黨的二大選出中央執行委員會，中央執行委員會推選陳獨秀為委員長。

工人運動的第一次高潮和農民運動的初步開展

黨成立後致力於組織領導工人運動，1921 年 8 月成立公開做職工運動的總機關 —— 中國勞動組合書記部。書記部出版《勞動週刊》，舉辦工人學校，組織產業工會，開展罷工鬥爭。黨在工人中和整個社會上的政治影響日益擴大。

在黨的領導下，以 1922 年 1 月香港海員罷工為起點，1923 年 2 月京漢鐵路工人罷工為終點，掀起了中國工人運動第一次高潮。在持續的 13 個月裡，全國發生大小罷工 100 餘次，參加人數在 30 萬以上。其中，安源路礦工人大罷工、開灤煤礦工人大罷工最具代表性，充分顯示出組織起來的工人階級的力量。

安源路礦共有工人 1.7 萬餘人。1921 年秋冬，中共湖南支部書記毛澤東到安源調查，隨後湖南黨組織派李立三來此開闢工作。1922 年五一勞動節，安源路礦工人俱樂部宣告成立。這年 9 月初，毛澤東到安源對罷工進行部署。接着，湖南黨組織又派劉少奇來此工作。9 月 14 日罷工開始，工人提出要求保障政治權利、改良待遇等條件。由於工人的英勇鬥爭和社會各界的聲援，路礦當局被迫承認工人提出的大部分條件，罷工取得勝利。

安源路礦工人俱樂部籌備委員會成員合影

　　1923年2月4日爆發的京漢鐵路工人大罷工，目的是爭取成立京漢鐵路總工會。7日，在帝國主義支持下，軍閥吳佩孚調動軍警血腥鎮壓罷工工人。反動派將京漢鐵路總工會江岸分會委員長、共產黨員林祥謙捆綁在電線杆上，強迫他下復工令。林祥謙寧死不屈，壯烈犧牲。京漢鐵路工會法律顧問、共產黨員施洋被殺害時，身中三彈仍引吭三呼「勞工萬歲」。二七慘案中，前後犧牲者52人，受傷者300餘人，被捕入獄者40餘人，被開除而流亡者1000餘人。此後，全國工人運動轉入低潮。

　　在領導工人運動過程中，黨的自身建設開始得到加強。黨在工礦企業的基層組織開始建立起來。隨着工人鬥爭的發展，湧現出蘇兆徵、史文彬、項英、鄧培、王荷波等一批優秀人物，他們紛紛參加了黨的隊伍。

　　黨在集中力量領導工人運動的同時，開始到農村開展農民運動。浙江蕭山衙前村農民大會於 1921 年 9 月召開，中國第一個新型農民組織宣告成立。1922 年 7 月，彭湃在廣東海豐縣成立第一個秘密農會。到 1923 年 5 月，海豐、陸豐、惠陽三縣很多地方建立了農會，會員達到 20 多萬人。9 月，湖南衡山縣白果地區農民在水口山工人運動的鼓舞和黨的領導下，成立嶽北農工會，開展一系列鬥爭，樹起湖南農民運動第一面旗幟。黨還組織了青年運動和婦女運動。

　　黨領導發動和組織的工農運動尤其是工人運動，顯示出中國工人階級堅定的革命性和堅強的戰鬥力，擴大了中國共產黨在全國的政治影響，為黨同其他革命力量合作、掀起全國規模的大革命準備了一定條件。

四、第一次國共合作和大革命高潮的興起

黨的三大和國共合作的建立

　　中國共產黨人從京漢鐵路工人大罷工失敗的事實中看到，這時的革命力量遠不如帝國主義和封建勢力強大。黨認識到結成最廣泛的統一戰線的重要性，決定採取積極步驟，聯合孫中山領導的中國國民黨。

　　此時的孫中山因依靠軍閥打軍閥屢遭挫折，陷於苦悶。他看到中國共產黨領導工人運動所產生的影響，認識到中國共產黨是一支新興的、生機勃勃的革命力量，願意與中國共產黨合作。1923 年 1 月，共產國際執委會作出《關於中國共產黨與國民黨的關係問題的決議》，對國共合作起了推動作用。

1923 年 6 月，中國共產黨第三次全國代表大會在廣州舉行。出席大會的代表 30 多人，代表全國 420 名黨員。

黨的三大正確估計了孫中山的革命立場和國民黨進行改組的可能性，決定共產黨員以個人身份加入國民黨，以實現國共合作。明確規定共產黨員加入國民黨時，黨必須在政治上、思想上、組織上保持自己的獨立性。

黨的三大第一次修訂黨的章程，對二大黨章進行了若干修改，首次規定新黨員有候補期，首次規定黨員可以「自請出黨」，即自願退黨。

黨的三大選舉產生了中央執行委員會，還組成陳獨秀任委員長的中央局。

黨的三大後，國共合作步伐大大加快。共產黨的各級組織動員黨員和革命青年加入國民黨，在全國範圍內積極推進國民革命運動。1923 年 10 月初，應孫中山邀請，蘇聯代表鮑羅廷到達廣州。孫中山聘請他擔任國民黨組織教練員，後來聘為政治顧問。國民黨改組很快進入實行階段。

1924 年 1 月，中國國民黨第一次全國代表大會在廣州舉行。出席開幕式的代表 165 人中，有共產黨員 20 多人。李大釗被孫中山指定為大會主席團成員。

國民黨一大審議通過的《中國國民黨第一次全國代表大會宣言》，對三民主義作出新解釋，即「新三民主義」。在民族主義中突出反對帝國主義的內容，民權主義中強調民主權利應為「一般平民所共有」，民生主義則以「平均地權」「節制資本」為兩大原則。會後不久，孫中山又提出「耕者有其田」的口號。國民黨一大的政治綱領

同中國共產黨在民主革命階段政治綱領的若干基本原則是一致的，成為第一次國共合作的政治基礎。

國民黨一大確認了共產黨員以個人身份加入國民黨的原則。大會選舉出中國國民黨中央執行委員會，共產黨員李大釗、譚平山、毛澤東等 10 人當選為中央執行委員或候補執行委員，約佔委員總數的 1/4。會後，在國民黨中央黨部擔任重要職務的共產黨員有：組織部部長譚平山、農民部部長林伯渠、宣傳部代理部長毛澤東等。

國民黨一大事實上確立了聯俄、聯共、扶助農工的三大革命政策，標誌着第一次國共合作正式形成。

革命新局面的形成和黨的四大

國共合作實現後，以廣州為中心，匯集全國革命力量，很快開創了反對帝國主義和封建軍閥的革命新局面。

國共合作的實現，促進了工人運動的恢復和發展。1924 年 7 月，廣州沙面租界爆發數千工人參加的政治大罷工，抗議英法帝國主義者限制中國居民自由出入沙面租界的「新警律」，華人警察也參加罷崗。鬥爭持續一個多月，取得勝利。1925 年 5 月在廣州舉行的第二次全國勞動大會上，中華全國總工會成立。

農民運動也在逐步發展。廣東各縣農民紛紛建立農民協會，組織自衛軍，向土豪劣紳和貪官污吏開展鬥爭。從 1924 年 7 月起，在廣州開辦六屆農民運動講習所，先後由共產黨人彭湃、毛澤東等主持，培養了一批農民運動骨幹。學生運動和婦女運動也得到發展。

為造就革命武裝的骨幹力量，在共產黨人建議下，國民黨一大決

定創辦一所陸軍軍官學校，即黃埔軍校。中國共產黨從各地選派大批黨團員和革命青年到黃埔軍校學習，第一期學生中，共產黨員和青年團員有 56 人，佔學生總數的 1/10。

在國共兩黨共同努力下，國民革命思想由南向北，在全國範圍內以前所未有的規模廣泛傳播。1924 年 10 月，直系將領馮玉祥發動政變，推翻直系軍閥首領曹錕、吳佩孚控制的北京政府，一時控制北京、天津一帶，並把所部改編為國民軍，電請孫中山北上「共商國是」。11 月，孫中山離廣州北行，沿途宣傳召開國民會議和廢除不平等條約主張。各地民眾團體紛紛通電擁護，形成廣泛的政治宣傳運動。

為加強對日益高漲的革命運動的領導，1925 年 1 月，中國共產黨第四次全國代表大會在上海舉行。出席大會的代表 20 人，代表全國 994 名黨員。

黨的四大的重大歷史功績在於，提出了無產階級在民主革命中的領導權問題，提出了工農聯盟問題，對民主革命的內容作了更加完整的規定，指出在「反對國際帝國主義」的同時，既要「反對封建的軍閥政治」，還要「反對封建的經濟關係」。這是中國共產黨在總結建黨以來尤其是國共合作一年來實踐經驗基礎上，對中國革命問題認識的重大進展。

黨的四大還決定在全國範圍內加強黨的組織建設，擴大黨員的數量，鞏固黨的紀律，明確規定以支部作為黨的基本組織。

黨的四大對黨章進行了修改，對支部建設提出具體要求，規定有三名黨員即可成立黨支部。

黨的四大選舉產生中央執行委員會，中央執行委員會選出陳獨秀

任總書記的中央局。

1925 年 3 月 12 日，孫中山在北京病逝。孫中山逝世後，原先就堅持反共立場的國民黨右派重新活躍起來，國民黨內部左右兩派進一步分化，國共合作建立的統一戰線面臨更加複雜的局面。這對中國共產黨人來說，是一個嚴峻的考驗。

五卅運動和廣東革命根據地的統一

全國範圍大革命高潮的到來，始於 1925 年 5 月上海工人反對外國資本家的罷工。

5 月 15 日，上海內外棉七廠日本資本家槍殺工人、共產黨員顧正紅。30 日，在中國共產黨領導和發動下，上海工人和學生舉行街頭宣傳和示威遊行，租界英國巡捕在南京路上突然開槍，打死學生、工人等 13 人，傷者不計其數。這就是震驚全國的五卅慘案。以後幾天，上海和其他地方又連續發生英、日等國軍警槍殺中國民眾的事件。

五卅慘案激起全中國人民極大憤怒，多年來深埋在中國人民心裡的對帝國主義的怒火一下子噴發出來，形成工人罷工、學生罷課、商人罷市的局面。黨中央決定成立上海總工會，成立上海工商學聯合委員會，加強對運動的領導。全國約有 1700 萬人直接參加了運動，從通商都市到偏僻鄉鎮，到處響起「打倒帝國主義」「廢除不平等條約」的怒吼。以五卅慘案為導火線，反對帝國主義的民族運動浪潮，以不可遏止的浩大聲勢迅速席捲全國，這就是五卅運動。

發生在廣州和香港的有 25 萬人參加的省港大罷工，是五卅運動的重要組成部分。罷工工人成立由共產黨員蘇兆徵任委員長的省港罷

工委員會，對香港實行封鎖。大罷工前後堅持 16 個月之久，10 多萬集中在廣州的有組織的罷工工人，成為廣州革命政府的有力支柱。

黨在領導五卅運動中得到很大發展，黨員從 1925 年初不足 1000人，發展到年底 1 萬人，不少沒有黨組織的地方建立了黨組織。為適應大革命高潮到來的新形勢，黨中央及時提出要在極短時間內將黨「從小團體過渡到集中的群眾政黨」，強調對黨員進行教育和訓練的重要性，在北京建立了一所高級黨校培養幹部。

在蓬勃發展的有利形勢下，國共兩黨合作進行了統一廣東革命根據地的工作。1925 年，經過兩次東征和南征，消滅軍閥陳炯明部和鄧本殷部，平息楊希閔、劉震寰兩部在廣州的叛亂，統一了廣東革命根據地，為北伐戰爭準備了比較可靠的後方基地。

黨還進行了創建直接領導的革命武裝的嘗試。周恩來和中共廣東區委在孫中山支持下，以部分黨、團員為骨幹，把大元帥大本營的鐵甲車隊改組為一支實際受黨指揮的革命武裝。1926 年初，建立了由共產黨員葉挺指揮的國民革命軍第四軍獨立團。

在李大釗等人艱辛開拓下，北方地區的革命運動迅速發展起來。從 1924 年初開始，北方工人運動逐漸打破二七慘案後的消沉狀態，得到恢復和發展。北京、青島、唐山等地工人罷工鬥爭此起彼伏。1925 年 10 月，中央執委會擴大會議強調北方地區工作的重要性，決定加強對北方革命的領導。會後，中共北方區執行委員會成立，李大釗任書記。到 1926 年 7 月，在北京、天津、唐山、太原、北滿等地組建了十多個地委和幾十個特別支部、獨立支部，擁有黨員 2000 多人。李大釗和中共北方黨組織還進行了爭取馮玉祥及其國民軍的工

作，開展了爭取關稅自主運動等。這些鬥爭顯示了北方民眾革命意識的覺醒，打擊了控制北京的段祺瑞反動政府。

五、北伐戰爭和工農運動

北伐戰爭的勝利進軍

1926 年 7 月，國民革命軍誓師北伐。北伐戰爭的直接打擊目標是帝國主義支持的北洋軍閥，主要有吳佩孚、孫傳芳、張作霖三支勢力，他們直接掌握的軍隊有 70 萬人，而國民政府所轄的國民革命軍只有 10 萬人左右。

面對敵我兵力懸殊的形勢，國民革命軍在蘇聯顧問指導下制定了集中兵力、各個殲敵的戰略方針。在沿途人民群眾大力支持下，北伐軍一路勢如破竹。9 月，佔領漢陽、漢口。10 月 10 日攻克武昌，全殲吳佩孚部主力。江西戰場的北伐軍於 11 月初殲滅孫傳芳部主力，佔領九江、南昌。福建方面，12 月不戰而下福州。隨即，北伐軍制定奪取浙江、上海，會師南京的計劃，於 1927 年 2 月進佔杭州，平定浙江全省。3 月佔領安慶、南京等地，開進上海。至此，北伐軍完全佔領長江以南地區。

在北伐軍取得巨大勝利的同時，馮玉祥率領的國民軍在蘇聯和中國共產黨幫助下，於 1926 年 9 月在綏遠五原誓師，揮軍南下。11 月控制陝西、甘肅等省，準備東出潼關，響應北伐軍。

北伐戰爭是在共產黨提出的反對帝國主義、反對軍閥的口號下進行的。北伐進軍過程中，共產黨員、共青團員捨生忘死，發揮了先鋒

部分在北伐軍中從事政治工作的共產黨員在南昌合影

模範作用，尤其是共產黨員葉挺領導的獨立團，率先攻入武昌城，成
為贏得「鐵軍」稱號的第四軍中一支英勇善戰的部隊。共產黨人在軍
隊政治工作和發動工農群眾方面作出巨大貢獻。中共廣東區委領導廣
東省港罷工委員會組織了 3000 人的運輸隊、宣傳隊、衛生隊隨軍北
上。北伐軍向長沙開進時，中共湖南區委發動工農群眾參加帶路、送
信、運輸、救護等工作，還組織農民自衛軍直接參戰。這種熱烈的場
面，在中國以往的戰爭中是罕見的。

　　北伐戰爭在短時間內取得巨大成功，是國共兩黨合作結出的
碩果。

湘鄂贛工農群眾運動的高漲

隨着北伐勝利進軍，工農群眾運動以空前規模迅速高漲。在湖南、湖北、江西三省，表現得最為顯著。

在這些省份，農民運動首先高漲起來。毛澤東於 1926 年 11 月擔任中共中央農民運動委員會書記，以湖南、湖北、江西、河南農民運動為工作重點。從 1926 年夏到 1927 年 1 月，湖南農民協會會員從 40 萬人激增到 200 萬人。農民有了組織，便開始行動，發動了一場空前的農村大革命。毛澤東在當時就指出：「國民革命需要一個大的農村變動。辛亥革命沒有這個變動，所以失敗了。現在有了這個變動，乃是革命完成的重要因素。」

農民運動的蓬勃發展，嚇壞了地主豪紳和國民黨右派，他們紛紛攻擊農民運動，誣衊其是「痞子運動」「糟得很」。毛澤東 1927 年初對湖南農民運動進行了 32 天考察。在《湖南農民運動考察報告》中，他尖銳批駁黨內外責難農民運動的種種謬論，論述了農村革命的偉大意義，指出一切革命的同志都應該站在農民的前頭領導他們，而不能站在他們的後頭指手畫腳地去批評他們，更不能站在他們的對面去反對他們。他強調必須依靠貧農作為「革命先鋒」，團結中農和其他可以爭取的力量，建立農民協會和農民武裝，掌握農村一切權力，然後進行減租減息、分配土地等鬥爭。

在城市，工人運動也壯大起來。湖南、湖北兩省總工會在 1926 年九十月間相繼成立。到 1927 年 1 月，兩省工會會員發展到 70 萬人。江西省總工會也正式成立。三省都仿效省港大罷工的經驗，組織武裝工人糾察隊。長沙、武漢、九江等城市工人相繼舉行大規模

大革命時期的武漢國民黨中央農民運動講習所，毛澤東是這個講習所實際的主辦者

罷工，大多取得勝利。群眾性反帝鬥爭蓬勃開展，推動國民政府於1927年2月收回了漢口、九江英租界。

在北伐勝利進軍和工農運動高漲的推動下，黨中央和上海區委從1926年10月開始，組織上海工人進行武裝起義。第一、第二次起義遭到失敗。接着，黨中央和上海區委聯合組成起義最高指揮機關 —— 特別委員會，由陳獨秀、羅亦農、趙世炎、周恩來等任委員，周恩來任起義總指揮。在他們直接領導下，上海工人於1927年3月21日成功發動第三次武裝起義。22日，成立上海特別市臨時市政府，這是黨領導下最早由民眾在大城市建立起來的革命政權。

上海工人第三次武裝起義，是大革命時期中國工人運動的一次壯舉，是北伐戰爭時期工人運動發展的最高峰。

六、國共合作的破裂和大革命的失敗

大革命危局的出現和黨的五大

當轟轟烈烈的大革命如火如荼展開時，洪流中包裹的暗流、勝利中暗藏的危機也在發展。

羽翼漸已豐滿的蔣介石得到帝國主義列強的鼓動和支持，不斷製造反共事件。1927 年 3 月，他指使國民黨軍隊逮捕了贛州總工會委員長、江西省總工會副委員長、共產黨員陳贊賢。敵人逼他簽字解散總工會，停止工農運動。陳贊賢斬釘截鐵地說：「頭可斷，血可流，解散工會的字我不簽！」他高呼：「中國共產黨萬歲！」英勇犧牲。

隨着北伐勝利進軍，蔣介石反共活動日益公開化。在大革命的緊要關頭，黨的主要領導人犯了妥協退讓的錯誤。

1927 年 3 月 24 日，北伐軍佔領南京。當天下午，游弋在長江江面的英、美軍艦藉口保護僑民，猛烈炮轟南京，中國軍民傷亡嚴重。南京事件加速了蔣介石同帝國主義勢力勾結的步伐。26 日，蔣介石到上海，同帝國主義列強、江浙財閥和幫會頭目等舉行一系列秘密會談。4 月初，蔣介石在上海召開秘密會議，決定用暴力手段「清黨」，對中國共產黨發動突然襲擊。

4 月 12 日，蔣介石在上海發動反革命政變。當天凌晨，大批青幫武裝流氓冒充工人從租界衝出，向分駐上海總工會等處的工人糾察隊發動突然襲擊。國民革命軍第二十六軍借調解之名，收繳工人糾察隊武裝。13 日，上海工人和市民召開 10 萬人的群眾大會，會後整隊遊行，要求釋放被捕工友，交還糾察隊被繳槍械。隊伍行進到寶山路

時，第二十六軍突然衝出，向密集的人群掃射，當場打死 100 多人，傷者不計其數。到 15 日，上海工人 300 多人被殺，500 多人被捕，5000 多人失蹤。這就是震驚中外的四一二反革命政變。

國民黨反動派在上海發動反革命政變後，江蘇、浙江、安徽、福建、廣東、廣西等省相繼以「清黨」為名，大規模捕殺共產黨員和革命群眾。僅廣東一地，被殺害的就達 2000 多人，包括著名的共產黨員蕭楚女、熊雄等在內。北方奉系軍閥張作霖也捕殺大批共產黨員和革命群眾。

4 月 6 日，中國共產黨主要創始人之一李大釗不幸被捕。他與敵人英勇鬥爭，嚴守黨的秘密，竭力掩護和解救同時被捕的同志。在《獄中自述》中，他表達了對革命事業的無限忠誠：「釗自束髮受書，即矢志努力於民族解放之事業，實踐其所信，勵行其所知，為功為罪，所不暇計。」面對敵人的絞刑架，他從容就義，表現出對共產黨人初心使命的頑強堅守，對黨的事業的無比忠誠，樹立起理想信念堅定的標杆。

江蘇省委書記陳延年被捕後，受盡酷刑，以鋼鐵般的意志，寧死不屈。刑場上，劊子手喝令其跪下，他高聲回應：革命者光明磊落、視死如歸，只有站着死，絕不跪下！陳延年昂首挺胸，英勇犧牲。

面對嚴重的白色恐怖，江蘇省委代理書記趙世炎堅定表示：共產黨就是戰鬥的黨，黨存在一天，就必須戰鬥一天，不願意參加鬥爭，還算甚麼共產黨員！被捕後，他慷慨激昂地表示：志士不辭犧牲，共產黨必將取得勝利！他英勇就義，將青春和熱血獻給了民族復興的偉大事業。

蕭楚女在農民運動講習所、黃埔軍校工作時，曾對學員們說：做人要像蠟燭一樣，在有限的一生中有一分熱，發一分光，給人以光

蔣介石下令查封、解散革命組織和進步團體，大肆捕殺共產黨人和革命人士

明，給人以溫暖。他在白色恐怖中壯烈犧牲，就像一支永不熄滅的紅燭，燃盡了自己，照亮了革命前行的道路。

四一二反革命政變，是大革命從高潮走向失敗的轉折點。

4 月 18 日，蔣介石在南京另行成立代表大地主大資產階級利益的「國民政府」。此後，全國形成三個政權對峙的局面：以張作霖為首的北京政府、以蔣介石為首的南京國民政府和繼續保持國共合作的武漢國民政府。

在大革命緊急關頭，1927 年 4 月至 5 月，中國共產黨第五次全國代表大會在武漢舉行。出席大會的代表 82 人，代表全國 57967 名黨員。

黨的五大選出了黨的中央委員會，隨後舉行的五屆一中全會，選舉產生了中央政治局和中央政治局常務委員會，陳獨秀為總書記。還

選舉產生了黨的歷史上第一個中央紀律檢查監督機構 —— 中央監察委員會，這在黨的建設史上具有重要意義。

會後，中央政治局會議根據黨的五大的要求，通過了修改黨章的決議，正式提出黨內實行民主集中制的組織原則，首次把民主集中制明確寫入黨章，首次把黨與青年團的關係寫入黨章，首次明確入黨年齡須在 18 歲以上。

黨的五大提出爭取無產階級對革命的領導權，建立革命民主政權和實行土地革命等一些正確的原則，但對無產階級如何爭取革命領導權、如何領導農民實行土地革命，特別是如何建立黨領導的革命武裝等問題，沒有提出有效的具體措施，難以承擔起挽救革命的任務。

大革命的失敗及其經驗教訓

黨的五大後，武漢國民政府所轄地區的危機越來越嚴重。湖北、湖南、江西都發生查封革命團體、逮捕工農領袖的事件。1927 年 5 月 21 日，國民黨反動軍官許克祥在長沙收繳工人糾察隊槍械，捕殺共產黨員和革命群眾 100 多人，這就是馬日事變。馬日事變後，湖南籠罩在一片白色恐怖中。

7 月 15 日，汪精衛召開國民黨中央常務委員會擴大會議，以「分共」的名義，正式同共產黨決裂，對共產黨員和革命群眾實行大逮捕、大屠殺。國共合作全面破裂，國共兩黨合作發動的大革命宣告失敗，大批優秀中華兒女倒在了反革命的血雨腥風之中。據不完全統計，從 1927 年 3 月到 1928 年上半年，被殺害的共產黨員和革命群眾達 31 萬多人。

在白色恐怖中，革命者血流成河卻沒有被嚇倒。被捕前任湖北省委常委的夏明翰身陷牢獄堅貞不屈，在給妻子的家書中寫下「堅持革命繼吾志，誓將真理傳人寰」的豪言壯語。他以「砍頭不要緊，只要主義真」的錚錚誓言，生動表達了共產黨員的理想之光不滅、信念之光不滅。

大革命是一場以工農群眾為主體的、包括民族資產階級和上層小資產階級參加的人民革命運動。它以與辛亥革命根本不同的規模和形式，在中國大地上掀起翻天覆地的狂飆，沉重打擊了帝國主義在華勢力，基本推翻了北洋軍閥反動統治，使民主革命思想在全國範圍內空前傳播，促進了中國廣大民眾的覺醒，推動了中國社會的進步。大革命教育和鍛煉了各革命階級，為後來黨領導的土地革命戰爭奠定了群眾基礎。在大革命中，黨的組織得到迅速發展，黨的自身建設得到加強。從建黨初期到大革命失敗前的短短 6 年內，全國除新疆、青海、貴州、西藏、台灣外，都建立了黨的組織或有了黨的活動，黨由 50 多名黨員發展成為擁有近 5.8 萬名黨員、領導着 280 餘萬工人和 970 餘萬農民的具有相當群眾基礎的政黨。

在大革命初期和中期，黨的路線基本是正確的，黨員群眾和黨的幹部積極性非常高，因此獲得巨大勝利。大革命的失敗，從客觀方面講，是由於反革命力量強大，資產階級發生嚴重動搖，蔣介石集團、汪精衛集團先後叛變革命。從主觀方面說，這時黨還處在幼年時期，缺乏應對複雜環境的政治經驗，還不善於將馬克思主義基本原理同中國革命具體實際結合起來。

大革命從興起到失敗的經驗教訓表明，黨不但要建立革命的統

一戰線，而且要始終保持自身的獨立性，實行「又團結又鬥爭」的方針，爭取無產階級在革命中的領導權。同時，根據中國當時的國情，要取得革命勝利，必須堅持武裝鬥爭，組建由黨直接統率和指揮的軍隊；必須解決農民土地問題，以充分發動農民參加革命，擴大革命力量；黨必須加強自身建設，加強黨的民主集中制，既要發展黨的組織和注重黨員數量，更要鞏固黨的組織和注重黨員質量。只有正確認識和解決了這些問題，黨才能領導中國革命事業走向成功。

大革命雖然失敗了，但它的歷史意義是不可磨滅的。這場革命實際上是未來勝利的革命的一次偉大的演習。正是在這個時期，中國共產黨人進行了轟轟烈烈的革命工作，在全國範圍內掀起反帝反封建的偉大鬥爭，在中國革命史上寫下了可歌可泣的一頁。無論在大革命高潮中，還是革命籠罩在白色恐怖之下，中國共產黨人都表現出大無畏的自我犧牲精神，表現出寧死不屈的革命意志，為人民和民族的最高利益不惜赴湯蹈火，贏得人民的信賴。

經過大革命，黨從正反兩方面積累了深刻的經驗，開始在實踐中探索馬克思主義中國化的途徑，初步提出無產階級領導的新民主主義革命的基本思想，開始懂得進行土地革命和掌握革命武裝的重要性。正是經歷了這場大革命，中國人民的覺悟程度有了明顯提高。所有這些，為把中國革命推進到一個新的階段 —— 土地革命戰爭時期準備了必要的條件。

第二章

掀起土地革命的風暴

　　大革命失敗後，全國陷入一片白色恐怖之中。年輕的中國共產黨遭受到成立以後從未遇到過的嚴峻考驗。面對反動派的血腥屠殺，中國共產黨和中國人民沒有被嚇倒，被征服，被殺絕。他們從地上爬起來，揩乾淨身上的血跡，掩埋好同伴的屍首，又繼續戰鬥了。

一、以武裝鬥爭反抗國民黨的反動統治

八七會議和南昌起義、秋收起義、廣州起義

　　蔣介石和汪精衛背叛革命後，國內政治局勢陡然逆轉。神州大地籠罩在腥風血雨之中，中國革命處於命懸一線的緊要關頭。

　　在嚴酷的鬥爭和血的教訓中，黨深刻認識到，沒有革命的武裝就無法戰勝武裝的反革命，就無法擔起領導中國革命的重任，就無法奪取中國革命的勝利，就無法改變中國人民和中華民族的命運。不進行武裝反抗，就無異於坐以待斃，聽任整個中國變成黑暗的中國。

　　1927 年 8 月 1 日，在以周恩來為書記的中共中央前敵委員會領導下，賀龍、葉挺、朱德、劉伯承等率領黨所掌握和影響的軍隊兩萬多人，在南昌打響了武裝反抗國民黨反動派的第一槍。經過 4 個多小時激戰，起義軍佔領南昌城。隨後，根據中央的計劃，起義軍撤離南昌，南下廣東。10 月初，起義軍在廣東潮州、汕頭地區失敗。保存下來的部隊一部分轉移到廣東海陸豐地區，同當地農軍會合；主要部分在朱德、陳毅率領下，轉移到湘南地區，開展游擊戰爭。

　　南昌城頭的槍聲，像劃破夜空的一道閃電。南昌起義標誌着中國共產黨獨立領導革命戰爭、創建人民軍隊和武裝奪取政權的開端，開

八七會議會址

啟了中國革命新紀元。自那時起，中國共產黨領導下的人民軍隊，就英勇投身為中國人民求解放、求幸福，為中華民族謀獨立、謀復興的歷史洪流，同中國人民和中華民族的命運緊緊連在了一起。

8月7日，中共中央在湖北漢口秘密召開緊急會議（八七會議）。會議確定了土地革命和武裝反抗國民黨反動派的總方針。這是一個正確的方針，是黨在付出了大量鮮血的代價後換得的正確的結論。出席這次會議的毛澤東在發言中突出地強調：「以後要非常注意軍事。須知政權是由槍桿子中取得的。」

八七會議是一個轉折點。它給正處在思想混亂和組織渙散中的中國共產黨指明了新的出路，為挽救黨和革命作出了巨大貢獻。這是由

大革命失敗到土地革命戰爭興起的歷史性轉變。

八七會議後，黨派出許多幹部分赴各地，恢復和整頓黨組織，發動武裝起義。

毛澤東以中央特派員身份到湖南傳達八七會議精神、改組省委並領導秋收起義。以毛澤東為書記的中共湖南省委前敵委員會，將參加起義的各路武裝 5000 餘人統編為工農革命軍第一師，於 9 月 9 日發動湘贛邊界秋收起義。在攻打中心城市長沙受挫後，毛澤東果斷改變計劃，率部隊退到瀏陽文家市集中，主持召開前委會議，決定到敵人統治力量薄弱的農村山區尋找落腳點。從進攻大城市轉到向農村進軍，這是中國人民革命發展史上具有決定意義的新起點。

9 月 29 日，毛澤東領導起義軍在江西永新縣三灣村進行了著名的三灣改編，將黨的支部建在連上，成立各級士兵委員會，實行民主制度，在政治上官兵平等。由此開始改變起義軍中舊軍隊的習氣和不良作風，從組織上確立了黨對軍隊的領導，是建設無產階級領導的新型人民軍隊的重要開端。

12 月 11 日，中共廣東省委書記張太雷和葉挺、葉劍英等領導發動廣州起義。起義軍一度佔領廣州絕大部分市區，成立蘇維埃政府，但終因敵眾我寡，第三天即告失敗，張太雷和許多革命者壯烈犧牲。參加這次起義的革命伴侶周文雍和陳鐵軍不幸被捕。1928 年 2 月，兩人在廣州紅花崗刑場舉行了悲壯的婚禮，從容就義。

廣州起義是對國民黨反動派屠殺政策的又一次英勇反擊。實踐再一次證明：面對國民黨新軍閥在中心城市擁有強大武裝的形勢，想通過城市武裝起義或攻佔大城市來奪取革命勝利是不可能的。

到 1928 年初，黨還領導了其他一系列武裝起義，比較重要的有：海陸豐起義，瓊崖起義，黃安、麻城起義，東固起義，弋陽、橫峰起義，萬安起義，湘南起義，桑植起義，閩西起義，確山起義，渭南、華縣起義等。這些起義雖大多數由於敵強我弱、領導者實行錯誤政策或客觀條件不成熟而失敗，但表明革命的火種是反革命軍事鎮壓撲滅不了的。因為這是正義的、符合廣大人民要求的。一些起義部隊在數省邊界地區的偏僻山村堅持下來，開展游擊戰爭，為以後紅軍和根據地的更大發展奠定了初步基礎。

黨的六大

這一時期黨發動了一系列武裝起義，但革命形勢依然處於低潮。由於當時的黨還處於幼年階段，政治上還不成熟，對中國社會性質和中國革命的性質、動力、前途等重大問題，黨內還存在着認識上的分歧和爭論。因此，召開一次黨的全國代表大會已刻不容緩。由於國內白色恐怖異常嚴重，中共中央報請共產國際同意後，決定黨的六大在蘇聯召開。

1928 年 6 月至 7 月，中國共產黨第六次全國代表大會在莫斯科近郊舉行。出席大會的代表共 142 人。大會通過關於政治、軍事、組織、蘇維埃政權等一系列問題的決議，以及經過修改的《中國共產黨黨章》，選舉產生了新的中央委員會。

大會科學分析了中國社會的性質，明確指出，中國仍然是一個半殖民地半封建的國家，中國革命現階段的性質是資產階級民主革命；當前中國的政治形勢是處於兩個革命高潮之間，第一個革命浪潮已經

過去，而新的浪潮還沒有來到；黨的總路線是爭取群眾。六大把工作中心從千方百計地組織暴動轉到從事長期的艱苦的群眾工作，確定以爭取群眾作為黨的首要任務，把「左」傾作為主要危險來反對。這是黨的工作方針的一次重要轉變。

大會通過的黨章，詳細規定了民主集中制的內容，並在黨員管理制度和黨的組織機構等方面作出了新的規定。

黨的六大的路線基本是正確的，在黨內思想十分混亂的情況下統一了全黨的思想。六大以後，全黨貫徹執行六大路線，恢復和重建黨的組織，領導開展群眾鬥爭，中國革命出現走向恢復和發展的局面。

二、毛澤東和中國革命新道路的開闢

井岡山革命根據地的創建和向贛南閩西進軍

大革命失敗後，集中體現中國革命正確方向的是毛澤東、朱德領導的井岡山革命根據地的鬥爭。

三灣改編後，毛澤東帶領起義軍首先來到井岡山。井岡山地處湘贛邊界的羅霄山脈中段。毛澤東選擇在這裡建立革命根據地，是因為：這個地區的群眾基礎比較好，大革命時期湘贛邊界各縣曾經建立過黨的組織和農民協會；這裡的部分舊式農民武裝，願意同工農革命軍聯合；這裡地勢險要，易守難攻；周圍各縣有自給自足的農業經濟，便於部隊籌款籌糧；地處湘贛邊界，距離國民黨統治的中心比較遠，湘贛兩省軍閥之間又存在矛盾，對這個地區的控制力量比較薄弱。

　　毛澤東抓住統治階級內部發生新破裂的有利時機，全力進行邊界黨、軍隊和政權的建設。1927 年 11 月，成立湘贛邊界第一個紅色政權 —— 茶陵縣工農兵政府。1928 年 2 月中旬，打破江西國民黨軍隊對井岡山地區的進攻。至此，井岡山根據地初步建立，邊界黨的組織也逐步建立起來。

　　對工農革命軍，毛澤東要求改變過去軍隊只顧打仗的舊傳統，擔負起打仗消滅敵人、打土豪籌款子、做群眾工作三項任務。1928 年 4 月，他又總結部隊做群眾工作的經驗，規定部隊必須執行三大紀律、六項注意。以後六項注意又發展成八項注意。這些規定體現了人民軍隊的本質，對於正確處理軍隊內部關係、軍民關係和瓦解敵軍等，都起了重大作用。

　　1928 年 4 月下旬，朱德、陳毅率領南昌起義保留下來的部隊和湘南起義農軍一萬餘人陸續轉移到井岡山地區，與毛澤東領導的部隊會師，成立工農革命軍第四軍（後改稱「工農紅軍第四軍」），朱德任軍長，毛澤東任黨代表和軍委書記。從此，他們領導的軍隊被稱為「朱毛紅軍」。5 月，湘贛邊界黨的第一次代表大會選舉產生以毛澤東為書記的中共湘贛邊界特委。

　　毛澤東、朱德在連續打退湘贛兩省國民黨軍隊的進攻中，概括出游擊戰爭的基本原則，即「敵進我退，敵駐我擾，敵疲我打，敵退我追」的十六字訣，領導紅四軍以不足四個團的兵力，在同國民黨軍隊八九個團甚至十八個團兵力的戰鬥中，不畏強敵、不畏艱難，使根據地日益擴大。

　　井岡山根據地的鬥爭是同土地革命分不開的。根據地建立之

初，分田只在個別地區試行。隨着根據地逐步鞏固，1928 年 5 月至 7月，邊界各縣掀起分田高潮，年底頒佈井岡山《土地法》。廣大貧苦農民從分得土地的事實中認識到紅軍是為他們的利益而奮鬥的，從各方面全力支持紅軍和根據地發展。這是井岡山根據地能夠存在和發展的社會基礎。

井岡山根據地的建立，點燃了工農武裝割據的星星之火，為中國革命探索出了農村包圍城市、武裝奪取政權這樣一條前人沒有走過的正確道路。井岡山時期留下的最為寶貴的財富，就是井岡山精神，最重要的方面就是堅定信念、艱苦奮鬥，實事求是、敢闖新路，依靠群眾、勇於勝利。

1928 年 12 月，湘贛兩省國民黨軍隊又以 3 萬人的兵力，分五路向井岡山進攻。1929 年 1 月，毛澤東、朱德、陳毅率紅四軍主力向贛南出擊，隨後同從井岡山突圍出來的紅五軍主力會合，並向閩西發展。1930 年春，贛南根據地和閩西根據地形成，先後成立贛西南蘇維埃政府和閩西蘇維埃政府，為後來中央革命根據地的建立奠定了基礎，並對各地區紅軍游擊戰爭的發展和根據地建設起了鼓舞和示範作用。

古田會議和建黨建軍原則的確立

古田會議是在紅軍生死存亡的緊要關頭召開的。當時，紅四軍在轉戰贛南、閩西的過程中，領導人之間在軍隊建設問題上產生不同看法，軍內存在的單純軍事觀點、流寇思想和軍閥主義殘餘等非無產階級思想有所發展。紅四軍第八次黨代會後，紅四軍出擊東江失敗，部

古田會議會址

隊思想混亂、士氣低迷，面臨嚴峻考驗。

1929 年 12 月，紅四軍黨的第九次代表大會（古田會議）在福建省上杭縣古田召開。會議選舉產生了新的中共紅四軍前敵委員會，毛澤東當選為書記。大會根據中央九月來信精神，通過毛澤東起草的古田會議決議，其中最重要的是關於糾正黨內的錯誤思想的決議案，確立了思想建黨、政治建軍的原則。

在黨的建設方面，決議集中體現着重從思想上建設黨這一獨特的黨的建設道路，深刻闡述加強黨的思想建設的極端重要性，指明黨內各種非無產階級思想的表現、來源及糾正辦法。決議還提出加強黨的組織建設的任務，要求「厲行集中指導下的民主生活」，發展新黨員要注重質量，等等。

在軍隊建設方面，決議規定紅軍是一個執行革命的政治任務的武裝集團，必須絕對服從黨的領導，必須全心全意為黨的綱領、路線和

政策而奮鬥；批評認為軍事和政治對立的單純軍事觀點；再次提出紅軍必須擔負起打仗、籌款和做群眾工作三位一體的任務；強調要加強紅軍政治工作，特別是政治教育工作。

古田會議決議是中國共產黨和紅軍建設的綱領性文獻，是黨和人民軍隊建設史上的重要里程碑。古田會議確立了馬克思主義建黨建軍原則，確立了軍隊政治工作的方針、原則、制度，提出了解決把以農民為主要成分的軍隊建設成為無產階級性質的新型人民軍隊這個根本性問題的原則方向，使軍隊實現了浴火重生、鳳凰涅槃。古田會議奠基的軍隊政治工作對軍隊生存發展起到了決定性作用。

黨對軍隊的絕對領導，是人民軍隊永遠不變的軍魂。這一根本原則和制度，發端於南昌起義，奠基於三灣改編，定型於古田會議，是人民軍隊完全區別於一切舊軍隊的政治特質和根本優勢。千千萬萬革命將士矢志不渝聽黨話、跟黨走，在挫折中愈加奮起，在困苦中勇往直前，鑄就了拖不垮、打不爛、攻無不克、戰無不勝的鋼鐵雄師。

建黨建軍原則確立後，紅軍迎來了大發展的好時機。1930 年 6月，贛西南、閩西地區的紅軍合編為紅一軍團，共有 2 萬餘人。8月，紅一軍團同彭德懷、滕代遠領導的紅三軍團共 3 萬餘人合編為紅一方面軍，朱德任總司令，毛澤東任總前委書記兼總政治委員，成為全國紅軍中戰鬥力最強的一支部隊。

毛澤東率領秋收起義部隊上井岡山後，針對黨內一些人關於「紅旗到底打得多久」的疑問，從中國革命實際出發，科學闡明了以農業為主要經濟的中國革命，以軍事發展暴動，是一種特徵；深刻論證了紅色政權能夠長期存在並發展的主客觀條件，提出了工農武裝割據的

思想；他在《星星之火，可以燎原》一文中指出，紅軍、游擊隊和紅色區域的建立和發展，是促進全國革命高潮的最重要因素。從而形成了農村包圍城市、武裝奪取政權的思想。這是對大革命失敗後黨領導紅軍和根據地鬥爭經驗的概括，是馬克思主義在中國創造性的運用和發展。

大革命失敗後，中國共產黨人是沿着一條獨特的道路，引導中國革命走向復興並逐步贏得勝利的。這就是農村包圍城市、武裝奪取政權的道路。

在半殖民地半封建的中國，在大革命遭到失敗、敵我力量對比極端懸殊的情況下，中國共產黨人不可能像俄國十月革命那樣，通過首先佔領中心城市來取得革命在全國的勝利，而必須首先在農村建立革命根據地，積蓄革命力量，在條件成熟時奪取城市，最後奪取全國革命勝利。

這一條適合中國實際的正確革命道路，是在黨領導人民的集體奮鬥中開闢出來的。在這個過程中，毛澤東作出了最卓越的貢獻。他不僅在實踐中首先把武裝鬥爭的立足點放在農村，領導開創井岡山根據地，創造性地解決了為堅持和發展農村根據地所必須解決的一系列根本問題，而且從理論上逐步對中國革命的道路問題作出明確說明。

三、紅軍反「圍剿」鬥爭的勝利和農村革命根據地的建設

革命形勢的恢復和好轉

黨的六大以後的兩年間，由於黨在工作中實行了堅決轉變，黨的

組織有了較大恢復和發展。到 1930 年 9 月，據黨的擴大的六屆三中全會統計，全國黨員增加到 12.23 萬餘人。到年底，黨在全國恢復了 17 個省委（省工委）和許多特委、市委、縣委的組織。黨在國民黨統治區艱苦卓絕的鬥爭中，積累了豐富的地下工作經驗。1927 年 11 月成立的中央特科，在周恩來的直接領導下，在保衛黨中央安全、營救被捕同志、嚴懲叛徒、搜集情報、溝通同各蘇區的電訊聯繫、配合根據地紅軍作戰等方面，發揮了重要作用。

黨中央在這時也加強了對各地紅軍和農村革命根據地工作的領導，使工作獲得巨大發展。到 1930 年 3 月，全國紅軍已有 13 個軍，6.2 萬多人。在毛澤東等領導的贛西南、閩西根據地以外，重要的革命根據地還有湘鄂西、鄂豫皖、湘贛、湘鄂贛、閩浙贛、廣西的左右江、廣東的東江和瓊崖等。革命根據地的創建和發展，是促成這一時期革命形勢好轉最重要的因素。

在湘鄂西，1928 年初，賀龍、周逸群等先後到達湖北洪湖和湘西桑植地區，把幾支農民游擊隊組織起來，建立新的革命武裝，整編為工農革命軍第四軍。1930 年 7 月，他們同由鄂西游擊總隊擴編而成的紅六軍在湖北公安會師，部隊擴大到 1 萬餘人，組成紅二軍團，賀龍任總指揮，周逸群任政治委員。不久，又成立了湘鄂西蘇維埃政府。

在鄂豫皖，紅軍游擊隊也發展得很快。他們最初分為鄂豫邊、豫東南、皖西三塊根據地。中央軍委委派徐向前到鄂豫邊負責軍事指揮工作。1930 年初，中央決定成立鄂豫皖邊特委，派郭述申任書記，統一領導這三塊根據地，並成立紅一軍。這便是以後鄂豫皖中央局和

紅四方面軍的前身。

在湘鄂贛，彭德懷、滕代遠率領紅五軍從湘贛返回這一地區後，會合當地游擊隊，擴編為紅三軍團，彭德懷任總指揮和前委書記，滕代遠任政治委員，創立了湘鄂贛革命根據地。

在廣西西部，中央代表鄧小平和張雲逸、韋拔群等領導在黨影響下的一部分廣西軍隊和當地農軍，在 1929 年 12 月和 1930 年 2 月先後舉行百色起義和龍州起義，成立紅七軍和紅八軍，李明瑞任兩軍總指揮，鄧小平任政治委員，創立了左右江革命根據地。

紅軍的反「圍剿」鬥爭

紅軍和根據地的頑強存在和迅速發展，使國民黨統治集團感到震驚。蔣介石集中兵力向各根據地和紅軍發動了多次大規模「圍剿」。

國民黨軍隊「圍剿」的重點是中央革命根據地和毛澤東、朱德率領的紅一方面軍。1930 年 10 月起，蔣介石調集 10 萬多人，發動對中央革命根據地的第一次「圍剿」。紅一方面軍 4 萬多人，採取「誘敵深入」的作戰方針，殲敵 1.3 萬人，成功打破國民黨軍隊的第一次「圍剿」。

不久，蔣介石又指揮 20 萬軍隊，對中央革命根據地發動第二次「圍剿」。紅一方面軍仍堅持「誘敵深入」方針，1931 年 5 月 16 日至 31 日，連打 5 個勝仗，橫掃 700 里，自贛江之畔直達福建建寧，共殲敵 3 萬多人，打破了國民黨軍隊的第二次「圍剿」，進一步擴大了中央革命根據地。「七百里驅十五日，贛水蒼茫閩山碧，橫掃千軍如卷席。」毛澤東氣勢磅礴的詩句，生動地記述了這一鼓舞人心的勝利。

6 月間，蔣介石自任「圍剿」軍總司令，調集 30 萬人，發動第三次「圍剿」。紅一方面軍歷時 3 個月，殲敵 3 萬多人，粉碎了國民黨軍隊第三次「圍剿」。此後，贛南、閩西兩塊根據地基本連成一片，擴大到跨 20 餘縣的廣大地區。

受紅軍勝利的影響，國民黨軍第二十六路軍 1.7 萬餘人於 1931 年 12 月 14 日在江西寧都起義，改編為中國工農紅軍第五軍團，在國民黨軍隊中引起很大震動。

這時，其他根據地的反「圍剿」鬥爭也取得勝利。

在鄂豫皖，從 1930 年冬到 1931 年夏，紅軍打破國民黨軍隊兩次「圍剿」。1931 年 11 月，根據中央決定，鄂豫皖根據地的紅四軍和紅二十五軍合編為紅四方面軍，徐向前任總指揮，陳昌浩任政治委員，全軍近 3 萬人。

在湘鄂西、贛東北、湘贛、湘鄂贛、瓊崖等根據地，也都取得反「圍剿」的勝利。與此同時，西北紅軍創始人劉志丹、謝子長、習仲勳等經過艱苦鬥爭，創建了陝甘邊根據地和陝北根據地（後發展為陝甘根據地，又稱「西北根據地」），使中國革命根據地的佈局發生了變化，不僅在南方有革命根據地，北方也有了革命根據地。這對中國革命後來的發展產生了重要影響。

紅軍在反「圍剿」鬥爭中，形成了消滅敵人的有生力量；集中兵力，各個殲敵；「打得贏就打，打不贏就走」，在運動中發現敵軍弱點，速戰速決等戰略戰術思想。這些戰略戰術思想建立在人民戰爭的基礎之上，解決了紅軍以劣勢兵力和落後裝備戰勝強大敵人的問題，是對馬克思主義軍事學說的傑出貢獻。

根據地的土地革命和各方面建設

土地革命是中國新民主主義革命的基本內容之一，也是黨踐行初心和使命的具體體現。黨領導廣大農民「打土豪、分田地」，就是要讓廣大農民翻身得解放，就是為人民根本利益而鬥爭。隨着紅軍和農村革命根據地的建立和發展，土地革命廣泛地開展起來。

在贛南、閩西根據地，毛澤東提出一系列深入進行土地革命的政策和原則。1929 年 4 月，他主持制定興國縣《土地法》，將井岡山《土地法》規定的「沒收一切土地」改為「沒收一切公共土地及地主階級的土地」。7 月，在他的指導下，閩西黨的第一次代表大會通過的決議中作出「自耕農的田地不沒收」「抽多補少」的原則規定，使閩西 300 多里的地區分了田，60 多萬貧苦農民得到了土地。1930 年 2 月，在按人口平均分配土地的原則指導下，興國等 6 縣全境和永豐等縣部分地區全面開展分田運動。1931 年 2 月，毛澤東又修改井岡山《土地法》中關於農民只有土地使用權、禁止土地買賣的規定，肯定農民對土地的所有權。

與此同時，在贛東北、湘鄂西、鄂豫皖、湘鄂贛、廣西右江、廣東瓊崖等革命根據地，土地革命也轟轟烈烈開展起來。

在三年多土地革命實踐中，基本上形成一套比較切實可行的土地革命路線、政策和方法。主要是：依靠貧農、雇農，聯合中農，限制富農，消滅地主階級，變封建土地所有制為農民土地所有制；以鄉為單位，按人口平均分配土地，在原耕地基礎上，抽多補少，抽肥補瘦；等等。

政治、經濟上的翻身，使廣大農民迅速分清了國共兩黨和兩個政

權的優劣，極大地激發了他們的革命積極性。他們擁護土地革命、擁護共產黨，紛紛參加紅軍，投身反「圍剿」鬥爭和支援前線、慰勞紅軍，形成了魚水相依、血肉相連的黨群關係、軍民關係。

在各根據地和紅軍不斷發展的形勢下，1931年11月，中華蘇維埃第一次全國代表大會在江西瑞金召開，選舉產生中華蘇維埃共和國中央執行委員會，宣佈成立中華蘇維埃共和國臨時中央政府。毛澤東當選為中央執行委員會主席和中央執行委員會人民委員會主席。

中華蘇維埃共和國是中國歷史上第一個全國性的工農民主政權，是中國共產黨在局部地區執政的重要嘗試。中華蘇維埃共和國臨時中央政府的成立，在一定程度上加強了對處於被分割狀態的各根據地的中樞指揮作用，在政治上也產生了很大影響，推動了各根據地的政權、經濟、文化教育和黨的自身建設。

中華蘇維埃共和國實行工農兵代表大會制度，選舉產生各級蘇維埃政府，廣泛吸收工農群眾代表參加政權管理，行使當家作主的權利。從1931年11月到1934年1月，中央革命根據地進行三次民主選舉並頒佈選舉法細則，許多地方參加選舉的人佔選民總人數的80%以上。其他根據地也相繼召開各級工農兵代表大會，選舉產生各級蘇維埃政府。

蘇維埃政府重視廉政建設和司法建設。1933年12月，中央執行委員會發佈懲治貪污浪費行為的訓令，嚴肅查處腐敗案件；1934年，建立審計監督制度，在規範財政財務收支、查處貪污浪費、促進廉政建設方面發揮了重要作用。臨時中央政府頒佈120多部法律、法令，初步建立起具有鮮明階級性和時代特徵的法律體系。

土地革命戰爭時期中央工農民主政府所在地——江西瑞金

　　蘇維埃政府領導根據地軍民積極進行經濟建設，開展打破敵人經濟封鎖的鬥爭，使農業、工業、商業、交通、郵電、財政和金融等經濟工作都有一定發展。在條件極為艱苦的情況下，還努力發展文化、教育事業，根據地普遍建立各種學校，着力培養各方面的幹部和專門人才。

　　黨的自身建設也得到加強，黨員隊伍不斷擴大，各級黨組織得到健全，培育了艱苦奮鬥、廉潔自律、密切聯繫群眾的優良作風，鑄就了以堅定信念、求真務實、一心為民、清正廉潔、艱苦奮鬥、爭創一流、無私奉獻等為主要內涵的蘇區精神。「蘇區幹部好作風，自帶乾糧去辦公。日穿草鞋幹革命，夜走山路訪貧農。」這首民歌在蘇區廣為傳唱，流傳至今，正是蘇區精神的真實寫照。

　　中國共產黨領導的農村革命根據地生機勃勃的景象，同國民黨統

治區民不聊生的悲慘景象形成鮮明對照，使陷於苦難深淵的中國人民看到了光明和希望。

四、九一八事變後的局勢和中央紅軍長征的開始

九一八事變的爆發和抗日救亡運動的興起

1931 年 9 月 18 日深夜，根據不平等條約駐紮在中國東北的日本關東軍，向中國軍隊駐地北大營和瀋陽城發動進攻。這就是九一八事變。第二天，日軍佔領瀋陽。至 1932 年 2 月，遼寧、吉林、黑龍江三省淪為日本的佔領地。3 月，以溥儀為「執政」的日本傀儡政權偽滿洲國在吉林長春成立。

九一八事變，是日本軍國主義者長期推行對華侵略擴張政策的必然結果，又是他們為把中國變成其獨佔殖民地而採取的嚴重步驟。

空前的民族災難喚起了空前的民族覺醒。九一八事變後，中日民族矛盾逐漸上升為主要矛盾，中國國內階級關係發生重大變動，抗日救亡運動在全國迅速興起。上海 3.5 萬名碼頭工人舉行反日大罷工。南京、天津、北平、漢口等城市的工人和其他勞動群眾紛紛請願、募捐、禁售日貨。青年學生、城市小資產階級、民族資產階級、上層小資產階級和知識界上層分子都發出要求抗日、實行民主的呼聲。

中國共產黨率先高舉武裝抗日的旗幟。1931 年 9 月，中共中央發表《中國共產黨為日本帝國主義強暴佔領東三省事件宣言》，響亮提出：「反對日本帝國主義強佔東三省！」中共滿洲省委指示各地黨組織，開展抗日鬥爭。黨中央派周保中、趙一曼等到東北，加強黨組

織力量。到 1933 年初，由共產黨直接領導的巴彥、南滿、海龍、東滿、寧安、湯原、海倫等抗日游擊隊相繼成立，逐漸成為東北主要抗日武裝力量。

中國人民在白山黑水間的奮起抵抗，成為中國人民抗日戰爭的起點，同時揭開了世界反法西斯戰爭的序幕。

國民黨政府對日本侵略東北的行動一再妥協退讓。蔣介石在 1931 年 7 月間提出「攘外必先安內」的方針。九一八事變發生時，國民黨政府告東北軍，為免除事件擴大起見，絕對抱不抵抗主義。這一切，促使日本帝國主義更加無所顧忌地用武力大規模進攻中國。

在民族危機的嚴重關頭，國民黨陣營出現分化。東北軍將領馬占山、李杜等在東北抗日。1932 年 1 月 28 日，日軍進攻上海時，蔣光鼐、蔡廷鍇指揮第十九路軍奮起抵抗。但在求和的基本方針下，南京政府先後同日本侵略者簽訂了有損國家主權的《淞滬停戰協定》《塘

1931 年 9 月 19 日，日本軍隊在瀋陽小西門城牆上向城內射擊

沽協定》。馮玉祥在張家口組織察哈爾民眾抗日同盟軍，也遭到國民黨政府破壞和強行解散。

黨在國民黨統治區的工作和左翼文化運動

九一八事變後民族危機日益嚴重。在極為艱難的環境中，國民黨統治區的共產黨員仍然堅持鬥爭，利用各種陣地開展工作。

1930 年 3 月，中國左翼作家聯盟在上海成立。隨後中國社會科學家、戲劇家、美術家、教育家聯盟以及電影、音樂小組等左翼文化團體也相繼成立。這支左翼文化新軍在黨的領導下，積極從事馬克思主義宣傳和革命文藝創作等活動，形成了很有聲勢和實力的左翼文化運動。

在馬克思主義宣傳方面，左翼社會科學工作者翻譯出版了《資本論》第一卷、《反杜林論》、《政治經濟學批判》、《唯物主義與經驗批判主義》等馬克思主義經典著作的最早中文全譯本。

一些共產黨員密切聯繫宋慶齡、魯迅等愛國進步人士，推動抗日救亡運動，反對蔣介石的獨裁統治。魯迅以大量戰鬥性極強的雜文，無情地揭穿地主買辦集團的媚外獨裁的面目、可恥的不抵抗主義、殘酷的文化「圍剿」。毛澤東指出：「魯迅的方向，就是中華民族新文化的方向。」

左翼文化工作者們還努力和中間派合作，共同進行戰鬥。魯迅、瞿秋白、茅盾、周揚等人的一些文章，分別在《申報》副刊《自由談》、《文學》月刊上發表。茅盾的著名小說《子夜》於 1933 年 1 月出版，三個月內重版四次。共產黨員夏衍、陽翰笙、田漢等拍攝了一

大批進步影片，在國民黨統治區擁有大量觀眾。左翼文化的這種發展勢頭，連國民黨的輿論也驚呼「似水銀之瀉地，無孔而不入」。

受抗日救亡強烈氛圍的感染，由聶耳作曲、田漢作詞的《義勇軍進行曲》一經問世，就迅速傳遍祖國大地，成為時代最強音，對動員人民奮起抗日救亡起了巨大作用。「中華民族到了最危險的時候，每個人被迫着發出最後的吼聲……」這首歌蕩氣迴腸、刻骨銘心，表達出全民族的滿腔悲憤，點燃了每個中國人強烈的愛國激情，唱出誓死保衛祖國的英雄氣概，成為偉大愛國主義精神的不朽傑作。

這一時期國民黨統治區的左翼文化運動，鍛煉出一支堅強的革命文化隊伍，在促進抗日救亡運動中發揮了重要作用。

第五次反「圍剿」的失敗

1931 年 1 月，在共產國際執行委員會遠東局書記米夫的直接干預下，黨的擴大的六屆四中全會在上海召開。缺乏實際鬥爭經驗的王明不僅被補選為中央委員，而且成為中央政治局委員，以王明為代表的「左」傾教條主義錯誤在黨的領導機關內開始了長達 4 年的統治。

會後，國民黨統治區內黨的工作出現一系列非常情況，黨組織遭到嚴重破壞。在上海的中央委員和政治局委員都已不到半數，根據共產國際執行委員會遠東局提議，1931 年 9 月下半月成立臨時中央政治局（臨時中央），由博古（秦邦憲）負總的責任。

1932 年底，蔣介石調集 30 多個師的兵力，向中央革命根據地發動第四次「圍剿」。這時，在教條主義錯誤支配下，毛澤東的正確主

張受到指責，他在紅軍中的領導職務被錯誤撤銷。周恩來、朱德運用和發展以往反「圍剿」的成功經驗，打破國民黨軍隊的「圍剿」，創造了紅軍戰爭史上大兵團伏擊戰的範例。

1933年下半年，蔣介石發動對革命根據地的第五次「圍剿」，調集100萬軍隊向各地紅軍進攻，其中50萬軍隊於9月下旬開始向中央革命根據地發動進攻。

這時，博古把軍事指揮權交給共產國際派來的軍事顧問李德。他們不了解中國實際情況，搬用正規的陣地戰經驗，主張「禦敵於國門之外」，進攻受挫後，又採取消極防禦的戰略方針和「短促突擊」的戰術，同裝備優良的敵人打陣地戰、堡壘戰，使紅軍日益陷於被動。

1934年4月中下旬，國民黨軍隊集中力量進攻中央蘇區的北大門廣昌。由於戰術策略失誤，經過18天血戰，紅軍遭受重大傷亡，廣昌失守。

為調動和牽制敵人，減輕中央革命根據地的壓力，7月上旬，紅七軍團改編為北上抗日先遣隊，開赴閩浙皖贛邊區活動。11月，同方志敏領導的紅十軍會合後組成紅十軍團。在國民黨軍隊重兵堵追下，1935年1月底，紅十軍團遭受嚴重損失。方志敏被俘後，於8月英勇就義。他在獄中寫下了《可愛的中國》《清貧》等不朽篇章，不僅發出「敵人只能砍下我們的頭顱，決不能動搖我們的信仰」的錚錚誓言，還描繪了他對未來的期盼：「中國一定有個可讚美的光明前途」，「生育我們的母親，也會最美麗地裝飾起來，與世界上各位母親平等地攜手了」。

中央紅軍開始長征

1934 年 9 月上旬，國民黨軍隊加緊對中央革命根據地腹地發動進攻，紅軍已無在原地扭轉戰局的可能。10 月，中共中央、中革軍委率中央紅軍主力 8.6 萬多人，踏上戰略轉移的漫漫征程，開始了世界歷史上前所未有的壯舉。

原來推行「左」傾錯誤的中央領導人，在實行這次突圍和戰略轉移的時候，又犯了退卻中的逃跑主義錯誤，並且把戰略轉移變成搬家式的行動，隨軍帶上印刷機器、軍工機器等笨重的器材。全軍 8 萬多人在山中羊腸小道上行進，擁擠不堪，常常是一夜只過一個山坳。

國民黨「追剿」軍達 16 個師、77 個團，佈置了四道封鎖線。在突破第四道封鎖線湘江時，紅軍在國民黨湘軍和桂軍夾擊下，付出了極大犧牲。當時擔負掩護任務的紅三十四師成為一支身陷重圍、無法過江的孤軍。面對十幾倍於己的強敵，師長陳樹湘一身是膽、毫無懼色。他率領全師戰士奮力抵抗，用血肉之軀築起一道「城牆」，與敵人鏖戰四天五夜，為紅軍渡過湘江贏得了寶貴時間。傷重被俘後，敵人將他抬去邀功途中，他醒了過來，自己絞斷腸子，壯烈犧牲。被阻在湘江東岸的紅三十四師、紅三軍團第十八團，最後彈盡糧絕，大部英勇就義。烈士鮮血染紅了湘江，以至當地百姓中流傳着這樣一句話：「三年不飲湘江水，十年不食湘江魚。」渡過湘江後，中央紅軍從長征出發時的 8.6 萬多人銳減到 3 萬多人。

湘江戰役後，黨內對中央紅軍的前進方向，一直進行着激烈的爭論。1934 年 12 月，中央政治局在貴州黎平舉行會議，根據毛澤東的建議，通過決議，放棄到湘西北同紅二、紅六軍團會合的計劃，改向

貴州北部進軍。1935 年 1 月 7 日，紅軍攻克黔北重鎮遵義。一個決定黨和紅軍命運的轉折點正在到來。

五、遵義會議和紅軍長征的勝利

遵義會議實現偉大的歷史轉折

1935 年 1 月，黨中央在貴州遵義召開政治局擴大會議，集中解決當時具有決定意義的軍事和組織問題。會議增選毛澤東為中央政治局常委，委託張聞天起草《中央關於反對敵人五次「圍剿」的總結的決議》，取消長征前成立的「三人團」[①]。會後不久，在向雲南扎西地區進軍途中，中央政治局常委決定由張聞天代替博古負總的責任，毛澤東為周恩來在軍事指揮上的幫助者，後成立由毛澤東、周恩來、王稼祥組成的三人小組，負責全軍的軍事行動。

遵義會議是黨的歷史上一個生死攸關的轉折點。這次會議在紅軍第五次反「圍剿」失敗和長征初期嚴重受挫的歷史關頭召開，事實上確立了毛澤東在黨中央和紅軍的領導地位，開始確立了以毛澤東為主要代表的馬克思主義正確路線在黨中央的領導地位，開始形成以毛澤東為核心的第一代中央領導集體，開啟了黨獨立自主解決中國革命實際問題的新階段，在最危急關頭挽救了黨、挽救了紅軍、挽救了中國革命。遵義會議的鮮明特點是堅持真理、修正錯誤，確立黨中央的正確領導，創造性地制定和實施符合中國革命特點的戰略策略。

---

① 中共中央為準備中央紅軍主力戰略轉移，曾在 1934 年夏成立由博古、李德和周恩來組成的「三人團」。

遵義會議會址

　　遵義會議後，中央紅軍在毛澤東等指揮下，根據實際情況的變化，靈活變換作戰方向，迂迴穿插於敵人重兵之間。從 1935 年 1 月末到 3 月下旬，紅軍四渡赤水。3 月下旬，南渡烏江，佯攻貴陽。正在貴陽督戰的蔣介石急調滇軍前來增援。滇軍一被調出，紅軍立刻大踏步奔襲雲南，兵鋒直逼昆明。雲南當局急調兵力固守昆明，削弱了金沙江防務。紅軍又突然掉頭向北，於 5 月上旬渡過金沙江。

　　至此，中央紅軍擺脫幾十萬國民黨軍隊的圍追堵截，粉碎了蔣介石圍殲紅軍於川黔滇邊境的計劃，取得了戰略轉移中具有決定意義的勝利。這一勝利，是在改換了中央軍事領導之後取得的，充分顯示了毛澤東高超的軍事指揮藝術。

紅軍北上和三軍大會師

中央紅軍渡過金沙江後，繼續北上。進入大涼山彝族聚居區時，總參謀長劉伯承同彝族果基部落首領小葉丹歃血為盟，紅軍順利通過了彝族地區，趕到大渡河南岸的安順場渡口。安順場一帶水急山陡，是太平天國石達開北渡未成而最後覆滅的地方。紅軍一部分由 17 勇士領頭，強渡成功。但大部隊仍不可能在這裡迅速過河。大部隊乘敵軍沒有來得及破壞大渡河上游的瀘定橋前，以兩天時間趕完 340 里行程，直取瀘定橋。以 22 名戰士組成的突擊隊冒着敵軍密集火力，攀緣橋上鐵索，衝過瀘定橋，中央紅軍勝利渡過了天險大渡河。

過河後，中央紅軍又翻越長征途中第一座人跡罕至的大雪山 —— 夾金山。這座山位於懋功（今小金）以南，海拔 4000 多米，一上一下要走 70 里路，高山缺氧，許多紅軍戰士犧牲在征途上。

中央紅軍在懋功地區同紅四方面軍會師後，為確定下一步的行動方向，6 月，中央政治局在兩河口召開會議，決定紅軍集中主力向北進攻，以創建川陝甘革命根據地。不久，張國燾卻又提出南下四川、西康的方針，給兩軍會師後的前景蒙上陰影。

8 月初，紅一、紅四方面軍混合編成左、右兩路軍北上。毛澤東、張聞天、周恩來等率中央機關和前敵指揮部隨右路軍行動。朱德、張國燾、劉伯承等率紅軍總司令部隨左路軍行動。8 月 21 日，右路軍從毛兒蓋出發，穿越荒無人煙的大草地，等待左路軍前來會合。

此時，張國燾自恃槍多勢眾，公然向黨爭權，提出種種藉口，不願北上，並要右路軍南下。9 月 9 日，他電令右路軍政治委員陳昌浩

率部南下，「徹底開展黨內鬥爭」。毛澤東得知這一情況後，與周恩來、張聞天、博古、王稼祥緊急磋商，決定連夜率紅一、紅三軍[①]和軍委縱隊先行北上。黨中央多次致電要求張國燾立即率部北上，但張國燾置之不理。9月12日，中央政治局在甘肅迭部縣俄界（今高吉村）召開擴大會議，通過關於張國燾錯誤的決定，並將北上紅軍改稱「陝甘支隊」。

陝甘支隊先頭部隊於9月17日一舉突破川甘邊界天險臘子口，第二天佔領哈達鋪。在這裡，毛澤東等從報紙上得知陝北有相當大的一塊根據地和紅軍活動的情況。恰逢此時，1934年11月由鄂豫皖根據地出發長征的紅二十五軍到達陝甘根據地，同當地的紅二十六、紅二十七軍會師，合編為紅十五軍團，並打破了敵人的重兵「圍剿」，為黨中央把中國革命的大本營安置在西北創造了條件。9月27日，中央政治局常委在榜羅鎮開會，正式決定前往陝北。不久，陝甘支隊順利越過六盤山主峰，毛澤東作《清平樂·六盤山》詞，「今日長纓在手，何時縛住蒼龍？」表達了紅軍不可戰勝的大無畏革命精神。

10月19日，陝甘支隊到達陝北吳起鎮。至此，中央紅軍主力行程二萬五千里、縱橫11個省的長征勝利結束。中央紅軍主力長征即將勝利結束時，毛澤東寫下了《七律·長征》，藝術地、形象地表現了紅軍將士不屈不撓、英勇頑強的氣概和革命樂觀主義精神。「紅軍不怕遠征難，萬水千山只等閒。」「更喜岷山千里雪，三軍過後盡開顏。」

陝甘根據地是土地革命戰爭後期全國碩果僅存的完整革命根據

---

① 當時紅一方面軍的第一、三、五、九軍團分別改稱紅一、三、五、三十二軍。

地，為黨中央和各路紅軍長征提供了落腳點，為後來全民族抗日戰爭爆發後由紅軍改編的八路軍主力奔赴抗日前線提供了出發點。陝甘支隊到達陝北後，即恢復紅一方面軍番號，紅十五軍團併入紅一方面軍建制。1936 年 2 月至 7 月，紅一方面軍先後進行東征和西征，將陝甘根據地擴大為陝甘寧根據地。

1935 年 10 月，反對北上、堅持南下的張國燾公然另立「中央」，自任「主席」。黨中央多次致電張國燾，責令他立即撤銷另立的「中央」，停止一切反黨活動。張國燾的反黨分裂行為，在紅四方面軍中也不得人心。再加上重新南下的紅四方面軍部隊，在作戰中減員過半，1936 年 6 月，張國燾被迫取消另立的「中央」。

原在湘鄂川黔根據地由任弼時、賀龍等領導的紅二、紅六軍團，1935 年 11 月從桑植出發，歷盡艱險，在 1936 年 7 月初同紅四方面軍在甘孜會師。黨中央指定紅二、紅六軍團同紅三十二軍合編為紅二方面軍，由賀龍任總指揮，任弼時任政治委員。

經朱德、劉伯承、任弼時、賀龍等力爭，並得到徐向前等紅四方面軍許多幹部、戰士的支持，紅四、紅二方面軍終於共同北上。10 月 9 日，紅四方面軍指揮部到達甘肅會寧，同紅一方面軍會合。22 日，紅二方面軍指揮部到達甘肅隆德將台堡（今屬寧夏回族自治區），同紅一方面軍會合。至此，三大主力紅軍勝利會師。

中國工農紅軍長征是一次理想信念的偉大遠征，是一次檢驗真理的偉大遠征，是一次喚醒民眾的偉大遠征，是一次開創新局的偉大遠征。長征的勝利，充分表明中國共產黨及其領導的中國工農紅軍是一支不可戰勝的力量。

在紅一方面軍二萬五千里的征途上，平均每 300 米就有一名紅軍犧牲。「革命理想高於天」。長征路上的苦難、曲折、死亡，檢驗了中國共產黨人的理想信念，向世人證明了中國共產黨人的理想信念是堅不可摧的。英雄的紅軍將士同敵人進行了 600 餘次戰役戰鬥，跨越近百條江河，攀越 40 餘座高山險峰，其中海拔 4000 米以上的雪山就有 20 餘座，穿越了被稱為「死亡陷阱」的茫茫草地。在翻越大雪山途中，有個同志穿着單薄的舊衣服被凍死，指揮員讓把軍需處長叫來，想問問他為甚麼不給這個被凍死的同志發棉衣，隊伍裡的同志含淚告訴他，被凍死的這個同志就是軍需處長。管被裝的寧可自己凍死，也沒有自己先穿暖和一點。正是有了如此崇高的思想境界，紅軍才戰勝了空前的困難，用頑強意志征服了人類生存極限，創造了氣吞山河的人間奇跡。

長征的勝利，極大地促進了黨在政治上和思想上的成熟。黨進一步認識到，只有把馬克思主義基本原理同中國革命具體實際結合起來，獨立自主解決中國革命的重大問題，才能把革命事業引向勝利。這是在血的教訓和鬥爭考驗中得出的真理。經過長征的千錘百煉，黨在思想上不斷成熟，實現了在追求真理、堅持真理的基礎上全黨的空前團結、紅軍的空前團結。

紅軍的長征是以我們的勝利和敵人的失敗而結束的，充分展示了中國共產黨性質和宗旨的力量，宣傳了黨的主張，播撒下革命的火種，擴大了黨和紅軍的影響。紅軍在行軍途中得到了人民群眾的熱情支持。行進到湖南汝城縣沙洲村時，三名女紅軍借宿村民徐解秀家中，臨走時，把自己僅有的一床被子剪下一半給徐解秀留下了。徐解

秀後來說，甚麼是共產黨？共產黨就是自己有一條被子，也要剪下半條給老百姓的人。「半條被子」的故事讓人民群眾認識了共產黨，把黨當成自己人。

長征的勝利，是中國革命轉危為安的關鍵。毛澤東曾形象地指出：「長征是歷史紀錄上的第一次，長征是宣言書，長征是宣傳隊，長征是播種機。」它宣告了國民黨反動派消滅中國共產黨和紅軍的圖謀徹底失敗，宣告了中國共產黨和紅軍肩負着民族希望勝利實現了北上抗日的戰略轉移，實現了中國共產黨和中國革命事業從挫折走向勝利的偉大轉折，開啟了中國共產黨為實現民族獨立、人民解放而鬥爭的新的偉大進軍。長征後保存下來的紅軍人數雖然不多，但這是黨極為寶貴的精華，構成以後領導全民族抗日戰爭和人民解放戰爭的骨幹。

長征鑄就了偉大的長征精神。這就是：把全國人民和中華民族的根本利益看得高於一切，堅定革命的理想和信念，堅信正義事業必然勝利的精神；為了救國救民，不怕任何艱難險阻，不惜付出一切犧牲的精神；堅持獨立自主、實事求是，一切從實際出發的精神；顧全大局、嚴守紀律、緊密團結的精神；緊緊依靠人民群眾，同人民群眾生死相依、患難與共、艱苦奮鬥的精神。長征精神為中國革命不斷從勝利走向勝利提供了強大的精神動力。

1936 年 10 月下旬，為實現打通蘇聯援助道路的目的，紅四方面軍一部奉中革軍委命令，西渡黃河準備執行寧夏戰役計劃。11 月 11 日，渡河部隊根據中央決定稱西路軍。深入河西走廊的西路軍將士，在極端困難的條件下英勇奮戰四個月，殲敵兩萬餘人，但終因寡不敵眾，於 1937 年 3 月慘烈失敗，血沃祁連。西路軍不畏艱險、浴血奮

戰的英雄主義氣概，為黨為人民英勇獻身的精神，同長征精神一脈相承，成為中國共產黨人紅色基因和中華民族寶貴精神的重要組成部分。

南方紅軍游擊戰爭和東北抗日聯軍的鬥爭

中央紅軍主力撤出根據地時，黨中央決定成立蘇區中央分局和中央軍區，以項英為分局書記兼軍區司令員和政治委員。同時，成立以陳毅為主任的中華蘇維埃共和國中央政府辦事處。

留在根據地的紅軍隊伍和游擊隊約 1.6 萬人，在項英和陳毅的率領下，策應、掩護主力紅軍戰略轉移後，分散突圍，開展游擊戰爭。由於眾寡懸殊，遭受重大損失。蘇區中央分局繼續堅持領導和開展了閩贛邊和閩西地區的游擊戰爭。1935 年 3 月底，項英、陳毅等率領約 300 人，到達贛粵邊地區，以油山為中心，堅持艱苦的游擊戰爭。其間，陳毅曾寫下：「投身革命即為家，血雨腥風應有涯。取義成仁今日事，人間遍種自由花。」這表達了共產黨人面對異常艱難的鬥爭形勢矢志不渝、永不言棄的革命意志和革命精神。

與此同時，在閩北、閩東、閩中、閩粵邊、皖浙贛、浙南、湘南、湘鄂贛、湘贛、鄂豫皖邊、鄂豫邊以及瓊崖等地區，黨組織和紅軍游擊隊也都緊緊依靠群眾，開展了英勇頑強的游擊鬥爭。

在南方紅軍三年游擊戰爭中，留下來堅持鬥爭的何叔衡、賀昌、毛澤覃、萬永誠、古柏、阮嘯仙等許多幹部和戰士英勇犧牲。瞿秋白被俘後，堅貞不屈。他在被押往刑場前慨然絕書：「眼底煙雲過盡時，正我逍遙處。」走到羅漢嶺一處草坪，他環視四周，盤膝坐定，對劊子手說：「此地正好，開槍吧！」年僅 36 歲的瞿秋白從容就義，

表現了中國共產黨人視死如歸的大無畏精神。

九一八事變後，中國共產黨在東北三省積極組織並領導抗日武裝鬥爭。從 1933 年 9 月起，中共滿洲省委把黨領導的各抗日游擊隊相繼改編為東北人民革命軍。1936 年 2 月，東北人民革命軍和黨領導或影響的各抗日游擊隊相繼改編為東北抗日聯軍。

東北抗日聯軍開闢了東南滿、北滿和吉東三大游擊區。到 1937 年全民族抗戰爆發前後，發展為 11 個軍，共 3 萬餘人，在南起長白山，北抵小興安嶺，東起烏蘇里江，西至遼河東岸的廣大地區，開展游擊戰爭，同日、偽軍進行大小幾千次戰鬥，粉碎敵人一次又一次「討伐」。他們的英勇鬥爭，有力打擊了日本在中國東北的殖民統治，牽制了大量日軍，支援和鼓舞了全國抗日救亡運動。

在東北抗聯這支英勇的隊伍裡，湧現出許許多多可歌可泣的英雄人物和英雄事跡。1936 年 8 月，年僅 31 歲的趙一曼犧牲前，在給兒子的遺書中寫道：「我最親愛的孩子啊！母親不用千言萬語來教育你，就用實行來教育你。在你長大成人之後，希望不要忘記你的母親是為國而犧牲的！」趙一曼「誓志為人不為家」的高尚情操生動詮釋了偉大的東北抗聯精神。

六、為建立抗日民族統一戰線而鬥爭

一二·九運動和抗日救亡運動的新高潮

日本侵略者在侵佔東北後，加緊了對華北的爭奪。1935 年 6 月中旬，在日本脅迫下，國民黨「中央軍」撤出平津和河北，整個華北

危在旦夕。北平學生悲憤地喊出:「華北之大,已經安放不得一張平靜的書桌了!」

在中共地下組織的領導下,北平學生在 1935 年 12 月 9 日舉行聲勢浩大的抗日遊行,遭到國民黨軍警鎮壓,由此開始的一二·九運動迅速波及全國。許多大中城市的學生和工人紛紛投身抗日救亡運動。上海和其他地方的愛國人士和團體成立各界救國會,要求停止內戰,出兵抗日。抗日救亡鬥爭發展成為全國規模的群眾運動。

12 月下旬,在黨的領導下,北平學生聯合會組織平津南下擴大宣傳團,到河北農村進行抗日宣傳,走上同工農相結合的道路。在宣傳團基礎上,1936 年 2 月初,成立中華民族解放先鋒隊,很快發展到 2 萬餘人,對團結廣大青年、促進抗日救亡運動發揮了重要作用。

一二·九運動揭露了日本吞併華北進而獨佔中國的陰謀,打擊了國民黨的妥協退讓政策,極大地促進了中華民族的覺醒,標誌着中國人民抗日救亡運動新高潮的到來。

抗日民族統一戰線策略的制定和西安事變的和平解決

全國抗日救亡運動新高潮的興起說明,中國已處於政治形勢大變動的前夜。把各種要求抗日的力量匯合起來,組成抗日民族統一戰線,共禦外敵,這一使命歷史地落在中國共產黨身上。

1935 年 8 月 1 日,中共駐共產國際代表團草擬《中國蘇維埃政府、中國共產黨中央為抗日救國告全體同胞書》(八一宣言),不久公開發表。宣言主張停止內戰,組織國防政府和抗日聯軍,對日作戰。

12 月，中央政治局在陝北瓦窯堡召開擴大會議，通過《中共中央關於目前政治形勢與黨的任務的決議》。兩天後，毛澤東在黨的活動分子會議上作《論反對日本帝國主義的策略》的報告。瓦窯堡會議決議和毛澤東的報告，明確提出黨的基本策略任務是建立廣泛的抗日民族統一戰線，批評了黨內長期存在的「左」傾冒險主義、關門主義的錯誤傾向。

瓦窯堡會議結束後，黨採取切實措施，推進日益高漲的抗日救亡運動。1935 年底，黨中央派劉少奇到華北恢復、整頓和重建華北各地黨組織，迅速打開了工作新局面。

1936 年上半年，黨中央和駐共產國際代表團先後派馮雪峰、潘漢年到上海，與那裡的黨組織重新建立聯繫，積極開展統一戰線工作。5 月，愛國人士宋慶齡、沈鈞儒、鄒韜奮、陶行知、章乃器等發起成立全國各界救國聯合會，主張「停止內戰，一致抗日」。

與此同時，黨對駐紮在西北地區的以張學良為首的東北軍和以楊虎城為首的第十七路軍的統一戰線工作取得突破性進展。到 1936 年上半年，紅軍和東北軍、第十七路軍之間，實際已停止敵對行動。

但是，蔣介石「攘外必先安內」的方針並沒有根本改變。1936 年 12 月 4 日，蔣介石親赴西安，逼迫張學良、楊虎城率部「剿共」。張學良、楊虎城在向蔣介石要求抗日遭拒後，於 12 月 12 日凌晨，採取了「兵諫」，扣留了蔣介石，並通電全國，提出停止內戰、一致抗日等八項主張。這就是震驚中外的西安事變。

事變發生後，張學良連夜電告中共中央。黨中央派遣周恩來於 12 月 17 日到達西安。在弄清情況後，黨中央以中華民族團結抗日的

大局為重，獨立自主確定了用和平方式解決西安事變的方針。據此，周恩來與張學良、楊虎城共同努力，經過談判，迫使蔣介石作出「停止剿共，聯紅抗日」的承諾。

西安事變的和平解決，成為時局轉換的樞紐，對促成以國共兩黨合作為基礎的抗日民族統一戰線的建立起到了重要作用。從此，十年內戰的局面基本結束，國內和平初步實現。在抗日的前提下，國共兩黨實行第二次合作已成為不可抗拒的大勢。

總結歷史經驗，加強自身建設

在中國革命進程和國共關係即將發生重大變化的轉折關頭，中共中央大力加強黨自身建設特別是思想理論建設。

紅軍長征到達陝北後，毛澤東、中共中央用很大的精力從事理論建設工作。1935 年 12 月，毛澤東所作的《論反對日本帝國主義的策略》的報告，闡明了黨的抗日民族統一戰線的新政策，系統地說明了黨的政治策略上的諸問題。1936 年 12 月，他寫的《中國革命戰爭的戰略問題》，總結土地革命戰爭中黨內在軍事問題上的大爭論，系統地說明了有關中國革命戰爭戰略方面的諸問題。1937 年夏，他在《實踐論》《矛盾論》這兩部體現馬克思主義中國化理論成果的重要哲學著作中，從馬克思主義認識論、辯證法的高度，着重揭露和批判了長期存在於黨內的主觀主義錯誤尤其是教條主義錯誤，闡明了黨的馬克思主義的思想路線，形成了具有鮮明中國特色的馬克思主義哲學思想，從思想理論上武裝了中國共產黨人。這些理論建設的豐碩成果，極大地推進了馬克思主義中國化進程，為迎接偉大的全民族抗戰的到

來做好了政治準備和思想準備。

黨還注意加強組織建設。按照瓦窯堡會議精神，黨克服關門主義，注意發展黨員，建立健全黨的各級組織，使黨的組織和黨員隊伍得以發展壯大。

1937 年 5 月，中共中央先後召開了黨的蘇區代表會議和黨的白區代表會議，進一步總結歷史經驗，明確黨在抗日時期的任務。黨的各方面建設走上健康發展的軌道，為迎接即將到來的全民族抗日戰爭，奠定了思想上、政治上和組織上的堅實基礎。

從大革命失敗到全民族抗日戰爭前夕這十年，是中國共產黨在極端困難的條件下堅持鬥爭並達到政治上成熟的重要時期。黨在這個時期曾經兩次經受嚴峻的考驗：一次是大革命的失敗，一次是第五次反「圍剿」的失敗。這兩次失敗都曾使黨的力量遭受極大的削弱，瀕臨覆滅的危險。可是，中國共產黨的優秀分子們在常人難以想像的險惡環境中，始終表現出對未來充滿信心的革命樂觀主義和不屈不撓的頑強毅力，沉着應對，埋頭苦幹，奇跡般地度過最黑暗的時刻，開創出新的局面。

這十年的歷史經驗證明：中國共產黨人的力量是來自把馬克思主義的普遍真理同中國革命的具體實際相結合，緊緊同全國絕大多數人民站在一起，堅持實事求是、群眾路線、獨立自主的原則。這十年中，雖然黨在指導思想上幾度犯過急躁冒進的錯誤，而使革命事業遭受嚴重挫折，但是黨最終依靠自己的力量克服了這種錯誤。正因如此，黨才能夠在民族矛盾和國內階級矛盾錯綜複雜的形勢下，採取正確的方針保持土地革命戰爭時期的主要革命成果，邁向全民族抗日戰爭的新的歷史時期。

第三章

全民族抗日戰爭的中流砥柱

1937 年 7 月 7 日夜，日本侵略軍悍然發動盧溝橋事變（七七事變），當地中國駐軍奮起抵抗，全民族抗戰由此爆發。盧溝橋事變發生的第二天，中共中央向全國發出通電：「平津危急！華北危急！中華民族危急！只有全民族實行抗戰，才是我們的出路！」一場決定中華民族命運的殊死大搏鬥拉開帷幕。

一、黨的全面抗戰路線和持久抗戰方針的制定

抗日戰爭全面爆發和第二次國共合作正式形成

日本軍國主義者發動的對華戰爭，是企圖滅亡中國、變中國為其獨佔殖民地的帝國主義侵略戰爭。日軍在 7 月底佔領北平和天津，接着沿平綏、平漢、津浦三條鐵路向華北地區擴大進攻，企圖以三個月時間「滅亡中國」。

在這生死存亡關頭，只有全民族團結抗戰才是生存和發展的唯一出路。中國共產黨高舉起抗日的大旗，在盧溝橋事變發生第二天就通電全國，號召：「全中國同胞，政府，與軍隊，團結起來，築成民族統一戰線的堅固長城，抵抗日寇的侵掠！」「國共兩黨親密合作抵抗日寇的新進攻！」同日，毛澤東、朱德、彭德懷等紅軍領導人致電蔣介石，表示紅軍將士願意「為國效命，與敵周旋，以達保土衛國之目的」。為促進國共兩黨實現團結合作抗日，黨中央派周恩來等將《中共中央為公佈國共合作宣言》交給蔣介石。9 月 22 日，國民黨中央通訊社發表中共中央的宣言；23 日，蔣介石發表實際上承認共產黨合法地位的談話。中共中央的宣言和蔣介石談話的發表，宣告國共兩

黨重新合作和抗日民族統一戰線形成。

8月，中共中央革命軍事委員會發佈命令，宣佈紅軍改名為國民革命軍第八路軍（簡稱「八路軍」），下轄三個師，全軍約 4.6 萬人。紅軍前敵總指揮部改為第八路軍總指揮部，朱德任總指揮，彭德懷任副總指揮。9月，陝甘寧根據地改稱陝甘寧邊區，仍是黨中央所在地。接着，黨在南方八省的紅軍游擊隊（瓊崖紅軍游擊隊除外），改編為國民革命軍陸軍新編第四軍（簡稱「新四軍」）。葉挺任軍長，項英任副軍長，下轄四個支隊，全軍約 1.03 萬人。

團結就是力量，團結方能勝利。正是抗日民族統一戰線這面旗幟，召喚着全中國的各黨各派各界各軍，召喚着全中國的工農兵學商，召喚着海內外的華夏兒女，眾志成城，同仇敵愾，築起了中華民族抗擊日本侵略者的鋼鐵長城。偉大的愛國者宋慶齡在聲明中指出：「共產黨是一個代表工農勞動階級利益的政黨。孫中山知道沒有這些勞動階級的熱烈支持與合作，就不可能順利地實現完成國民革命的使命。……國難當頭，應該盡棄前嫌。必須舉國上下團結一致，抵抗日本，爭取最後勝利。」國民黨內的李濟深等領導的中華民族革命同盟從一度反蔣抗日轉到擁蔣抗日的立場。國家社會黨、中國青年黨、中華職業教育社、鄉村建設派等一致表示擁護政府抗戰和國共兩黨合作抗日。工人、農民、知識分子積極投入抗日洪流，民族工商業者踴躍為前線捐贈錢物，一些人還不避艱險把工廠遷往內地。各少數民族與漢族人民一起積極參加抗日戰爭。許多台灣同胞回到祖國大陸，組織各種抗日團體和抗日武裝。港澳同胞和海外華僑也以各種方式參加抗日活動。這些百年以來未曾有的新氣象，標誌着一個古老民族的空前

覺醒。這就使日本侵略者突然發現，它面對的是原來沒有預計到的整個中華民族組成的抗日民族統一戰線。

黨的全面抗戰路線和持久戰的戰略總方針

國共兩黨在如何抗日的問題上，一開始就存在着不同主張。蔣介石集團實行片面抗戰路線，單純依靠政府和軍隊的抗戰，不願意實行民主、改善民生，不敢發動和依靠人民大眾。中國共產黨則主張實行全面抗戰路線，廢除國民黨的一黨專政，給人民以充分的抗日民主權利，適當地改善工農大眾的生活，充分動員、組織和武裝民眾抗戰，使抗日戰爭成為真正的人民戰爭。

1937 年 8 月，中共中央在陝北洛川城郊召開政治局擴大會議（洛川會議）。會議通過《中國共產黨抗日救國十大綱領》和毛澤東起草的宣傳鼓動提綱《為動員一切力量爭取抗戰勝利而鬥爭》。會議強調，必須堅持統一戰線中無產階級的領導權，在敵人後方放手發動獨立自主的山地游擊戰爭，在國民黨統治區放手發動抗日的群眾運動。洛川會議是在全國抗戰剛剛爆發的歷史轉折關頭召開的一次重要會議。會議通過的十大綱領和決定，標誌着黨的全面抗戰路線的正式形成。

為動員並組織人民群眾進行全面抗戰，必須明確提出抗戰的軍事戰略方針。當時，「亡國論」和「速勝論」的錯誤觀點都有相當大的市場。中日戰爭的過程究竟將怎樣發展？中國能否取得抗戰勝利？如何才能取得勝利？這些問題亟待得到明確解決。

為了初步總結全國抗戰經驗，批駁當時流行的種種錯誤觀點，系統闡明黨的抗日持久戰方針，毛澤東在 1938 年五六月間作了《論持

毛澤東在延安窰洞內撰寫《論持久戰》

久戰》的長篇講演，明確指出：「中國會亡嗎？答覆：不會亡，最後勝利是中國的。中國能夠速勝嗎？答覆：不能速勝，抗日戰爭是持久戰。」他分析了戰爭雙方存在着的互相矛盾的四個基本特點，即：日本是帝國主義強國，中國是半殖民地半封建弱國；日本的侵略戰爭是退步的、野蠻的，中國的反侵略戰爭是進步的、正義的；日本是個小國，經不起長期戰爭，中國是個大國，能夠支持長期戰爭；日本的非正義戰爭失道寡助，中國的正義戰爭得道多助。進而指出：第一個特點決定了日本的進攻能在中國橫行一時，中國不能速勝；後三個特點決定了中國不會亡國，經過長期抗戰，最後勝利屬於中國。

　　《論持久戰》科學地預見到抗日戰爭將經過戰略防禦、戰略相

持、戰略反攻三個階段。明確提出，通過三個階段，在雙方的力量對比上，中國必將由劣勢到平衡再到優勢。其中，戰略相持階段的時間將相當長，遇到的困難也將最多，然而它是整個戰爭轉變的樞紐。在這個階段中，我們的作戰形式主要的是游擊戰，而以運動戰輔助之。這個階段的戰爭是殘酷的，但是游擊戰爭能夠勝利。中國將變為獨立國，還是淪為殖民地，不決定於第一階段大城市之是否喪失，而決定於第二階段全民族努力的程度。如能堅持抗戰，堅持統一戰線和堅持持久戰，中國將在此階段中獲得轉弱為強的力量。

《論持久戰》強調「兵民是勝利之本」，「戰爭的偉力之最深厚的根源，存在於民眾之中」。指出爭取抗戰勝利的唯一正確道路是充分動員和依靠群眾，實行人民戰爭。在整個戰爭中，中國共產黨始終堅持動員人民、依靠人民，推動形成了全民族抗戰的歷史洪流，使日本侵略者陷入了人民戰爭的汪洋大海之中。

《論持久戰》系統闡明了黨的抗日持久戰戰略總方針，是中國共產黨領導抗日戰爭的綱領性文獻。它不僅指明了必須持久抗戰才能取得最後勝利的前景，而且提出了一整套動員人民群眾，在持久戰爭中不斷削弱敵方的優勢、生長自己的力量、以奪取最後勝利的切實可行的辦法，大大增強了人們堅持抗戰的決心和信心。一篇講演具有如此強大的說服力量和震撼人心的力量，在歷史上是少有的。以後抗日戰爭的實踐，充分證明《論持久戰》中的預見是完全正確的，是符合實際情況的。

與此同時，毛澤東還寫作了《抗日游擊戰爭的戰略問題》一文，特別強調了抗日戰爭全過程中游擊戰爭的重要戰略地位。

二、開展敵後抗日游擊戰爭和堅持統一戰線中的獨立自主

八路軍開赴抗日前線

紅軍改編為國民革命軍後，迅速開赴抗日前線。此刻，抗日戰爭正處在戰略防禦階段。這個階段呈現出兩大特點：一是日軍分路深入中國廣大領土，對中國正面戰場的攻勢達到頂點；二是中國共產黨領導的人民軍隊開展敵後游擊戰爭，並迅速壯大起來。

當時，國民黨表現了一定的抗日積極性，國民黨軍隊曾進行了平津、淞滬、忻口、徐州以及保衛武漢等戰役，並取得台兒莊戰役的勝利，粉碎了日本帝國主義「三個月滅亡中國」的計劃，但是未能從根本上扭轉戰局。

1937 年 12 月 13 日，日軍佔領南京後，進行了長達 6 週駭人聽聞的血腥大屠殺，中國平民和解除武裝的軍人被槍殺、焚燒、活埋以及用其他方法殘忍殺害者，達 30 萬人以上。無數婦女遭到蹂躪殘害，無數兒童死於非命，1/3 建築遭到毀壞，大量財物遭到掠奪，昔日繁華的古都成了人間地獄。侵華日軍一手製造的這一滅絕人性的大屠殺慘案，是駭人聽聞的反人類罪行，是人類歷史上十分黑暗的一頁。面對極其野蠻、極其殘暴的日本侵略者，具有偉大愛國主義精神的中國人民沒有屈服，而是凝聚起了同侵略者血戰到底的空前鬥志，堅定了抗日救國的必勝信念。

八路軍到達山西抗日前線後，即取得平型關戰鬥重大勝利。1937年 9 月 25 日，八路軍第一一五師主力在平型關伏擊日軍，首戰告捷，一舉殲滅日軍 1000 餘人，擊毀日軍汽車 100 餘輛，繳獲一批輜

重和武器。接着,八路軍三個師又配合國民黨軍隊進行忻口戰役,相繼取得雁門關伏擊戰、夜襲陽明堡日軍機場等勝利。忻口戰役歷時20餘天,是華北戰場上規模最大、戰鬥最激烈的一次戰役,也是國共合作抗日配合得較好的一次戰役。

平型關大捷是全民族抗戰爆發後中國軍隊主動對日作戰取得的第一個重大勝利,打破了日軍「不可戰勝」的神話,極大地振奮了全國軍民的抗戰信心,提高了共產黨和八路軍的聲望,使許多人由此相信共產黨不但堅決抗日,並且是有能力戰勝敵人的。朱德在家書中寫道:此戰使「全線士氣為之一壯。如各軍都同我們一樣,那就不難打退敵人和消滅敵人」。

開赴抗日前線的八路軍部隊

在深入敵人後方以後，八路軍應該怎樣作戰，怎樣打擊敵人？黨確定了基本的是游擊戰，但不放鬆有利條件下的運動戰的作戰方針。黨領導的人民軍隊在軍事戰略上實行了重大轉變，就是由土地革命戰爭後期的運動戰向抗日游擊戰爭轉變。

敵後戰場的開闢和敵後抗日根據地的創建

1937 年 11 月太原失守後，以中國共產黨為主體的游擊戰爭在華北上升到主要地位。黨領導的軍隊根據洛川會議的決定，着重向敵後實施戰略展開，發動獨立自主的敵後游擊戰爭。當日軍依仗優勢兵力，氣勢洶洶地向前猛進時，國民黨的軍隊節節後退，而裝備簡陋的八路軍卻分散地大踏步地向敵後挺進。他們同地方黨組織相結合，組織工作團，建立戰地動員委員會、抗日救國會等半政權性質的組織。

1938 年 1 月 10 日，晉察冀邊區臨時行政委員會 [①] 成立。這是敵後由中國共產黨領導建立的第一個統一戰線性質的抗日民主政權。敵後抗日政權的建立，恢復了國民黨政權潰逃後陷入一片混亂的社會秩序，使廣大人民群眾看到了光明和希望，迅速贏得了人民的擁護。

1938 年 4 月，黨中央作出決定：將原在山西山區的八路軍三大主力分別向河北和山東的平原地區挺進，開闢新的抗日根據地。這對於習慣山地作戰的八路軍來說是一次新的挑戰。新四軍各部也利用山區和河

---

① 初稱臨時行政委員會。1938 年 1 月下旬，先後得到閻錫山和國民政府軍事委員會及行政院的正式批准，去掉「臨時」二字。

轉戰大江南北的新四軍部隊

湖港汊等複雜地形開展游擊戰。敵後抗日游擊戰爭出現了新的局面。

　　敵後戰場的開闢,使中國抗日戰爭形成戰略上互相配合的兩個戰場,一個是主要由國民黨軍隊擔負的正面戰場,一個是主要由共產黨軍隊擔負的敵後戰場。敵後戰場的迅速發展,牽制了大量日軍。這是抗日戰爭由戰略防禦轉到戰略相持的一個重要條件。

　　中國共產黨領導的軍隊在敵後開展的游擊戰爭,是世界歷史上罕見的艱苦戰爭。八路軍將士面對日本侵略軍的反覆「掃蕩」,只有極簡陋的武器裝備,沒有來自後方的槍支彈藥的接濟。他們在敵人的包圍中創建抗日根據地,那裡大多是窮鄉僻壤,物質條件極其惡劣。1937 年 11 月,八路軍第一一五師一部向晉察冀進軍時,五台山已開始飛雪,部隊還穿着單衣草鞋,在破廟中過夜。然而,經過艱苦卓絕的鬥爭,他們終於在敵後站穩了腳跟,打開了局面,其中的關鍵是得到人民的支持和擁護。這是人民軍隊能夠在敵後艱苦環境中不斷發展壯大的奧秘所在。

堅持統一戰線中的獨立自主

在全民族抗日戰爭中，由於複雜的國際國內形勢和國共兩黨間存在着兩條不同的抗戰路線，黨如何正確處理統一戰線中的統一和獨立、團結和鬥爭的關係，成為對抗戰成敗具有決定意義的問題。全民族抗戰伊始，黨中央就指出，必須堅持統一戰線中的獨立自主原則。

1937 年 11 月底，中共駐共產國際代表、共產國際執委王明從蘇聯回到延安。他主張「一切經過統一戰線」「一切服從抗日」，把共產黨和人民軍隊的活動限制在國民黨允許的範圍內，對洛川會議以來黨在統一戰線問題上的許多正確觀點和政策提出批評。這些錯誤觀點受到毛澤東等中央領導人的堅決抵制。1938 年 7 月，共產國際領導人也明確表示，在中共中央內部應支持毛澤東的領導地位；王明缺乏實際工作經驗，不應爭當領袖。

1938 年 9 月至 11 月，黨的擴大的六屆六中全會在延安舉行。全會首次提出馬克思主義中國化的命題。毛澤東明確指出：「馬克思主義在中國具體化，使之在其每一表現中帶着必須有的中國的特性，即是說，按照中國的特點去應用它，成為全黨亟待了解並亟須解決的問題。」全會強調「我們的方針是統一戰線中的獨立自主，既統一，又獨立」，確定敵後抗戰總的戰略部署是「鞏固華北，發展華中」。

全會重申黨的紀律，即個人服從組織，少數服從多數，下級服從上級，全黨服從中央。全會還強調加強馬克思主義理論的學習，指出：「如果我們黨有一百個至二百個系統地而不是零碎地、實際地而不是空洞地學會了馬克思列寧主義的同志，就會大大地提高我們黨的戰鬥力量」。

　　黨的擴大的六屆六中全會是一次具有重大歷史意義的會議。毛澤東後來在黨的七大上說：「六中全會是決定中國之命運的。」這次全會正確地分析了抗日戰爭的形勢，規定了黨在抗戰新階段的任務，為實現黨對抗日戰爭的領導進行了全面的戰略規劃，基本上糾正了王明的右傾錯誤，進一步鞏固了毛澤東在全黨的領導地位，統一了全黨的思想和步調，推動了各項工作的迅速發展。

三、堅持抗戰、團結、進步的方針

戰略相持階段到來後的局勢和黨的方針

　　1938 年 10 月日軍佔領廣州、武漢後，已無力再發動大規模的戰略進攻。全民族抗日戰爭由戰略防禦階段進入戰略相持階段。

　　戰略相持階段到來後，日本侵略者在堅持滅亡中國的總方針下調整侵華策略，逐漸將主要兵力用於打擊敵後戰場的八路軍和新四軍；對國民政府，從以軍事進攻為主、政治誘降為輔轉變為以政治誘降為主、軍事打擊為輔；在佔領區內，加緊扶植傀儡政權，建立和發展漢奸組織。

　　在這種形勢下，國民黨統治集團內的投降、分裂、倒退活動日益嚴重。1938 年 12 月，以國民黨副總裁汪精衛為代表的國民黨親日派公開投降，並開始拼湊偽中央政權。以蔣介石為代表的國民黨親英美派集團雖然繼續抗日，但態度日趨消極，反共傾向明顯增長。各地接連發生襲擊、殺害共產黨領導的抗日軍民的反共摩擦事件。團結抗戰的局面出現嚴重危機。

中國共產黨正確分析相持階段到來後國際國內的複雜形勢。1939年7月7日，黨中央發出《為抗戰兩週年紀念對時局宣言》，旗幟鮮明地提出：「堅持抗戰到底──反對中途妥協！鞏固國內團結──反對內部分裂！力求全國進步──反對向後倒退！」在全民族抗日戰爭的關鍵時刻，黨舉起了團結抗戰到底的鮮明旗幟。

敵後游擊戰爭的發展和百團大戰

在戰略相持階段，中國共產黨肩負起抗擊日本侵略軍的主要責任，黨領導的敵後游擊戰爭成為主要的對日作戰方式。

日軍對抗日根據地「掃蕩」的重點是華北地區。1939年春，日本華北方面軍制定了「治安肅正計劃」，實行軍事、經濟、文化、特務一體的「總力戰」。在1939年和1940年的兩年中，僅華北地區日軍出動千人以上的大規模「掃蕩」就有109次，使用兵力總計在50萬人以上。

根據「鞏固華北」的戰略方針，八路軍在華北依靠廣大群眾，堅持山地游擊戰爭，發展平原游擊戰爭。1939年11月上旬，晉察冀部隊在第一二〇師的配合下進行黃土嶺伏擊戰，擊斃日本獨立混成第二旅團旅團長、所謂「名將之花」阿部規秀中將。《新中華報》發表短評：「抗戰以來，敵軍中將指揮官，在戰場上被我擊斃者，此還算是第一次。真值得我們興奮！」

為了貫徹「發展華中」的戰略方針，1939年2月，周恩來受黨中央委託，到皖南同新四軍領導人商定：新四軍的戰略任務是向南鞏固，向東作戰，向北發展。此後，新四軍和華中敵後抗日游擊戰爭有

了較大發展。1940 年 5 月，黨中央派八路軍一部 1.2 萬人南下，同新四軍一起發展華中抗日根據地。

在華南，廣州失陷後，中共廣東黨組織積極領導開展游擊戰爭，創建東江抗日游擊根據地和東江縱隊。長期戰鬥在海南島的紅軍游擊隊開展抗日游擊戰，後來發展為瓊崖縱隊。

在東北，黨領導的東北抗日聯軍長期堅持在白山黑水之間，給日、偽軍以沉重打擊，成為全國抗戰中的一支重要力量。在這一時期，日本侵略者對東北抗日聯軍展開持續殘酷的軍事「討伐」。在極端困難的環境下，東北抗日聯軍不屈不撓地堅持鬥爭。1938 年 10 月，冷雲等東北抗聯 8 名女戰士陷入敵人包圍後，投入冰冷的烏斯渾河，英勇殉國。1940 年 2 月，東北抗聯第一路軍總司令兼政治委員楊靖宇在濛江縣（今靖宇縣）境內陷入日軍「討伐」隊重圍，冒着零下 40 度的嚴寒，同數倍於己的敵人浴血奮戰，最後隻身一人，堅持戰鬥，直至壯烈犧牲。殘忍的敵人剖開他的腹部，發現在他的胃裡竟沒有一粒糧食，有的只是枯草、樹皮和棉絮。

從 1938 年冬到 1940 年的兩年多時間，中國共產黨領導的敵後抗戰牽制和抗擊了大量侵華日軍，人民抗日力量在戰鬥中成長壯大起來。到 1940 年底，共產黨領導的武裝部隊發展到 50 萬人（東北抗日聯軍未計算在內），還有大量地方武裝和民兵；在華北、華中、華南創建了 16 塊抗日民主根據地，在全民族抗戰中發揮着日益重大的作用。

多位國際友人不遠萬里來到中國，參加艱苦的敵後抗戰。他們中有加拿大共產黨員諾爾曼·白求恩、德國醫學博士漢斯·米勒、美國

醫學博士馬海德、印度醫生柯棣華等。1939 年 11 月，在晉察冀軍民反「掃蕩」作戰中，白求恩大夫在搶救八路軍傷員時不幸感染中毒，為中國人民的解放事業獻出了生命。12 月，毛澤東在《紀念白求恩》一文中，號召學習白求恩毫無自私自利之心的精神，做「一個高尚的人，一個純粹的人，一個有道德的人，一個脫離了低級趣味的人，一個有益於人民的人」。

　　在敵後戰場上，隨着人民武裝和抗日根據地的迅速發展，也由於當時中國出現了空前的投降危險與抗戰困難，1940 年 8 月至翌年1 月，八路軍總部在華北發動了一次大規模的對日軍的進攻。8 月 20日夜，參戰部隊、游擊隊、民兵同時發起攻擊。隨着戰役的展開，陸續參戰的部隊達到 105 個團 20 餘萬人，這就是百團大戰。百團大戰是全民族抗戰以來八路軍在華北發動的規模最大、持續時間最長的一次帶戰略性進攻的戰役。至 1940 年 12 月初，敵後軍民共作戰 1824

百團大戰中八路軍破襲日軍交通線

次，斃傷日、偽軍 2.5 萬餘人，俘日軍 281 人、偽軍 1.8 萬餘人，破壞鐵路 470 餘公里、公路 1500 餘公里，摧毀大量敵碉堡和據點，繳獲大批槍炮和軍用物資。百團大戰給日軍的「囚籠政策」以沉重打擊，提高了共產黨和八路軍的威望，在抗日局面比較低沉時振奮了全國人民的信心。

淪陷區人民的抗日鬥爭

在中國大片土地淪為日本佔領區後，日軍在這些地方實行殘暴的殖民統治，犯下空前嚴重、滅絕人性的罪行。

日軍在佔領區建立多個細菌戰部隊的秘密基地，研製霍亂、傷寒、鼠疫等病毒，對中國軍民實行慘無人道的「活體解剖」。還製造配備相當數量的化學武器，悍然實行細菌戰、毒氣戰。從 1940 年下半年起，日軍 731 部隊等開始將帶有病毒的投擲器投放到中國許多地區，造成大量中國居民死亡。日軍還在其佔領區擄掠和殘害中國勞工，強迫中國婦女充當「慰安婦」。

此外，日軍瘋狂掠奪中國的資源與財富，並按照「思想戰」的方針，在其佔領區大力推行奴化教育，企圖以此達到泯滅中國民眾的民族意識和反抗精神、維護其殖民統治的目的。

日本軍國主義的野蠻行徑激起了淪陷區人民的頑強反抗。淪陷區黨組織在極端困難的條件下，開展廣泛深入的抗日宣傳，採取多種方式啟發群眾民族意識，激勵群眾抗日熱情；積極發動組織群眾，同日本侵略者展開針鋒相對的鬥爭；舉行武裝暴動，直接打擊日本侵略者；建立隱蔽戰線，開展卓有成效的情報工作。1941 年，大同煤礦

工人舉行罷工和暴動，一部分工人參加了八路軍。中共晉察冀分局社會部先後派人前往北平、天津等大中城市，組織聯絡當地的秘密黨員、進步青年和愛國人士，滲透到敵人內部，獲取不少情報。

淪陷區黨組織還通過秘密交通線安排轉移大量幹部和進步人士，不斷向八路軍、新四軍和抗日根據地提供人力、物力、財力等方面的幫助。在 1941 年太平洋戰爭爆發前，宋慶齡領導的保衛中國同盟長期以香港為基地，在港澳同胞的支持下，聯絡海外僑胞，募集大量捐款，支援祖國抗戰。太平洋戰爭爆發後，日軍佔領香港。黨中央及主持南方局工作的周恩來緊急指示八路軍駐香港辦事處和東江抗日游擊隊負責人，營救在香港的愛國民主人士和文化界人士。這次營救活動歷時半年多，共營救出何香凝、柳亞子、鄒韜奮等 800 餘人。香港淪陷後，在共產黨領導下成立的廣東人民抗日游擊總隊港九大隊挺進敵後，堅持開展海上游擊戰和城市游擊戰，經常對日、偽軍發起襲擊，有力配合和支持了廣東地區的抗日游擊戰爭。

打退和制止國民黨頑固派的反共高潮

抗日戰爭時期，存在着兩個關係中華民族命運的矛盾。一個是民族矛盾，關係到中國存亡的問題；一個是階級矛盾，關係到能否將全民族抗戰堅持到底並在戰後建設新中國的問題。中國共產黨妥善處理這兩種矛盾，既同國民黨頑固派進行了有理有利有節的鬥爭，又堅持和維護了抗日民族統一戰線，確保全民族抗日戰爭朝着正確方向發展。

1939 年冬至 1940 年春，國民黨頑固派掀起第一次反共高潮，中

國共產黨給予堅決回擊，並在總結反摩擦鬥爭經驗的基礎上，為了堅持、鞏固和擴大抗日民族統一戰線，制定了「發展進步勢力，爭取中間勢力，孤立頑固勢力」的策略方針，以及「人不犯我，我不犯人，人若犯我，我必犯人」的自衛立場和「有理、有利、有節」的原則。

1941 年 1 月，國民黨頑固派製造震驚中外的皖南事變。新四軍軍部及所屬皖南部隊 9000 餘人，在遵照國民黨軍事當局的命令向北轉移途中遭到國民黨軍 8 萬餘人的伏擊和圍攻，除 2000 餘人突圍外，一部被打散，大部壯烈犧牲或被俘，軍長葉挺在同國民黨軍進行談判時被扣押，副軍長項英在突圍過程中遇害。事變發生後，蔣介石竟誣稱新四軍「叛變」，宣佈取消其番號。

面對嚴重形勢，中國共產黨仍然以抗日的大局為重，在軍事上嚴守自衛，在政治上堅決反擊。中央軍委於 1941 年 1 月 20 日發佈重建新四軍軍部的命令，陳毅任代軍長，劉少奇任政治委員。同時，黨中央公佈大量事實，揭露國民黨破壞抗戰的陰謀，並提出懲辦禍首、釋放葉挺、廢止國民黨一黨專政等 12 條解決皖南事變的辦法。《新華日報》衝破國民黨的新聞檢查，刊出周恩來兩條題詞手跡：「為江南死國難者誌哀」和「千古奇冤，江南一葉；同室操戈，相煎何急？！」在重慶和整個國民黨統治區引起了很大反響。中國共產黨以民族大義為重的鮮明立場，得到全國人民、中間勢力、國民黨內正義人士以及國際輿論的普遍同情和支持。宋慶齡、何香凝等在香港發起抗議運動；華僑領袖陳嘉庚致電國民參政會，呼籲團結，反對蔣介石倒行逆施。1941 年 3 月，蔣介石迫於壓力公開「保證」決不再有「剿共」的軍事行動。至此，國民黨頑固派第二次反共高潮被擊退。

　　1943 年春，蔣介石署名出版反共反人民的《中國之命運》一書，暗示在兩年內要消滅共產黨和一切革命力量。接著，國民黨頑固派又以當年 5 月共產國際宣佈解散為由，要求「解散共產黨」「取消陝甘寧邊區」，並密令重兵駐守西北的胡宗南部準備向陝甘寧邊區進攻。對此，黨中央在軍事上進行必要部署，並採取一系列政治上強有力的反擊措施，使國民黨第三次反共高潮尚未發展成大規模武裝進攻就被制止了。

　　中國共產黨堅持抗戰、團結、進步的方針，連續打退或制止國民黨頑固派三次反共高潮，這表明黨已有了能夠駕馭複雜局面的成熟的領導集體，既不在突然事變前驚慌失措、一味妥協讓步，也不採取冒險行動，給破壞團結抗日的勢力以藉口。許多中間人士也由此看清共產黨確實是以民族利益為重，而不是只顧一黨一派利益。黨在全國的政治地位空前提高，更加證明它是團結全民族堅持抗戰的柱石。

四、鞏固抗日根據地和推進抗日民主運動

敵後軍民艱苦的反「掃蕩」、反「清鄉」鬥爭

　　抗日戰爭進入戰略相持階段後，敵後戰場的鬥爭形勢日益嚴峻。1941 年至 1942 年，是中國敵後抗戰最為困難的時期。

　　此時，德、日等法西斯勢力的侵略氣焰達到頂點。1941 年 6 月，德國在侵佔歐洲多個國家後，又向蘇聯發動大規模進攻。12 月，日軍偷襲美國海軍基地珍珠港，挑起太平洋戰爭。1942 年 1 月 1

日，中、美、英、蘇等 26 個國家簽署《聯合國家宣言》，正式形成國際反法西斯統一戰線。這為中國人民爭取抗日戰爭勝利創造了有利的國際條件。

日本侵略者企圖把中國變成它進行太平洋戰爭的後方基地，決意加緊對華作戰。1941 年底，日本總兵力擴大到 240 餘萬人，其中 130 萬人都壓在中國戰場上。中國戰場成為世界反法西斯戰爭的東方主戰場，承擔着抗擊日本陸軍主力的任務。

日軍在華北反覆進行「治安強化運動」，對佔領區人民實行殘暴的殖民統治、經濟掠奪和奴化教育。對各抗日根據地發動空前殘酷的毀滅性的「掃蕩」和「清鄉」，實行野蠻的燒光、殺光、搶光的「三光」政策，使用毒氣和細菌武器，製造無人區，企圖摧毀敵後抗日軍民的生存條件，消滅共產黨及其領導的敵後抗日武裝。1941 年 1 月下旬，日軍 1500 餘人「掃蕩」冀東豐潤的潘家峪時，將全村男女老幼驅趕到一個大院內，以機槍掃射，屠殺群眾約 1300 人，燒毀房屋千餘間，造成慘絕人寰的「潘家峪慘案」。

中國共產黨領導的各敵後抗日根據地，面臨着十分困難和複雜的局面。既要對付日、偽軍的「掃蕩」和「清鄉」，又要和國民黨頑固勢力的軍事包圍和經濟封鎖作鬥爭。在這種情況下，到 1942 年，八路軍、新四軍由 50 萬人減為約 40 萬人，抗日根據地面積縮小，總人口由 1 億人減少到 5000 萬人以下。陝甘寧邊區的財政經濟極其困難，有些地方抗日軍民幾乎沒有衣服穿，沒有菜和油吃，戰士沒有鞋襪，工作人員冬天沒有被子蓋，甚至吃糧也很困難。為渡過難關，黨適時調整了根據地建設的各項政策，帶領根據地軍民同日、偽軍的

「掃蕩」和「清鄉」進行了英勇鬥爭。

在反「掃蕩」、反「清鄉」鬥爭中，敵後軍民創造了很多極為有效的殲敵方法，如麻雀戰、地道戰、地雷戰、破襲戰、水上游擊戰等，還創造了建立武裝工作隊等鬥爭形式，發展了人民戰爭的戰略戰術。1941 年至 1942 年，八路軍、新四軍和游擊隊、民兵共作戰 4.2 萬餘次，斃傷俘日、偽軍 33.1 萬餘人。敵後軍民的反「掃蕩」鬥爭，牽制、消滅了大量日軍，成為中國堅持長期抗戰最重要的因素，也是對世界反法西斯戰爭的巨大支持。

在艱苦的敵後抗戰中，廣大軍民中湧現出無數可歌可泣的英雄事跡。1941 年 9 月，在冀西狼牙山地區，八路軍戰士馬寶玉、胡德林、胡福才、宋學義、葛振林，為掩護黨政機關和群眾轉移，主動把日、偽軍吸引到自己身邊，一步步退到懸崖絕壁，據險抵抗。在打完最後一粒子彈後，他們毅然砸槍跳崖。人們稱他們為「狼牙山五壯士」。1943 年 3 月，新四軍「劉老莊連」在與敵人戰鬥中全部壯烈犧牲。東北抗聯第二路軍副總指揮趙尚志、八路軍副參謀長左權、新四軍第四師師長彭雪楓等身先士卒，在作戰中以身殉國。共產黨領導的敵後軍民團結一致、不畏強暴、反抗侵略的革命英雄主義氣概，是反「掃蕩」、反「清鄉」鬥爭勝利的力量源泉。

大生產運動和抗日根據地的建設

大生產運動是克服抗日根據地困難的重要一環，總方針是「發展經濟，保障供給」。1939 年 2 月，當困難剛剛露頭的時候，毛澤東就發出了「自己動手」的號召。1941 年，黨中央再次強調必須走生產

機關幹部在紡線

自救的道路。同年春，八路軍第三五九旅開進南泥灣實行軍墾屯田。他們發揚自力更生、奮發圖強的精神，使昔日荒涼的南泥灣變成了「陝北的好江南」。

在大生產運動中，中央領導人以身作則，起帶頭作用。毛澤東開墾了一塊地，種上了菜；朱德組織一個生產小組，開墾菜地三畝；1943 年，中央直屬機關等舉行紡線比賽，任弼時奪得第一名，周恩來被評為紡線能手。

1944 年 9 月，中央警備團戰士張思德，在大生產中因炭窰崩塌而犧牲，毛澤東在張思德追悼會上發表《為人民服務》的講演，指出：「我們這個隊伍完全是為着解放人民的，是徹底地為人民的利益工作的。」「我們為人民而死，就是死得其所。」

陝甘寧邊區和華北敵後抗日根據地開展大生產運動後，人民負擔大大減輕，軍民生活明顯改善，黨和人民群眾的血肉聯繫得到加強。到 1945 年，陝甘寧邊區農民大部做到「耕三餘一」（耕種三年莊稼，除消耗外，可剩餘一年吃的糧食），農民所交公糧佔總收穫量比重逐年下降。從 1943 年起，敵後各根據地的機關一般能自給兩三個月甚至半年的糧食和蔬菜，人民負擔也只佔總收入的 14% 左右，按當時的生活水平，實現了「自己動手」「豐衣足食」的要求。

抗日根據地在進行幹部培養和開展文化教育方面也取得了顯著成績。全民族抗戰開始後，黨中央所在地延安成了革命者嚮往的「聖地」，很多熱血青年是「打斷骨頭連着筋，扒了皮肉還有心，只要還有一口氣，爬也要爬到延安城」。詩人何其芳這樣記錄着 1938 年初到延安的見聞：「延安的城門成天開着，成天有從各個方向走來的青年，背着行李，燃燒着希望，走進這城門。」

黨中央及時作出大量吸收知識分子的決定，把發展抗日的革命文化運動提上重要議事日程，中國人民抗日軍事政治大學、陝北公學、青年幹部訓練班、魯迅藝術學院、馬列學院、中共中央黨校、職工學校、中國女子大學、民族學院、衛生學校等一批幹部學校和專門學校先後創辦起來，培養了大批幹部。各級黨組織還普遍建立幹部在職學習制度，對提高幹部的政治、文化素質起到了重要作用。同時，加強黨報黨刊、新華社、新華廣播電台等輿論陣地建設，大力發展文學創作和戲劇演出。1940 年 9 月創辦的延安自然科學院，是黨的歷史上第一個開展自然科學教學與研究的專門機構。根據地還重視初等教育工作，因陋就簡地創辦中、小學校。

各抗日根據地相繼實行了精兵簡政、統一領導、擁政愛民、「三三制」^①、減租減息等十大政策，對克服困難、渡過難關、鞏固抗日根據地起了重要作用。

各抗日根據地尤其是陝甘寧邊區的共產黨人，通過領導人民進行對敵鬥爭和根據地建設經驗的積累，形成了帶有體系性的觀念和作風。延安精神就是這些觀念和作風的集中表現，其主要內容是：堅定正確的政治方向，解放思想、實事求是的思想路線，全心全意為人民服務的根本宗旨，自力更生、艱苦奮鬥的創業精神。延安精神培育了一代代中國共產黨人，是我們黨的寶貴精神財富。

國民黨統治區的抗日民主運動

中國共產黨集中力量在敵後發動抗日游擊戰爭、建設抗日民主根據地和領導淪陷區人民開展多種形式的反日鬥爭的同時，也在國民黨統治區（習慣上稱「大後方」）開展了大量卓有成效的工作。

在黨領導下，南方各省逐步恢復和發展遭受嚴重破壞的黨組織。黨特別重視爭取和團結中間勢力，同民主黨派、無黨派人士、國民黨民主人士、地方實力派、民族工商界人士、知識分子等廣泛接觸，使他們了解共產黨的主張，並逐步取得他們的信任，鞏固擴大了抗日民族統一戰線，推動了國民黨統治區抗日民主運動的發展。

黨還通過多種方式加強對西北國民黨統治區的工作，並派陳雲、鄧發、陳潭秋以及毛澤民等 100 多名共產黨員到新疆工作，團結和促

---

① 「三三制」，是中國共產黨在各抗日根據地政權建設上實行的重要原則，即共產黨員、黨外進步人士和中間派在抗日民主政權中各佔 1/3。

進新疆各族人民開展抗日鬥爭。

黨領導的敵後抗戰在度過 1941 年至 1942 年的最困難時期後，進入再發展時期。從 1943 年起，黨領導的人民軍隊在一些地區開始了對日、偽軍的攻勢作戰。同一時期，中國正面戰場卻出現了豫湘桂大潰退。在 1944 年春季至冬季的 8 個月中，丟失了 146 座城市、總計 20 多萬平方公里國土，6000 多萬同胞淪於日本侵略者鐵蹄之下。人民從事實中得出結論：國民黨統治集團不能擔負起爭取抗戰勝利的任務，不能維護中國的獨立、推動經濟的發展，只能成為中國進步的障礙。廢除國民黨一黨專政，實行民主政治，以增強團結抗戰的力量，已成為人們（包括許多中間人士）越來越強烈的要求。

1944 年 9 月 15 日，林伯渠根據黨中央指示，在國民參政會上正式提出立即結束國民黨一黨統治、建立各抗日黨派民主聯合政府的主張。中國共產黨的這個主張，在國內外引起強烈反響。中國民主同盟在 10 月 10 日發表《對抗戰最後階段的政治主張》，要求立即結束一黨專政，建立各黨派聯合政權，實行民主政治。在中國共產黨的影響下，大後方的愛國民主運動，朝着要求建立聯合政府的明確的政治目標發展。

五、加強黨的建設、推進馬克思主義中國化和開展整風運動

提出加強黨的建設「偉大的工程」

在全民族抗日戰爭的推動下，中國共產黨迅速發展與壯大。到 1938 年底，全國黨員人數從全民族抗戰爆發時的 4 萬多人增加到 50

多萬人。這對黨的自身建設提出新的要求。

1939 年 8 月，中央政治局作出《關於鞏固黨的決定》。10 月，毛澤東發表《〈共產黨人〉發刊詞》，提出了黨的建設的總目標、總任務，即「建設一個全國範圍的、廣大群眾性的、思想上政治上組織上完全鞏固的布爾什維克化的中國共產黨」，把黨的建設稱為「偉大的工程」；指出黨的建設要緊密圍繞黨的政治路線進行。還指出，統一戰線問題、武裝鬥爭問題、黨的建設問題，是黨在中國革命中的三個基本問題。正確地理解這三個問題及其相互關係，就等於正確地領導了全部中國革命。

鞏固黨的中心一環，是加強對黨員的培訓，提高黨員素質。為此，陳雲撰寫了《怎樣做一個共產黨員》的文章；劉少奇作《論共產黨員的修養》的演說；張聞天連續發表《共產黨員的權利與義務》等 6 篇文章。這些論著為黨員教育提供了重要教材，在黨的建設中發揮了重要作用。

把黨的建設作為一項偉大工程來推進，是黨的一大創舉。這表明黨對加強自身建設重要性的認識更加自覺和深刻。黨的建設偉大工程的實施，為黨在抗日戰爭中發揮中流砥柱作用提供了強有力的政治保證。

系統闡明新民主主義理論

全民族抗日戰爭爆發以來，中國向何處去的問題，不但沒有消失，反而隨着國民黨頑固派刻意宣傳「一個主義」「一個政黨」主張，尖銳地擺在每一個中國人面前。

　　1939 年、1940 年之交，為了將豐富的中國革命經驗系統化，闡明黨的理論和綱領，回答中國向何處去的問題，以便更好地指導抗日戰爭和中國革命，繼發表《〈共產黨人〉發刊詞》之後，毛澤東又接連發表《中國革命和中國共產黨》《新民主主義論》等重要理論著作。

　　毛澤東揭示了中國半殖民地半封建社會的性質和主要特徵，近代中國社會的主要矛盾和中國革命發生及發展的原因。在此基礎上，他指出中國共產黨領導的整個中國革命運動，是包括民主主義革命和社會主義革命兩個階段在內的全部革命運動。而 1919 年五四運動以後的中國民主革命，已經是無產階級領導的人民大眾的反帝反封建的新民主主義革命。

　　毛澤東闡明了中國共產黨在新民主主義革命階段的基本綱領，即在政治上，要建立「無產階級領導下的一切反帝反封建的人們聯合專政的民主共和國，這就是新民主主義的共和國」。在經濟上，要沒收操縱國計民生的大銀行、大工業、大商業，建立國營經濟；沒收地主土地歸農民所有，並引導農民發展合作經濟；允許民族資本主義經濟的發展和富農經濟的存在。在文化上，是廢除封建買辦文化，發展民族的科學的大眾的文化。

　　毛澤東指出，新民主主義革命的發展前途必然是社會主義。新民主主義革命和社會主義革命是兩個不同的革命階段，不能「畢其功於一役」，但兩個革命階段必須也必然是銜接的，不容橫插一個資產階級專政。

　　毛澤東總結中國共產黨成立以來的歷史經驗，指出統一戰線、武裝鬥爭、黨的建設，是中國共產黨在中國革命中戰勝敵人的三個主要法寶。

新民主主義理論的提出，使全黨對中國現階段革命的性質、內容、領導權和發展前途有了一個明確而完整的認識。這一理論成為引導中國人民自覺地在複雜環境中不斷前進的旗幟，對中國革命的勝利發展起了重大指導作用。

新民主主義理論是馬克思主義同中國革命實際相結合的產物。過去，黨內常常將民主革命同社會主義革命的任務相混淆。這一理論的提出，既科學闡明民主革命同社會主義革命的嚴格區別和政策界限，又獨創性地解決了這兩個革命的相互銜接問題。

新民主主義理論的提出和系統闡明，是馬克思主義中國化的重大理論成果，標誌着毛澤東思想得到多方面展開而趨於成熟。這個理論從思想上武裝了中國共產黨人，使全黨極大地增強了參加和領導抗日戰爭和新民主主義革命的自覺性。

整風運動和《關於若干歷史問題的決議》

遵義會議後，黨的路線已經走上馬克思主義的正確軌道，但對曾經給黨的事業造成嚴重危害的主觀主義、教條主義還沒有來得及從思想上進行認真清理。這就有必要集中開展一場普遍的馬克思主義思想教育運動，總結和吸取歷史上的經驗教訓，以提高廣大黨員、幹部尤其是黨的高級幹部的思想理論水平，增強黨的凝聚力和戰鬥力。

1941 年 5 月，毛澤東在延安高級幹部會議上作《改造我們的學習》的報告。9 月至 10 月，中央政治局召開擴大會議（九月會議），黨的高級幹部開始學習和研究黨的歷史，總結黨的歷史經驗，以求從政治路線上分清是非，達到基本一致的認識，為全黨普遍整風做了準備。

　　1942 年 2 月，毛澤東先後作《整頓黨的作風》和《反對黨八股》的講演。整風運動在全黨普遍展開。全黨普遍整風的內容是反對主觀主義、宗派主義、黨八股以樹立馬克思主義的作風。反對主觀主義以整頓學風，是整風運動最主要的任務。要克服主觀主義，必須以科學的態度對待馬克思主義，發揚理論聯繫實際的馬克思主義的學風，一切從實際出發，實事求是。其中，調查研究是把理論和實際結合起來的不可或缺的中間環節。反對宗派主義以整頓黨風，反對黨八股以整頓文風，也是整風運動的重要任務。

　　整風的方法，是認真閱讀整風文件，聯繫個人的思想、工作、歷史以及自己所在地區部門的工作進行檢查，開展批評與自我批評，弄清犯錯誤的環境、性質和原因，逐步取得思想認識上的一致，提出努力的方向。在開展批評與自我批評中，特別強調自我批評。毛澤東強調，對於人的處理取慎重態度，既不含糊敷衍，又不損害同志，這是我們的黨興旺發達的標誌之一。

　　在整風運動中，黨中央於 1942 年 5 月召開延安文藝座談會。毛澤東在講話中強調：「為甚麼人的問題，是一個根本的問題，原則的問題。」「我們的文學藝術都是為人民大眾的，首先是為工農兵的。」在毛澤東延安文藝座談會講話精神指引下，廣大文藝工作者紛紛奔向抗戰前線，深入農村、部隊、工廠，接觸群眾，體驗生活，創作了《白毛女》《兄妹開荒》《逼上梁山》《王貴與李香香》等一大批反映現實生活的群眾喜聞樂見的優秀作品。其中《白毛女》是由延安魯迅藝術學院的藝術家們集體創作的中國第一部新歌劇，通過真實而富有傳奇色彩的故事，揭示了「舊社會把人逼成『鬼』，新社會把『鬼』變

成人」這一鮮明的時代主題。

從 1943 年 9 月起，中央領導層的整風進行到深入討論黨的歷史問題階段。為了統一高級幹部的思想，中央政治局召開擴大會議，討論黨的歷史上的路線問題。

在深入總結歷史經驗的基礎上，1944 年 5 月至 1945 年 4 月，黨的擴大的六屆七中全會召開。全會原則通過了《關於若干歷史問題的決議》。《決議》總結建黨以來，特別是六屆四中全會至遵義會議前這一段黨的歷史及其基本經驗教訓，闡述了「左」傾錯誤在政治、軍事、組織、思想方面的表現和造成的嚴重危害，高度評價了毛澤東運用馬克思主義基本原理解決中國革命問題的傑出貢獻，肯定了確立毛澤東在全黨的領導地位的重大意義，使全黨尤其是黨的高級幹部對中國民主革命基本問題的認識達到在馬克思列寧主義基礎上的一致。至此，整風運動勝利結束。

整風運動是一次深刻的馬克思主義思想教育運動，收到巨大成效。它堅持馬克思主義同中國實際相結合的正確方向，使實事求是的馬克思主義思想路線在全黨範圍內深入人心。在整風運動中，圍繞怎樣以從實際出發的觀點來對待馬克思主義原理，怎樣使馬克思主義的基本原理和中國革命的實際相結合，以及怎樣對待黨的歷史中一些重大問題展開了大討論。通過這些討論鞏固了馬克思主義思想在黨內外的陣地，使幹部在思想上大大地提高一步。通過整風運動，實現了在以毛澤東同志為核心的黨中央領導下全黨新的團結和統一，為抗日戰爭的勝利和新民主主義革命在全國的勝利，奠定了重要的思想政治基礎。

延安整風運動所積累的經驗對黨的建設具有重大而深遠的意義。

六、黨的七大和確立毛澤東思想為黨的指導思想、
　　抗日戰爭的最後勝利

黨的七大

在德國法西斯面臨徹底覆亡和抗日戰爭接近勝利的前夜，在全黨整風的基礎上，1945 年 4 月至 6 月，中國共產黨第七次全國代表大會在延安楊家嶺中央大禮堂召開。出席大會的正式代表 547 人，候補代表 208 人，代表着全國 121 萬名黨員。這次大會負有總結以往革命經驗、迎接抗日戰爭勝利和引導中國走向光明前途的任務。

毛澤東向大會提交《論聯合政府》政治報告並作口頭報告，朱德作《論解放區戰場》軍事報告，劉少奇作《關於修改黨章的報告》，周恩來作《論統一戰線》發言。

黨的七大提出黨的政治路線是：「放手發動群眾，壯大人民力量，在我黨的領導下，打敗日本侵略者，解放全國人民，建立一個新民主主義的中國。」為着建立新民主主義國家，大會再次提出「廢止國民黨一黨專政，建立民主的聯合政府」的口號，進而提出結束國民黨一黨專政的兩個具體步驟：目前時期，經過各黨各派和無黨無派代表人物的協議，成立臨時的聯合政府；將來時期，經過自由的無拘束的選舉，召開國民大會，成立正式的聯合政府。

大會制定了新民主主義國家在政治、經濟、文化方面的綱領，提出實現中國工業化的宏偉任務，並在黨的文件上首次明確提出：「中

黨的七大會場

國一切政黨的政策及其實踐在中國人民中所表現的作用的好壞、大
小,歸根到底,看它對於中國人民的生產力的發展是否有幫助及其幫
助之大小,看它是束縛生產力的,還是解放生產力的。」

　　黨的七大把黨在長期奮鬥中形成的優良作風概括為三大作風,即
理論和實踐相結合的作風、和人民群眾緊密聯繫在一起的作風、自我
批評的作風。這是共產黨區別於其他政黨的顯著標誌。毛澤東在此
前大會預備會上強調看齊意識,他說:「我們要向中央基準看齊,向
大會基準看齊。看齊是原則,有偏差是實際生活,有了偏差,就喊
看齊。」

　　黨的七大選舉產生新的中央委員會。6 月 19 日,七屆一中全會

選出 13 名中央政治局委員，選舉毛澤東、朱德、劉少奇、周恩來、任弼時為中央書記處書記，毛澤東為中央委員會主席、中央政治局主席、中央書記處主席。8 月，中央政治局會議決定毛澤東為中央軍事委員會主席，朱德等為副主席。這就使全黨在組織上達到了空前的團結和統一。

黨的七大是黨在新民主主義革命時期召開的一次極其重要的全國代表大會。它總結中國新民主主義革命 20 多年曲折發展的歷史經驗，制定正確的路線、綱領和策略，克服黨內的錯誤思想，使全黨特別是黨的高級幹部對於中國民主革命的發展規律有了比較明確的認識，從而使全黨在馬克思列寧主義、毛澤東思想的基礎上達到空前的團結。七大以「團結的大會，勝利的大會」載入黨的史冊。

確立毛澤東思想為黨的指導思想

把毛澤東思想確立為黨的指導思想並寫入黨章，是黨的七大的歷史性貢獻。

劉少奇在《關於修改黨章的報告》中指出：「毛澤東思想，就是馬克思列寧主義的理論與中國革命的實踐之統一的思想，就是中國的共產主義，中國的馬克思主義。」報告概括了毛澤東思想的主要內容，這就是：關於現代世界情況及中國國情的分析，關於新民主主義的理論與政策，關於解放農民的理論與政策，關於革命統一戰線的理論與政策，關於革命戰爭的理論與政策，關於革命根據地的理論與政策，關於建設新民主主義共和國的理論與政策，關於建設黨的理論與政策，關於文化的理論與政策等。

黨的七大確立毛澤東思想為黨的指導思想，是近代中國歷史和人民革命鬥爭發展的必然選擇。毛澤東思想是在黨領導人民艱苦奮鬥的基礎上，通過總結正反兩方面的經驗，在實踐中逐步形成的。它是中國共產黨集體智慧的結晶，以獨創性理論豐富和發展了馬克思主義，實現了馬克思主義中國化的第一次歷史性飛躍，而毛澤東是馬克思主義中國化的偉大開拓者。

黨的七大之後，全黨同志在毛澤東思想的指引下，團結一致，為奪取抗日戰爭的最後勝利和新民主主義革命在全國的勝利英勇奮鬥。

全面反攻與抗日戰爭的偉大勝利

1945 年上半年，世界反法西斯戰爭進入最後勝利階段。4 月，聯合國制憲會議在美國舊金山舉行，包括中國解放區代表董必武在內的中國代表團出席會議。中國成為聯合國的創始會員國之一和安理會五個常任理事國之一。

同年 8 月 9 日，蘇聯紅軍開赴中國東北戰場，同中國軍民一道對日作戰，加速了徹底打敗日本侵略者的進程。同日，毛澤東發表《對日寇的最後一戰》的聲明。隨後，延安總部朱德總司令發佈七道全面反攻命令。在極為有利的國際形勢下，中國抗日戰爭進入全面反攻階段。

這時，國民黨軍隊主要集中在中國的西南、西北地區，而日軍在華北、華中和華南佔領的大部分城鎮、交通要道都處在共產黨領導的敵後軍民的包圍中。根據延安總部的指示和命令，各抗日根據地軍民向日、偽軍發起猛烈的全面反攻，很快解放大片國土。

八路軍、新四軍和華南游擊隊戰略反攻形勢圖

（1945 年 8—9 月）

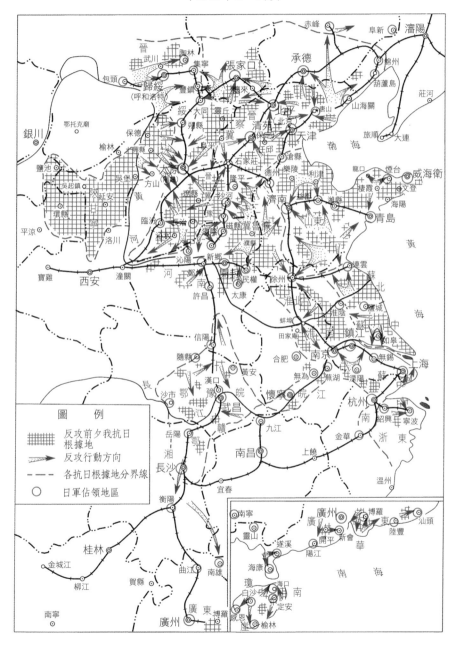

8月15日，日本天皇裕仁以廣播形式發佈《終戰詔書》。日本無條件投降。9月2日，日本代表在投降書上簽字。侵華日軍128萬人向中國投降。至此，中國抗日戰爭勝利結束，世界反法西斯戰爭也勝利結束。日本代表在投降書上簽字的第二日即9月3日，成為中國人民抗日戰爭勝利紀念日。

10月25日，中國政府在台灣舉行受降儀式。被日本佔領50年之久的台灣以及澎湖列島，重歸中國主權管轄之下。這成為抗日戰爭取得完全勝利的重要標誌。

中國人民抗日戰爭是近代以來中國人民反抗外敵入侵持續時間最長、規模最大、犧牲最多的民族解放鬥爭，也是第一次取得完全勝利的民族解放鬥爭。據不完全統計，在整個戰爭期間，中國軍民傷亡3500多萬人。按1937年的比值折算，中國直接經濟損失1000多億美元，間接經濟損失5000多億美元。中國人民抗日戰爭的勝利，成為中華民族走向復興的歷史轉折點，也對世界文明進步具有重大而深遠的意義：它徹底打敗了日本侵略者，有力地捍衛了中國的國家主權和領土完整，徹底洗刷了近代以後抗擊外來侵略屢戰屢敗的民族恥辱；它促進了中華民族的覺醒，使中國人民在精神上、組織上的進步達到了前所未有的高度，為中國共產黨帶領中國人民實現徹底的民族獨立和人民解放奠定了重要基礎；它促進了中華民族的大團結，弘揚了以愛國主義為核心的中華民族的偉大精神；它對世界各國人民奪取反法西斯戰爭的勝利、維護世界和平的偉大事業產生了巨大影響，顯著提高了中國的國際地位和國際影響，使中國人民贏得了世界愛好和平人民的尊敬，中華民族贏得了崇高的民族聲譽。

　　中國共產黨在全民族抗戰中發揮了中流砥柱作用。這是中國人民抗日戰爭取得完全勝利的決定性因素。中國共產黨自成立之日起就把實現中華民族偉大復興作為自己的歷史使命，捍衛民族獨立最堅定，維護民族利益最堅決，反抗外來侵略最勇敢，並作出最大的自我犧牲。在抗日戰爭時期，在民族危亡的歷史關頭，中國共產黨以卓越的政治領導力和正確的戰略策略，指引了中國抗戰的前進方向，堅定不移推動全民族堅持抗戰、團結、進步，反對妥協、分裂、倒退。中國共產黨高舉抗日民族統一戰線的旗幟，堅決維護、鞏固、發展統一戰線，堅持獨立自主、團結抗戰，維護了團結抗戰大局。中國共產黨人勇敢戰鬥在抗日戰爭最前線，支撐起中華民族救亡圖存的希望，成為全民族抗戰的中流砥柱。抗日戰爭的實踐表明，中國共產黨是領導中國人民爭取民族獨立和人民解放的堅強核心。

　　中國人民在抗日戰爭的壯闊進程中孕育出偉大抗戰精神，向世界展示了天下興亡、匹夫有責的愛國情懷，視死如歸、寧死不屈的民族氣節，不畏強暴、血戰到底的英雄氣概，百折不撓、堅忍不拔的必勝信念。偉大抗戰精神，是中國人民彌足珍貴的精神財富，將永遠激勵中國人民克服一切艱難險阻、為實現中華民族偉大復興而奮鬥。

　　中國共產黨堅持動員人民、依靠人民，在推動展開全民族抗戰的人民戰爭中，自身力量也得到了空前發展壯大。在全民族抗戰中，八路軍、新四軍和其他人民抗日武裝對敵作戰 12.5 萬餘次，鉗制和殲滅日軍大量兵力，殲滅大部分偽軍，敵後戰場逐漸成為中國人民抗日戰爭的主戰場。到抗戰結束時，人民軍隊發展到約 132 萬人，民兵發展到 260 餘萬人；中國共產黨領導的抗日民主根據地即解放區已有

19 塊，面積達到近 100 萬平方公里，人口近 1 億。中國共產黨在全國社會政治生活中所佔的比重，和抗日戰爭前相比大大增加。這為在取得中國人民抗日戰爭偉大勝利基礎上，最終取得新民主主義革命勝利，創造了前所未有的有利條件。

第四章

奪取新民主主義革命的
全國性勝利

抗日戰爭勝利後，中國人民熱切希望和平、民主，建設一個新的中國。但是 1946 年 6 月 26 日，國民黨重兵圍攻以鄂豫邊宣化店為中心的中原解放區，挑起全面內戰。8 月，面對敵強我弱的嚴峻形勢，毛澤東會見美國記者安娜·路易斯·斯特朗，滿懷信心地提出「一切反動派都是紙老虎」的著名論斷，十分堅定地說，反動派總有一天要失敗，我們總有一天要勝利。這原因不是別的，就在於反動派代表反動，而我們代表進步。

一、重慶談判和爭取和平民主的鬥爭

抗日戰爭勝利後國際國內政治形勢和黨的方針

戰後的政治形勢，有利於中國政局朝着和平民主方向發展。在國際上，社會主義國家、民族解放運動力量有了新發展，帝國主義勢力遭到削弱，已經難以集中力量干涉中國革命。在國內，中國人民的覺悟程度、團結程度和組織程度空前提高，在經受了長期戰亂之苦後普遍渴望和平。國內各派政治力量的狀況發生了深刻變化。中國共產黨已發展成為具有全國影響力的大黨，並同國民黨統治區內由民主黨派和民主人士組成的民主力量保持着密切聯繫。

中國共產黨和中國人民維護國內和平民主的積極努力，卻受到國民黨統治集團的嚴重阻礙。國民黨統治集團越來越把注意力放到消滅中國共產黨和其他民主勢力這方面來，目的是繼續維持國民黨一黨專政，「建立一個大地主大資產階級專政的半殖民地半封建的國家」。

更嚴重的是，國民黨的反共方針得到美國的支持。第二次世界大戰結束後，美國依仗強大的經濟和軍事實力，積極向外擴張，企圖建立自己在世界上的統治地位。控制中國是美國全球戰略的重要組成部分。正如後來美國國家安全委員會的一份報告中所說，他們當時在中國所追求的長遠目標是推動建立一個穩定、統一的親美政府，而短期目標首先是「阻止共產黨完全控制中國」。美國採取的措施是：一方面，要求國民黨政府實行某種程度的改革，包括搞一點形式上的民主，爭取中間派的同情和支持，誘使或迫使共產黨交出軍隊，實現中國在國民黨領導下的「統一」；另一方面，在經濟、政治、軍備等方面大力援助國民黨政府，幫助國民黨軍隊運兵搶佔戰略要點。

蔣介石的目的是要打，但要做好打的準備，還需要時間。因此，蔣介石在積極備戰的同時，不得不表示願與中共進行和平談判。1945年 8 月中下旬，他連續三次電邀毛澤東去重慶「共定大計」。蔣介石的如意算盤是：如果談判不成，即放手發動內戰，並把戰爭責任強加給中共。

基於對和平的真誠願望和對局勢的清醒認識，黨中央認為，同國民黨進行和平談判是必要的；即使是暫時的和平局面，也應該積極爭取。8 月 23 日，中央政治局召開擴大會議，提出今後對國民黨的方針是「蔣反我亦反，蔣停我亦停」，以鬥爭達到團結，迫使國民黨在一定程度上接受人民的要求，以推進國內和平等目標的實現。8 月25 日，黨中央發表《對目前時局的宣言》，明確提出和平、民主、團結的口號。當晚，中央政治局決定毛澤東等赴重慶同蔣介石進行和平談判。

重慶談判

1945 年 8 月 28 日，毛澤東一行從延安飛抵重慶。這一行動，充分表現了中國共產黨謀求和平的真誠願望。詩人柳亞子賦詩，稱頌毛澤東這一行動是「彌天大勇」。

重慶談判期間，國民黨方面企圖以「統一政令軍令」的名義取消解放區和人民軍隊。為爭取和平民主，揭穿所謂共產黨不要和平、不要團結的謠言，黨中央在談判中對解放區管轄權限和人民軍隊縮編等問題作出必要的讓步。在此期間，劉伯承、鄧小平指揮晉冀魯豫軍區部隊在山西上黨地區殲滅來犯的閻錫山部隊 3.5 萬人，遏制了國民黨軍隊對解放區的進攻，加強了中國共產黨在談判中的地位。

「雙十協定」簽訂後，毛澤東返抵延安

　　國共雙方於 10 月 10 日正式簽署《政府與中共代表會談紀要》，即「雙十協定」。國民黨當局口頭上表示承認「和平建國的基本方針」。國共雙方同意：召開有各黨派代表和社會賢達出席、討論和平建國方案的政治協商會議。儘管共產黨作出同意撤退南方八個解放區的部隊、大幅縮編人民軍隊等重大讓步，但雙方在人民軍隊和解放區政權兩個根本問題上未能達成協議。10 月 11 日，毛澤東乘飛機返回延安。

　　重慶談判的結果，是人民力量的一個勝利。經過談判，國民黨承認了和平建國的基本方針。儘管這種承認只是口頭上的，但這樣一來它再要發動內戰，就在全國和全世界面前輸了理，在政治上陷入被動地位。這次會談和達成的協議，還有力地推動了國民黨統治區的民主運動。

政治協商會議

　　「雙十協定」剛簽訂，蔣介石就發佈進攻解放區的密令。國民黨的戰略企圖是：完全佔領長江以南地區；着重奪取華北戰略要地和交通線，以分割壓縮解放區，打開進入東北的通道，進而佔領整個東北。

　　中國共產黨並沒有因為努力爭取和平民主而對國民黨當局寄以不切實際的幻想。黨堅定地認為，「絕對不要希望國民黨發善心，它是不會發善心的。必須依靠自己手裡的力量，行動指導上的正確，黨內兄弟一樣的團結和對人民有良好的關係」，才能使自己立於不敗之地，才能為實現和平民主和建設新中國奠定堅實的基礎。

　　為了保衛人民抗戰的勝利成果，壯大人民革命力量，黨中央先後從各解放區抽調 11 萬人的軍隊和 2 萬名幹部進入東北，成立以彭真為書記、陳雲等為委員的中共中央東北局（後由林彪任書記），統一領導東北地區工作。在 10 月中下旬，解放區部隊連續進行平綏、津浦、平漢（邯鄲）三個戰役，殲滅來犯的國民黨軍隊 11 萬人，遲滯了他們深入華北進軍東北的行動。

　　國民黨當局的內戰方針並沒有因軍事進攻失利而有任何改變。至 1945 年 12 月初，它用來進攻解放區的總兵力已達 190 萬人以上。這不能不激起要求和平民主的人民群眾的強烈憤怒。

　　1945 年 11 月下旬，昆明學生為反內戰舉行的時事晚會遭到壓迫和破壞，激起 3 萬餘名學生舉行總罷課。12 月 1 日，大批國民黨武裝暴徒鎮壓學生，釀成慘案。重慶、上海等地遂爆發聲援昆明學生的罷課或遊行示威。以「反對內戰，爭取民主」為基本口號的一二・一運動，使國民黨當局在政治上愈加被動。

　　這時，蔣介石還沒有完全做好發動內戰的準備，還不敢貿然撕毀「雙十協定」。1946 年 1 月 5 日，國共雙方達成關於停止國內軍事衝突的協定。1 月 10 日，雙方下達停戰令。同一天，政治協商會議在重慶開幕。出席會議的有國民黨、共產黨、民主同盟、青年黨和無黨派人士代表共 38 人。會議歷時 22 天，在通過政府組織案、國民大會案、和平建國綱領、軍事問題案、憲法草案案等五項協議後，於 1 月 31 日閉幕。

　　中國共產黨是準備認真履行這些協議的。政協會議閉幕後的第二天，黨中央就發出黨內指示，要求全黨準備為堅決實現政協

協議而奮鬥。

但是，國民黨蔣介石集團從來就沒有準備去履行政協協議。政協會議剛剛閉幕，蔣介石就在國民黨中央常務委員會會議上表示：「我對憲草也不滿意，但事已至此，無法推翻原案，只有姑且通過，將來再說。」在 3 月召開的國民黨六屆二中全會上，他又公然表示，要對政協協議「就其犖犖大端，妥籌補救」。

二、粉碎國民黨的軍事進攻和第二條戰線的形成

全面內戰爆發

1946 年 6 月 26 日，國民黨軍隊在完成內戰準備後，以 22 萬人悍然進攻鄂豫邊境的中原解放區。其後，國民黨軍向其他解放區展開大規模進攻。全面內戰由此爆發。

對人民革命力量來說，戰爭初期的形勢相當嚴峻。

在軍事方面，國民黨軍隊總兵力約 430 萬人，其中正規軍約 200 萬人；解放區人民軍隊總兵力只有約 127 萬人，其中野戰軍 61 萬人。雙方總兵力對比為 3.4：1。國民黨軍隊擁有裝備較好的陸、海、空軍；解放區人民軍隊沒有海軍和空軍，裝備基本上是繳自日、偽軍的步兵武器，僅有少量火炮。

在經濟方面，國民黨統治區有 3.39 億人口，約佔全國 76% 的面積，國民黨政府控制着幾乎所有大城市和絕大部分鐵路交通線，擁有全國大部分近代工業和人力、物力資源；解放區人口約 1.36 億，土地面積只約佔全國的 24%，近代工業很少，基本上依靠傳統農業經濟。

國民黨過高估計了自己的力量，蔣介石聲稱，倚仗國民黨的優勢，「一定能速戰速決」。國民黨軍隊參謀總長陳誠甚至揚言，「也許三個月至多五個月便能解決」中共軍隊。

國民黨敢於發動全面內戰，很重要的是依恃美國的支持。毛澤東指出：「蔣介石雖有美國援助，但是人心不順，士氣不高，經濟困難。我們雖無外國援助，但是人心歸向，士氣高漲，經濟亦有辦法。因此，我們是能夠戰勝蔣介石的。」

為粉碎國民黨的軍事進攻，黨制定了各項方針政策。在政治上，堅持黨的領導，放手發動群眾，團結一切可能團結的力量，建立最廣泛的人民民主統一戰線。在軍事上，實行集中優勢兵力、各個殲滅敵人的作戰原則和積極防禦的方針，以殲滅敵人有生力量為主要目標，而不以保守或奪取城市和地方為主要目標。

粉碎國民黨軍的全面進攻和重點進攻

從 1946 年 6 月至 1947 年 6 月，人民軍隊處於戰略防禦階段，戰爭主要在解放區內進行。其中，前 8 個月粉碎了國民黨軍隊的全面進攻；後 4 個月努力打破國民黨軍隊的重點進攻。

從 1946 年 7 月中旬到 8 月下旬，在極為艱難的條件下，粟裕等指揮華中野戰軍，在蘇中地區接連進行 7 次作戰（蘇中戰役），殲敵 5 萬餘人。淮北戰場、晉冀魯豫定陶戰役、晉察冀晉北戰役、東北「三下江南、四保臨江」戰役也都傳來捷報。這些勝利，振奮了人民軍隊的士氣，頓挫了國民黨軍隊進攻的鋒芒，也取得了主要在內線殲敵的初步經驗。在戰爭的前 8 個月，人民軍隊解放城市 135 座，殲敵

70.8 萬人。國民黨企圖以速戰速決的方式消滅人民革命力量的計劃宣告破產。

從 1947 年 3 月開始，國民黨軍隊在全面進攻受挫的情況下，對陝北和山東解放區改行重點進攻。人民軍隊繼續執行積極防禦的作戰方針。

在山東，華東野戰軍在陳毅、粟裕等指揮下，先於 2 月下旬在萊蕪地區全殲國民黨第二「綏靖」區副司令長官李仙洲部 5.6 萬餘人，後又於 5 月中旬在孟良崮戰役中全殲國民黨軍精銳主力整編第七十四師 3.2 萬餘人。國民黨軍隊對山東解放區的重點進攻基本上被粉碎。

在陝北，國民黨軍胡宗南等部 25 萬人向延安發動突然襲擊。中央機關主動於 3 月 18 日撤離，開始了艱苦的陝北轉戰。不久，中央機關分為三部分，由劉少奇、朱德等組成中央工作委員會，到華北進行黨中央委託的工作；毛澤東、周恩來、任弼時率中央和人民解放軍總部的精幹機關，繼續留在陝北，指揮全國各戰場作戰；葉劍英、楊尚昆主持的中央後方委員會，轉移到晉西北統籌後方工作。

陝北群眾基礎好，地形險要，迴旋餘地大。根據中央指示，彭德懷、習仲勳指揮西北野戰兵團採取「蘑菇」戰術與敵周旋，於撤離延安後 45 天內，在青化砭、羊馬河、蟠龍鎮三戰三捷，殲敵 1.4 萬餘人；而後在沙家店戰役全殲胡宗南部整編第三十六師師部和兩個旅。到 8 月間，國民黨軍隊對陝北的重點進攻也被粉碎。

在粉碎國民黨軍隊重點進攻期間，其他解放區的軍民，對收縮兵力、轉入守勢的國民黨軍隊實施戰略性的反攻。晉冀魯豫野戰軍舉行豫北和晉南攻勢，解放了豫北、晉南大片地區。晉察冀野戰軍舉行正

太戰役、青滄戰役和保北戰役，打通了晉察冀和晉冀魯豫兩解放區的聯繫。東北民主聯軍發動夏季攻勢，溝通了東滿、南滿、西滿、北滿根據地的聯繫，改變了被分割成為南北兩個作戰集團的局面。

從 1946 年 7 月起至 1947 年 6 月止，人民軍隊在一年的內線作戰中殲敵 112 萬人；自己的總兵力發展到 190 多萬人。人民軍隊在戰略防禦階段結束後，以新的態勢跨入人民解放戰爭的第二個年頭。

國民黨統治區的政治經濟危機和人民運動的廣泛發展

全面內戰爆發後，為籌措內戰經費，國民黨政府不但對人民徵收苛重的捐稅，還無限制地發行紙幣。通貨膨脹像脫韁的野馬一樣達到駭人聽聞的程度。1948 年 8 月，法幣發行額已比 1937 年全國抗戰前夕增加 47 萬多倍，物價飆升至全國抗戰前的 725 萬多倍。這種惡性通貨膨脹，實際上是對國統區人民的普遍掠奪。官僚資本極度膨脹，工農業生產嚴重萎縮，大批民族工商業瀕於倒閉，城市失業人數陡增，廣大農村餓殍載道。國民黨統治區陷入嚴重經濟危機。全國各階層人民在飢餓和死亡線上掙扎，不得不團結起來，同國民黨政府作你死我活的鬥爭。

為擺脫經濟危機困境，國民黨政府進一步投靠美帝國主義，大量出賣國家權益，美國商品在中國市場形成獨佔地位，給處境危殆的民族資本以毀滅性的打擊。駐華美軍在中國橫行霸道、胡作非為，激起中國人民極大的民族義憤。

1947 年 5 月中旬，學生的反飢餓反內戰運動在全國範圍內迅速高漲。5 月 20 日，京、滬、蘇、杭學生 5000 餘名走上南京街頭，舉

行「挽救教育危機聯合大遊行」，高呼「反飢餓」「反內戰」等口號，遭到反動當局鎮壓。同一天，北平 7000 餘名學生也舉行了「反飢餓」「反內戰」示威大遊行。這就是五二〇運動。

學生運動的高漲促進了整個人民運動的高漲。1947 年，全國 20 多個大中城市中先後有 300 餘萬工人罷工。在農村，廣大農民反抗抓丁、徵糧和徵稅。以學生為先鋒的愛國民主運動同國民黨政府之間的鬥爭，逐步形成配合人民解放戰爭的第二條戰線。黨適時地提出在國民黨統治區人民爭生存鬥爭的基礎上，建立反賣國、反內戰、反獨裁的廣大陣線，使第二條戰線的鬥爭更加廣泛、深入地發展起來。國民黨政府在軍事戰線和政治戰線上都打了敗仗，已處在全民的包圍之中。

三、人民解放軍轉入戰略進攻

挺進中原和戰略進攻的全面展開

經過一年作戰，戰爭形勢發生重大變化。1947 年 7 月，國民黨軍隊總兵力已從 430 萬人下降為 373 萬人，其中正規軍由 200 萬人下降為 150 萬人。人民解放軍的總兵力則由 127 萬人增加為 195 萬人，其中正規軍近 100 萬人，武器裝備也得到很大改善。黨中央當機立斷，決定不等完全粉碎敵人的戰略進攻，立刻轉入全國性反攻，以主力打到外線去，將戰爭引向國民黨區域。黨中央選擇地處中原的大別山區作為主要突擊方向，決定晉冀魯豫野戰軍採取躍進的進攻樣式，不要後方，長驅直入，一舉插進敵人的戰略縱深地區。

1947 年 6 月 30 日夜，劉伯承、鄧小平率領晉冀魯豫野戰軍主力 12 萬人一舉突破黃河天險，揭開了戰略進攻的序幕。劉鄧大軍千里躍進，於 8 月末進入大別山區。他們緊緊依靠人民群眾，艱苦作戰，粉碎國民黨軍隊的重點輪番進攻，到 11 月共殲敵 3 萬餘人，建立 33 個縣的民主政權。劉鄧大軍千里躍進大別山能夠站住腳、扎下根，根本原因是黨同人民一條心、軍民團結如一人。正如劉伯承所說，「我們所依靠的是人民，蔣介石所依靠的是碉堡」。

8 月下旬，陳賡、謝富治率領晉冀魯豫野戰軍一部渡過黃河，挺進豫西；陳毅、粟裕率領華東野戰軍主力也在 9 月越過隴海鐵路南下，進入豫皖蘇平原。到 11 月，兩支大軍先後完成在豫陝邊地區和豫皖蘇邊地區的戰略展開。

至此，三路大軍都打到外線，佈成「品」字形陣勢，縱橫馳騁於黃河以南、長江以北、西起漢水、東迄大海的廣大地區。它們互為犄角，以鼎足之勢，緊逼國民黨的長江防線，直接威脅南京、武漢。

這時仍在內線作戰的人民解放軍，也加緊發起攻擊，並漸次轉入戰略進攻和戰略反攻。同年，林彪、羅榮桓率東北民主聯軍先後發起秋季、冬季攻勢作戰，將國民黨軍壓縮在瀋陽、長春、錦州三個互不聯繫的、面積僅佔東北總面積 3% 的狹小地區，從根本上改變了東北戰局。

1948 年 4 月 21 日，西北野戰軍收復延安。此前 3 月 23 日，毛澤東率中央機關和人民解放軍總部部分人員東渡黃河，隨後輾轉進駐河北建屏縣西柏坡村（今屬河北平山縣）。

人民解放軍轉入戰略進攻，具有偉大的歷史意義。毛澤東指出：

「這是一個歷史的轉折點。這是蔣介石的二十年反革命統治由發展到消滅的轉折點。這是一百多年以來帝國主義在中國的統治由發展到消滅的轉折點。這是一個偉大的事變。」「這個事變一經發生，它就將必然地走向全國的勝利。」

土地制度改革運動的發展和整黨運動

人民解放軍轉入戰略進攻的新形勢，要求解放區更加普遍深入地開展土地制度改革。正如毛澤東指出：「如果我們能夠普遍地徹底地解決土地問題，我們就獲得了足以戰勝一切敵人的最基本的條件。」

從 1946 年 5 月 4 日中共中央發佈《關於土地問題的指示》（五四指示）到 1947 年下半年，解放區 2/3 的地方已基本上實現了「耕者有其田」，但還有 1/3 的地方沒有進行土地制度的改革；已進行改革的地方，有的也不夠徹底。為推動解放區土改運動進一步發展，1947年 7 月至 9 月，劉少奇在西柏坡主持召開全國土地會議，制定《中國土地法大綱》，並於同年 10 月由中共中央批准公佈。

《中國土地法大綱》是一個徹底反封建的土地革命綱領。它規定：「廢除封建性及半封建性剝削的土地制度，實行耕者有其田的土地制度。」這個大綱公佈後，解放區各級領導機關派出大批土改工作隊深入農村，發動群眾，組織貧農團和農會，控訴地主，懲辦惡霸，分配土地，迅速形成土改熱潮。

土地制度改革，是中國共產黨領導中國人民從根本上摧毀中國封建制度根基的社會大變革。它讓佔中國人口絕大多數的農民進一步

解放區農民在分到的土地上插界標

認識到，中國共產黨是他們利益的堅決維護者，因而自覺地在黨的周圍團結起來，這就為打敗蔣介石、建立新中國奠定了最深厚的群眾基礎。

在開展土地制度改革的同時，各解放區針對一些地方黨組織特別是農村基層黨組織中存在的思想不純、作風不純和成分不純的問題，進行了整黨工作。整黨的基本內容是：通過查階級、查思想、查作風和整頓組織、整頓思想、整頓作風，採取黨內黨外結合等辦法，解決基層黨組織存在的突出問題。經過整黨，農村基層黨組織在思想上、政治上和組織上都有很大進步，黨同群眾的聯繫更加密切，為爭取土改和戰爭勝利提供了重要保證。

四、奪取全國勝利綱領的制定實施和人民民主統一戰線的鞏固擴大

奪取全國勝利綱領的提出和政策策略的制定

隨着人民解放軍轉入戰略進攻，1947 年 9 月，中國共產黨發出「全國大反攻，打倒蔣介石」的號召。10 月，中國人民解放軍總部發表宣言，響亮地提出「打倒蔣介石，解放全中國」的口號。

1947 年 12 月，黨中央在陝北米脂縣楊家溝召開擴大會議（十二月會議），毛澤東在會上提交《目前形勢和我們的任務》的書面報告。

報告闡明黨的最基本的政治綱領，即：「聯合工農兵學商各被壓迫階級、各人民團體、各民主黨派、各少數民族、各地華僑和其他愛國分子，組成民族統一戰線，打倒蔣介石獨裁政府，成立民主聯合政府。」報告指出：「沒收封建階級的土地歸農民所有，沒收蔣介石、宋子文、孔祥熙、陳立夫為首的壟斷資本歸新民主主義的國家所有，保護民族工商業。這就是新民主主義革命的三大經濟綱領。」報告還總結人民軍隊的作戰經驗，提出十大軍事原則，其核心是「集中優勢兵力，各個殲滅敵人」。報告說，這些戰略戰術是建立在人民戰爭的基礎之上的，因而是任何反人民的軍隊所不能利用也無法對付的。這顯示了黨對勝利前途的自信。

毛澤東的這個報告，是「整個打倒蔣介石反動統治集團，建立新民主主義中國的時期內，在政治、軍事、經濟各方面帶綱領性的文件」。

十二月會議以後的一段時間裡，黨中央集中全力研究解決新形勢

下黨的各項具體政策和策略問題。這是因為，隨着解放戰爭的勝利發展，解放區迅速擴大，大批城市回到人民手中。對於如何適應新的原先不熟悉的情況，做好新區工作和城市工作，黨還缺乏經驗。而在實際工作中，已經出現侵犯中農利益和民族工商業利益的偏向，甚至籠統提出「群眾要怎樣辦就怎樣辦」的錯誤口號。針對上述情況，毛澤東嚴肅地告誡全黨：「現在敵人已經徹底孤立了，但是敵人的孤立並不就等於我們的勝利。我們如果在政策上犯了錯誤，還是不能取得勝利。」他強調：「政策和策略是黨的生命，各級領導同志務必充分注意，萬萬不可粗心大意。」

在探索接收城市經驗的過程中，1948 年 2 月，黨中央批轉《中央工委關於收復石家莊的城市工作經驗》，6 月批轉《東北局關於保護新收復城市的指示》，12 月又批轉陳雲《接收瀋陽的經驗》。由於黨採取了一系列正確政策，新解放城市的社會秩序都很快趨於穩定，生產得到迅速恢復和發展，有力地支援了人民解放戰爭。

為保證黨的路線和各項方針、政策嚴格地得到貫徹執行，毛澤東反覆告誡全黨：必須維護黨的集中統一的領導，加強組織性紀律性，迅速克服過去由於長期處於被敵人分割的游擊戰爭環境下產生的某些無紀律、無政府狀態和地方主義、游擊主義。黨中央要求各地嚴格遵守中央制定的各項政策，建立定期向中央請示報告的制度。同時，及時批評黨內民主生活不足的現象，要求加強黨的民主生活，健全黨委制。

這時已處在奪取新民主主義革命全面勝利的歷史轉折期。黨的歷史證明，在歷史重大轉折到來時，必須有預見地認真研究新情況和新

問題，及時制定正確的對策，採取有效的措施。黨在這個歷史時刻制定了各項切合實際的政策，並為增強全黨同志的政策觀念進行大量工作，使全黨在正確路線和政策的基礎上保持高度的統一，有條不紊地開展工作，這就為迎接即將到來的革命在全國範圍內的勝利創造了最重要的條件。

黨領導的愛國民主運動的新發展和民主黨派的歷史性選擇

隨着解放戰爭的勝利推進，國民黨統治區的人民運動有了新發展。廣大學生越來越把中國的希望寄託在人民解放戰爭的勝利上，因而不再提「反內戰」的口號，而是在「反迫害」的旗幟下展開鬥爭。1947 年 10 月，浙江大學學生自治會主席于子三遭非法逮捕，慘死獄中。杭州、南京、上海、北平等 12 個城市的 10 萬餘名學生掀起了一場「反對非法逮捕、反對特務、反對屠殺青年」的反迫害鬥爭。1948 年 4 月，華北學生為抗議當局取締華北學生聯合會的鬥爭與平津地區教職員工為要求調整待遇而進行的鬥爭相結合，形成聲勢浩大的四月風暴。5 月至 6 月間，又爆發了一場全國範圍的反對美國政府扶植日本軍國主義勢力的愛國運動。國民黨的反動統治陷於徹底的孤立。

各民主黨派和廣大無黨派民主人士日益傾向於支持人民革命。他們中間一些人，曾經主張在中國實行資產階級民主主義的「中間路線」，也就是所謂「第三條道路」。但隨着解放戰爭的勝利發展，國民黨當局對愛國民主力量迫害的加緊，以及中國共產黨進行的宣傳教育工作的深入，曾在一部分民主人士和中間階層中有過影響的「中間路線」的政治主張迅速走向破產。

在中國兩條道路、兩種前途、兩個命運的決戰中，原先的中間力量出現了分化。民主同盟等民主黨派和無黨派民主人士的大多數人在抵制偽國大[①]、反對偽憲法的鬥爭中，堅定地同中國共產黨站在一起，在反對國民黨的獨裁統治和內戰政策的鬥爭中起了積極作用。他們同中國共產黨合作奮鬥，並在鬥爭實踐中不斷進步，這是各民主黨派在這個時期的表現的主要方面。這使中國各民主黨派成為中國共產黨領導的革命統一戰線的重要組成部分。

當時的民主黨派主要有：中國國民黨革命委員會、中國民主同盟、中國民主建國會、中國民主促進會、中國農工民主黨、中國致公黨、九三學社、台灣民主自治同盟。他們都主張愛國、反對賣國，主張民主、反對獨裁。在這些方面，他們同中國共產黨的新民主主義革命政綱基本上是一致的。中國共產黨對各民主黨派採取了積極爭取和團結的政策，收到了很好的效果。這也幫助了民主黨派中的左派，加強了他們在政治上的地位。

各民主黨派和民主人士積極向中國共產黨靠攏，使國民黨當局感到驚恐萬狀，鋌而走險，對各民主黨派和無黨派民主人士加緊迫害。繼李公樸、聞一多之後，著名民主人士杜斌丞又在西安被殺害。民盟地方組織的許多成員被逮捕、綁架，所辦的幾家報社被搗毀或遭襲擊。1947 年 5 月，國民黨公然污衊民主同盟、民主促進會等「受中共之命，而準備甘為中共之新的暴亂工具」。10 月，國民黨當局宣佈民盟為「非法團體」。11 月 6 日，民盟總部被迫在上海發表公告，宣佈解散。

---

① 偽國大，指 1946 年 11 月國民黨一手包辦的「國民大會」。「國民大會」通過了維護蔣介石獨裁統治的所謂《中華民國憲法》。

1948 年 1 月，沈鈞儒等在香港召開民盟一屆三中全會，恢復民盟總部，表示今後要與中國共產黨攜手合作。與此同時，中國國民黨革命委員會也公開表示承認中國共產黨的領導地位，其他民主黨派也明確表示了參加新民主主義革命的立場。

共產黨領導的多黨合作局面的形成

1948 年 4 月 30 日，中共中央在紀念五一國際勞動節口號中提出：「各民主黨派、各人民團體、各社會賢達迅速召開政治協商會議，討論並實現召集人民代表大會，成立民主聯合政府！」這個號召得到各民主黨派、無黨派人士和社會各界熱烈響應，標誌着各民主黨派、無黨派人士公開自覺接受中國共產黨的領導，揭開了中國共產黨同各黨派、各團體、各族各界人士協商建國的序幕，奠定了中國共產黨領導的多黨合作和政治協商制度的基礎。

1949 年 1 月，李濟深、沈鈞儒等民主黨派領導人和著名無黨派民主人士 55 人聯合發表《對時局的意見》，一致認定中共提出的關於召開政治協商會議、成立聯合政府的主張「符合於全國人民大眾的要求」，懇切表示「願在中共領導下，獻其綿薄，共策進行，以期中國人民民主革命之迅速成功，獨立、自由、和平、幸福的新中國之早日實現」。這個政治聲明表明，中國各民主黨派和無黨派民主人士自願接受中國共產黨的領導，決心走人民革命的道路，擁護建立人民民主的新中國。

同年春，毛澤東在同有關人士談話時提出民主黨派應「積極參政，共同建設新中國」。這標誌着各民主黨派地位的根本變化。它們

不再是國民黨政權下的在野黨，而將在中國共產黨領導下，共同擔負起管理新中國和建設新中國的歷史重任。中國共產黨領導的多黨合作的政治格局，正是在這個基礎上形成的。

五、偉大的戰略決戰和國民黨反動統治的覆滅

進行遼瀋、淮海、平津三大戰役

1948 年秋，人民解放戰爭進入奪取全國勝利的決定性階段。

這時，人民解放軍已由戰爭開始時的 127 萬人發展到 280 萬人，其中野戰軍 149 萬人；建立起了較強的炮兵和工兵部隊，提高了攻堅能力，取得了打陣地戰的經驗。

與此相反，國民黨軍隊已由戰爭開始時的 430 萬人下降為 365 萬人，可用於第一線的兵力僅 174 萬人，而且士氣低落，戰鬥力不強，不得不放棄「全面防禦」而改行「重點防禦」。國民黨軍隊已被解放軍分割在西北、中原、華東、華北、東北 5 個戰場上，相互間難以取得配合，已經沒有完整戰線。黨中央和毛澤東當機立斷，連續組織遼瀋、淮海、平津三大戰役。

根據毛澤東和中央軍委的部署，選擇首先在東北展開戰略決戰。1948 年 9 月 12 日，林彪、羅榮桓指揮東北野戰軍主力和地方武裝 103 萬人發起遼瀋戰役，向被分割在錦州、長春、瀋陽等孤立地區的 55 萬國民黨軍發動進攻。戰役首先從攻打錦州、封閉國民黨軍於東北開始。10 月 14 日，東北野戰軍對錦州發起總攻，經過 31 小時激戰，全殲守敵近 9 萬人。

　　錦州解放促使長春守敵一部分起義，其餘全部投降，東北國民黨軍隊向關內的退路被切斷。東北野戰軍攻佔錦州後，立即合圍並全殲瀋陽出援錦州的國民黨軍廖耀湘兵團，隨後乘勝追擊，於 11 月 2 日解放瀋陽、營口。東北全境解放。

　　遼瀋戰役剛結束，華東野戰軍和中原野戰軍及部分地方武裝共 60 餘萬人，在以徐州為中心，東起海州、西至商丘、北起臨城（今薛城）、南達淮河的地區，發起規模空前的淮海戰役。1948 年 11 月 16 日，黨中央決定由劉伯承、陳毅、鄧小平、粟裕、譚震林組成以鄧小平為書記的總前委，統一指揮華東野戰軍和中原野戰軍。由於先後集結在這個地區的國民黨軍隊在兵力和武器裝備上均處優勢地位，人民解放軍在作戰中採取將敵軍重兵集團多次分割、集中優勢兵力各個殲滅的辦法。

遼瀋戰役中人民解放軍向錦州城垣發起衝鋒

淮海戰役中人民解放軍凱歌行進，大批國民黨軍隊俘虜被押下戰場

　　1948 年 11 月 6 日至 22 日，解放軍在徐州以東圍殲黃百韜兵團約 10 萬人，完成中間突破。11 月 23 日至 12 月 15 日，在宿縣西南全殲由豫南遠道趕來增援而孤軍突出的黃維兵團約 12 萬人，並在陳官莊一帶合圍杜聿明集團所部邱清泉、李彌、孫元良三個兵團約 30 萬人，後殲滅力圖突圍的孫元良兵團。12 月 16 日至 1949 年 1 月 10 日，殲滅杜聿明部邱清泉、李彌兩個兵團 10 個軍，生俘杜聿明。至此，淮海戰役勝利結束。

　　經此一役，南線國民黨軍隊精銳主力已被消滅，長江中下游以北的廣大地區獲得解放，同華北解放區連成一片。國民黨政府首都南京直接暴露在人民解放軍面前，國民黨反動統治陷入土崩瓦解的境地。

　　在遼瀋戰役結束、淮海戰役勝利發展之際，東北野戰軍和華北軍區第二、第三兵團以及華北、東北軍區地方部隊共 100 萬人，聯合發起了平津戰役。

　　根據黨中央部署，東北野戰軍主力從 1948 年 11 月起隱蔽入關，同華北軍區第二、第三兵團一道，先用「圍而不打」或「隔而不圍」的辦法，完成對北平、天津、張家口之敵的戰略包圍和戰役分割。隨後按「先打兩頭、後取中間」的順序發起攻擊，在 12 月下旬連克新保安、張家口。

　　1949 年 1 月 10 日，黨中央決定成立由林彪、羅榮桓、聶榮臻三人組成以林彪為書記的平津前線總前委。天津守敵拒絕接受和平改編後，1 月 14 日，解放軍以強大兵力發起總攻，經過 29 小時激戰，攻克天津，全殲守敵 13 萬人。北平 20 餘萬守軍在解放軍嚴密包圍下完全陷於絕境，在傅作義率領下接受和平改編。1 月 31 日，北平和平解放。

北平和平解放後，人民解放軍部隊舉行盛大的入城式

解放戰爭時期活躍在山東解放區的民工支前小車隊

遼瀋、淮海、平津三大戰役，無論戰爭規模還是取得的戰果，在中國戰爭史上都是空前的，在世界戰爭史上也十分罕見。這三大戰役共殲滅國民黨軍隊 154 萬餘人，使國民黨賴以維持其反動統治的主要軍事力量基本上被摧毀，為中國革命在全國的勝利奠定了基礎。

三大戰役的勝利，是毛澤東軍事思想的偉大勝利。在三大戰役中，毛澤東和中央軍委針對東北、華東、華北三個戰場的不同特點制定不同的作戰方針，全面地運用「十大軍事原則」，把殲滅敵人有生力量和奪取城市及地方緊密地結合起來，把集中優勢兵力和全部消滅敵軍的強大兵團緊密地結合起來，把大規模的運動戰、陣地戰和城市攻堅戰緊密地結合起來，把軍事打擊與政治爭取結合起來。這是毛澤東軍事思想在實踐中的重要發展。

　　三大戰役的勝利，也是人民戰爭的偉大勝利。各解放區人民以無比巨大的熱情，以源源不絕的人力物力給予前線以空前規模的支援。供應前方龐大部隊的軍需物資，全靠肩挑背負，小車推送。據統計，僅為支援淮海戰役，動員起來的民工累計即達 543 萬人，向前線運送 1460 多萬斤彈藥、9.6 億斤糧食等軍需物資。陳毅曾深情並形象地說過，淮海戰役的勝利是人民群眾用小車推出來的。

將革命進行到底

　　面對戰場上的軍事失敗，蔣介石集團為爭取喘息時間，搞起了「緩兵計」。蔣介石爭取美國增加援助和美、英、法、蘇「調解」未果，在各方面壓力下，被迫於 1949 年元旦發表「求和」聲明。1 月 21 日，蔣介石宣告「引退」，其「總統」職務由「副總統」李宗仁代理。李宗仁政府儘管口頭上表示願意以中共所提條件為基礎進行和平談判，實際上卻想爭取喘息時間，部署長江防線，實行「劃江而治」。

　　是將革命進行到底，還是讓革命半途而廢？1948 年 12 月 30 日，毛澤東在新華社新年獻詞中發出「將革命進行到底」的偉大號召。他強調，必須用革命的方法，堅決徹底乾淨全部地消滅一切反動勢力。不動搖地堅持打倒帝國主義，打倒封建主義，打倒官僚資本主義，在全國範圍內推翻國民黨的反動統治，在全國範圍內建立無產階級領導的以工農聯盟為主體的人民民主專政的共和國，並由此向社會主義社會發展。在這個問題上，一切願意參加當前的革命事業的人們要一致，要合作，而不是建立甚麼「反對派」，也不是走甚麼「中間路線」。

1949 年 1 月 14 日，毛澤東發表關於時局的聲明，嚴正指出，為了迅速結束戰爭，實現真正的和平，減少人民的痛苦，中國共產黨願意在懲辦戰爭罪犯、廢除偽憲法和偽法統、改編一切反動軍隊等八項條件的基礎上，同南京國民黨政府及國民黨地方政府和軍事集團進行和平談判。

儘管中國共產黨人對蔣介石的假「和談」不抱任何幻想，但還是為實現國內和平認真做了最後一次努力。4 月 1 日，以周恩來為首席代表的中共代表團與以張治中為首席代表的國民黨政府代表團在北平舉行談判。經反覆磋商，4 月 15 日，中共代表團提出《國內和平協定》（最後修正案），限國民黨政府在 4 月 20 日前表明態度。由於國民黨政府拒絕在這個協定上簽字，談判宣告破裂。4 月 21 日，毛澤東主席和朱德總司令發佈向全國進軍的命令。

4 月 20 日夜至 21 日，由以鄧小平為書記的渡江戰役總前委統一指揮，第二、第三野戰軍在第四野戰軍先遣兵團和中原軍區部隊配合下，發起渡江戰役。在西起湖口、東至江陰的千里戰線上，百萬雄師分三路強渡長江。國民黨苦心經營 3 個半月的長江防線頃刻瓦解。

渡江戰役的勝利，是靠老百姓用小船划出來的。在長江岸邊，木帆船、漁船是百姓賴以為生的生產資料、命根子，但他們紛紛支援渡江戰役。到渡江戰役發起前，解放軍已籌集各種船隻 2 萬餘條。此外，船工還創造性地用木材紮成 4 米多寬、10 米多長的木排，裝上汽車引擎壘起棉花胎，架上輕重武器，製成「水上土炮艇」。

4 月 23 日，解放軍佔領國民黨統治中心南京，宣告延續 22 年的國民黨反動統治覆滅。毛澤東在北平香山雙清別墅看到這個捷報後，

寫下《七律‧人民解放軍佔領南京》。他用「宜將剩勇追窮寇，不可沽名學霸王」，表達了將革命進行到底的決心；用「天若有情天亦老，人間正道是滄桑」，揭示了人類社會進步的客觀規律。

隨後，人民解放軍於 5 月 27 日攻佔上海。人民解放軍在上海解放後，為不驚擾上海市民，不住民房，露宿街頭，感動了整座城市。在此前後，解放軍分路繼續向中南、西北、西南各省勝利大進軍，以戰鬥或和平方式迅速解決殘餘敵人，解放廣大國土。國民黨蔣介石集團從大陸逃往台灣。

重慶解放前夕，眾多被關押在渣滓洞、白公館的共產黨人慘遭國民黨反動派殘殺。共產黨人江竹筠受盡國民黨軍統特務的各種酷刑，堅貞不屈，寧死不泄露黨的任何機密，人們親切地稱她為「江姐」。面對敵人的嚴刑拷打，她堅定地說：「竹籤子是竹子做的，共產黨員的意志是鋼鐵。」在新中國已經成立、重慶即將解放之際，江姐壯烈犧牲，年僅 29 歲。以江姐為代表的許多革命烈士經受住種種酷刑折磨，不折不撓，寧死不屈，為中國人民解放事業獻出自己寶貴生命，凝結成「紅岩精神」。

六、黨的七屆二中全會和籌建新中國

為新中國繪製藍圖

隨着黨領導的人民革命在全國勝利已成定局，建立新中國的任務被提上日程。

1948 年 9 月，中央政治局召開擴大會議。毛澤東在會上論述了

即將成立的新中國的國體和政體,即國家政權的階級性和構成形式。會議還提出了新民主主義經濟建設的基本方針。

1949 年 3 月在西柏坡召開的黨的七屆二中全會,規定黨在全國勝利後在政治、經濟、外交方面應當採取的基本政策,指出中國由農業國轉變為工業國、由新民主主義社會轉變為社會主義社會的發展方向。

全會討論了黨的工作重心由鄉村轉移到城市的問題,指出用鄉村包圍城市的時期已經完結,從現在起開始了由城市到鄉村並由城市領導鄉村的時期。

毛澤東告誡全黨,奪取全國勝利,這只是萬里長征走完了第一步,中國的革命是偉大的,但革命以後的路更長,工作更偉大、更艱

黨的七屆二中全會會場

苦。為此，毛澤東提出了「兩個務必」的思想，即「務必使同志們繼續地保持謙虛、謹慎、不驕、不躁的作風，務必使同志們繼續地保持艱苦奮鬥的作風」。這裡面，包含着對中國幾千年歷史治亂規律的深刻借鑒，包含着對中國共產黨艱苦卓絕奮鬥歷程的深刻總結，包含着對勝利了的政黨永葆先進性和純潔性、對即將誕生的人民政權實現長治久安的深刻憂思，包含着對中國共產黨堅持全心全意為人民服務根本宗旨的深刻認識。「兩個務必」思想，始終激勵全黨永遠保持艱苦奮鬥光榮傳統，永遠保持同人民群眾血肉聯繫，永遠保持黨的先進性和純潔性。毛澤東還指出，在勝利面前，必須警惕資產階級「糖衣炮彈」的攻擊。

1949 年 3 月 23 日上午，毛澤東率領中央機關離開中國革命最後一個農村指揮所 —— 西柏坡，向北平進發。臨行前，毛澤東對周恩來說，今天是進京的日子，進京「趕考」去。周恩來說，我們應當都能考試及格，不要退回來。毛澤東說，退回來就失敗了。我們決不當李自成，我們都希望考個好成績。3 月 25 日，毛澤東等中央領導人與中央機關、人民解放軍總部進駐北平。黨中央和毛澤東進駐北平香山，標誌着中國革命重心從農村轉向城市。這裡成為領導解放戰爭走向全國勝利、新民主主義革命取得偉大勝利的總指揮部。

為了向全國人民公開闡明中國共產黨在建立新中國問題上的主張，6 月 30 日，毛澤東發表《論人民民主專政》一文，指出，人民民主專政需要工人階級的領導。人民民主專政的基礎是工人階級、農民階級和城市小資產階級的聯盟，而主要是工人和農民的聯盟。進行中國的人民革命和發展中國的經濟，需要團結民族資產階級，但它不

能充當革命的領導者，也不應當在國家政權中佔主要的地位。

黨的七屆二中全會決議和毛澤東的《論人民民主專政》，為新中國的建立奠定了理論基礎和政策基礎。在籌建新中國的過程中，黨中央還就新中國的國家結構形式和民族關係進行了慎重考慮並作出決策，認為：單一制的國家結構形式，更加符合中國的國情；在統一的國家內實行民族區域自治，更有利於實現民族平等原則。

中國人民政治協商會議的召開和共同綱領的制定

籌建成立新中國的工作，是通過新政治協商會議（中國人民政治協商會議）進行的。

1949 年 6 月，新政治協商會議籌備會第一次全體會議在北平召開，成立以毛澤東為主任的新政協籌備會常務委員會，負責起草共同綱領、擬定政府方案等，全面展開籌建新中國的工作。

1949 年 9 月，中國人民政治協商會議第一屆全體會議在北平隆重召開。中國人民政治協商會議的召開，標誌着 100 多年來中國人民爭取民族獨立和人民解放運動取得了歷史性的偉大勝利，標誌着愛國統一戰線和全國人民大團結在組織上完全形成，標誌着中國共產黨領導的多黨合作和政治協商制度正式確立。毛澤東在開幕詞中向全世界豪邁地宣告：「我們有一個共同的感覺，這就是我們的工作將寫在人類的歷史上，它將表明：佔人類總數四分之一的中國人從此站立起來了。」他還預言：「隨着經濟建設的高潮的到來，不可避免地將要出現一個文化建設的高潮。中國人被人認為不文明的時代已經過去了，我們將以一個具有高度文化的民族出現於世界。」

中國人民政治協商會議第一屆全體會議上，代表們舉手表決議案

　　人民政協是中國共產黨領導的以工農聯盟為基礎的人民民主統一戰線的組織形式。參加政協的有中國共產黨、各民主黨派、無黨派人士、各人民團體、人民解放軍、各地區、各民族以及海外華僑的代表。會議通過《中國人民政治協商會議組織法》，選出政協第一屆全國委員會。10月9日，毛澤東當選政協全國委員會主席。

　　會議通過了《中國人民政治協商會議共同綱領》。這個《共同綱領》成為中國人民的大憲章，在一個時期內起着新中國臨時憲法的作用。

　　會議通過了中央人民政府組織法，一致選舉毛澤東為中央人民政

府主席，朱德、劉少奇、宋慶齡、李濟深、張瀾、高崗為副主席，陳毅等 56 人為中央人民政府委員會委員。

會議通過北平為中華人民共和國首都，將北平改名為北京；決定採用公元紀年；以《義勇軍進行曲》為代國歌；國旗為五星紅旗，象徵全國人民在共產黨領導下的大團結。

中國新民主主義革命勝利的原因和基本經驗

隨着國民黨反動統治的覆滅和中華人民共和國的成立，中國新民主主義革命取得了基本的勝利。

中國革命的發生和勝利不是偶然的，有着深刻的社會根源和深厚的群眾基礎。帝國主義、封建勢力對中國人民的殘酷壓迫和剝削，促使中國人民走上反帝反封建的偉大革命鬥爭的歷史道路。以蔣介石為首的國民黨統治集團對外依靠帝國主義的支持，對內以封建地主階級和官僚買辦資產階級作為社會支柱，把自己置於中國人民的對立面。抗日戰爭後，蔣介石集團堅持獨裁統治和內戰政策，把全國各階層人民推向飢餓和死亡，迫使他們奮起團結自救。

中國人民的反抗鬥爭是十分英勇的，但只有在中國共產黨的領導下才徹底擺脫失敗的厄運，從勝利走向新的勝利。中國共產黨從誕生之日起，就把為中國人民謀幸福、為中華民族謀復興作為自己的初心和使命。這個初心和使命是激勵中國共產黨人不斷前進的根本動力。中國共產黨為中國人民指明了鬥爭的目標，在長期鬥爭的實踐中找到了使革命走向勝利的道路，並且把被人視為「一盤散沙」的中國人民團結和凝聚成萬眾一心的不可戰勝的力量。「沒有共產黨，就沒有

新中國」，這是中國人民依據近代中國革命的歷史經驗得出的科學結論，是他們基於自己的切身體會所確認的偉大真理。

為了實現初心和使命，實現始終堅持的理想和主張，中國共產黨進行了前赴後繼的不懈奮鬥，作出了巨大的自我犧牲。中國共產黨自 1921 年創建至 1949 年中華人民共和國成立這 28 年的時間裡，為中國人民的解放事業獻出了無數的優秀戰士。黨的許多卓越領導人，如李大釗、瞿秋白、蔡和森、向警予、鄧中夏、蘇兆徵、彭湃、陳延年、惲代英、趙世炎、張太雷等，許多傑出的將領，如方志敏、劉志丹、黃公略、許繼慎、韋拔群、趙博生、董振堂、段德昌、楊靖宇、左權、葉挺等，也都在這場前赴後繼的偉大鬥爭中英勇地獻出了自己的生命。中國新民主主義革命的勝利，是千千萬萬先烈和全黨同志、全國各族人民長期犧牲奮鬥的結果。

中國走上社會主義道路，是長期社會歷史發展和人民實踐的最終結果。在很長時期內，中國面臨三種可供選擇的建國方案：第一種方案先由北洋軍閥後由國民黨統治集團代表。他們主張實行地主買辦階級的專政，使中國社會繼續走半殖民地半封建的道路。第二種方案由某些中間派或中間人士代表。他們主張建立資產階級共和國，使中國社會走上獨立發展資本主義的道路。第三種方案由共產黨代表，主張建立工人階級領導的以工農聯盟為基礎的人民共和國，經過新民主主義走向社會主義。這三種方案在中國人民的實踐中反覆地受到檢驗。只有第三種方案最終贏得中國最廣大的人民群眾包括民族資產階級及其政治代表在內的擁護。這昭示了「只有社會主義能夠救中國」的歷史必然。

　　中國共產黨在領導人民革命的過程中，積累了豐富經驗，鍛造出了有效的克敵制勝的武器。毛澤東指出：「統一戰線，武裝鬥爭，黨的建設，是中國共產黨在中國革命中戰勝敵人的三個法寶，三個主要的法寶。」

　　中國共產黨之所以能夠把革命引向勝利，一條根本性的經驗就是，必須堅持把馬克思主義基本原理同中國具體實際結合起來，不斷推進馬克思主義中國化。毛澤東思想的形成和發展，使馬克思主義在中國大地上深深地扎下了根。這個中國化的馬克思主義一旦被中國人民所接受，就轉化成對中國社會進行革命改造的偉大的物質力量。中國革命的歷史充分證明：歷史和人民選擇馬克思主義是完全正確的，中國共產黨把馬克思主義寫在自己的旗幟上是完全正確的，堅持馬克思主義基本原理同中國具體實際相結合、不斷推進馬克思主義中國化時代化是完全正確的。

　　中國人民革命的勝利，徹底改變了近代以後 100 多年中國積貧積弱、受人欺凌的悲慘命運，中華民族走上了實現偉大復興的壯闊道路。

　　中國人民革命的勝利，從根本上改變了中國社會的發展方向，為實現由新民主主義到社會主義的轉變和建立社會主義制度、進行社會主義現代化建設，掃清了主要障礙，創造了政治前提；為實現國家富強和人民幸福，實現中華民族的偉大復興，開闢了廣闊的道路。幾千年來受壓迫、受奴役的中國人民從此成了新國家、新社會的主人。

第五章

中華人民共和國的成立和
社會主義制度的建立

1949 年 10 月 1 日下午，首都北京 30 萬軍民在天安門廣場隆重舉行開國大典。毛澤東莊嚴宣告：「中華人民共和國中央人民政府今天成立了。」54 門禮炮齊鳴 28 響，象徵黨領導人民奮鬥 28 年的歷程。中華人民共和國的成立，揭開了中國歷史新的篇章。領導和組織人民革命取得勝利的中國共產黨，成為在全國範圍執掌政權的黨，踏上了帶領人民創造幸福美好生活的新征程。黨的歷史也揭開了新的篇章。

10 月 1 日這一天，成為中華人民共和國國慶日。

一、中華人民共和國的成立和新生人民政權的鞏固

執政之初面臨的考驗

開國大典之前，毛澤東主持召開中央人民政府委員會第一次會議。會議一致決議接受《中國人民政治協商會議共同綱領》為施政綱領，任命周恩來為中央人民政府政務院總理兼外交部部長，毛澤東為人民革命軍事委員會主席，朱德為人民解放軍總司令等。被任命為中央人民政府和政務院機構負責人的，包括中國共產黨、各民主黨派、海外華僑和其他愛國民主人士等各方面的優秀代表人物、知名人士和專家，充分體現了中國共產黨領導的多黨合作團結建國的方針和人民民主政權的特色。

中華人民共和國的成立，徹底結束了舊中國半殖民地半封建社會的歷史，徹底結束了舊中國一盤散沙的局面，徹底廢除了列強強加給中國的不平等條約和帝國主義在中國的一切特權，實現了中國從幾千

1949 年 10 月 1 日下午 3 時，開國大典在天安門廣場隆重舉行。毛澤東莊嚴宣告：「中華人民共和國中央人民政府今天成立了。」

年封建專制政治向人民民主的偉大飛躍，實現了中國高度統一和各民族空前團結。中國人從此站立起來了！中國人民從此把命運牢牢掌握在自己手中，成為國家、社會和自己命運的主人！中華民族發展進步從此開啟了新紀元！

中華人民共和國的成立，是具有世界意義的大勝利。它衝破了帝國主義的東方戰線，極大地改變了世界的政治格局，壯大了世界和平民主和社會主義的力量，對世界歷史進程產生了深遠的影響。

中華人民共和國的成立，是馬克思列寧主義在中國的勝利，是馬

克思列寧主義的普遍原理和中國革命的具體實踐相結合的思想即毛澤東思想的勝利。這個勝利，使馬克思列寧主義、毛澤東思想在中國人民中獲得很高的威信，被接受為人民共和國各項事業的指導思想，在世界範圍內也擴大了它的影響。

人民企盼已久的新中國成立了，全國各族人民革命熱情高漲，中華大地呈現出萬象更新的局面。同時，在黨和人民面前，還存在很多亟待解決的困難，面臨着很多嚴峻考驗。

軍事上，人民解放戰爭還沒有完全結束。國民黨還有 100 多萬軍隊在西南、華南和沿海島嶼負隅頑抗。在新解放區，國民黨潰逃時遺留下的大批殘餘力量，同惡霸勢力以及慣匪相勾結，嚴重危及社會新秩序的建立和穩定。

經濟上，新中國繼承的是一個千瘡百孔的爛攤子。生產萎縮，民生困苦。國民黨統治下長期的惡性通貨膨脹，造成物價飛漲、投機猖獗。黨和人民政府有沒有能力制止惡性通貨膨脹，把經濟形勢穩定下來，使自己在經濟上從而在政治上站住腳跟，這在當時是比向尚未解放的地區進軍和剿匪更加困難的新的嚴峻考驗。

國際上，妄圖稱霸全球的美國，在其「扶蔣反共」政策失敗後，仍然不肯放棄與中國人民為敵的立場，拒絕承認新中國，並竭力阻撓其他國家承認新中國，阻撓中華人民共和國恢復在聯合國的合法席位，對新中國實行政治孤立、經濟封鎖和軍事包圍。黨和人民能不能在同美帝國主義的較量中取得勝利，這又是一個嚴峻考驗。

黨自身的隊伍也面臨着全國執政的新考驗。面對艱巨繁重的建設任務，黨必須盡快學習經濟建設和治理國家的全新本領。更重要的

是，在執掌全國政權、從事和平建設的條件下，黨要繼續保持優良傳統和作風，經得起資產階級「糖衣炮彈」的攻擊。

總之，新中國已經成立，但新生的人民政權能不能站得住腳，中國共產黨能不能管好國家，這在相當一部分群眾中仍然是一個疑問，要由實踐來作出回答。國際間的朋友和敵人，也在注視和等待着這個回答。

面對複雜形勢和種種考驗，黨採取一系列積極穩健的政策措施，領導全國各族人民滿懷信心地迎接挑戰，開始了建設新中國的偉大鬥爭。

地方各級人民政權的建立

在新中國開國大典的禮炮聲中，人民解放軍繼續向華南、西南進軍，以雷霆萬鈞之勢掃蕩殘敵。到 1949 年底，相繼解放閩南地區和廣東大部、廣西、貴州、四川，和平解放雲南、西康地區。在西北，新疆宣告和平解放後，入疆部隊完成千里挺進邊陲的壯舉。1950 年 5 月，海南島解放。截至同年 10 月，經過一年作戰人民解放軍共殲滅國民黨正規軍 128 萬餘人。

西藏是全國大陸最後一個待解放地區。近代以後，西方帝國主義一直覬覦西藏，在西藏培植和扶持分裂勢力。新中國成立後，西藏地方政府上層少數分裂分子在帝國主義勢力挑唆、策動下，企圖將西藏從祖國大陸分離出去。黨中央為此確定了絕不容許任何外國勢力分割西藏的堅定不移的方針，同西藏上層分裂勢力進行了軍事和政治緊密配合的鬥爭。1951 年 5 月，中央人民政府同西藏地方政府簽署《關

於和平解放西藏辦法的協議》（十七條協議）。10月，人民解放軍進駐拉薩。西藏獲得和平解放，粉碎了帝國主義及西藏少數分裂分子製造「西藏獨立」的圖謀，實現了祖國大陸的統一。

在新解放區，人民解放軍展開大規模剿匪作戰。到 1951 年上半年，各地清剿的股匪已逾百萬，大陸上的匪患基本平息，有力地保護了人民安居樂業，基本安定了社會秩序。

隨着人民解放軍的勝利進軍，地方各級人民政權迅速建立起來。到 1951 年，全國共成立 29 個省、1 個民族自治區（內蒙古）、8 個省級行政公署、13 個直轄市人民政府，140 個省轄市人民政府及 2283 個縣人民政府。人民民主政權成為中國歷史上不曾有過的、真正得到人民擁護的、在全國範圍內有效行使權力的政權，為黨在全國執政奠定了堅實的政治和組織基礎。

新中國外交方針的制定和實施

第二次世界大戰結束後，世界上逐漸形成以美蘇兩大強國相互對峙為特徵的兩極格局，出現美蘇之間的矛盾同帝國主義與和平民主兩大陣營、資本主義和社會主義兩種社會制度相互對抗交織的局面。基於這一形勢，1949 年上半年，毛澤東先後提出「另起爐灶」「打掃乾淨屋子再請客」和「一邊倒」三條基本外交方針，即：不承認國民黨政府同各國建立的舊的外交關係，取消帝國主義在華特權；把帝國主義在中國的殘餘勢力清除乾淨之後再考慮建交；明確宣佈新中國站在社會主義和世界和平民主陣營一邊。

根據以上方針，新中國一成立即同蘇聯建立外交關係，並先後同

保加利亞、羅馬尼亞、匈牙利、朝鮮、捷克斯洛伐克、波蘭、蒙古、德意志民主共和國、阿爾巴尼亞和越南等 10 個人民民主國家建立外交關係。1950 年 4 月至 1951 年 5 月，又同印度、印度尼西亞、緬甸和巴基斯坦 4 個亞洲民族獨立國家，以及瑞典、丹麥、瑞士和芬蘭 4 個歐洲資本主義國家建立外交關係，邁出了打破美國遏制和孤立政策的重要一步。1949 年 12 月，毛澤東出訪蘇聯。次年 2 月 14 日，中蘇兩國在莫斯科簽訂《中蘇友好同盟互助條約》和有關協定。這有利於新中國放手進行國內建設和中蘇共同對付可能的帝國主義侵略，爭取和維護世界和平。

與此同時，新中國還着手廢除舊中國與外國簽訂的不平等條約，取消帝國主義在中國的特權，肅清帝國主義在中國的勢力和影響。帝國主義在舊中國擁有的海關管理權、駐軍權和內河航行權，對中國主權的損害最大，是中國淪為半殖民地的象徵。新中國成立之後首先收回了這三項權利。1949 年 10 月，中國海關總署成立。1950 年 1 月至 9 月，北京、天津、上海的軍管會先後宣告收回或徵用外國兵營。1950 年 7 月，政務院財政經濟委員會發佈關於統一航運管理的指示。外國在中國大陸的軍事特權和經濟特權全部被取消，使鴉片戰爭以來中國主權被外國肆意踐踏、外國人在中華大地上耀武揚威的百年屈辱史徹底結束。

沒收官僚資本、穩定物價和統一全國財經

官僚資本是國民黨反動政權的經濟基礎，壟斷國家經濟命脈，掠奪人民財富，嚴重阻礙社會生產力的發展。沒收官僚資本歸人民的國

家所有，是新民主主義革命的經濟綱領之一。到 1950 年初，全國接管官僚資本的工礦企業 2800 餘家、金融企業 2400 餘家。以此為主要基礎，具有社會主義性質的國營經濟迅速建立起來。它一經建立，就成為整個社會經濟的領導力量和新中國發展生產、繁榮經濟的主要物質基礎，為以後的社會主義改造做了重要的物質準備。

中央人民政府成立時，財政經濟極為困難。舊社會留下來的畸形發展的投機資本在新解放城市繼續興風作浪，加劇物價上漲。有人甚至揚言：解放軍進得了上海，人民幣進不了上海。面對極其困難的財政經濟狀況，黨精心領導了穩定物價和統一財經的重大鬥爭。

為制止因投機資本操縱而加劇的市場混亂，黨和人民政府採取必要的行政手段和有力的經濟措施，成功組織了同投機資本作鬥爭的「銀元之戰」和「米棉之戰」。1949 年 6 月，上海市軍管會查封了金融投機的大本營證券大樓。武漢、廣州等城市解放後也相繼查封地下錢莊，沉重打擊了投機商的非法活動，確保了人民幣的法定地位。針對投機資本家大量囤積糧食、棉紗、棉布、煤炭，再次掀起物價風潮，中財委部署在全國集中調運相關物資，在漲價最猛的 11 月 25 日，上海、北京等大城市統一敞開拋售，使物價迅速下跌，同時收緊銀根，使投機商因資金周轉失靈而紛紛破產。經此兩大「戰役」，不法投機資本一蹶不振，國營經濟取得穩定市場的主動權。

要從根本上穩定物價，必須做到國家財政收支平衡和市場物資供求平衡。為此，必須實行全國財政經濟工作的統一管理和統一領導。1950 年 3 月，政務院發出《關於統一國家財政經濟工作的決定》，決定統一全國財政收入、物資調度、現金管理。這個決定在全國雷厲

風行地貫徹執行，很快取得明顯成效。當年，國家財政收支已接近平衡。同時，隨着整頓稅收、推銷公債等措施的實行，全國物價進一步回落並趨於平穩。

穩定物價和統一財經的工作，是新中國成立後在財政經濟戰線上一個具有重大意義的勝利，從此結束了國民黨統治時期自抗戰以來使人民深受其苦的惡性通貨膨脹和物價飛漲的局面，為安定人民生活、恢復和發展工農業生產創造了有利條件。這個勝利，使國內外那些懷疑共產黨能否搞好經濟的人也不能不表示讚佩、歎為「奇跡」。事實證明，共產黨不僅在軍事上是無敵的、在政治上是堅強的，在經濟上也是完全有辦法的。

為全面部署恢復國民經濟階段的各項工作，1950 年 6 月，黨召開七屆三中全會。會議指出，要獲得財政經濟狀況的根本好轉，需用三年左右的時間，創造三個條件，即：土地改革的完成，現有工商業的合理調整，國家機構所需經費的大量節減。毛澤東在會上作題為《不要四面出擊》的講話，指出：我們當前的總方針，就是肅清國民黨殘餘、特務、土匪，推翻地主階級，解放台灣、西藏，跟帝國主義鬥爭到底。面對這樣複雜的鬥爭，必須處理好同民族資產階級、各民主黨派、知識分子和少數民族之間的關係，不要四面出擊，樹敵太多，造成全國緊張。毛澤東批評了「認為可以提早消滅資本主義實行社會主義」的錯誤思想，強調對民族資產階級的政策仍然是又團結又鬥爭，以團結為主，是節制資本而不是擠走資本、消滅資本。七屆三中全會是新中國成立初期黨中央召開的一次重要會議。全會決定的方針，為國民經濟恢復時期黨的工作規定了明確的行動綱領。

二、抗美援朝戰爭、土地制度改革和其他民主改革

抗美援朝　保家衛國

正當全國人民集中力量爭取財政經濟狀況基本好轉的時候，新中國又面臨着外部侵略的威脅。1950 年 6 月 25 日，朝鮮內戰爆發。美國政府立即作出武裝干涉朝鮮內戰的決定，並派遣第七艦隊侵入台灣海峽，公然干涉中國內政，阻撓中國的統一大業。10 月初，美軍無視中國政府一再警告，悍然越過三八線，把戰火燒到中朝邊境，直接威脅新中國的國家安全。危急關頭，朝鮮勞動黨和政府請求中國出兵支援。

敢不敢、能不能迎戰世界上經濟實力最雄厚、軍事力量最強大的美帝國主義，對於成立僅一年、百廢待興的新中國來說，是一個巨大的挑戰。在敵我力量極其懸殊的情況下，如果出兵參戰，能不能打贏？會不會「引火燒身」「惹禍上門」，使經濟建設難以進行？中央政治局多次召開會議，全面估量國內外形勢，既清醒地看到了面臨的困難，又深入地分析了出兵作戰的必要和可能，作出了派遣中國人民志願軍入朝作戰，抗美援朝、保家衛國的歷史性決策。

1950 年 10 月 8 日，毛澤東發佈命令，組建以彭德懷為司令員兼政治委員的中國人民志願軍。19 日，志願軍雄赳赳氣昂昂跨過鴨綠江。這是以正義之師行正義之舉。中國人民志願軍同朝鮮軍民密切配合，首戰兩水洞、激戰雲山城、會戰清川江、鏖戰長津湖等，此後又構築起銅牆鐵壁般的縱深防禦陣地，實施多次進攻戰役，粉碎「絞殺戰」、抵禦「細菌戰」、血戰上甘嶺，創造了威武雄壯的戰爭偉業。

中國人民志願軍跨過鴨綠江赴朝作戰

經過艱苦卓絕的戰鬥，中朝軍隊打敗了武裝到牙齒的對手，打破了美軍不可戰勝的神話，迫使不可一世的侵略者於 1953 年 7 月 27 日在停戰協定上簽字。抗美援朝戰爭以偉大勝利向世界宣告：「西方侵略者幾百年來只要在東方一個海岸上架起幾尊大炮就可霸佔一個國家的時代是一去不復返了！」

　　在波瀾壯闊的抗美援朝戰爭中，英雄的中國人民志願軍始終發揚祖國和人民利益高於一切、為了祖國和民族的尊嚴而奮不顧身的愛國主義精神，英勇頑強、捨生忘死的革命英雄主義精神，不畏艱難困苦、始終保持高昂士氣的革命樂觀主義精神，為了完成祖國和人民賦予的使命、慷慨奉獻自己一切的革命忠誠精神，為了人類和平與正義事業而奮鬥的國際主義精神，鍛造了偉大抗美援朝精神。毛澤東的長

子毛岸英第一批入朝參戰，英勇犧牲在朝鮮戰場。志願軍將士面對強大而兇狠的作戰對手，身處惡劣而殘酷的戰場環境，拋頭顱、灑熱血，以「鋼少氣多」力克「鋼多氣少」。他們說，我們的身後就是祖國，為了祖國人民的和平，我們不能後退一步！他們冒着槍林彈雨勇敢衝鋒，頂着狂轟濫炸堅守陣地，以身軀作人梯，抱起炸藥包、手握爆破筒衝入敵群，忍飢受凍絕不退縮，敢於「空中拚刺刀」。這種血性令敵人膽寒，讓天地動容！他們中湧現出 30 多萬名英雄功臣和近6000 個功臣集體，有毅然抱起炸藥包與敵人同歸於盡的楊根思，有用胸膛堵住槍眼為戰友衝鋒開道的黃繼光，有烈火燒身巋然不動直至壯烈犧牲的邱少雲，有躍入冰河以生命換得朝鮮少年安然無恙的羅盛教……他們用生命譜寫了驚天地、泣鬼神的雄壯史詩，被祖國人民稱為「最可愛的人」。偉大抗美援朝精神跨越時空、歷久彌新，必須永續傳承、世代發揚。

抗美援朝戰爭期間，黨中央統攬全局，實施有力的戰爭動員和正確的戰爭指導，採取邊打、邊穩、邊建的方針，開展了波瀾壯闊的抗美援朝運動，全國各族人民舉國同心支撐起這場事關國家和民族前途命運的偉大抗爭。

抗美援朝戰爭偉大勝利，是中國人民站起來後屹立於世界東方的宣言書，是中華民族走向偉大復興的重要里程碑，對中國和世界都有着重大而深遠的意義。經此一戰，中國人民粉碎了侵略者陳兵國門、進而將新中國扼殺在搖籃之中的圖謀，可謂「打得一拳開，免得百拳來」，帝國主義再也不敢作出武力進犯新中國的嘗試，新中國真正站穩了腳跟。經此一戰，中國人民徹底掃除了近代以來任人宰割、

仰人鼻息的百年恥辱，徹底扔掉了「東亞病夫」的帽子，中國人民真正揚眉吐氣了。經此一戰，中國人民打敗了侵略者，震動了全世界，奠定了新中國在亞洲和國際事務中的重要地位，彰顯了新中國的大國地位。經此一戰，人民軍隊在戰爭中學習戰爭，愈戰愈勇，越打越強，取得了重要軍事經驗，實現了由單一軍種向諸軍兵種合成軍隊轉變，極大促進了國防和軍隊現代化。經此一戰，第二次世界大戰結束後亞洲乃至世界的戰略格局得到深刻塑造，全世界被壓迫民族和人民爭取民族獨立和人民解放的正義事業受到極大鼓舞，有力推動了世界和平與人類進步事業。這一戰，捍來了山河無恙、家國安寧，打出了中國人民的精氣神，人民軍隊戰鬥力威震世界，讓全世界對中國刮目相看，充分展示了中國人民不畏強暴的鋼鐵意志、萬眾一心的頑強品格、敢打必勝的血性鐵骨、維護世界和平的堅定決心，再次證明正義必定戰勝強權，和平發展是不可阻擋的歷史潮流。

廢除封建土地制度和鎮壓反革命運動

新中國成立時，還有佔全國人口一多半的新解放區尚未完成土地改革，嚴重阻礙了社會生產力發展。在進行抗美援朝戰爭的同時，從1950年冬到1952年底，黨領導廣大新解放區進行了廢除封建土地制度的改革。

1950年6月30日，中央人民政府公佈施行《中華人民共和國土地改革法》。它總結了黨過去領導土地改革的經驗和教訓，又適應新中國成立後的新形勢確定了新政策，提出保存富農經濟，不動中農土地，限制沒收地主財產範圍等，以保護中農和分化地主階級，減少土

地改革阻力，促進生產的恢復和發展，成為指導新解放區土地改革的基本法律依據。到 1952 年底，除一部分少數民族地區外，全國大陸的土地改革基本完成。包括老解放區在內，全國約 3 億無地少地的農民無償獲得約 7 億畝土地，免除了過去每年向地主交納的 3000 萬噸以上糧食的地租。

土地改革的完成，標誌着在我國延續了幾千年的封建制度的基礎 —— 地主階級的土地所有制，至此徹底消滅了，農民真正成為土地的主人。這是一個偉大的歷史性勝利。它從根本上解放了農村生產力，激發了廣大農民的政治熱情和生產積極性，促進了農業的迅速恢復和發展，以及農村文化教育的發展，為新中國的工業化開闢了道路。

在進行土地改革的同時，全國還大張旗鼓地開展了鎮壓反革命運動。朝鮮戰爭爆發後，國民黨遺留在大陸的反革命分子氣焰更加囂張，大肆散佈謠言，進行種種破壞和搗亂活動，殘害革命幹部和群眾，妄圖裡應外合，顛覆人民政權。1950 年，各地有近 4 萬名幹部和群眾被反革命分子殺害，其中僅廣西就達 7000 多人。1950 年 10 月，中共中央發出《關於鎮壓反革命活動的指示》，決定對罪大惡極、怙惡不悛的反革命分子實行堅決鎮壓。從 12 月開始，鎮壓反革命運動在全國展開。到 1951 年 10 月底，全國規模的鎮壓反革命運動基本結束。

鎮壓反革命運動掃除了國民黨遺留在大陸的反革命殘餘勢力，基本上肅清了特務、地下軍及會道門等反動組織，社會秩序獲得前所未有的安定，有力地配合了土地改革和抗美援朝戰爭。

社會各方面的民主改革和「三反」「五反」運動

以土地制度改革為中心，黨還領導了包括社會改造在內的多方面的民主改革。

在國營工礦交通企業開展民主改革。這些企業原來大都是官僚資本主義企業，接收後需要通過民主改革，使社會主義新型生產關係進一步體現出來。各地在黨委領導下，清除了隱藏在企業內部的殘餘反革命勢力，廢除了舊社會遺留的官僚管理機構和封建把頭制、搜身制等，建立工廠管理委員會，並通過工會委員會、職工代表會議，發動和組織職工參加企業管理，初步建立起適合生產需要的民主管理制度，調動了廣大工人群眾當家作主、發展生產的積極性，使工業生產的恢復取得顯著成績。

改革封建婚姻制度，是黨推進民主改革和社會改造的又一個重要方面。1950 年 5 月 1 日，中央人民政府頒佈《中華人民共和國婚姻法》，這是新中國制定的第一部法律。它明確規定：「廢除包辦強迫、男尊女卑、漠視子女利益的封建主義婚姻制度。實行男女婚姻自由、一夫一妻、男女權利平等、保護婦女和子女合法利益的新民主主義婚姻制度。」這是幾千年來中國社會家庭生活的一個偉大變革。經過貫徹《婚姻法》運動，廣大群眾普遍樹立起婚姻自由、男女平等的思想，開始形成新的社會風氣。佔全國人口半數的廣大婦女從封建婚姻制度的束縛下獲得解放，社會地位有了很大提高。

取締舊社會遺留的賣淫嫖娼、販毒吸毒、聚眾賭博等醜惡現象的鬥爭，也是掃除社會弊病、進行社會改造的一個重要組成部分。經過三年左右的努力，曾在舊中國屢禁不絕、在西方國家也被視為頑症的

《中華人民共和國婚姻法》實施後，北京郊區的一對新人舉行婚禮

娼、賭、毒等社會痼疾，在中國共產黨的領導下被基本禁絕。

抗美援朝戰爭是中國人民民主革命反帝鬥爭的繼續，土地改革和其他各項民主改革是中國人民民主革命反封建鬥爭的完成。革命的洪流蕩滌着舊社會的污泥濁水，中國的社會面貌、社會風尚起了極大變化。這些歷史性變化，使人民民主專政的政權更加鞏固，使恢復和發展經濟的工作有了必要的社會政治條件。

在全國人民努力增加生產、厲行節約的過程中，各地黨政機關內部暴露出貪污、浪費現象和官僚主義問題。根據東北、華北地區所反映的嚴重情況，1951 年 12 月 1 日，中共中央作出《關於實行精兵簡政、增產節約、反對貪污、反對浪費和反對官僚主義的決定》，要求

採取群眾運動的方式，大張旗鼓，雷厲風行，徹底揭露一切大中小貪污事件，開展「三反」鬥爭。鬥爭中抓住典型重大案件，加以處理，以引起全黨的警惕和全社會的重視。劉青山、張子善在任天津地委書記、天津行署專員期間，因利用職權盜用公款，從事非法經營活動，生活腐化墮落，蛻變為大貪污犯，被判處死刑。這向全國人民表明，中國共產黨絕不容忍利用執政黨地位牟取私利的腐敗現象，貪污腐敗分子一經發現，不管資格多老、職務多高，一律嚴懲不貸。

　　「三反」運動於 1952 年 10 月結束。這場鬥爭，是黨在執政情況下保持共產黨人和領導幹部清廉、懲治腐敗的初戰，清除了幹部隊伍裡的蛀蟲，教育了幹部的大多數，對抵制舊社會的惡習和資產階級腐朽思想的侵蝕，形成清正廉潔的黨風政風和健康的社會風氣，起了很大作用。

　　「三反」運動中發現，黨政機關內部的貪污行為，往往是與不法商人勾結而來的。大量事實表明，少數資本家以各種非法手段牟取超額利潤，甚至用廢棉爛棉製造急救包賣給志願軍，使受傷的戰士致殘致死，激起全民公憤。1952 年 1 月，中央決定在私營工商界開展一場反對行賄、反對偷稅漏稅、反對盜騙國家財產、反對偷工減料和反對盜竊國家經濟情報的「五反」運動。運動中，黨和政府廣泛發動群眾進行說理鬥爭、揭露不法商人的違法事實。同時中央又指示不能否認民族資產階級仍有其積極的一面，《中國人民政治協商會議共同綱領》規定的其應有的政治、經濟地位沒有改變，必須注意維持經濟生活的正常進行。

　　「五反」運動於 1952 年 10 月結束，有力打擊了不法資本家嚴重

的「五毒」行為，在工商業者中普遍進行了一次守法經營教育，推動了在私營企業中建立工人監督制度和進行民主改革，為後來用和平方式逐步改造資本主義工商業作了重要鋪墊。

三、國民經濟的恢復和各項建設的展開

國民經濟的恢復和初步發展

舊中國經濟本來極其落後，日本帝國主義侵華戰爭和國民黨反動派反人民戰爭更使它遭到嚴重的破壞，集中力量恢復國民經濟成為擺在黨和人民面前的緊迫任務。黨和政府按照「公私兼顧、勞資兩利、城鄉互助、內外交流」的基本方針，全力恢復國民經濟。

農業方面，黨在發揚農民個體經濟積極性的同時，逐步推動個體農民之間的勞動互助。國家對農業的投入逐年增加，並集中力量治理了淮河和修建了荊江分洪、黃河下游防洪工程等骨幹項目，初步改變了舊中國江河堤岸年久失修、水患頻繁的狀況。各地還大力整修水渠塘堰，擴大農田灌溉面積。這些基礎設施建設，促進了農業生產的迅速恢復和發展。1952 年，全國糧食總產量由 1949 年的 11318.4 萬噸增加到 16393.1 萬噸，增長 44.8%。

工業方面，重點放在恢復國計民生急需的礦山、鋼鐵、動力、機器製造等行業和主要化學工業，同時恢復和增加紡織及其他輕工業生產。在地區分佈上，以恢復東北工業基地為主，同時兼顧內地工業，有計劃地新建了一批骨幹企業。到 1952 年底，主要工業產品和輕工業產品的產量均超過歷史最高水平。

1954 年 12 月，貫通「世界屋脊」的康藏、青藏公路全線通車

　　交通運輸業方面，國家用於交通運輸業的投資共 17.7 億元，佔全國基建投資總額的 22.6%。基本恢復了原有的鐵路網，重新連接華北和華南。完成了穿越大西南腹地的成（成都）渝（重慶）鐵路和西北地區的天（水）蘭（州）鐵路的修建。成渝鐵路是清末就籌款準備興修的川漢鐵路的一段，拖了近半個世紀未能完成，新中國成立後僅用兩年就建成通車。國家還新建和改建了一些主要幹線及縣、鄉級公路，全國公路通車里程比新中國成立初期增長了 50% 以上，通往「世界屋脊」的康藏公路（今川藏公路）、青藏公路，於 1950 年開始興建。

　　貿易的恢復和發展，是促進城鄉物資交流，恢復整個國民經濟的重要環節。經過幾年的努力，國營商業和合作社商業逐步發展壯大，成為流通領域的主渠道。到 1952 年底，在全國範圍內，基本形成了從上到下的包括各種門類的統一的國營商業體系。穩定物價、統一財

經後，為解決因通貨膨脹而形成的虛假購買力消失導致的問題，政府採取擴大對私營工廠加工訂貨、大量收購農副產品以提高農村購買力、調整稅收負擔、適當收縮國營商業、教育私營企業工人努力完成生產任務等措施，合理調整公私關係、勞資關係和產銷關係，使私營工商業得到很大發展。

經過全國人民三年多的艱苦奮鬥，新中國成立前遭到嚴重破壞的國民經濟得到全面恢復，並有了初步發展。1952 年底，工農業總產值 810 億元，比 1949 年增長 77% 多。國家財政收入成倍增加，收支平衡。城鄉人民收入逐年增多，生活普遍得到改善。同 1949 年相比，全國職工平均工資提高了 70%，農民收入一般增長 30% 以上。在經濟恢復過程中，國民經濟結構也發生了深刻變化。國營經濟比重上升，私人資本主義經濟比重逐年下降。工業生產力的地位得到加強，現代工業的比重有所上升，為我國開始由農業國逐步轉變為工業國打下了基礎，進而確保了整個國家經新民主主義穩步地向社會主義邁進。

教育科學文化衛生事業的除舊佈新

隨着經濟建設高潮的到來，一個文化建設的高潮也在到來，其他各方面的建設都有相應的發展。

文化建設，一是要適應和推進政治變革，二是要適應和推進經濟建設。為建設民族的、科學的、大眾的文化，黨領導了對舊有學校教育事業和社會文化事業有步驟地進行改革，爭取一切愛國的知識分子為人民服務。

　　掌握輿論工具，確立馬克思主義在全國的指導地位。在接管城市中，把作為輿論宣傳、大眾傳播重要工具的報紙、刊物、電台、通訊社等文化事業，完全置於黨和國家的統一領導之下。為系統學習、宣傳馬克思列寧主義、毛澤東思想，1951 年至 1953 年出版了《毛澤東選集》第一至第三卷，1955 年開始翻譯出版《列寧全集》，1956 年開始翻譯出版《馬克思恩格斯全集》。

　　教育改革方面，除了實行國家對學校的領導，廢除反動政治教育，使馬列主義教育進入學校外，還有兩個主要方面：一是解決教育向廣大工農群眾打開大門的問題。針對舊社會勞動人民難有受教育機會的狀況，黨和政府確定了「教育必須為生產建設服務，為工農服務，學校向工農開門」的教育方針。二是發展和改革高等教育。1951 年底至 1953 年，教育部對全國高等學校進行院系調整，大幅度擴大招生，適應了工業化建設對專業人才的急迫需要。

　　文藝工作方面，繼續提倡文藝為人民服務、為工農兵服務，還提出了「百花齊放，推陳出新」的方針，為繁榮我國文藝事業指明了方向。廣大文藝工作者深入社會生活，創作出一批以革命戰爭、社會改造為題材，啟發人民政治覺悟，鼓勵人民勞動熱情的優秀文藝作品。

　　科學工作方面，黨和政府十分重視科學技術在建設事業中的重要作用。新中國成立之初就成立了中國科學院。中央要求，以中國科學院作為全國科學研究的中心，指導建立地方科研機構，同時發展高等學校和產業部門的科研機構，逐步形成比較完整的科研體系。到 1955 年底，全國科學技術人員已達 40 餘萬人，專業科研機構超過 800 個。這支力量在國家各項建設中發揮了重要作用。

醫療衛生工作方面，黨和政府提出了衛生工作要「面向工農兵」
「預防為主」和「團結中西醫」的方針。在農村、城市街區和工礦企
業，普遍建立起基層衛生組織，以及各種專業防疫機構和防疫隊伍。
同時，在全國開展大規模的愛國衛生運動，使城鄉落後的衛生面貌大
為改觀。

知識分子的思想改造，是我國在各方面徹底實現民主改革和逐
步實行工業化的重要條件之一。為了發揮他們在國家建設中的積極
作用，黨十分重視對知識分子的團結、教育和改造工作。1951 年 9
月，北京大學 12 位著名教授響應黨的號召，發起北大教員政治學習
運動，京、津高校隨即開展了比較集中的思想改造學習運動。同年 9
月 29 日，周恩來向北京、天津高校教師學習會的教師作《關於知識
分子的改造問題》的報告，勉勵一切有愛國思想的知識分子努力站到
人民的立場，站到工人階級的立場。後來，學習運動逐漸擴展到整個
知識界。大多數知識分子通過學習毛澤東著作，聯繫思想和工作實際
進行批評與自我批評，通過肅清封建買辦思想影響，批判資產階級和
小資產階級思想，掌握了馬克思主義基礎知識，從而由民族的、愛國
的立場前進到人民的立場，滿腔熱情地投身到新中國的建設事業中。

軍隊和國防的現代化建設

建立鞏固的現代化國防，建設一支強大的正規化、現代化的革
命軍隊，是黨在新中國成立後提出的一項重大任務。特別是經歷了抗
美援朝戰爭，中央軍委系統總結了同高度現代化裝備的美軍作戰的經
驗，推動人民解放軍適應現代化戰爭的要求，逐步實行由單一軍種向

諸軍兵種合成軍隊的戰略轉變。

　　實行統一的指揮、統一的制度、統一的編制、統一的紀律、統一的訓練，實現諸軍兵種密切的協同動作，是建設現代化國防不可缺少的一項重要條件。遵照中央軍委指令，人民解放軍進行大幅度精簡整編。同時，對軍隊領導機關的組織編制進行調整，在原有陸軍的基礎上先後組建空軍、海軍、防空軍、公安軍等軍種，以及炮兵、裝甲兵等各兵種領導機關及其所屬部隊，人民解放軍初步發展成為軍兵種較為齊全的軍隊。

　　建設正規化、現代化的革命軍隊，必須加強黨的領導。1954 年4 月，中共中央、中央軍委頒佈《中國人民解放軍政治工作條例（草案）》。這對於保證黨對軍隊的絕對領導，發揮人民解放軍作為鞏固人民民主專政的堅強柱石作用，具有重要意義。

　　為加強國防工業建設，提高人民解放軍武器裝備的現代化水平，1953 年8 月，中共中央政治局討論並審定了國防工業「一五」建設計劃的安排。1955 年1 月，中共中央、毛澤東作出發展原子能事業、研製原子彈的決定。毛澤東說：「在今天的世界上，我們要不受人家欺負，就不能沒有這個東西。」歷史證明，重點突出尖端技術的發展，是一項很有遠見、很有膽略的戰略決策，對於中國國防科技事業發展和國防現代化建設具有重大而深遠的意義。

　　根據國際局勢總的趨向緩和，但帝國主義發動戰爭的可能性依然存在的估計，1956 年3 月召開的中央軍委擴大會議首次明確積極防禦的戰略方針，為人民解放軍執行戰備任務和進行軍事訓練指明了方向，使軍隊正規化和國防現代化建設進入一個新的階段。

爭取有利於建設的國際和平環境

為了給國內建設創造有利的國際和平環境，黨要求在外交方面展開積極的工作和鬥爭。

為發展同新興民族獨立國家尤其是鄰近的民族獨立國家的關係，1953 年 12 月，我國政府在同印度就兩國間存在的問題特別是印度與中國西藏地方關係問題的談判中，首次提出和平共處五項原則，其表述後來確定為：互相尊重主權和領土完整、互不侵犯、互不干涉內政、平等互利、和平共處。和平共處五項原則的提出，具有重大的戰略意義。它是新中國在國際舞台上開展活動，突破美國的孤立和遏制政策，擴大對外交往的有力武器，不僅成為我國對外政策的基石，也逐漸在國際社會中被普遍接受，為推動建立公正合理的新型國際關係作出了歷史性貢獻。

朝鮮停戰以後，亞洲的緊張局勢有所緩和。但是，美國不僅不想從朝鮮半島撤軍、和平解決朝鮮問題，而且其海軍艦隊繼續盤踞在台灣海峽，干涉中國內政，並企圖從印度支那地區扼制中國。這種保持國際緊張局勢的做法，是不得人心的。1954 年 4 月，由中國、美國、蘇聯、英國、法國及有關國家外長參加的討論朝鮮問題和印度支那問題的會議在瑞士日內瓦召開。這是中華人民共和國首次以五大國之一的身份參加討論國際問題的重要會議。會議期間，周恩來率領的中國代表團進行了卓越的外交斡旋，促使會議達成恢復印度支那和平的協議，法國從越南、老撾、柬埔寨撤軍，並確認三國的民族獨立地位。日內瓦會議的成功，使亞洲局勢和國際局勢進一步緩和，增強了我國南部邊境的安全。

1955 年 4 月，周恩來率中國代表團出席在印度尼西亞萬隆舉行的亞非會議

在亞洲、非洲民族解放運動高漲的形勢下，1955 年 4 月，亞非 29 個國家政府首腦在印度尼西亞萬隆舉行會議。周恩來率中國代表團出席會議，在會上鮮明提出「求同存異」的方針，呼籲各國撇開分歧，為反對殖民主義的共同利益而加強團結合作，受到與會各國的贊同，打開了中國與亞非國家廣泛交往的大門。會議通過的《亞非會議最後公報》吸收了中國代表團的建議，形成和平共處、友好合作的十項原則。會議取得圓滿成功。會議期間，周恩來還發表聲明：中國政府願意同美國政府坐下來談判，討論和緩遠東緊張局勢的問題，特別是和緩台灣地區的緊張局勢問題。中美兩國於 1955 年 8 月開始大使級會談。

這些卓有成效的外交工作和外交鬥爭，促進了國際緊張局勢的

緩和，擴大了我國在國際上的聯繫，顯示出我國在國際事務中的重要作用，也為我國的社會主義建設爭取到了較為有利的國際和平環境。

加強黨在全國執政後的自身建設

新中國成立後，黨十分重視在執政條件下黨組織自身的建設。1950 年 5 月，針對在全國革命勝利的形勢下黨內一部分人滋長的以功臣自居的驕傲自滿情緒和官僚主義、命令主義作風，黨中央發出《關於在全黨全軍開展整風運動的指示》，要求嚴格地整頓全黨的作風，首先是整頓幹部作風。

1951 年三四月間，中共中央召開第一次全國組織工作會議，決定對全黨的基層組織進行一次普遍整頓，在全體黨員中進行一次關於共產黨員必須具備的八項條件的教育，特別是關於社會主義、共產主義前途的教育。在此基礎上，對每一個黨員進行認真的審查和登記，對犯有嚴重錯誤的和不夠黨員條件的黨員進行組織處理。整黨從1951 年下半年開始，到 1954 年春基本結束。經過整黨，共有 41 萬人被開除出黨或被勸告退黨，增強了黨組織的純潔性。同時，各級黨組織積極而又謹慎地發展新黨員，黨員人數由整黨前的 580 萬人發展到 636.9 餘萬人，黨的隊伍增加了新的血液。

1954 年 2 月，黨的七屆四中全會通過《關於增強黨的團結的決議》。決議強調，黨的團結是黨的生命，要求全黨尤其是黨的高級幹部要提高維護黨的團結的自覺性。1955 年 3 月，黨的全國代表會議決定成立黨的中央和地方各級監察委員會，選舉產生了中央

監察委員會。

　　總的來說，在新中國成立初期，全黨的精神面貌是比較好的，繼續保持了革命戰爭年代的艱苦奮鬥作風和同人民群眾的密切聯繫。黨中央從延安整風和黨的七大以來形成的堅強團結，在執掌全國政權的條件下繼續保持下來。一個堅強團結的黨，一個為黨所確定的正確目標而一致行動、努力奮鬥的黨，是新中國成立初期我們各項工作取得順利進展的最重要的保證。

四、黨在過渡時期的總路線和有計劃大規模經濟建設的開始

黨在過渡時期總路線的提出

　　國民經濟恢復之後，我們國家的發展面臨新的形勢和許多新的問題。黨領導人民繼續前進，需要提出新的任務和目標。

　　1952 年底，土地改革基本完成，恢復國民經濟的任務順利實現，朝鮮停戰談判雙方在主要問題上達成協議，戰爭可望不久結束。這表明，我國已具備了有計劃地進行大規模經濟建設的條件。黨及時決定從 1953 年開始實行發展國民經濟的第一個五年計劃。計劃的主體當然是國家工業化。這是中國人民百年來夢寐以求的目標，是改變中國落後狀態而臻於富強的關鍵所在。現在，中國人民終於可以在工業化的道路上邁開大步前進了。

　　同時，我國社會生活中也出現和積累了一些新的矛盾。在農村，土改以後農民分散落後的個體經濟難以滿足城市和工業發展對糧食和農產品原料不斷增長的需要，而貧富差距的出現又引起黨和

政府對兩極分化的關注。在城市,工人階級同資產階級之間限制和反限制鬥爭時起時伏,給國家經濟生活帶來很大影響。這種狀況使黨不能不考慮加緊和擴大農村的互助合作運動和城市限制資本的措施。這樣,就把對國民經濟實行系統的社會主義改造的任務提到日程上來。

正是在這樣的背景下,黨中央經過將近一年的醞釀,形成和提出了黨在過渡時期總路線,這就是:「從中華人民共和國成立,到社會主義改造基本完成,這是一個過渡時期。黨在這個過渡時期的總路線和總任務,是要在一個相當長的時期內,逐步實現國家的社會主義工業化,並逐步實現國家對農業、對手工業和對資本主義工商業的社會主義改造。」這條總路線明確地向全國人民提出了建設社會主義的偉大任務。這是黨在歷史的關鍵時刻採取的一個重大戰略步驟。

在中國實現社會主義,是中國共產黨自創立時就確定的奮鬥目標。但在半殖民地半封建的歷史條件下,實現社會主義必須分兩步走:首先取得反帝反封建的新民主主義革命勝利,然後才能轉入社會主義革命。至於何時轉變到社會主義階段,需要在革命發展的實踐進程中根據具體情況來確定。新中國成立後,經過三年的實踐,黨中央認為,制定黨在過渡時期的總路線,明確地向全黨和全國人民提出向社會主義逐步過渡的任務,時機與條件已經成熟。原因在於:一是已經有了相對強大和迅速發展的社會主義國營經濟,成為向社會主義過渡的重要物質基礎。二是已經積累了利用和限制私營工商業的許多經驗,並已進行了初步改造。三是已經積累了土改後農村開展農業互助

合作的許多經驗，實際上成為對個體農業進行社會主義改造的最初步驟。四是從國際環境看，資本主義國家很不景氣，社會主義國家正充滿向上發展的活力。這也是促使黨認為應當提出開始向社會主義逐步過渡的一個因素。

過渡時期總路線提出後，在全黨和全國人民中進行了廣泛深入的學習、宣傳和教育，在黨內迅速統一了認識，也得到全國人民的擁護，成為團結和動員全國人民共同為建設一個偉大的社會主義國家而奮鬥的新綱領。全黨和全國人民把自己的注意力，轉移到社會主義工業化的任務上來，興高采烈地迎接和投入新中國大規模、有計劃的經濟建設的高潮。

第一個五年計劃和社會主義工業化的起步

制定一部切實可行的發展國民經濟的中期計劃，是完成過渡時期總路線規定的工業化主體任務的重要步驟。

實現國家工業化，是黨領導各族人民實現國家獨立和富強，使中國能夠自立於世界民族之林的必由之路。毛澤東早就講過：「沒有工業，便沒有鞏固的國防，便沒有人民的福利，便沒有國家的富強。」但是到 1952 年，我國工業化的起步點，仍然是很低的。現代工業產值在工農業總產值中的比重只佔 43.1%，重工業在工業總產值中只佔 35.5%。許多重要工業產品的人均產量，不僅遠遠落後於工業發達國家，也低於印度這樣的新興獨立國家。1954 年，毛澤東有一段給人印象深刻的描述：「現在我們能造甚麼？能造桌子椅子，能造茶碗茶壺，能種糧食，還能磨成麵粉，還能造紙，但是，一輛汽車、一架

飛機、一輛坦克、一輛拖拉機都不能造。」特別是經過抗美援朝戰爭同世界頭號強國美國的較量，改變我國工業落後狀況的要求顯得尤為緊迫。考慮上述實際情況，黨中央作出了優先發展重工業的決策，要求首先保證重工業和國防工業的基本建設，特別是確保那些對國家起決定作用的、能迅速增強國家工業基礎與國防力量的主要工程的完成。

作為一個經濟文化落後的大國，在工人階級領導的以工農聯盟為基礎的人民民主專政的條件下，中國實現工業化，只能走社會主義道路。只有在社會主義制度下，發揮集中力量辦大事的優越性，才能加快推進國家工業化，真正贏得經濟上的獨立。

為準備進行有計劃經濟建設，我國從 1951 年着手編制第一個五年計劃。「一五」計劃在編制和實施過程中，較好地處理了我國經濟建設中的幾個重大關係，提出集中主要力量發展重工業，同時不放鬆農業、輕工業，對國民經濟各部門統籌兼顧、全面安排；科學進行工業佈局，改變我國工業大多集中在沿海地區的不合理狀況；根據我國國力，積極穩妥確定工業、農業生產年均增長速度；把發展生產同改善人民生活恰當地結合起來；既要爭取外援，同時又強調自力更生，國家建設應以國內力量為主。這些對於後來我國經濟建設具有深遠的指導意義。

從 1953 年開始，經濟建設工作有計劃地在全國展開。全國城鄉迅速形成參加和支援國家工業化建設的熱烈氛圍。這是一個激情燃燒的年代，對工業化的無限憧憬，激發出工人、農民、知識分子從未有過的勞動熱情。「每一秒鐘都為創造社會主義社會而勞動」—— 這種

1956 年 7 月，中國第一批國產汽車——「解放」牌載重汽車在長春第一汽車製造廠試製成功

充滿時代精神的號召，生動反映了工業化目標所激發的建設熱情。新中國幾乎每一天都在發生改變。工業建設戰線喜報頻傳。1953 年 12 月，鞍山鋼鐵公司的三大工程 —— 大型軋鋼廠、無縫鋼管廠、七號煉鐵爐舉行開工生產典禮。包頭、武漢的大型鋼鐵企業先後開始施工。限額以上的較大項目，平均每天都有一個開工或竣工。一大批舊中國沒有的基礎工業部門一個個建立起來，一大批工礦企業在內地興辦。舊中國重工業過分落後的面貌和不合理佈局大大改觀。五年間工業生產取得的成就，遠遠超過了舊中國的一百年。新中國迅速從廢墟上站起，為我國建立獨立完整的工業體系奠定了基礎，為社會主義建設積累了寶貴經驗。

五、社會主義改造的基本完成和社會主義制度的建立

一屆全國人大一次會議和《中華人民共和國憲法》

隨着國家大規模經濟建設的開始，加強國家政治、法律上層建築領域的建設，更好地為建立社會主義經濟基礎服務，成為重大而迫切的任務。為此，毛澤東以很大的精力親自主持了新中國第一部憲法的起草工作。

1954 年 9 月，第一屆全國人民代表大會第一次會議在北京舉行。大會的一個重大貢獻是一致通過了《中華人民共和國憲法》。這是一部社會主義類型的憲法，體現了人民民主原則和社會主義原則，以根本法的形式確認了近代 100 多年來中國人民為反對內外敵人、爭取民族獨立和人民自由幸福進行的英勇鬥爭，確認了中國共產黨領導中國人民奪取新民主主義革命勝利、中國人民掌握國家權力的歷史變革，確定了中國人民行使當家作主權利的政治制度，指明了為建立社會主義社會繼續奮鬥的正確道路。

憲法進一步確立了我國的根本政治制度，明確規定：「中華人民共和國是工人階級領導的、以工農聯盟為基礎的人民民主國家。」「中華人民共和國的一切權力屬於人民。人民行使權力的機關是全國人民代表大會和地方各級人民代表大會。」「全國人民代表大會、地方各級人民代表大會和其他國家機關，一律實行民主集中制。」憲法還確立了國家體制的格局：全國人民代表大會是最高國家權力機關；國務院即中央人民政府，是最高國家行政機關。

大會選舉毛澤東為中華人民共和國主席，朱德為副主席；選舉劉

參加一屆全國人大一次會議的代表步入會場

少奇為全國人民代表大會常務委員會委員長，宋慶齡等 13 人為副委員長；決定周恩來為國務院總理。

　　人民代表大會制度是我國的根本政治制度。全國人民代表大會的召開，標誌着人民代表大會制度的確立。在中國實行人民代表大會制度，是中國人民在人類政治制度史上的偉大創造，是深刻總結近代以後中國政治生活慘痛教訓得出的基本結論，是中國社會 100 多年激越變革、激蕩發展的歷史結果，是中國人民翻身作主、掌握自己命運的必然選擇。在中國這樣一個有 5000 多年文明史、幾億人口的國家建立起人民當家作主的新型政治制度，在中國政治發展史乃至世界政治發展史上都具有劃時代意義。

　　中國共產黨領導的多黨合作和政治協商制度是我國的一項基本政

治制度，是從中國土壤中生長出來的新型政黨制度。《中華人民共和國憲法》明確指出：「我國人民在建立中華人民共和國的偉大鬥爭中已經結成以中國共產黨為領導的各民主階級、各民主黨派、各人民團體的廣泛的人民民主統一戰線。」今後，「我國的人民民主統一戰線將繼續發揮它的作用」。一屆全國人大一次會議召開後，中國人民政治協商會議執行全國人民代表大會職權的任務宣告結束。1954 年 12 月，中國人民政治協商會議舉行第二屆全國委員會第一次會議。會議通過《中國人民政治協商會議章程》，肯定人民政協作為人民民主統一戰線的組織仍然需要存在。會議明確了全國人民代表大會召開後人民政協的性質、地位、作用和任務，以及政協與人大、政府之間的關係等，進一步鞏固了人民民主統一戰線，為我國長期堅持中國共產黨領導的多黨合作和政治協商的基本政治制度奠定了基礎。人民政協是中國共產黨把馬克思列寧主義統一戰線理論、政黨理論、民主政治理論同中國實際相結合的偉大成果，是中國共產黨領導各民主黨派、無黨派人士、人民團體和各族各界人士在政治制度上進行的偉大創造。

《中華人民共和國憲法》的一項重要內容，是從根本大法上確立中國國內各民族間平等友愛互助的關係，保障各少數民族的自治權利。憲法明確規定：「中華人民共和國是統一的多民族的國家。」「各少數民族聚居的地方實行區域自治。各民族自治地方都是中華人民共和國不可分離的部分。」

民族區域自治制度是我國一項基本政治制度，是中國特色解決民族問題的正確道路的重要內容，是黨根據中國歷史和現實的特點，運用馬克思主義民族理論解決中國民族問題的一項重大創造。1949

年 9 月，《中國人民政治協商會議共同綱領》確定實行民族區域自治制度。1952 年 8 月，中央人民政府公佈施行《中華人民共和國民族區域自治實施綱要》。1954 年憲法將民族自治地方規範為自治區、自治州、自治縣三級，縣以下的少數民族聚居區設民族鄉。民族區域自治制度的實行，對於中國在任何複雜的國際國內環境下，始終保持國家完整統一、促進各民族團結互助和發展進步，具有重大而長遠的意義。

人民代表大會的根本政治制度，中國共產黨領導的多黨合作和政治協商、民族區域自治的基本政治制度的確立，構成了我國社會主義的政治制度體系，為我國確立社會主義經濟基礎和相應的經濟制度提供了政治保障。

對生產資料私有制的社會主義改造和社會主義經濟制度的建立

隨着第一個五年建設計劃的實施和社會主義工業化的起步，隨着黨在過渡時期總路線的提出和宣傳，對農業、手工業和資本主義工商業的社會主義改造，也在有步驟地向前推進。

農業的社會主義改造，實際上在過渡時期總路線提出前就已啟動。1951 年 9 月，黨中央制定《關於農業生產互助合作的決議（草案）》，強調互助合作運動要根據生產發展的需要和可能，採取穩步前進的方針，必須貫徹自願和互利的原則，採取典型示範、逐步推廣的方法，引導農民走互助合作的道路。過渡時期總路線公佈之後，1953 年 12 月，又通過了《中共中央關於發展農業生產合作社的決議》。農村互助合作運動，就是在這兩個決議的指導下穩步前進

的。農業合作化運動初期主要是發展農業生產互助組。1953 年 9 月以後，進入以發展農業生產合作社為主的階段。由於 1953 年開始大規模經濟建設後，出現農產品供不應求的矛盾，引發糧食價格劇烈波動。經過反覆權衡，1953 年 10 月，中共中央作出關於對糧食實行統購統銷的決定，接着實行油料的統購和食油的統銷。1954 年又實行棉花的統購和棉布的統購統銷。主要農產品的統購統銷，加快了農業社會主義改造的步伐。在 1955 年 7 月後，農業合作化形成高潮。

農業合作化運動在前期基本上是健康的，1953 年曾經一度出現有些急躁的偏差，很快得到糾正。農業合作化的優越性和成效也是明顯的，當時的統計材料表明，合作社 80% 以上都增產增收，並且一般都是互助組優於單幹，合作社又優於互助組。因此，互助合作運動得到了廣大貧苦農民的歡迎，參加合作社成為一種群眾性的行動。到 1956 年底，農業合作化基本完成。

對資本主義工商業的改造，是通過國家資本主義途徑實現的。在 1953 年底以前，着重發展以加工訂貨為主的初級和中級國家資本主義形式。從 1954 年起，開始轉入重點發展公私合營這種高級形式的國家資本主義。由於公私合營後企業生產迅速發展，私股分得的紅利大都比私營時期的利潤多，促使更多的資本家要求公私合營。1954 年底，國務院決定採取「統籌兼顧、歸口安排、按行業改造」的方針，以解決公私之間的矛盾；按行業採取以大帶小、以先進帶落後的辦法實行合營，加快了改造私營工業的步伐。到 1956 年底，資本主義工商業社會主義改造也基本完成。

對個體手工業的社會主義改造，一般都經過手工業生產合作小

1956 年 1 月 15 日，在首都各界群眾 20 多萬人慶祝社會主義改造勝利大會上，
工商界代表向毛澤東呈送喜報

組、手工業供銷生產合作社和手工業生產合作社三個階段，因地制
宜，按照不同手工業者容易接受的形式，由低級到高級、由小到大、
由簡單到複雜地進行。國家堅持貫徹自願互利原則，力求把合作社辦
得對生產者、國家和消費者三方面都有利。到 1956 年底，全國基本
實現了手工業合作化。

　　在社會主義改造過程中，黨創造了一系列適合中國特點的由初級
到高級逐步過渡的形式，使個體農民、手工業者和私營工商業者能夠

循序漸進地改變舊的生產方式。尤其是對資本主義工商業，創造了不由國家付出大批贖金，而是在相當一段時期讓資本家繼續從企業分得一部分紅利和股息的「贖買」辦法，不僅有利於資本家接受改造，而且能繼續發揮私營工商業在擴大生產、搞活流通、維持就業、增加稅收等方面的積極作用。黨爭取到大多數民族資本家對社會主義改造起了有益的配合作用，從而成功地實現了馬克思、列寧曾經設想的對資產階級的和平贖買。這是中國共產黨的一個獨創性經驗，豐富和發展了馬克思主義的科學社會主義理論。

歷史證明，黨提出的過渡時期總路線是完全正確的。但在改造的後期存在要求過急、工作過粗、改變過快，以及在生產資料所有制形式和經濟成分上過於簡單劃一等缺點。儘管如此，社會主義改造作為一場前所未有的深刻的社會變革，是在保證經濟發展、社會穩定、人民群眾擁護的情況下完成的，其成就和影響是偉大而深遠的。

1956 年，社會主義改造基本完成，我國社會主義政治制度和經濟制度都已確立。至此，我國社會主義制度建立起來了。在黨的帶領下，中國這個佔世界 1/4 人口的東方大國進入了社會主義社會，成功實現了中國歷史上最深刻最偉大的社會變革。這是一個偉大的歷史性勝利，為當代中國一切發展進步奠定了根本政治前提和制度基礎。從此，黨面臨的根本任務，就是領導全國各族人民在新建立的社會主義制度的基礎上，大力發展社會生產力，為實現國家富強、人民幸福而奮鬥。

第六章

社會主義建設的探索和
曲折發展

1956 年 9 月 15 日至 27 日，中國共產黨第八次全國代表大會在北京舉行。這是黨在全國執政後召開的第一次全國代表大會。毛澤東在開幕詞中開宗明義地指明大會的任務是：「總結從七次大會以來的經驗，團結全黨，團結國內外一切可能團結的力量，為了建設一個偉大的社會主義的中國而奮鬥。」他滿懷信心地說：「已經得到解放的中國人民的力量是無窮無盡的」，「一定能夠一步一步地把我國建設成為一個偉大的社會主義工業化的國家。」人們熱切感受到，中國歷史上一個新的全面的大規模的社會主義建設時期開始了。

一、黨的八大和中國社會主義建設的良好開端

「十大關係」和一系列新方針的提出

1956 年這一年以基本完成對生產資料私有制的社會主義改造、社會主義制度在中國的建立而載入黨的史冊，同時又以開始探索中國自己的建設社會主義的道路而載入黨的史冊。

如何在中國建設社會主義，是我們黨執政後面臨的一個嶄新課題。剛開始，我們學習蘇聯經驗。但經過實踐，我們黨很快察覺到蘇聯模式的局限，認識到了蘇聯在建設社會主義過程中的一些缺點和錯誤。毛澤東經過慎重思考，提出要以蘇聯經驗教訓為鑒戒，獨立探索適合中國國情的社會主義建設道路。黨的八大的召開，標誌着黨對中國社會主義建設道路的探索取得初步成果。《論十大關係》的提出，則是這一探索的開始。

為了準備召開黨的八大和迎接大規模的經濟建設，1955 年底

毛澤東在最高國務會議上作《論十大關係》的報告

至 1956 年春，毛澤東等中央領導人進行了大量周密而系統的調查研究。1956 年 2 月至 4 月間，毛澤東分別聽取國務院 35 個部委關於工業生產和經濟工作的彙報，逐漸形成對中國社會主義建設具有指導意義的一系列看法。毛澤東明確提出：「最重要的是要獨立思考，把馬列主義的基本原理同中國革命和建設的具體實際相結合。民主革命時期，我們吃了大虧之後才成功地實現了這種結合，取得了新民主主義革命的勝利。現在是社會主義革命和建設時期，我們要進行第二次結合，找出在中國怎樣建設社會主義的道路。」4 月 25 日，他在中央政治局擴大會議上作《論十大關係》的講話，5 月 2 日又向最高國務會議作了報告。

《論十大關係》提出的基本方針是：「一定要努力把黨內黨外、國內國外的一切積極的因素，直接的、間接的積極因素，全部調動起來，把我國建設成為一個強大的社會主義國家。」這是毛澤東關於怎

樣建設社會主義的根本指導思想。在總結我國經濟建設問題和對蘇聯經驗鑒戒的基礎上，報告論述了十個問題即「十大關係」。

「十大關係」前五條主要討論經濟問題，從經濟工作的各個方面來調動各種積極因素。前三條講重工業和輕工業、農業的關係，沿海工業和內地工業的關係，經濟建設和國防建設的關係。報告強調今後要更多地注意發展農業、輕工業，更多地利用和發展沿海工業，盡量降低軍政費用的比重，多搞經濟建設。這裡涉及的實際上是開闢一條與蘇聯有所不同的中國工業化道路。第四、第五條講國家、生產單位和生產者個人的關係，中央和地方的關係，並開始涉及經濟體制的改革，提出要充分調動各方面的積極性，在鞏固中央統一領導的前提下，擴大一點地方的權力。

「十大關係」後五條主要討論政治關係，講漢族和少數民族的關係、黨和非黨的關係、革命和反革命的關係、是非關係、中國和外國的關係，這些都屬於政治生活和思想文化生活中調動各種積極因素的問題。報告提出，在共產黨和民主黨派的關係上實行「長期共存，互相監督」的方針，確認中國共產黨領導的統一戰線和多黨合作要繼續存在、發揮作用。在中國與外國的關係中，要學習資本主義國家先進的科學技術和企業管理方法中合乎科學的方面，但也要抵制和批判資產階級的一切腐敗制度和思想作風。

《論十大關係》初步提出了中國社會主義經濟、政治建設的若干新方針，標誌着我們黨對怎樣建設社會主義有了自己新的重要認識，對當時和以後的社會主義建設都有很強的針對性和理論指導作用。毛澤東多次說：前幾年經濟建設主要學外國經驗，《論十大關係》開始

提出自己的建設路線，有我們自己的一套內容。

在此前後，黨還根據國內外的新形勢和國家建設的新任務，在其他方面提出一系列新的方針。1956 年 1 月，中央召開關於知識分子問題的會議。周恩來在報告中充分肯定知識分子在社會主義建設中的地位和作用，認為他們的絕大部分「已經是工人階級的一部分」，並發出「向現代科學進軍」的動員令。會後，國務院成立科學規劃委員會，制定《一九五六 —— 一九六七年科學技術發展遠景規劃綱要》。為繁榮和發展社會主義科學文化事業，黨中央提出了「百花齊放、百家爭鳴」的「雙百」方針。1956 年前後，黨還提出爭取用和平方式解放台灣，倡議中國共產黨和國民黨兩黨為了民族和祖國的利益實現第三次合作。

《論十大關係》和一系列新方針的提出，展現了黨為尋找適合中國情況的社會主義建設道路而解放思想、多方探索的生動景象，為黨的八大的召開做了重要的思想理論準備。

黨的八大

1956 年 9 月 15 日至 27 日，中國共產黨第八次全國代表大會在北京舉行。毛澤東致開幕詞，劉少奇作政治報告，周恩來作關於發展國民經濟的第二個五年計劃的建議的報告，鄧小平作關於修改黨章的報告。

黨的八大正確分析國內形勢和國內主要矛盾的變化，明確提出黨和全國人民在新形勢下的主要任務。大會宣佈：我國無產階級同資產階級之間的矛盾已經基本上解決，幾千年來的階級剝削制度的歷史已

黨的八大會場

經基本上結束，社會主義的社會制度在我國已經基本上建立起來。國內的主要矛盾，已經是人民對於建立先進的工業國的要求同落後的農業國的現實之間的矛盾，已經是人民對於經濟文化迅速發展的需要同當前經濟文化不能滿足人民需要的狀況之間的矛盾。黨和全國人民當前的主要任務，就是要集中力量解決這個矛盾，把我國盡快地從落後的農業國變為先進的工業國。這些論述的核心觀點，是在社會主義條件下全黨要集中力量發展生產力。

黨的八大堅持黨中央提出的既反保守又反冒進，即在綜合平衡中穩步前進的經濟建設方針。大會肯定「三個主體，三個補充」思想，即以國家經營和集體經營、計劃生產、國家市場三者為主體，而以個

體經營、自由生產、自由市場三者作為補充。這是在理論上突破蘇聯計劃經濟模式，探索經濟體制改革的重要嘗試。大會提出在三個五年計劃或者再多一點的時間內，在我國建成一個基本上完整的工業體系的戰略設想，為全國人民描繪了社會主義發展的宏偉藍圖。

黨的八大通過的新黨章是中國共產黨在全國執政以後制定的第一部黨章。新黨章根據執政黨的特點，提出了全面開展社會主義建設的任務。新黨章對貫徹黨的民主集中制的根本原則作出了許多新規定，要求「黨必須採取有效的辦法發揚黨內民主」，同時強調「黨的民主原則不能離開黨的集中原則。黨是以一切黨員都要遵守的紀律聯結起來的統一的戰鬥組織」。新黨章在黨員義務方面增加「維護黨的團結，鞏固黨的統一」「對黨忠誠老實」等內容。

黨的八屆一中全會選舉毛澤東為中央委員會主席，劉少奇、周恩來、朱德、陳雲為副主席，鄧小平為總書記，由上述 6 人組成中央政治局常務委員會。

黨的八大宣告了社會主義革命的基本完成和社會主義制度的基本確立。大會制定的路線是正確的，提出的許多新方針和新設想是富於創造精神的。這次會議對中國建設社會主義道路的探索，站在比較高的歷史起點上，取得了初步成果，對於黨和國家事業發展具有長遠的重要意義。

黨的八大以後，為解決社會主義改造中的遺留問題，中央按照「三個主體，三個補充」方針調整經濟關係，取得初步進展，並且產生一些搞活經濟的新思路。同時，黨對農業集體經濟內部關係進行調整，以簡政放權為內容的改革也逐步展開。

以《論十大關係》和黨的八大為標誌，黨對中國社會主義建設道路的探索有了良好開端。

二、社會主義道路的艱辛探索

提出正確處理人民內部矛盾理論、全黨整風和反右派鬥爭

1956 年 2 月蘇共二十大召開，赫魯曉夫在會上作了全盤否定斯大林的秘密報告，在社會主義陣營引起極大震動和思想混亂。國際共產主義運動出現大的波折。這警示人們如果不能正確認識和處理社會主義社會的各種矛盾特別是人民內部矛盾，社會主義制度將難以鞏固，社會主義建設將難以進行。在國內，由於社會主義改造的迅速完成，加上經濟建設中出現冒進的影響未能完全消除，領導工作中還存在官僚主義等問題，一些地方出現少數群眾鬧事等不穩定情況。面對這些複雜的新情況，黨中央和毛澤東深入思考社會主義社會的矛盾，提出了關於正確處理人民內部矛盾的理論。

1957 年 2 月，毛澤東在最高國務會議上發表《如何處理人民內部的矛盾》（後改為《關於正確處理人民內部矛盾的問題》）的講話。他指出：矛盾是普遍存在的，社會主義社會也充滿着矛盾，正是這些矛盾推動着社會主義社會不斷地向前發展。社會主義社會的基本矛盾仍然是生產力和生產關係、經濟基礎和上層建築之間的矛盾，這些矛盾可以經過社會主義制度本身的自我調整和完善，不斷得到解決。這一論斷第一次科學揭示了社會主義社會發展的動力，也為後來的社會主義改革奠定了理論基礎。

　　毛澤東還指出：社會主義社會存在着敵我矛盾和人民內部矛盾兩類性質根本不同的矛盾。前者需要用強制的、專政的方法去解決，後者只能用民主的、說服教育的、「團結 —— 批評 —— 團結」的方法去解決。他把正確處理人民內部矛盾提升到國家政治生活主題的高度，強調：革命時期大規模的急風暴雨式的群眾階級鬥爭基本結束，「我們的根本任務已經由解放生產力變為在新的生產關係下面保護和發展生產力」。

　　《關於正確處理人民內部矛盾的問題》在馬克思主義發展史上具有開創性意義。毛澤東深入研究社會主義社會的矛盾問題，形成一套系統的關於社會主義社會矛盾的學說，豐富和發展了科學社會主義理論，對黨和社會主義建設事業具有長遠的指導意義。

　　根據黨的八大精神和黨內外出現的新情況、新問題，中央決定從整頓黨的作風入手，克服官僚主義、宗派主義和主觀主義，正確處理人民內部矛盾。1957 年 4 月 27 日，中共中央發出《關於整風運動的指示》。毛澤東後來指出，黨希望通過整風，達到這樣的目標：造成一個又有集中又有民主，又有紀律又有自由，又有統一意志、又有個人心情舒暢、生動活潑，那樣一種政治局面。廣大幹部群眾包括許多有影響的黨外人士積極響應號召，對黨和政府的工作以及黨政幹部的思想作風提出大量批評和建議。絕大多數意見比較中肯，富有建設性，對我黨整風、改正缺點錯誤大有益處。

　　然而，隨着整風運動的開展，許多複雜情況出現了。極少數人乘機向黨和新生的社會主義制度發動進攻。他們把共產黨在國家政治生活中的領導地位攻擊為「黨天下」，要求「輪流坐莊」，把人民民

主專政的制度說成是產生官僚主義、宗派主義和主觀主義的根源。這種異常現象引起黨的警覺。6月，中央要求組織力量反擊右派分子進攻。

對極少數右派分子的進攻進行反擊，對反對黨的領導、反對社會主義道路的思潮進行批判，是完全必要的，也是正確的。但是，由於對階級鬥爭的形勢作了過於嚴重的估計，把大量人民內部矛盾當作敵我矛盾，把大量思想認識問題當作政治問題，反右派鬥爭被嚴重地擴大化了。這是黨的歷史上的一大教訓，使黨探索中國社會主義建設道路的良好開端遭受挫折。

「大躍進」、人民公社化運動和糾「左」努力

為了盡快改變中國貧窮落後的面貌，黨力圖在探索社會主義建設道路中打開一個嶄新的局面。1956年初，我國經濟建設就已經出現急躁冒進傾向。隨着1957年一些工廠、農村出現生產迅速增長的新氣象，人民群眾建設社會主義的積極性大大提高，黨認為經濟建設應該搞得更快一些。在國際上，中國共產黨在1957年11月莫斯科各國共產黨和工人黨代表會議上獲得了崇高聲譽，再加上蘇聯成功發射第一顆人造地球衛星以及提出15年趕上和超過美國，這些給包括中國在內的全世界社會主義者巨大鼓舞。

1957年冬季，全國掀起以興修水利、養豬積肥和改良土壤為中心的農業生產高潮，拉開了「大躍進」的序幕。1958年5月，黨的八大二次會議通過「鼓足幹勁、力爭上游、多快好省地建設社會主義」的總路線，反映了黨和廣大人民群眾迫切要求改變我國經濟文化

落後狀況的普遍願望，但違背了經濟建設所必須遵循的客觀規律。會後，「大躍進」運動在全國範圍內從各方面開展起來。農業方面提出「以糧為綱」口號，要求 5 年、3 年以至一兩年達到規定的糧食產量指標，引發嚴重的浮誇風。工業方面提出「以鋼為綱」口號，要求幾年內提前實現 15 年鋼產量趕超英國的目標，掀起大煉鋼鐵的群眾運動。

在「大躍進」迅猛發展的同時，農村掀起人民公社化運動高潮。1958 年 8 月，中共中央作出《關於在農村建立人民公社問題的決議》。隨後，全國農村只用了一個多月就基本實現公社化。「大躍進」初期建立的人民公社的特點是「一大二公」，實際上是颳「一平二調」的「共產風」，搞平均主義，無償調撥生產隊包括社員個人的財物和勞動力，嚴重損害了農民的生產積極性。

盡最大的努力把建設搞得快一點，以爭取更多的主動，是當時全黨全國人民的迫切願望。但是，由於黨對大規模社會主義建設經驗的不足，由於背離了黨一向倡導的實事求是的原則，憑主觀願望和意志辦事，結果事與願違。

1958 年秋冬之間，黨中央開始發現「大躍進」和人民公社化運動中出了不少亂子。從 1958 年 11 月第一次鄭州會議到 1959 年 7 月盧山會議前期，黨中央領導整頓人民公社，調整高指標，作了初步糾正「左」傾錯誤的努力，「共產風」、浮誇風、高指標和瞎指揮得到初步遏制，形勢開始有所好轉。這期間，黨中央和毛澤東對社會主義建設規律得到一些新的認識。主要包括：生產關係一定要適合生產力的性質；價值法則是一個偉大的學校，必須利用價值規律為社會主義

服務；要以「農、輕、重」為序進行社會主義建設；綜合平衡是整個經濟工作的根本問題，國民經濟應當有計劃按比例發展。這些認識是糾「左」取得初步成效的重要原因，也是黨探索中國社會主義建設道路的重要成果。但是，糾「左」是在肯定「大躍進」和人民公社的前提下和框架內進行的，初步好轉的形勢還很不鞏固。隨後出現的「反右傾」鬥爭中斷了糾「左」的進程，加上自然災害和蘇聯政府背信棄義撕毀合同，黨和人民面臨新中國成立以來前所未有的嚴重經濟困難。

國民經濟調整和「四個現代化」戰略目標的提出

面對嚴重經濟困難，黨中央和毛澤東決心認真調查研究，糾正錯誤，調整政策。1960 年 11 月，中央發出《關於農村人民公社當前政策問題的緊急指示信》，要求全黨用最大努力堅決糾正「共產風」；1961 年 1 月，黨的八屆九中全會決定對國民經濟實行「調整、鞏固、充實、提高」的八字方針。以這兩件事為標誌，「大躍進」運動實際上已被停止，國民經濟開始轉入調整的新軌道。

毛澤東在八屆九中全會以及為準備這次全會而召開的中央工作會議上，號召全黨恢復實事求是、調查研究的作風。之後，毛澤東、劉少奇、周恩來、朱德、陳雲、鄧小平等中央領導人帶頭深入基層調查研究。為系統解決農村人民公社存在的問題，毛澤東於 1961 年 3 月主持起草《農村人民公社工作條例（草案）》（農業六十條）。在條例起草和修訂期間，全黨的認識不斷深化，開始逐步解決農民強烈反映的公共食堂等問題。

毛澤東在八屆九中全會上號召全黨大興調查研究之風

　　全黨大興調查研究之風，為各領域的調整提供了重要的思想基礎。工業領域調整圍繞降低鋼產量等指標和整頓企業秩序展開。1961年9月，中央作出《關於當前工業問題的指示》，強調必須當機立斷，把工業生產和基本建設的指標降到確實可靠、留有餘地的水平上。同時，中央發佈試行《國營工業企業工作條例（草案）》（工業七十條），對於恢復和建立企業正常生產秩序發揮了積極作用。

　　同經濟工作調整相配合，科學、教育、文化等領域也進行了調整。其中心內容是調整黨和知識分子的關係，落實知識分子政策；堅持「百花齊放、百家爭鳴」的方針；健全必要的規章制度，以恢復正常秩序，保證各方面工作的順利進行。為進一步調動知識分子積極性，1962年3月，周恩來在《論知識分子問題》報告中，肯定我國知識分子的絕大多數已經是屬於勞動人民的知識分子，強調在社會主義建設中要發揮科學和科學家的作用，使知識分子受到很大鼓舞。

　　為進一步總結「大躍進」以來的經驗教訓，統一認識，增強團結，1962年1月11日至2月7日，黨中央在北京召開擴大的中央工作會議（七千人大會）。劉少奇代表中央提出的書面報告草稿，總結了「大躍進」以來經濟建設工作的經驗教訓，分析了產生缺點錯誤的原因。1月30日，毛澤東在大會上發表講話，作了自我批評，強調在社會主義建設上，我們還有很大的盲目性，今後要下苦功夫調查研究，弄清楚社會主義經濟的規律。要使中國趕上和超過世界上最先進的資本主義國家，沒有一百多年的時間是不行的。這是黨中央和毛澤東對社會主義建設長期性的進一步認識。鄧小平、周恩來分別代表中央書記處和國務院在大會上作自我批評，並提出了恢復黨的優良傳統

七千人大會期間，毛澤東、劉少奇、周恩來、朱德、陳雲、鄧小平在一起

和克服目前困難的主要辦法。

　　七千人大會在當時歷史條件下取得了重要成果。雖然會議未能從根本指導思想上清理「大躍進」和「反右傾」的錯誤，但對待缺點錯誤的比較實事求是的態度，以及發揚民主和進行自我批評的精神，給全黨以鼓舞，增強了黨的凝聚力，在動員全黨團結奮鬥戰勝困難方面起了積極作用。

　　七千人大會之後，調整國民經濟採取的主要措施是：大力精減職工，減少城鎮人口；壓縮基本建設規模，停建緩建大批基本建設項目；縮短工業戰線，實行必要的關、停、併、轉；從人力物力財力各方面加強和支援農業戰線，加強農村基層的領導力量。在農業政策的調整中，一些地方進行了包括包產到戶在內的各種形式的農業生產責任制嘗試，取得較好效果。

　　經過七千人大會前後將近兩年的調整，從 1963 年夏開始，各項建設事業呈現明顯的健康發展勢頭。到 1965 年底，調整國民經濟的任務全面完成。工農業生產總值超過歷史最高水平；農輕重的比例關係得到改善；積累與消費的比例關係基本恢復正常；財政收支平衡，市場穩定，人民生活水平有所提高。「大躍進」和人民公社化運動帶來的嚴重困難局面，依靠黨和人民艱苦卓絕的努力終於得到改變。

　　當國民經濟調整工作取得巨大成就的時候，黨適時提出了新的奮鬥目標。1964 年底，周恩來在三屆全國人大一次會議上鄭重提出實現「四個現代化」的歷史任務，即「在不太長的歷史時期內，把我國建設成為一個具有現代農業、現代工業、現代國防和現代科學技術的社會主義強國，趕上和超過世界先進水平」。中央還確定分兩步走

實現現代化的戰略構想，即從第三個五年計劃開始，第一步，經過三個五年計劃時期，建立一個獨立的比較完整的工業體系和國民經濟體系；第二步，全面實現農業、工業、國防和科學技術的現代化，使中國經濟走在世界前列。「四個現代化」從此成為黨和全國各族人民的共同奮鬥目標，成為凝聚和團結全國各族人民不懈奮鬥的強大精神力量。

堅持獨立自主，反對霸權主義

20世紀50年代中期至60年代中期，世界局勢動盪。在美蘇兩個超級大國主導的世界冷戰格局中，中國面臨來自多方的公開的和潛在的侵略威脅、戰爭挑釁和軍事壓力。如何堅持獨立自主，反對來自各個方面的霸權主義，以維護民族尊嚴和國家利益，是黨在國際關係問題上考慮的中心。

50年代末期至60年代前期，根據形勢的發展，毛澤東重新提出「中間地帶」問題，認為中間地帶有兩部分：一部分是指亞非拉廣大經濟落後的國家，一部分是指以歐洲為代表的帝國主義國家和發達的資本主義國家。這兩部分都反對美國的控制，在東歐各國則發生反對蘇聯控制的問題。爭取「中間地帶」，發展同亞非拉國家的關係，成為當時中國對外政策的一個重要組成部分。1964年中法建交，是中國與西方發達國家打開外交局面的重大成果。

這一時期，中美之間圍繞美國武裝插足台灣、干涉中國內政和美國武裝侵略越南、威脅中國安全等問題展開對抗。1958年8月，黨中央和毛澤東以炮擊金門的方式把台灣問題提出來，沉重打擊了蔣

介石集團叫囂「反攻大陸」的氣焰和美國搞「兩個中國」的企圖，有力表明了中國人民反對美國干涉中國內政、維護國家統一的立場和決心。1965 年開始的援越抗美鬥爭，體現了中國人民反對侵略威脅、維護世界和平的大無畏精神。

從 20 世紀 50 年代後期開始，中蘇之間的矛盾和衝突日漸加劇。蘇聯黨以「老子黨」自居，要求中國共產黨在軍事和外交上服從其蘇美合作主宰世界的戰略。正如鄧小平所說：「真正的實質問題是不平等，中國人感到受屈辱。」中國共產黨堅持獨立自主，堅決頂住來自蘇聯的巨大壓力，維護了國家主權、民族尊嚴和黨的尊嚴。

十年社會主義建設的成就和艱苦奮鬥、奮發圖強的創業精神

從 1956 年到 1966 年全面建設社會主義的十年，是黨對中國社會主義建設道路艱辛探索的十年，雖然經歷曲折，仍然取得了無可否認的巨大成就。工業建設、科學研究和國防尖端技術的發展以及農田水利建設和農業機械化、現代化發展的許多工作，都是在那個年代開始佈局的。

工業建設，以 1966 年同 1956 年相比，全國工業固定資產按原價計算，增長了三倍。在鋼鐵工業方面，除了我國最大的鞍山鋼鐵基地進一步建設以外，武漢、包頭兩大內地鋼鐵基地主要是在這十年中建設起來的。在機械工業方面，分別形成了冶金、採礦、電站、石化等工業設備製造以及飛機、汽車、工程機械製造等十幾個基本行業，並且能夠獨立設計和製造一部分現代化大型設備。1964 年，我國主要機器設備的自給率已達 90% 以上。

特別突出的是，石油工業發展成為這個時期我國國民經濟的支柱產業。建設完成了大慶油田，隨後又開發了勝利油田和大港油田。到1965年國內需要的石油已經全部自給，使我們能夠自豪地宣佈：中國人靠「洋油」過日子的時代已經結束了！

交通運輸業長足發展。從1958年到1965年，全國新增鐵路營業里程9000多公里。鷹廈、包蘭、蘭青、蘭新、川黔、黔桂等線建成通車。全國除西藏外，各省、自治區、直轄市都有了鐵路，福建、寧夏、青海、新疆第一次通火車。公路、水運、航空等事業也有較大發展。

農田水利建設取得重大成就。大型樞紐骨幹工程和各類水庫，在當時和以後相當長的時期內發揮了重要作用。

科學技術發展成績顯著。1964年10月16日，我國成功爆炸第一顆原子彈，有力打破了大國的核壟斷和核訛詐，提高了我國的國際地位。導彈和人造衛星的研製也取得突破性進展。基礎科學研究方面，1965年我國在國際上首次人工合成牛胰島素結晶。

教育衛生事業成就可觀。1957年到1966年，高等學校畢業生近140萬人，中等專業學校畢業生約211萬人，分別為1950年至1956年的4.9倍和2.4倍。醫療衛生機構大幅增加，全國城鄉衛生醫療網基本形成。嚴重危害人民健康的天花、霍亂、血吸蟲病、瘧疾、鼠疫等疾病，或被滅絕，或得到有效防治。毛澤東曾寫下「借問瘟君欲何往，紙船明燭照天燒」的詩句，表達對消滅血吸蟲病這一奇跡的讚歎。

優秀文學藝術作品大量湧現，如小說《青春之歌》《創業史》，

1964 年 10 月 16 日，我國第一顆原子彈
爆炸成功

電影和舞台劇《紅色娘子軍》《霓虹燈下的哨兵》，歌劇《江姐》等。
大型音樂舞蹈史詩《東方紅》更是這一時期的經典。

　　民族地區的經濟文化建設邁出較大步伐。許多地方興建了一
些大型現代工業基地，結束了民族地區沒有現代工業的歷史。一批
高等學校在民族地區建立起來，當地建設所需的各類專門人才得到
培養。

　　十年間，我國培養了一大批治黨治國治軍和社會主義建設事業所
需要的專門人才，其中大部分成為後來改革開放和現代化建設事業各
方面的骨幹力量。黨的建設得到加強，黨的隊伍進一步發展。全國黨

員人數從 1956 年的 1073 萬人發展到 1965 年的 1895 萬人。

正如《關於建國以來黨的若干歷史問題的決議》所指出的:「我們現在賴以進行現代化建設的物質技術基礎,很大一部分是這個期間建設起來的;全國經濟文化建設等方面的骨幹力量和他們的工作經驗,大部分也是在這個期間培養和積累起來的。這是這個期間黨的工作的主導方面。」

值得自豪的是,黨領導人民艱辛探索,在社會主義建設上取得巨大成就的同時,在精神力量上也獲得了巨大豐收。我國各族人民意氣風發投身於熱火朝天的社會主義建設,湧現出大量先進典型和英雄模範人物,抒寫了無數改天換地的壯麗詩篇,形成了跨越時空、歷久彌新的時代精神。

以鐵人王進喜為代表的大慶石油工人,為了早日甩掉中國「貧油」的帽子,以「寧肯少活 20 年,拚命也要拿下大油田」的豪情,以「有條件要上,沒有條件創造條件也要上」的決心,用三年多的時間,建設起了我國最大的石油基地 —— 大慶油田,鑄就了愛國、創業、求實、奉獻的大慶精神、鐵人精神。

河南蘭考縣委書記焦裕祿,為了改變蘭考人民貧窮落後面貌,拖着患有慢性肝病的身體帶領全縣人民封沙、治水、改地。他以「生也沙丘,死也沙丘,父老生死繫」的赤誠,以「心中裝着全體人民、唯獨沒有他自己」的公僕情懷,詮釋着親民愛民、艱苦奮鬥、科學求實、迎難而上、無私奉獻的焦裕祿精神。

河南林縣人民在縣委領導下,用十年時間,在峰巒疊嶂的太行山上逢山鑿洞、遇溝架橋,削平 1250 座山頭,鑿通 211 個隧洞,架設

152 座渡槽，建成了長達 1500 公里的「人工天河」紅旗渠。在這個過程中，81 人獻出了生命。他們以「林縣人民多壯志，誓把河山重安排」的豪邁，創造了一代中國農民改天換地的傳奇。

人民解放軍戰士雷鋒，在平凡工作崗位上甘當螺絲釘，勇於奉獻，樂於助人，表現出崇高的共產主義情操，成為那個年代最響亮的名字。1962 年 8 月，他因公殉職時，年僅 22 歲。毛澤東題詞：「向雷鋒同志學習」。雷鋒精神，成了新中國社會風尚的一個標誌。

在新中國的發展歷程中，「兩彈一星」研製成功，是中華民族為之自豪的偉大成就。錢學森、錢三強、鄧稼先等一大批科學家，把個人理想與祖國命運緊緊聯繫在一起，把個人志向與民族振興緊緊聯繫在一起。「幹驚天動地事，做隱姓埋名人」。他們把熱血灑在戈壁灘，把青春和生命奉獻給新中國國防建設事業，將熱愛祖國、無私奉獻，自力更生、艱苦奮鬥，大力協同、勇於登攀的「兩彈一星」精神，永久鐫刻在中國大地上，成為全國各族人民寶貴的精神財富和不竭的動力源泉。

像這樣讓後人景仰的英模和精神還有許多。這是新中國建設困難重重、艱苦奮鬥的年代，是一個英雄輩出、精神昂揚的年代。為了建設繁榮富強的新中國，翻身做了主人的中國人民與時間賽跑，用生命和鮮血描繪了一幅幅最新最美的圖畫，用實際行動證明了：同困難作鬥爭，是物質的角力，也是精神的對壘。精神是一個民族賴以長久生存的靈魂，唯有精神上達到一定的高度，這個民族才能在歷史的洪流中屹立不倒、奮勇前進。

三、社會主義建設在曲折中發展

「文化大革命」的發生和各方面工作的艱難進展

1966 年，正當我國克服了國民經濟的嚴重困難、完成經濟調整任務、開始執行發展國民經濟第三個五年計劃的時候，「文化大革命」發生了。

「文化大革命」的發生，有着複雜的國際國內的社會歷史原因。新中國成立後，很長一段時間一直面臨嚴峻的外部環境。帝國主義長期敵視、封鎖，把「和平演變」的希望寄託在中國第三代、第四代人身上，蘇聯在中蘇關係惡化後給中國施加巨大壓力。這樣的外部環境對黨在科學判斷國內政治形勢、確定黨和國家中心任務和方針政策時產生極大影響。我們黨是經過長期殘酷的戰爭後迅速進入社會主義歷史階段的，對於如何在一個經濟文化落後的國家建設社會主義，缺乏科學認識，也沒有充分的思想準備。過去革命戰爭時期積累下來的成功的階級鬥爭經驗，使人們在觀察和處理社會主義建設的許多新矛盾時容易沿用和照搬，把不屬於階級鬥爭的問題看作階級鬥爭，把只在一定範圍存在的階級鬥爭仍然看作社會的主要矛盾，並運用大規模群眾性政治運動的方法來解決。

1966 年 5 月，中央政治局擴大會議通過「五一六通知」，指出：「混進黨裡、政府裡、軍隊裡和各種文化界的資產階級代表人物，是一批反革命的修正主義分子，一旦時機成熟，他們就會要奪取政權，由無產階級專政變為資產階級專政。」8 月，黨的八屆十一中全會通過《中國共產黨中央委員會關於無產階級文化大革命的決定》，提出

「這次運動的重點，是整黨內那些走資本主義道路的當權派」。這兩次會議的召開，標誌着「文化大革命」的全面發動。此後，紅衛兵運動迅猛興起。從 1967 年 1 月起，「文化大革命」進入「全面奪權」階段，很快發展為「打倒一切」以至「全面內戰」的嚴重局面。2 月前後，譚震林、陳毅、葉劍英、李富春、李先念、徐向前、聶榮臻等老一輩革命家在不同的會議上對「文化大革命」的錯誤做法提出了強烈批評，但被誣為「二月逆流」，受到壓制和打擊。到 1968 年 9 月，全國各地先後成立革命委員會，在一定程度上結束了「文化大革命」前期的無政府狀態。10 月，在黨內生活極不正常的狀況下，八屆擴大的十二中全會宣佈「把劉少奇永遠開除出黨，撤銷其黨內外的一切職務」。1969 年 4 月召開的九大使「文化大革命」的理論和實踐進一步系統化、合法化。1970 年至 1971 年間發生了林彪反革命集團陰謀奪取最高權力、策動反革命武裝政變的事件，客觀上宣告了「文化大革命」理論和實踐的失敗。1972 年，周恩來提出批判極左思潮，使得各方面工作有了明顯起色。1973 年 8 月召開的十大繼續肯定九大的政治路線和組織路線。黨的十大以後，江青與王洪文、張春橋、姚文元結成「四人幫」，企圖全面篡奪黨和國家最高權力。1975 年 1 月，四屆全國人大一次會議重申實現四個現代化的奮鬥目標，任命周恩來為總理、鄧小平為第一副總理。這使身處反覆動亂中的廣大幹部和群眾又看到了黨和國家的希望。

　　發動「文化大革命」，主要考慮的是，防止資本主義復辟、尋求中國自己的建設社會主義的道路。作為一個執政的無產階級政黨領袖，毛澤東不斷觀察和思考新興的社會主義社會現實生活中的問題，

極為關注艱難締造的黨和人民政權的鞏固，高度警惕資本主義復辟的危險，為消除黨和政府中的腐敗和特權、官僚主義等現象，進行不斷探索和不懈鬥爭。但是，由於對社會主義社會的建設發展規律認識不清楚，由於「左」的錯誤在理論和實踐上的累積發展，很多關於社會主義建設的正確思想沒有得到貫徹落實，最終釀成了內亂。

「文化大革命」持續十年，使黨、國家和各族人民遭到新中國成立以來時間最長、範圍最廣、損失最大的挫折。黨的組織和國家政權受到極大削弱，大批幹部和群眾遭受殘酷迫害，民主和法制被肆意踐踏，全國陷入嚴重的政治危機和社會危機。「文化大革命」不是任何意義上的革命和社會進步，它是一場由領導者錯誤發動，被反革命集團利用，給黨、國家和各族人民帶來嚴重災難的內亂，留下了極其慘痛的教訓。

「文化人革命」期間，黨和人民對「左」的錯誤的鬥爭一直沒有停止過。正是全黨和廣大工人、農民、解放軍指戰員、知識分子和各級幹部的抵制和鬥爭，使「文化大革命」的破壞受到一定程度的限制，社會主義建設在一些重要領域仍然取得一定進展，黨、人民政權、人民軍隊和整個社會的性質都沒有改變。

作為政治運動的「文化大革命」與「文化大革命」歷史時期是有區別的。這一時期，我國國民經濟出現較大起伏，但在黨和人民的共同努力下，各項工作在艱難中仍然取得了重要進展。「文化大革命」初期，動亂主要集中在文教部門和黨政機關，大部分生產系統未被打亂，特別是五年調整給國民經濟的發展打下較好的基礎，所以 1966 年各項生產建設事業仍然取得比較好的成績。1969 年以後，隨着國

內局勢稍趨安定，主持政府工作的周恩來等領導人抓住時機，着手恢復各主要工業部門和其他綜合經濟部門的工作，加強了對經濟的計劃管理。1969 年的國民經濟扭轉了前兩年連續下降的局面而有所回升。1970 年經濟建設中，內地戰略後方的建設（重點是國防工業建設）迅速全面鋪開，地方「五小」工業（小鋼鐵、小機械、小化肥、小煤窯、小水泥）迅猛發展。到年底，當年經濟指標以及「三五」計劃主要指標大體完成。

1971 年，我國開始執行第四個五年計劃。由於忽視經濟工作中存在的矛盾，繼續追求高指標，經濟建設的冒進之風有增無已。1972 年至 1973 年，根據周恩來的指示，國務院採取各種措施對國民經濟進行調整。1973 年下半年，經濟形勢明顯好轉，國民經濟計劃主要指標都完成或超額完成。在此期間，我國第一次把人口控制指標納入國民經濟發展計劃，制定了第一部環境保護的綜合性文件，陸續從國外進口了一批技術先進的成套設備和單機，對我國此後經濟發展和技術進步發揮了重要的促進作用。

這一時期，三線建設成果引人注目。1964 年五六月間，毛澤東從經濟建設和國防建設的戰略佈局考慮，將全國劃分為一、二、三線，提出三線建設問題，隨後三線建設開始啟動。1970 年 7 月至 1973 年 10 月，在極端惡劣的條件下，鐵道兵指戰員和鐵路工程建設人員在人跡罕至的崇山峻嶺克服重重困難，相繼建成成昆鐵路、湘黔鐵路、襄渝鐵路，改變了西南地區長期交通梗阻的閉塞落後狀況。此外，在建和建成的大型企業還有貴州六盤水、四川寶鼎山等大型煤礦，甘肅劉家峽，湖北丹江口、葛洲壩等大中型水電站，等等。在金

沙江邊，建設者「三塊石頭支口鍋，帳篷搭在山窩窩」，依靠人力搬運成千上萬噸的大型機械，終於建起「象牙微雕」式的現代化大型企業 —— 四川攀枝花鋼鐵基地。三線建設在很大程度上改變了舊中國工業佈局不平衡的狀況，使一大批當時屬於頂尖的軍工企業、國有企業、科研院所來到西部，為西部地區提供了難得的發展機遇。

一批交通運輸線、輸油管線設施相繼建成。1968 年建成的南京長江大橋，是當時我國自行設計建造的最大的鐵路、公路兩用橋。經過改造的寶成鐵路成為我國第一條電氣化鐵路。1974 年，我國建成大慶至秦皇島的第一條長距離輸油管道。

國防科技業績顯著，民用科技也有突破。1966 年 10 月，我國第一次成功進行了發射導彈核武器的試驗。1967 年 6 月成功爆炸了第一顆氫彈。1970 年 4 月成功發射第一顆人造地球衛星「東方紅一號」。我國第一顆返回式遙感人造地球衛星於 1975 年 11 月發射成功。在生物技術方面，1972 年，中國中醫研究院成功提取出一種新型抗瘧藥青蒿素，在全球特別是發展中國家挽救了數百萬人的生命。1973 年，我國在世界上首次培育成功強優勢的秈型雜交水稻。

科技戰線上的這些重大成就，尤其是國防尖端技術方面取得的成就，不僅增強了我國的綜合國力和國防戰略防禦能力，而且具有重大的政治意義。鄧小平後來說過：「如果六十年代以來中國沒有原子彈、氫彈，沒有發射衛星，中國就不能叫有重要影響的大國，就沒有現在這樣的國際地位。」這些成就是廣大黨員、幹部和人民群眾排除干擾、共同奮鬥的結果。

打開對外工作新局面

新中國成立後，我們黨堅持獨立自主的和平外交政策。「文化大革命」初期，外交工作受到干擾衝擊。20世紀70年代初，國際形勢經過第二次世界大戰後20多年的發展，發生了重大變化，新的國際格局初露端倪。這為中國外交戰略的轉變提供了機遇。經過多方面努力，到70年代初，我國外交工作打開新的局面，迎來了新中國成立後第二次建交高潮。

局勢轉變的關鍵一環，是中國同美國關係的緩和。美國要盡快消除越南戰爭敗局造成的影響並維持它在世界上的霸權地位，要應對蘇聯的挑戰，迫切需要改善同中國的關係。就中國方面來說，要着重應對蘇聯當時對我國安全所構成的直接和嚴重的威脅，要解決台灣問題以實現國家統一大業，要恢復和擴大國際交往、積極參與國際事務，也需要緩和同美國的關係。

1969年，尼克松就任美國總統後表示有意改善中美關係。1971年4月，毛澤東同意邀請美國乒乓球隊訪華。這種「小球轉動大球」的「乒乓外交」，出人意料地促進了中美關係的發展和世界形勢的變化。7月，美國總統國家安全事務助理基辛格秘密訪華。這一消息震動了世界。1972年2月，美國總統尼克松訪華。中美雙方經過會談，於2月28日在上海發表《中美聯合公報》，標誌着兩國關係正常化進程的開始。

1971年10月25日，第二十六屆聯合國大會以壓倒性多數通過2758號決議，恢復中華人民共和國在聯合國的一切合法權利，並立即把台灣國民黨當局的代表從聯合國的一切機構中驅逐出去。11月1

1972 年 2 月 21 日，毛澤東在中南海會見尼克松

日，中華人民共和國五星紅旗第一次在聯合國升起。這是中國外交戰線的一個重大勝利。從此，中國作為聯合國安全理事會常任理事國，在聯合國組織內為實現聯合國憲章的宗旨、維護世界和平、加強各國友好合作、促進人類進步事業作出自己不懈的努力。

中美關係的緩和直接推動了中日關係的改善。日本首相田中角榮於 1972 年 9 月 25 日來華訪問。中日雙方於 9 月 29 日簽署建立外交關係的《聯合聲明》。到 1973 年底，我國已基本上完成同美國以外的資本主義發達國家的建交過程，同歐洲共同體也建立了正式關係。中國同這些國家在經濟、貿易、科技、文化等方面的合作都有良好的發展。中國同東歐各國的關係也有了不同程度的恢復、改善和發展。

這一時期中國對外工作的另一個顯著成就，是發展了同亞非拉許

多國家的友好合作關係，形成又一個更大範圍的建交高潮。中國先後同 40 多個亞非拉國家建立了外交關係，從各個方面堅決支持這些國家捍衛自己的民族獨立和國家主權、反對外來侵略和干涉、維護本地區和世界和平的正義鬥爭。中國真誠維護並努力促進這些國家之間的團結，為打破大國欺侮小國、富國壓榨貧國的國際舊秩序，建立以和平共處五項原則為基礎的國際新秩序而共同奮鬥。

還在 70 年代前期，毛澤東對國際形勢逐漸形成關於三個世界劃分的估計。他認為蘇美兩個超級大國屬於第一世界，蘇美以外的西方發達國家和東歐國家屬於第二世界，亞洲、非洲、拉丁美洲的廣大發展中國家屬於第三世界。在當時的歷史條件下，這一思想對指導我國的外交工作，堅持反對超級大國的霸權主義和戰爭威脅，努力建立和發展同第三世界各國和其他類型國家的友好合作關係，包括同美國實現兩國關係正常化，都發揮過重要作用。

70 年代上半期是中國外交突破性大發展的時期，到 1976 年，同中國建交的國家已經有 110 多個，這包括了當時世界上的絕大多數國家。我國外交所取得的成就極大地改善了中國的安全環境，拓展了中國外交活動的舞台，也為「文化大革命」結束後中國的改革開放和更加積極地參與國際事務創造了有利前提，打下了基礎。

1975 年的全面整頓

1975 年初，四屆全國人大一次會議閉幕後，鄧小平在毛澤東、周恩來支持下，全面主持中央和國務院的日常工作，大刀闊斧地進行了整頓。

　　根據毛澤東要安定團結、把國民經濟搞上去的指示，鄧小平明確、堅定地提出要進行整頓的指導思想。他強調：全國各個方面工作都要整頓。工業、農業、商業、財貿、文教、科技、軍隊都要整頓，核心是黨的整頓，關鍵是領導班子。經過整頓要建立一個強有力的、「敢」字當頭的領導班子。要搞好安定團結，發展社會主義經濟。要加強黨的領導，發揚黨的優良作風。他還提出科學技術是生產力的馬克思主義的重要觀點，要求一定要搞好科學技術工作，等等。

　　整頓鐵路部門是鄧小平在經濟領域扭轉混亂局面的突破口。黨中央於 1975 年 3 月 5 日作出決定，着重解決鐵路運輸問題，並派出工作組，會同有關地方黨委，對一些問題嚴重的路局進行重點整頓。工作組在一些單位撤換一批派性嚴重、不停搗亂的壞頭頭，平反錯案，堅決調整領導班子，恢復和健全規章制度。鐵路的整頓，帶動了整個工業首先是鋼鐵工業的整頓。經過幾個月整頓，經濟形勢日益好轉。

　　這期間，黨中央在組織工作中採取一些重要舉措，進一步落實幹部政策，使被打倒的老幹部盡快恢復工作。軍隊整頓在解決「腫、散、驕、奢、惰」，調整各大單位領導班子，落實幹部政策等方面取得很大進展。文藝工作方面重新強調黨的「雙百」方針，解除對一些優秀作品發表和演出的限制。特別是《關於加快工業發展的若干問題》和《科學院工作彙報提綱》，是在工業、科技領域系統地提出糾正「左」傾錯誤、恢復和確立正確政策的重要文件，在一些問題上很有遠見地提出了改革工業、科技工作的重要思想，為後來這兩方面的改革作了一定的思想準備。

　　經過全面整頓，形勢明顯好轉。大部分地區社會秩序趨於穩定，

國民經濟迅速回升。1975 年的工農業總產值和大多數產品產量指標按照「四五」計劃基本完成。鄧小平後來說：「撥亂反正在一九七五年就開始了。」「說到改革，其實在一九七四年到一九七五年我們已經試驗過一段。……那時的改革，用的名稱是整頓，強調把經濟搞上去，首先是恢復生產秩序。凡是這樣做的地方都見效。」

「文化大革命」的結束

1976 年 1 月 8 日，全國各族人民敬愛的周恩來總理逝世。「四人幫」發出種種禁令，竭力阻撓和誣衊群眾性的悼念活動，激起全國廣大幹部和群眾的極大憤怒。自 3 月下旬起，各地群眾衝破阻力，舉行悼念周恩來的活動，鋒芒直指「四人幫」，是全國人民反對「四人幫」倒行逆施的集中表現。

1976 年 7 月 6 日，德高望重的朱德逝世。

1976 年 9 月 9 日，黨和國家主要領導人毛澤東逝世。毛澤東同志是偉大的馬克思主義者，偉大的無產階級革命家、戰略家、理論家，是馬克思主義中國化的偉大開拓者，是近代以來中國偉大的愛國者和民族英雄，是黨的第一代中央領導集體的核心，是領導中國人民徹底改變自己命運和國家面貌的一代偉人。

在短短九個月的時間裡，三位黨和國家傑出領導人相繼逝世，全黨全國人民陷入巨大的悲痛之中，也深深思慮着黨和國家的前途命運。

毛澤東逝世前後，「四人幫」加緊了奪取黨和國家最高領導權的活動，許多老一輩革命家深感憂慮。10 月 6 日晚，華國鋒、葉劍英

首都群眾在天安門廣場舉行集會和遊行，慶祝粉碎「四人幫」的重大勝利

等代表中央政治局，執行黨和人民的意志，對「四人幫」及其在北京的幫派骨幹實行隔離審查。10 月 14 日，黨中央公佈粉碎「四人幫」的消息，人們奔走相告，興高采烈。

粉碎「四人幫」，結束了「文化大革命」，我國的社會秩序得以恢復，黨和國家的工作開始重新走上健康發展的軌道。

「文化大革命」是在探求中國自己的社會主義道路的歷程中遭到的嚴重挫折。中國共產黨依靠自己的力量，最終自己糾正了這一嚴重錯誤。歷史再一次證明，中國人民是偉大的人民，中國共產黨有能力靠自己的力量糾正錯誤，中國共產黨和社會主義制度具有強大的生命力。「文化大革命」持續十年，以未曾想見的形式，暴露出當時黨和國家在體制、政策、工作等方面存在的嚴重缺陷。正如鄧小平總結

1957 年以來歷史經驗時所指出的：「二十年的經驗尤其是『文化大革命』的教訓告訴我們，不改革不行，不制定新的政治的、經濟的、社會的政策不行。」

從新中國成立到「文化大革命」結束，是我們黨領導人民艱辛探索社會主義革命和建設道路的歷史時期。雖然經歷了嚴重曲折，但仍取得了獨創性理論成果和巨大成就。我們黨領導人民在舊中國一窮二白的基礎上，進行了中國歷史上從來不曾有過的熱氣騰騰的社會主義建設，在不長的時間裡，我國社會就發生了翻天覆地的變化，建立起獨立的比較完整的工業體系和國民經濟體系，獨立研製出「兩彈一星」，有效維護了國家主權和安全，成為在世界上有重要影響的大國，積累起在中國這樣一個社會生產力水平十分落後的東方大國進行社會主義建設的重要經驗。我們黨努力探索符合中國國情的社會主義建設道路，逐步形成了一些十分重要的認識：提出把黨和國家的工作重點轉到社會主義建設和技術革命上來；提出走自己的路，探索適合中國國情的社會主義建設道路；提出社會主義社會的基本矛盾和主要矛盾，發展生產力是根本任務；提出社會主義現代化建設分兩個步驟，進而提出中國社會主義的發展分兩個階段；提出社會主義社會還存在商品生產和商品交換，要尊重價值法則，大力發展商品生產；提出必須正確區分和處理敵我矛盾和人民內部矛盾；等等。這些獨創性理論成果和巨大成就，為在新的歷史時期開創中國特色社會主義提供了寶貴經驗、理論準備、物質基礎。

第七章

偉大歷史轉折和中國
特色社會主義的開創

　　粉碎了「四人幫」，舉國歡騰。糾正「文化大革命」的錯誤，徹底扭轉十年內亂造成的嚴重局面，使黨和國家從危難中重新奮起，是人民的熱切期待。這個時候，世界經濟正快速發展，科技進步日新月異。國內外發展大勢要求中國共產黨盡快就關係黨和國家前途命運的大政方針作出政治決斷和戰略抉擇。在中國向何處去的重大歷史關頭，1978 年 12 月，黨的十一屆三中全會在北京召開。會議作出把全黨工作着重點轉移到社會主義現代化建設上來、實行改革開放的歷史性決策，實現了新中國成立以來黨的歷史上具有深遠意義的偉大轉折，開啟了改革開放和社會主義現代化建設新時期。

一、黨的十一屆三中全會實現偉大歷史轉折

在徘徊中前進和真理標準問題討論

　　粉碎「四人幫」後，黨中央採取堅決果斷的措施，清查清理「四人幫」幫派體系，糾正冤假錯案，調整和配備黨政軍各級領導班子，部署開展揭發批判「四人幫」的運動，恢復黨和國家正常秩序，人民群眾期盼已久的安定的政治局面開始形成。

　　然而，要想短期內消除十年「文化大革命」在政治上思想上造成的嚴重混亂，並非一件容易的事情。這種混亂的發生，主要是由於林彪、江青兩個反革命集團的興風作浪，但也與黨內長期存在的「左」的錯誤有關。糾正這種嚴重混亂最突出的阻礙，是當時提出和推行「兩個凡是」，即「凡是毛主席作出的決策，我們都堅決維護，凡是毛主席的指示，我們都始終不渝地遵循」。「兩個凡是」對毛澤東生

前的決策和指示拒絕作任何分析，在理論上違背了馬克思主義基本原理和黨的實事求是的思想路線，在實踐上為新形勢下堅持真理、修正錯誤設置了障礙。

「兩個凡是」提出不久，1977 年 4 月 10 日，尚未恢復領導職務的鄧小平在給黨中央的信中指出：「我們必須世世代代地用準確的完整的毛澤東思想來指導我們全黨、全軍和全國人民」。此後，他在不同場合多次批評「兩個凡是」。葉劍英、陳雲、李先念、聶榮臻、徐向前等老一輩革命家也強調要發揚黨的實事求是的優良傳統，對「兩個凡是」進行了抵制。

1977 年 7 月召開的黨的十屆三中全會決定恢復鄧小平中共中央委員、中央政治局委員、常委，中共中央副主席，中共中央軍委副主席，國務院副總理，中國人民解放軍總參謀長的職務。鄧小平復出後，主動要求分管科學教育工作，以此作為推動撥亂反正的突破口。他領導批判林彪、江青等人鼓吹的「文藝黑線專政論」「教育黑線專政論」，推翻了多年來壓在廣大知識分子頭上的「兩個估計」[①]，號召尊重知識、尊重人才，強調「科學技術是生產力」，指出為社會主義服務的腦力勞動者是勞動人民中的一部分。從此，黨扭轉了對知識分子的「左」的政策，知識和知識分子重新受到黨和國家的重視，科學、教育、文藝等各個領域的知識分子受到極大鼓舞。《阿詩瑪》《桃花扇》《李雙雙》等一大批被長期禁錮的電影、戲劇重新放映上演，許多中外優秀文藝作品得以解禁，文聯、作協等群眾團體恢復工作，

---

① 「兩個估計」，即「文化大革命」前 17 年教育戰線是資產階級專了無產階級的政，是「黑線專政」；知識分子的大多數世界觀基本上是資產階級的，是資產階級知識分子。

文藝創作逐步活躍起來。1977 年底,「文化大革命」中一度中斷的高等學校統一招生考試制度得到恢復。參加高考的 570 萬人中,27.3 萬人被錄取,懷着喜悅的心情步入大學校園。1978 年 3 月,全國科學大會召開,科學的春天到來了。

1977 年 8 月 12 日至 18 日,黨的第十一次全國代表大會召開。大會宣告「文化大革命」結束,重申黨的根本任務是要在 20 世紀內把我國建設成為社會主義現代化強國。受歷史條件的限制,大會仍然肯定「文化大革命」的錯誤理論和實踐,沒有能夠從根本上糾正「文化大革命」的錯誤。大會新產生的中央委員會選舉華國鋒為主席,葉劍英、鄧小平、李先念、汪東興為副主席。

在「文化大革命」結束後的兩年間,黨和國家工作有所前進,一些領域的撥亂反正已經開始,經濟建設、社會各項事業和外交工作也有所恢復和發展。人們急切地期待着黨和國家迅速擺脫困境,邁開大步前進。但是,由於「文化大革命」中「左」傾錯誤的長期影響,加上受到「兩個凡是」的限制,撥亂反正每往前一步都十分艱難,黨和國家工作出現了在徘徊中前進的局面。這種狀況引起黨內黨外許多人的思考:究竟應該用甚麼樣的態度對待毛澤東的指示?判定歷史實踐的是非標準到底是甚麼?這就不可避免地產生了實事求是與「兩個凡是」的爭論。

1978 年 5 月 10 日,中央黨校內部刊物《理論動態》刊登《實踐是檢驗真理的唯一標準》一文。5 月 11 日,《光明日報》以特約評論員名義公開發表這篇文章,新華社向全國轉發。文章鮮明地提出,社會實踐不僅是檢驗真理的標準,而且是唯一的標準。對「四人幫」設

置的禁區「要敢於去觸及，敢於去弄清是非」。不能拿現成的公式去限制、宰割、剪裁無限豐富的飛速發展的革命實踐，應該勇於研究新的實踐中提出的新問題。這篇文章在廣大幹部群眾中激起強烈反響，引發了關於真理標準問題的大討論。

實踐是檢驗真理的唯一標準，本來是馬克思主義的常識。但由於它同「兩個凡是」尖銳對立，並且觸及盛行多年的思想僵化和個人崇拜，因此真理標準問題討論一開始就受到一些人的指責。

關鍵時刻，鄧小平給予及時而有力的支持。1978 年 6 月 2 日，他在全軍政治工作會議上發表講話，着重闡述了毛澤東關於實事求是的觀點，批評有些人在對待毛澤東和毛澤東思想問題上的「兩個凡是」的錯誤態度，號召「撥亂反正，打破精神枷鎖，使我們的思想來個大解放」。在鄧小平的領導和許多老一輩革命家的支持下，一場關於真理標準問題的大討論迅速在全黨全社會展開。中央及省級報刊共刊登討論文章 650 多篇，形成了思想解放的滾滾大潮。

這場深刻而廣泛的思想解放運動，成為正本清源、撥亂反正和改革開放的思想先導。通過這場討論，批判危害多年的極左思潮，恢復黨的馬克思主義思想路線，反思過去的曲折，思考未來的出路，黨內外思想日益活躍，開始出現醞釀對外開放和對各方面體制進行改革的新局面。

粉碎「四人幫」後，中國對外交往迅速擴大，黨和國家領導人紛紛走出國門了解外部世界。他們無不痛切地感受到，這些年耽誤的時間太多了！中國同發達國家在經濟、科技、管理等方面的差距太大了！強烈的危機感和緊迫感，促使黨和國家領導人將加快學習、借鑒

國外先進的管理經驗和科學技術問題提上日程。通過改革開放加快中國發展步伐的總體思路開始形成。

1978 年 3 月，鄧小平在全國科學大會上指出，獨立自主不是閉關自守，自力更生不是盲目排外。「任何一個民族、一個國家，都需要學習別的民族、別的國家的長處，學習人家的先進科學技術。」在 7 月至 9 月國務院召開的務虛會上，許多部門負責人提出改革僵化的經濟管理體制、引進國外先進技術和資金的建議。9 月下旬，全國計劃會議又提出，經濟工作必須實行三個轉變：一是把注意力轉到生產鬥爭和技術革命上來；二是把管理制度和管理方法轉到按照經濟規律辦事的科學管理的軌道上來；三是從閉關自守或半閉關自守狀態轉到積極引進國外先進技術，利用國外資金，大膽進入國際市場的開放政策上來。

1978 年 9 月，鄧小平視察東北三省。他反覆強調，世界天天發生變化，新的事物不斷出現，新的問題不斷出現，我們關起門來不行，不動腦筋永遠陷於落後不行。一定要根據現在的有利條件加速發展生產力，使人民的生活好一些。他還提出，揭批「四人幫」的群眾運動要適時結束，轉入正常工作，從而提出了把黨和國家工作重點轉移到現代化建設上來的重要主張。這為隨後召開的中央工作會議和黨的十一屆三中全會奠定了思想基礎。

黨的十一屆三中全會召開

黨的十一屆三中全會召開前，1978 年 11 月 10 日至 12 月 15 日，黨中央在北京召開工作會議。會議原來確定的議題主要是討論經

鄧小平在黨的十一屆三中全會上

濟工作。由於會前鄧小平提出的工作重點轉移的建議，已經得到中央
政治局常委的贊同，這次會議首先討論工作重點轉移的問題。對於工
作重點轉移，大家是熱烈擁護、一致贊成的。但大家感到，如果不正
確解決指導思想問題，不糾正「左」傾錯誤，包括「文化大革命」的
嚴重錯誤，不克服教條主義、本本主義和思想僵化，不解決檢驗真理
的標準問題，是不可能真正實現工作重點轉移的。東北組在討論中提
出，應系統解決「文化大革命」中及其以前的歷史遺留問題，引起與
會者的強烈反響。隨後，會議對真理標準問題展開了思想交鋒，對經
濟問題、黨的建設、國家的民主法制建設也進行了熱烈討論，使得會
議議程發生改變。會上要求重新確立黨的實事求是思想路線的呼聲更
為強烈。11 月 25 日，中央政治局作出為天安門事件平反、為「薄一

波等六十一人叛徒集團」案等錯案平反的決定，解決了一批重大歷史遺留問題。

12 月 13 日，鄧小平在中央工作會議閉幕會上作題為《解放思想，實事求是，團結一致向前看》的重要講話。講話指出，首先是解放思想，只有思想解放了，我們才能正確地以馬列主義、毛澤東思想為指導，解決過去遺留的問題，解決新出現的一系列問題。一個黨，一個國家，一個民族，如果一切從本本出發，思想僵化，迷信盛行，那它就不能前進，它的生機就停止了，就要亡黨亡國。他強調，民主是解放思想的重要條件，為了保障人民民主，必須加強法制，做到有法可依，有法必依，執法必嚴，違法必究。鄧小平在講話中提出改革經濟體制的任務。他語重心長地說：「如果現在再不實行改革，我們的現代化事業和社會主義事業就會被葬送。」講話還提出了一個「大政策」，即要允許一部分地區、一部分企業、一部分工人農民，由於辛勤努力成績大而收入先多一些，生活先好起來，一部分人生活先好起來，就必然產生示範力量，就會使整個國民經濟不斷地波浪式地向前發展，使全國各族人民都能較快地富裕起來。這篇講話是解放思想、開闢新時期新道路的宣言書，實際上成為隨後召開的黨的十一屆三中全會的主題報告。

1978 年 12 月 18 日至 22 日，黨的十一屆三中全會在北京召開。全會衝破長期「左」的錯誤的嚴重束縛，徹底否定「兩個凡是」的錯誤方針，高度評價關於真理標準問題的討論，重新確立了黨的實事求是的思想路線。

全會停止使用「以階級鬥爭為綱」的口號，及時地、果斷地結

束全國範圍的揭批林彪、「四人幫」的群眾運動，決定從 1979 年 1 月起，把全黨的工作重點和全國人民的注意力轉移到社會主義現代化建設上來。全會提出了改革開放的任務。全會指出，實現四個現代化是一場廣泛、深刻的革命。要採取一系列新的重大的經濟措施，對經濟管理體制和經營管理方法進行認真的改革，在自力更生的基礎上積極發展同世界各國平等互利的經濟合作。

全會強調要充分發揚民主，提出要實現民主制度化、法律化的任務；決定健全黨的民主集中制，健全黨規黨法，嚴肅黨紀。全會還提出要正確對待毛澤東的歷史地位和毛澤東思想的科學體系，為堅持和發展毛澤東思想指明了方向。

全會增選了中央領導機構成員，選舉產生了以陳雲為第一書記的中央紀律檢查委員會。華國鋒在全會前的中央工作會議上就「兩個凡是」問題作了自我批評。全會後，華國鋒雖然仍擔任黨中央主席，但就體現黨的正確指導思想以及決定改革開放和社會主義現代化建設的重大方針政策來說，鄧小平實際上已經成為黨的中央領導集體的核心。

黨的十一屆三中全會的勝利召開，標誌着粉碎「四人幫」後黨和國家工作在徘徊中前進的局面的結束。全會重新確立馬克思主義的思想路線、政治路線、組織路線，實現了新中國成立以來黨的歷史上具有深遠意義的偉大轉折，開啟了我國改革開放和社會主義現代化建設的新時期。全會作出實行改革開放的歷史性決策，是基於對黨和國家前途命運的深刻把握，是基於對社會主義革命和建設實踐的深刻總結，是基於對時代潮流的深刻洞察，是基於對人民群眾期盼和需要的

深刻體悟。改革開放是中國共產黨的一次偉大覺醒，正是這個偉大覺醒，孕育了黨從理論到實踐的偉大創造。從這次全會開始，改革開放和開創中國特色社會主義的大幕拉開，鄧小平理論也逐步形成和發展起來。黨的十一屆三中全會作為一個偉大轉折點而載入光輝史冊。

二、撥亂反正任務的完成

大規模平反冤假錯案和調整社會關係

黨的十一屆三中全會後，從中央到地方，按照實事求是、有錯必糾的原則，平反冤假錯案的工作全面推開。

在平反冤假錯案工作中，影響最大的是 1980 年 2 月黨的十一屆五中全會通過的《關於為劉少奇同志平反的決議》。《決議》徹底推翻強加給劉少奇的種種罪名，恢復了劉少奇作為偉大的馬克思主義者和無產階級革命家、黨和國家主要領導人之一的名譽。這表明中國共產黨是一個實事求是、有錯必糾、嚴肅認真、光明磊落的馬克思主義政黨。黨和人民也深刻認識到加強民主集中制、加強民主法制建設的極端重要性。

到 1982 年底，全國大規模的平反冤假錯案工作基本結束。全國共糾正了 300 多萬名幹部的冤假錯案，47 萬多名共產黨員恢復了黨籍，他們心情舒暢地重新走上工作崗位或擔任新的領導職務。

在處理黨內歷史遺留問題的同時，黨積極調整社會各方面關係，開展了大量工作。各地對 1957 年在反右派鬥爭擴大化中錯劃的右派分子進行了甄別改正。黨中央還宣佈原工商業者已改造成勞動者，把

原為勞動者的小商小販、手工業者從原資產階級工商業者中區別出來，為已改造成為勞動者的絕大多數原地主、富農分子改訂了成分。這一系列工作妥善地解決了大量黨內和人民內部的矛盾。

黨中央高度重視落實知識分子政策問題。國家採取一系列有效措施，先後頒佈自然科學獎勵條例和學位條例，調動廣大知識分子的積極性，推動人才的選拔培養。黨中央還要求，盡可能改善科技人員特別是在第一線做實際工作的中年科技人員的工作、生活條件。尊重知識、尊重人才重新在全社會蔚為風尚，我國教育科學文化事業開始呈現勃勃生機。

糾正黨在統一戰線工作中的一些「左」的做法，是調整社會關係的一個重要方面。1979 年 6 月，鄧小平在全國政協五屆二次會議上講話指出，我國的統一戰線已經成為工人階級領導的、工農聯盟為基礎的社會主義勞動者和擁護社會主義的愛國者的廣泛聯盟。我國的各民主黨派都已經成為各自所聯繫的一部分社會主義勞動者和一部分擁護社會主義的愛國者的政治聯盟。1978 年至 1979 年，各民主黨派、全國工商聯和各人民團體分別召開代表大會，並選舉各自的領導機構和領導人。「文化大革命」中停止活動的各民主黨派和工商聯重新開展工作。

平反冤假錯案和調整社會關係，正確處理黨內和人民內部的一系列矛盾，大大調動了全社會各階層人員的積極性，對促進社會安定、人民團結，對鞏固和發展愛國統一戰線，從而推動改革開放和社會主義現代化建設事業發展，起到了十分重要的作用。

對林彪、江青兩個反革命集團案主犯的審判，是民主法制建設中

引人關注的大事。1980 年 9 月，五屆全國人大常委會第十六次會議決定成立最高人民檢察院特別檢察廳和最高人民法院特別法庭，對林彪、江青兩個反革命集團案進行公開審判。1980 年 11 月至 1981 年 1 月，最高人民法院特別法庭開庭公審這兩個反革命集團案十名主犯，彰顯了社會主義民主法制的莊嚴。

指導思想的撥亂反正和《關於建國以來黨的若干歷史問題的決議》

黨的十一屆三中全會後，在解放思想、撥亂反正過程中，廣大幹部群眾從「文化大革命」及其以前的「左」傾思想的嚴重束縛中解脫出來，黨內外呈現出研究新情況、解決新問題的生動局面，但同時也出現了一些值得引起注意和警覺的現象。有的人對十一屆三中全會以來的新的路線方針政策表現出不理解甚至抵觸情緒。少數人對「解放思想」加以曲解，肆意誇大黨和毛澤東所犯的錯誤，企圖否定黨的領導，否定社會主義制度，否定毛澤東和毛澤東思想。

針對這些思想混亂狀況，1979 年 3 月，鄧小平在黨的理論工作務虛會上發表《堅持四項基本原則》的講話。他指出，必須在思想政治上堅持社會主義道路、堅持無產階級專政（後表述為人民民主專政）、堅持共產黨的領導、堅持馬列主義毛澤東思想這四項基本原則。這是「實現四個現代化的根本前提」。「如果動搖了這四項基本原則中的任何一項，那就動搖了整個社會主義事業，整個現代化建設事業。」他還提出一個重要思想：「現在搞建設，也要適合中國情況，走出一條中國式的現代化道路。」這個講話鄭重表明，中國共產黨所

領導的改革開放從一開始就具有明確的社會主義方向。

實行改革開放，全面撥亂反正，必須對新中國成立以來中國共產黨的重大歷史問題作出結論，以統一全黨和全國人民的思想，團結一致向前看。1979 年 11 月，在鄧小平親自主持下，《關於建國以來黨的若干歷史問題的決議》起草小組成立。在接下來的兩年時間裡，鄧小平先後十多次召集起草組開會，對起草工作發表了許多重要指示。他提出《決議》要體現三條總的要求，或者說總的原則、總的指導思想：第一，確立毛澤東同志的歷史地位，堅持和發展毛澤東思想，這是最核心的一條；第二，對建國 30 年來歷史上的大事，哪些是正確的，哪些是錯誤的，要進行實事求是的分析，包括一些負責同志的功過是非，要作出公正的評價；第三，對過去的事情作個基本的總結，這個總結宜粗不宜細，總結過去是為了引導大家團結一致向前看。對毛澤東的功過評價，要實事求是、恰如其分。毛澤東思想這個旗幟丟不得，丟掉了這個旗幟實際上就否定了我們黨的光輝歷史。他還強調，毛主席多次從危機中把黨和國家挽救過來。沒有毛主席，至少我們中國人民還要在黑暗中摸索更長的時間。

經過一年多的起草工作和廣泛徵求意見，1981 年 6 月，黨的十一屆六中全會通過了《關於建國以來黨的若干歷史問題的決議》。《決議》從根本上否定了「文化大革命」和「無產階級專政下繼續革命」的錯誤理論，對一些重大歷史事件和重要歷史人物作出了實事求是的評價，科學總結了新中國成立以來社會主義革命和建設的歷史經驗。《決議》指出，中國共產黨在中華人民共和國成立以後的歷史，總的說來，是我們黨在馬克思列寧主義、毛澤東思想指導下，領導全國各

族人民進行社會主義革命和社會主義建設並取得巨大成就的歷史。《決議》實事求是地評價毛澤東的歷史地位，充分肯定毛澤東思想作為黨的長期堅持的指導思想的偉大意義。《決議》指出，毛澤東是偉大的馬克思主義者，是偉大的無產階級革命家、戰略家和理論家。他的功績是第一位的，錯誤是第二位的。《決議》將毛澤東晚年的錯誤同毛澤東思想加以區別，指出毛澤東思想是馬克思列寧主義在中國的運用和發展，是被實踐證明了的關於中國革命的正確的理論原則和經驗總結，是中國共產黨集體智慧的結晶。《決議》對毛澤東思想多方面的內容和活的靈魂 —— 實事求是、群眾路線、獨立自主作了科學概括，強調毛澤東思想是我們黨的寶貴的精神財富，它將長期指導我們的行動，必須繼續堅持毛澤東思想，以符合實際的新原理新結論豐富和發展我們黨的理論。《決議》的形成，表明中國共產黨對自己包括領袖人物的失誤和錯誤採取鄭重的態度，敢於承認，正確分析，堅決糾正，從而使失誤和錯誤連同黨的成功經驗一起成為寶貴的歷史教材。

《決議》還對黨的十一屆三中全會以來逐步確立的適合我國情況的社會主義現代化建設正確道路的主要點，從十個方面作了概括，實質上初步提出了在中國建設甚麼樣的社會主義和怎樣建設社會主義的問題。《決議》正確解決了既科學評價毛澤東的歷史地位和毛澤東思想的科學體系，又根據新的實際和發展要求實行改革開放、確立中國社會主義現代化建設正確道路這兩個相互聯繫的重大歷史課題，充分體現了黨中央的遠見卓識和政治上的成熟。《決議》的通過，標誌着黨在指導思想上的撥亂反正勝利完成。

　　根據中央政治局的建議，黨的十一屆六中全會決定同意華國鋒辭去中央委員會主席、中央軍事委員會主席的職務，選舉胡耀邦為中央委員會主席，鄧小平為中央軍事委員會主席。

三、農村改革、創辦經濟特區和改革開放的起步

調整國民經濟

　　為了糾正多年來經濟建設指導方針的偏差，解決「文化大革命」結束後國民經濟比例關係失調的問題，1979 年 4 月，黨中央召開工作會議，正式確立對國民經濟實行「調整、改革、整頓、提高」的方針，通稱新「八字方針」。貫徹新「八字方針」，不但是調整經濟關係的重要步驟，也是端正經濟建設指導方針、探索適合中國國情的社會主義現代化建設道路的過程，是推進改革開放的過程。

　　在討論國民經濟調整問題時，鄧小平強調，要使中國實現四個現代化，至少有兩個重要特點是必須看到的。一個是底子薄；一個是人口多，耕地少。陳雲也指出，我國社會經濟的主要特點是農村人口佔80%，而且人口多，耕地少，要認清我們是在這種情況下搞四個現代化的。

　　在調整中，黨中央初步總結新中國成立以來經濟建設的經驗教訓，指出經濟建設必須從國情出發，遵循經濟規律和自然規律；必須量力而行，循序前進，經過論證，講求實效，使經濟的發展同適當改善人民生活密切結合；必須在堅持獨立自主、自力更生的基礎上，積極開展對外經濟合作和技術交流。國民經濟調整和經濟體制改革工

作，就是在這些方針指導下進行的。

1981 年 12 月，五屆全國人大四次會議通過的政府工作報告，提出要真正從我國實際情況出發，走出一條速度比較實在、經濟效益比較好、人民可以得到更多實惠的新路子。報告肯定了調整工作取得的成績，宣佈 1981 年國民經濟計劃預計可以勝利完成，穩定經濟的目標能夠基本實現。國民經濟調整任務勝利完成。

農村改革率先取得突破

中國是一個農業大國。中國的事情能不能辦好，農業的發展狀況具有決定性意義。黨的十一屆三中全會前，我國農村存在經營管理過於集中和分配中的嚴重平均主義等弊端，嚴重挫傷了農民的生產積極性，農業發展和農民生活改善比較緩慢。1978 年，全國還有 2.5 億人口沒有解決溫飽問題。

1978 年夏秋之際，安徽省遭遇嚴重旱災，秋種遇到困難。省委決定把部分土地借給農民種糧種菜，所產糧菜不徵購，不計口糧。這一措施很快調動起群眾的生產積極性，當年全省超額完成秋種計劃。從「借地」中得到啟發，安徽一些地方的基層幹部和農民衝破舊體制的限制，開始包乾到組、包產到戶。鳳陽縣梨園公社小崗村 18 戶農民，冒着風險，在包乾合同書上按下了手印。小崗村創造的包乾到戶，就是「保證國家的，留足集體的，剩下都是自己的」。這個辦法簡便易行，成效顯著，受到農民歡迎。四川、甘肅、雲南、廣東等省份的一些地方也放寬政策，採取了類似做法。這些大膽嘗試，揭開了農村經濟改革的序幕。

喜穫豐收的農民向國家交售糧食

對於包產到戶、包乾到戶等農業生產責任制形式，黨內外一度出現了不同意見。不少人心存疑慮，擔心這樣會影響農村集體經濟，會偏離農村發展的社會主義方向。1980年5月，鄧小平在一次談話中肯定了農民的改革創舉。他說：「農村政策放寬以後，一些適宜搞包產到戶的地方搞了包產到戶，效果很好，變化很快。」他指出，影響集體經濟的擔心是不必要的，這些地方只要生產發展了，農村的社會分工和商品經濟發展了，低水平的集體化就會發展到高水平的集體化，集體經濟不鞏固的也會鞏固起來。9月，中共中央印發《關於進一步加強和完善農業生產責任制的幾個問題》，突破多年來把包產到戶等同於分田單幹和資本主義的觀念，肯定了在生產隊領導下實行的

包產到戶。1982 年，黨中央發出「一號文件」，明確指出包括包產到戶、包乾到戶在內的各種責任制，都是社會主義集體經濟的生產責任制。

在黨中央的支持下，以包產到戶、包乾到戶為主要形式的家庭聯產承包責任制迅速推廣。這充分調動了農民的生產積極性，促進了農業生產的迅速發展。許多地方一年即見成效，糧食產量明顯提高，幾年就變了個大樣。

隨着新的經營體制在廣大農村的推行，農民群眾有了更大的生產和經營自主權，可以利用剩餘勞力和資金發展多種經營。各地農村很快湧現出一大批鄉鎮工業企業，也湧現出一大批生產和經營專業戶。這是我國農村向着專業化、商品化、社會化生產方向轉變的開始。

農村改革在推進過程中，有些集體經濟基礎比較扎實的地方，繼續實行集體統一經營，改革原來的平均主義分配辦法，逐漸向高水平的集體化前進。他們的做法也是符合中央「宜統則統、宜分則分」精神的。

農村改革是中國農民的偉大創造。改革首先在農村取得突破和成功不是偶然的，它是由我國基本國情和當時農村經濟發展困境決定的。黨的十一屆三中全會為農村改革提供了重要的思想前提，創造了良好的政治環境，廣大農村基層幹部和億萬農民為改變農村面貌和自身命運，勇敢衝破不利於生產力發展的舊體制，從而掀起了波瀾壯闊的改革大潮。建設中國特色社會主義的偉大實踐，就這樣在黨和廣大人民群眾的創造中，開始一步一步堅定前行。

城市經濟體制改革的初步展開

城市經濟體制改革，遠比農村改革複雜。

黨的十一屆三中全會後，在借鑒農村改革中擴大生產和經營自主權經驗的基礎上，以擴大企業自主權為主要內容的城市經濟體制改革逐步在全國推開。1979 年 5 月，首都鋼鐵公司、天津自行車廠、上海柴油機廠等 8 家大型企業開始進行改革試點。到 1980 年 6 月，參與改革的企業增至 6600 個。擴大企業自主權改革，在傳統的計劃經濟體制上打開一個缺口，初步改變了過去只按國家指令性計劃生產，不了解市場需要，不關心產品銷路，不關心盈利虧損的狀況，增強了企業的自主經營意識和市場意識。

在擴大企業自主權的基礎上，城市改革逐步推向經濟責任制方面。1981 年春，改革首先在山東省的企業中試行。實行經濟責任制的改革，是要把企業和職工的經濟利益同他們所承擔的責任與實現的經濟效益聯繫起來，使廣大職工以主人翁的態度，用最少的人力物力，取得最大的經濟效益。此後，經濟責任制很快推行到全國 3.6 萬個工業企業。

商業流通體制的改革也在展開。從 1979 年起，國家重新限定農副產品的統購和派購範圍，放寬農副產品的購銷政策，規定供銷合作社基層社可以出縣、出省購銷，集體所有制商業、個體商販和農民也可以長途販運。這為加快城鄉商品流轉創造了有利條件。

所有制結構的改革也開始進行。1979 年，全國出現知青返城大潮。為了緩解與日俱增的就業壓力，黨中央、國務院果斷採取支持城鎮集體經濟和個體經濟發展的方針，開啟了以公有制經濟為主體、多

種經濟形式並存的改革。在這種情形下,「個體戶」應運而生。在北京前門,大碗茶青年茶社搭棚盤灶。在安徽蕪湖,年廣久開始了「傻子瓜子」的規模經營。1981 年 10 月,黨中央、國務院在《關於廣開門路,搞活經濟,解決城鎮就業問題的若干決定》中指出:「在社會主義公有制經濟佔優勢的根本前提下,實行多種經濟形式和多種經營方式長期並存,是我黨的一項戰略決策,決不是一種權宜之計。」在新的政策指引下,集體經濟、個體經濟有了新的發展,還出現全民、集體和個體聯營共同發展的新經濟形式。

對外開放和創辦經濟特區

在改革推進的過程中,對外開放逐步展開,並取得重大突破。

吸引和利用外資、興辦中外合資經營企業和中外合作經營企業(或項目),是對外開放的重要方式和步驟。1979 年,中國國際信託投資公司成立,開展國際信託、投資、租賃等業務。1980 年,我國恢復在世界銀行、國際貨幣基金組織的代表權,並加入國際農業發展基金會,開始從這些國際金融機構中得到貸款。我國還先後同日、法、美等國公司簽訂協議,開展海上石油勘探開發。隨着 1979 年 7 月《中華人民共和國中外合資經營企業法》及此後一系列相關法律法規的出台,中外合資經營從無到有發展起來。旅遊業也異軍突起,迅速站到了對外開放的前列,發展為一個新興產業。

創辦經濟特區,是黨和國家為推進改革開放和社會主義現代化建設進行的偉大創舉。早在 1978 年 4 月,國家計委、外貿部派遣的經濟貿易考察組赴香港、澳門實地考察後,向中央建議,把靠近港澳的

深圳蛇口工業區的建設者點燃開山炮

廣東寶安、珠海劃為出口基地。1979 年 1 月，廣東省和交通部聯名向國務院遞交報告，提出在蛇口一帶設立工業區的設想，得到中央的批准。不久後，蛇口工業區在轟鳴的開山炮聲中誕生了。

　　1979 年 4 月，中央召開工作會議。廣東省委第一書記習仲勳提出，希望中央下放若干權力，讓廣東在對外經濟活動中有必要的自主權；允許在毗鄰港澳的深圳、珠海和僑鄉汕頭市舉辦出口加工區。福建省委也提出類似的設想。中央對此表示支持。關於如何命名這幾處實行特殊政策的地區，鄧小平說，還是叫特區好，陝甘寧開始就叫特區嘛！中央沒有錢，可以給些政策，你們自己去搞，殺出一條血路來。

　　1979 年 7 月，黨中央、國務院批轉廣東省委、福建省委的報告，確認兩省對外經濟活動實行特殊政策和靈活措施，先走一步，把經濟盡快搞上去，同時決定在深圳、珠海劃出部分地區試辦出口特

區。1980 年 5 月，黨中央、國務院正式決定將「出口特區」定名為「經濟特區」。8 月，五屆全國人大常委會第十五次會議批准廣東、福建兩省在深圳、珠海、汕頭、廈門設置經濟特區。

在中央決策的推動下，來自四面八方的特區建設者披荊斬棘、艱苦創業，短短幾年間，將深圳、珠海這些昔日落後的邊陲小鎮、荒灘漁村，建設成為生機勃勃的嶄新城市，創造了敢闖敢試、敢為人先、埋頭苦幹的特區精神。經濟特區成為中國改革開放的重要窗口，向世界展示了中國改革開放的磅礴偉力。

黨和國家領導制度的改革

黨的十一屆三中全會指出，實現四個現代化，要求大幅度地提高生產力，也就必然要求多方面地改變同生產力發展不適應的生產關係和上層建築。從這時起，黨中央認真總結和汲取以往黨和國家政治生活中的經驗教訓，以改革黨和國家領導制度，使民主制度化、法律化為主要內容的政治體制改革開始起步。

1979 年 7 月，五屆全國人大二次會議審議並通過地方各級人民代表大會和地方各級人民政府組織法、全國人民代表大會和地方各級人民代表大會選舉法、刑法、刑事訴訟法、人民法院組織法、人民檢察院組織法、中外合資經營企業法等七部重要法律。我國社會主義民主制度化、法律化邁出重要一步。

在推進民主法制建設的進程中，中國共產黨領導的多黨合作和政治協商制度得到恢復和發展。1979 年 10 月，鄧小平在全國政協、中央統戰部舉行的招待會上強調，在中國共產黨的領導下，實行多黨派

的合作，這是由我國具體歷史條件和現實條件所決定的，也是我國政治制度中的一個特點和優點。長期共存，互相監督，這是一項長期不變的方針。同月，黨中央在批轉中央組織部、中央統戰部的報告中指出，各級黨委要克服「清一色」思想，切實做好黨外人士特別是具有業務和技術專長的黨外人士的安排工作，同他們真誠合作，共同把國家的事情辦好。

黨中央對改革黨和國家領導制度採取了一系列舉措。1980 年 2 月召開的黨的十一屆五中全會，以堅持黨的領導、改善黨的領導、提高黨的戰鬥力為主題，專門研究部署。全會決定恢復設立中央書記處，作為中央政治局和它的常務委員會領導下的經常工作機構；選舉胡耀邦為中央委員會總書記。

1980 年 8 月，中央政治局召開擴大會議。鄧小平在會上作《黨和國家領導制度的改革》的講話。他指出，領導制度、組織制度問題，更帶有根本性、全局性、穩定性和長期性。這方面的制度好，可以使壞人無法任意橫行；制度不好，可以使好人無法充分做好事，甚至會走向反面。鄧小平強調，改革黨和國家的領導制度，不是要削弱黨的領導，渙散黨的紀律，而正是為了堅持和加強黨的領導，堅持和加強黨的紀律。這個講話，為黨和國家領導制度的改革明確了基本的指導思想。

在堅持黨的領導的前提下，黨和政府着力解決黨政職責不清、黨委包辦一切，以及效率不高、機構臃腫、人浮於事、作風拖拉等問題，增加地方權力，擴大基層民主權利，切實保障審判、檢察機關依據憲法而享有的審判權和檢察權，等等。

機構改革也很快提上日程。1982 年 1 月，鄧小平在中央政治局
會議上指出，精簡機構是一場革命，最關鍵的問題是選比較年輕的、
德才兼備的幹部進領導班子。經過改革，黨中央直屬單位的局級機構
減少 11%，工作人員編制縮減 17.3%。國務院所屬部委、直屬機構和
辦公機構由 100 個裁併調整為 61 個，工作人員編制縮減 1/3 左右。
在新組成的領導班子中，新選拔的中青年幹部佔 32%，平均年齡由
64 歲降到 58 歲。

　　1982 年 2 月，黨中央作出《關於建立老幹部退休制度的決定》，
廢除幹部領導職務實際上存在的終身制。一大批老幹部響應號召，主
動要求離開領導崗位，離休、退休或退居二線，一批經過考驗的中青
年幹部走上領導崗位。通過這項具有戰略意義的舉措，解決了在特殊
情況下幹部隊伍老化的問題。

　　在黨的十　屆三中全會後三年多的時間裡，撥亂反正全面展開，
社會主義民主法制建設逐步走上正軌，黨和國家領導制度改革穩步推
進，改革開放和國民經濟調整取得積極成效，各項事業蓬勃發展。這
為黨的十二大召開奠定了重要基礎。

四、黨的十二大和社會主義現代化建設的全面展開

黨的十二大提出「建設有中國特色的社會主義」重大命題

　　1982 年 9 月 1 日至 11 日，黨的第十二次全國代表大會在北京
舉行。鄧小平在開幕詞中響亮提出：「把馬克思主義的普遍真理同我
國的具體實際結合起來，走自己的道路，建設有中國特色的社會主

黨的十二大會場

義」。「建設有中國特色的社會主義」的重大嶄新命題，回答了進入
改革開放新時期後走甚麼樣的道路這一全黨和全國人民最為關心的重
大問題，成為指引改革開放和社會主義現代化建設的偉大旗幟。

　　大會通過胡耀邦所作的題為《全面開創社會主義現代化建設的
新局面》的報告，提出了全面開創新局面的奮鬥綱領。大會確定的黨
在新的歷史時期的總任務是：團結全國各族人民，自力更生，艱苦奮
鬥，逐步實現工業、農業、國防和科學技術現代化，把我國建設成為
高度文明、高度民主的社會主義國家。大會提出，從 1981 年到 20 世
紀末，我國經濟建設總的奮鬥目標是：在不斷提高經濟效益的前提
下，力爭使全國工農業的年總產值翻兩番，即由 1980 年的 7100 億元

增加到 2000 年的 2.8 萬億元左右，使人民的物質文化生活達到小康水平。大會還把農業、能源和交通、教育和科學作為經濟發展的戰略重點。大會把 20 世紀末的奮鬥目標由先前的實現四個現代化改為實現小康，從戰略指導上解決了長期存在的急於求成問題。這是黨中央在總結歷史經驗教訓的基礎上作出的一個歷史性決策。

這次大會的另一個重要貢獻，是在提出經濟建設目標的同時，明確提出要努力建設高度的社會主義精神文明和高度的社會主義民主的戰略方針。大會指出：社會主義精神文明是社會主義的重要特徵，是社會主義制度優越性的重要表現。建設社會主義的物質文明和精神文明，都要靠繼續發展社會主義民主來保證和支持。社會主義民主的建設必須同社會主義法制的建設緊密結合起來。這些任務的提出，體現了社會主義現代化建設的全面性要求，豐富和發展了科學社會主義理論，也標誌着黨對社會主義的認識不斷深化。

大會通過了新的《中國共產黨章程》。新黨章進一步總結黨的建設的歷史經驗教訓，作出了一系列新規定，反映了黨的現實生活的新要求。新黨章強調，共產黨員永遠是勞動人民的普通一員，規定了黨員的八條義務，要求黨員堅持黨和人民的利益高於一切，個人利益服從黨和人民的利益，吃苦在前，享受在後，克己奉公，絕對不得假公濟私，損公利私。新黨章還規定入黨要在黨旗面前宣誓，並且規定了誓詞的統一的內容。新黨章規定，黨中央不設主席只設總書記，由總書記負責召集中央政治局會議、政治局常委會議和主持中央書記處的工作；中央和省一級設顧問委員會作為新老幹部交替的過渡性機構，以發揮從第一線退下來的富有經驗的老同志對黨的事業的參謀作用。

新黨章規定了民主集中制的基本原則，強調黨要保持思想上政治上的高度一致，黨的各級委員會實行集體領導和個人分工負責相結合的制度。在黨的紀律面前人人平等，黨員除了遵守黨紀外，還必須嚴格遵守政紀國法。

大會選舉產生了中央委員會、中央顧問委員會和中央紀律檢查委員會。黨的十二屆一中全會選舉胡耀邦、葉劍英、鄧小平、趙紫陽、李先念、陳雲為中央政治局常委，胡耀邦為中央委員會總書記；決定鄧小平為中央軍事委員會主席；批准鄧小平為中央顧問委員會主任，陳雲為中央紀律檢查委員會第一書記。

黨的十二大是進入改革開放新時期後黨召開的第一次全國代表大會。自這次大會起，按照黨章規定，黨的全國代表大會每五年召開一次，實現了制度化。

推進經濟體制改革和對外開放新格局的形成

黨的十二大以後，農村改革在鞏固的基礎上進一步深入，改革的重點逐步轉向城市並全面鋪開。

1982年至1984年，黨中央連續發出3個關於農村工作的「一號文件」，家庭聯產承包責任制迅速推向全國。到1987年，全國98%的農戶實行了家庭聯產承包責任制，億萬農民的生產積極性得到極大提高，農業生產擺脫了停滯的困境。這從根本上動搖了「三級所有、隊為基礎」和「政社合一」的人民公社體制。1982年，新憲法作出改變農村人民公社政社合一體制，設立鄉政府作為基層政權，普遍成立村民委員會作為群眾性自治組織等規定。到1984年底，全國基本

完成了政社分設，實行了 20 多年的人民公社制度至此不復存在。這是農村經濟和政治體制的重大改革。

家庭聯產承包責任制的實行，為農村商品經濟的發展創造了條件。1985 年，黨中央下發「一號文件」，決定對糧食、棉花等少數重要農產品實行國家計劃合同收購的新政策，合同收購以外的產品可以自由出售，或以協議價格賣給國家；其餘多數農副產品可以在市場上自由交易，國家不再下達指令性計劃。這就基本上改變了實行 30 多年的統購派購政策，把農村經濟納入了有計劃的商品經濟的軌道。

農村改革還帶來了鄉鎮企業的異軍突起，一大批農村勞動力從土地上解放出來，從事工業、商業和服務業。浙江蕭山萬向節廠的魯冠球，與鄉政府簽訂廠長個人風險承包合同，將這家鄉鎮企業從小作坊逐步發展為第一個進入美國市場的中國汽車零部件企業。鄉鎮企業以令人驚異的速度和規模，改變着中國農村的面貌。到 1987 年，鄉鎮企業產值達到 4764 億元，第一次超過農業總產值。這是農村經濟的一個歷史性變化。

農村的經濟改革是黨從實際出發，及時總結農民的創新創造，因勢利導不斷加以推進的成功實踐。擁有幾億人口的中國農村，比較順利地實現了如此深刻的社會變革，對於農村經濟和整個國民經濟的發展，對於其他領域的改革，都產生了深遠影響。

在農村改革的推動下，城市改革進一步推進。1984 年 10 月，黨的十二屆三中全會通過《中共中央關於經濟體制改革的決定》，提出和闡明了經濟體制改革的一些重大理論和實踐問題。《決定》突破了

把計劃經濟同商品經濟對立起來的傳統觀念，提出我國社會主義經濟是「公有制基礎上的有計劃的商品經濟」；突破了把全民所有同國家機構直接經營企業混為一談的傳統觀念，提出「所有權同經營權是可以適當分開的」。這是黨在計劃與市場關係問題上取得的新認識。

此後，以城市為重點的經濟體制改革全面展開。改革的中心環節是增強全民所有制企業的活力，其中的一項措施是推行承包經營責任制，對責權和獎懲作出明確規定，以增強企業經營者的責任感。到 1987 年，全國 80% 的國營企業實行了各種形式的承包經營責任制。有的企業還開始進行股份制改革嘗試。1984 年 11 月，上海飛樂音響公司公開發行股票，成為改革開放後上海第一家試行股份制經營的股份有限公司。1986 年 11 月，紐約證券交易所董事長訪華，鄧小平把一張面值 50 元的飛樂股票贈送給他。這一頗有象徵意義的舉動表明，股票和股份制並不為資本主義所專有，社會主義國家也可以利用。

在國有企業改革的同時，不同所有制的多種經濟成分得到發展。中外合資、中外合作、外商獨資企業和國內勞動者的個體經濟、私營經濟等非公有制經濟成分，在國家的允許和引導下，取得迅速發展。以公有制為主體、多種經濟成分並存的所有制結構的形成，開創了發展國民經濟、方便人民生活和擴大就業的新局面。

按照發展社會主義有計劃商品經濟的要求，國家對經濟的計劃管理權限逐步下放，縮小了指令性計劃，擴大了指導性計劃。國家宏觀調控的範圍和方式得到調整與改進，小商品和計劃外商品都由市場調

節。價格、稅收、金融等經濟槓桿在宏觀調控中的作用日益增強,促進了商品經濟的發展。

科學技術體制和教育體制的改革也提上日程。1985 年 3 月,黨中央作出關於科學技術體制改革的決定,提出經濟建設必須依靠科學技術、科學技術工作必須面向經濟建設的戰略方針。廣大科技工作者的積極性得到極大激發。1986 年 3 月,四位科學家向黨中央提出跟蹤世界先進水平、發展高技術的建議。鄧小平很快作出批示。11 月,我國決定實施發展高科技的「863」計劃。上萬名科學家在不同領域協同合作、聯合攻關,很快取得豐碩成果。中國的高技術研究進入了一個新的發展階段。

1983 年 10 月,鄧小平提出「教育要面向現代化,面向世界,面向未來」,為我國教育改革和發展指明了方向。1985 年 5 月,黨中央作出關於教育體制改革的決定,提出教育體制改革的根本目的是提高民族素質,多出人才、出好人才。教育體制改革激發了地方和社會辦教育的積極性,九年義務教育得到有計劃分步驟實施,各級各類教育都得到發展,適應現代化建設需要的各類人才不斷湧現。

黨的十二大以後,對外開放也邁出新步伐。1984 年初,鄧小平視察深圳、珠海、廈門等經濟特區並題詞,充分肯定特區建設的成就。他指出:「我們建立經濟特區,實行開放政策,有個指導思想要明確,就是不是收,而是放。」「特區是個窗口,是技術的窗口,管理的窗口,知識的窗口,也是對外政策的窗口。」鄧小平的南方之行和對經濟特區的肯定,使對外開放迎來了新的機遇。

1984 年 5 月,中共中央、國務院決定開放大連、秦皇島、天

鄧小平為深圳經濟特區題詞

津、煙台、青島、連雲港、南通、上海、寧波、溫州、福州、廣州、湛江、北海14個沿海港口城市。1985年2月，中共中央、國務院發出通知，批准將長江三角洲、珠江三角洲和閩南廈漳泉三角地區劃為沿海經濟開放區。由此，在全國範圍初步形成了從經濟特區到沿海開放城市再到沿海經濟開放區這樣一個多層次、有重點、點面結合的對外開放新格局，在沿海地區形成了包括2個直轄市、25個省轄市、67個縣、約1.5億人口的對外開放前沿地帶。對外開放成為我國經濟社會發展的重要推動力。

「六五」計劃的完成與「七五」計劃的制定

1985 年底，國民經濟和社會發展第六個五年計劃勝利完成。「六五」期間，主要工農業產品產量都有大幅度增長；國家財政收入由「五五」末期的連年下降轉為逐年上升，實現了收支基本平衡；基本建設和技術改造取得重大進展；對外經濟貿易和技術交流打開新局面。「六五」計劃的完成，使過去長期感到困擾的一些經濟問題得到比較好的解決。糧食、棉花產量大幅度增長，為解決人民溫飽問題提供了條件。日用消費品貨源比較充足，過去許多定量分配和憑票供應的商品，除糧、油外，已基本取消票證，敞開供應。這些成就和變化，同新中國成立以來前幾個五年計劃時期的情況相比，是很突出的。

在重視經濟發展的同時把社會發展擺到突出位置，是「六五」計劃的 一個鮮明特點。以往的五年計劃都稱為國民經濟發展計劃，從「六五」計劃開始，改稱為國民經濟和社會發展計劃。「六五」期間，黨和政府對人口、勞動就業、居民收入和消費、城鄉建設、社會福利、文化、衛生、體育、環境保護等社會發展方面作出安排。計劃生育被確定為我國的一項基本國策，國家普遍提倡一對夫婦只生育一個孩子。在當時的歷史條件下，這一政策的實行，保證了人口增長同國民經濟的增長相適應，對提高人口的質量和素質具有重要意義。這一時期，環境保護被確立為基本國策。黨和政府努力解決突出的環境污染問題，北京、杭州、蘇州、桂林等重點風景遊覽城市的環境狀況得到一定改善。

在「六五」計劃順利實施的基礎上，黨中央從 1983 年開始着

手制定「七五」計劃的準備工作。1985 年 9 月，黨的全國代表會議通過《中共中央關於制定國民經濟和社會發展第七個五年計劃的建議》。根據中共中央的建議，國務院制定了「七五」計劃草案。1986 年 4 月，這個計劃經六屆全國人大四次會議批准後實施。

社會主義民主法制建設的推進

1982 年 12 月 4 日，五屆全國人大五次會議通過新修改的《中華人民共和國憲法》。這部憲法以 1954 年憲法為基礎，糾正了 1978 年憲法中的缺點，內容更加完備。新憲法正確總結新中國成立以來的歷史經驗，明確今後國家的根本任務是集中力量進行社會主義現代化建設，用根本法的形式對我國的根本政治制度和基本政治制度、基本經濟制度、公民的基本權利和義務、國家機構的設置和職責等重大問題作出明確規定。其中，對國家機構設置有許多新規定：加強人民代表大會制度；恢復設立國家主席、副主席；國家設立中央軍事委員會，領導全國武裝力量；國務院實行總理負責制等。這些新規定，為中國特色社會主義制度體系增添了新內容和新特色。

新憲法的施行，推動法制建設加快步伐。六屆、七屆全國人大期間，共審議通過法律 96 部，重點體現在兩個方面：一是制定適應現代化建設、經濟體制改革和對外開放需要的法律；二是制定保障公民權利方面的法律。1986 年，「一五」普法活動在全國展開。此後，每隔五年制定一次普法規劃，法制宣傳教育不斷加強和深入。

在發展和完善中國共產黨領導的多黨合作和政治協商制度方面，黨的十二大把「長期共存、互相監督」八字方針發展為「長期共存、

互相監督、肝膽相照、榮辱與共」十六字方針。各民主黨派在國家政治生活中的作用得到進一步發揮，中國共產黨與各民主黨派的合作進入一個新的階段。在完善民族區域自治制度方面，1984 年 5 月，《中華人民共和國民族區域自治法》頒佈，民族區域自治制度被確立為國家的一項基本政治制度。在推進基層民主建設方面，全國企事業單位普遍建立職工代表大會，城市中的居民委員會進一步健全，農村中的村民委員會逐步建立，中國特色社會主義的基層群眾自治制度逐步形成。

以制定 1982 年憲法為代表的社會主義民主法制建設和政治體制改革取得的成果，不僅是對我國社會主義政治制度的重要健全和完善，同時也為我國經濟體制改革的深化和經濟發展、社會穩定提供了重要政治保證。

加強和改善黨的領導

黨的十一屆三中全會以後，為了進一步增強黨的凝聚力和戰鬥力，發揚黨的優良傳統和作風，黨中央採取切實措施，健全黨規黨法，整頓黨的作風。

1980 年 2 月，黨的十一屆五中全會通過《關於黨內政治生活的若干準則》，並向全社會公佈。《準則》總結了歷史上黨內政治生活的經驗教訓，把黨章的有關規定和民主集中制的原則具體化，提出12 個方面的要求：堅持黨的政治路線和思想路線；堅持集體領導，反對個人專斷；維護黨的集中統一，嚴格遵守黨的紀律；堅持黨性，根絕派性；要講真話，言行一致；發揚黨內民主，正確對待不同意

見；保障黨員的權利不受侵犯；選舉要充分體現選舉人的意志；同錯誤傾向和壞人壞事作鬥爭；正確對待犯錯誤的同志；接受黨和群眾的監督，不准搞特權；努力學習，做到又紅又專。

隨後，中央紀律檢查委員會在一年之內召開三次座談會，推動《準則》的貫徹施行。陳雲在 1980 年 11 月中央紀委召開的座談會期間尖銳地指出，「執政黨的黨風問題是有關黨的生死存亡的問題」，要求黨的各級組織提高認識，努力加強黨風建設。《準則》的公佈和施行，對於恢復和健全黨內民主、維護黨的集中統一、嚴肅黨的紀律、促進黨的團結，保證改革開放和社會主義現代化建設順利進行，發揮了十分重要的作用。

為了解決黨內存在的突出問題，根據黨的十二屆二中全會《中共中央關於整黨的決定》，1983 年 10 月至 1987 年 5 月，全黨分期分批開展了以統一思想、整頓作風、加強紀律、純潔組織為基本任務的全面整黨。經過整黨，提高了廣大黨員特別是黨的幹部在思想上政治上行動上同黨中央保持一致的自覺性，查處了一批黨員幹部嚴重違法亂紀的案件，清理了「文化大革命」時期追隨林彪、江青反革命集團造反起家、幫派思想嚴重、打砸搶分子等「三種人」。這次整黨，對解決「文化大革命」遺留下來的黨內思想、作風、組織不純和紀律鬆弛的問題，發揮了重要作用。

建設四個現代化，需要一大批年富力強的各級領導幹部。在改革開放和社會主義現代化建設的新形勢下，鄧小平、陳雲等老一輩革命家敏銳地提醒全黨同志，要注意培養、選拔合格的接班人，實現幹部隊伍革命化、年輕化、知識化、專業化，使黨的事業能夠後繼有人，

不斷前進。按照「四化」標準，黨中央加快了選拔中青年幹部的步伐。一大批年富力強、有知識、懂業務、德才兼備的中青年幹部脫穎而出，擔負重任。1985 年 9 月，黨的全國代表會議對中央領導層進行較大規模的調整，中央領導層在年輕化方面前進了一大步，有力推動了幹部新老交替和幹部隊伍結構的改善，保證了幹部隊伍接力不斷和黨的事業持續向前。

社會主義精神文明建設

改革開放和發展商品經濟的客觀環境，迫切要求加強社會主義精神文明建設。在黨中央的重視和領導下，20 世紀 80 年代初，以講文明、講禮貌、講衛生、講秩序、講道德，心靈美、語言美、行為美、環境美，熱愛祖國、熱愛社會主義、熱愛中國共產黨為主要內容的「五講四美三熱愛」活動廣泛開展起來。社會主義精神文明建設對促進黨風和社會風氣好轉起了積極作用，湧現出一批時代楷模。

中國科學院長春光學精密機械研究所的蔣築英，甘做追光路上的「鋪路石」，辛勤探索、忘我工作，研製出我國第一台光學傳遞函數測試裝置，成為知識分子的優秀代表。航天工業部 771 所的羅健夫，淡泊名利、勇於攻關，為我國航天工業作出重大貢獻，被譽為「中國式的保爾」。武漢空軍部隊的朱伯儒，與群眾同憂樂、共甘苦，為群眾服務，像一團炭火燃燒自己，溫暖別人，被譽為「80 年代新雷鋒」。福建省東山縣縣委書記谷文昌，以「不治服風沙，就讓風沙把我埋掉」的膽魄，率領東山人民苦戰十幾載，在沿海建成一道惠及子孫後代的防護林，在老百姓心中豎起了一座不朽的豐碑。英雄楷模的

感人事跡，為全國人民投身改革開放和現代化建設提供了強大的精神動力。

建設社會主義精神文明，必須堅決抵制盲目推崇西方資產階級腐朽思想文化的錯誤傾向，必須堅決反對企圖背離社會主義道路、脫離黨的領導的資產階級自由化思潮。1983 年 10 月，鄧小平在黨的十二屆二中全會上明確指出，思想戰線不能搞精神污染。對於現代西方資產階級文化，一定要用馬克思主義進行分析、鑒別和批判。根據全會精神，全國思想文化領域開展了反對精神污染和反對資產階級自由化的鬥爭。

1986 年 9 月，黨的十二屆六中全會作出《中共中央關於社會主義精神文明建設指導方針的決議》。《決議》強調，搞資產階級自由化，即否定社會主義制度、主張資本主義制度，是根本違背人民利益和歷史潮流，為廣大人民所堅決反對的。《決議》從社會主義現代化建設總體佈局的高度，闡述了社會主義精神文明建設的戰略地位和根本任務，強調要培育有理想、有道德、有文化、有紀律的社會主義公民，用建設有中國特色的社會主義的共同理想團結全國各族人民，提高整個中華民族的思想道德素質和科學文化素質。這個《決議》，是黨的第一個關於精神文明建設的綱領性文件，為我國精神文明建設的健康發展提供了基本指導方針。

然而，由於一些人包括有些高級領導幹部對資產階級自由化的實質和危害認識不夠、反對不力，導致黨的十二屆六中全會決議所強調的加強馬克思主義在精神文明建設中的指導地位和反對資產階級自由化的內容，沒有得到認真貫徹。1986 年底，發生了波及不少城市的

學潮。1987 年 1 月，中央政治局召開擴大會議，胡耀邦在會上檢討了在重大政治原則問題上的失誤。會議對胡耀邦進行了嚴肅的同志式的批評，同時也如實地肯定了他工作中的成績。會議同意接受他辭去中央委員會總書記職務的請求，繼續保留他中央政治局委員、政治局常委的職務。趙紫陽被推選為代理總書記。這次政治局擴大會議的決定，後經同年 10 月召開的黨的十二屆七中全會確認。

五、黨的十三大和黨在社會主義初級階段基本路線的確立

黨的十三大和「三步走」發展戰略

改革開放的不斷深化，中國特色社會主義事業的不斷推進，迫切需要黨在深刻分析基本國情、總結實踐經驗基礎上，對甚麼是社會主義、怎樣建設社會主義的根本問題，以及我國改革開放和社會主義現代化建設應遵循甚麼樣的基本路線的問題，從理論和實踐上進一步作出明確回答。

1987 年 10 月 25 日至 11 月 1 日，中國共產黨第十三次全國代表大會在北京舉行。趙紫陽作題為《沿着有中國特色的社會主義道路前進》的報告。大會審議通過了報告和《中國共產黨章程部分條文修正案》。

大會的突出貢獻，是系統闡述了社會主義初級階段的理論，明確概括了黨在社會主義初級階段的基本路線。在大會召開前夕，鄧小平指出，整個社會主義歷史階段的中心任務是發展生產力。就我們國家來講，首先是要擺脫貧窮。貧窮不是社會主義，發展太慢也

黨的十三大會場

不是社會主義。他還明確提出：「黨的十三大要闡述中國社會主義是
處在一個甚麼階段，就是處在初級階段，是初級階段的社會主義。
社會主義本身是共產主義的初級階段，而我們中國又處在社會主義
的初級階段，就是不發達的階段。一切都要從這個實際出發，根據
這個實際來制訂規劃。」黨的十三大指出，社會主義初級階段包括
兩層含義：第一，我國社會已經是社會主義社會，我們必須堅持而
不能離開社會主義；第二，我國的社會主義社會還處在初級階段，
我們必須從這個實際出發，而不能超越這個階段。大會指出：社
會主義初級階段不是泛指任何國家進入社會主義都會經歷的起始階
段，而是特指我國在生產力落後、商品經濟不發達條件下建設社會
主義必然要經歷的特定階段。我國從 20 世紀 50 年代生產資料私有

制的社會主義改造基本完成，到社會主義現代化的基本實現，至少需要上百年時間，都屬於社會主義初級階段。在社會主義初級階段中，主要矛盾是人民日益增長的物質文化需要同落後的社會生產之間的矛盾。黨和國家的主要任務是發展生產力，推進社會主義現代化建設。社會主義初級階段理論的提出，成為我們黨制定正確路線方針政策的基本依據，為堅持改革開放、堅持和發展中國特色社會主義提供了有力的理論武器。

從社會主義初級階段這一新的認識出發，大會提出黨在社會主義初級階段的基本路線是：領導和團結全國各族人民，以經濟建設為中心，堅持四項基本原則，堅持改革開放，自力更生，艱苦創業，為把我國建設成為富強、民主、文明的社會主義現代化國家而奮鬥。概括起來說，它的主要內容就是「一個中心、兩個基本點」，即以經濟建設為中心，堅持四項基本原則，堅持改革開放。實踐證明，以經濟建設為中心是興國之要，四項基本原則是立國之本，改革開放是強國之路，這個基本路線是黨和國家的生命線、人民的幸福線。

黨的十三大的另一個重大貢獻，是制定了「三步走」現代化發展戰略。這是根據鄧小平關於中國實現現代化步驟的戰略構想提出來的。早在 1979 年 12 月，鄧小平在會見日本首相大平正芳時既已指出：「我們要實現的四個現代化，是中國式的四個現代化。我們的四個現代化的概念，不是像你們那樣的現代化的概念，而是『小康之家』。」此後，黨的十二大確定了分兩步走到 20 世紀末實現小康的戰略目標。1987 年 4 月，鄧小平在會見西班牙工人社會黨副總書記、政府副首相格拉時，明確提出「三步走」現代化戰略設想。這一

戰略設想在黨的十三大上得到確認。黨的十三大指出，黨的十一屆三中全會以後，我國經濟建設的戰略部署分三步走：第一步，實現國民生產總值比 1980 年翻一番，解決人民的溫飽問題。這個任務已經基本實現。第二步，到 20 世紀末，使國民生產總值再增長一倍，人民生活達到小康水平。第三步，到 21 世紀中葉，人均國民生產總值達到中等發達國家水平，人民生活比較富裕，基本實現現代化。「三步走」發展戰略，對中華民族百年圖強的宏偉目標作了積極而穩妥的規劃，既體現了黨和人民勇於進取的雄心壯志，又反映了從實際出發、遵循客觀規律的科學精神，是中國共產黨探索中國特色社會主義建設規律的重大成果。

　　大會高度評價黨的十一屆三中全會以來開闢建設有中國特色的社會主義道路在馬克思主義中國化歷史進程中的偉大意義，指出，60 多年來，在馬克思主義與我國實踐結合的過程中，有兩次歷史性飛躍。第一次飛躍發生在新民主主義革命時期，中國共產黨人總結成功和失敗的經驗，找到了有中國特色的革命道路，把革命引向勝利。第二次飛躍發生在十一屆三中全會以後，中國共產黨人在總結新中國成立 30 多年來正反兩方面經驗的基礎上，在研究國際經驗和世界形勢的基礎上，開始找到一條建設有中國特色的社會主義的道路，開闢了社會主義建設的新階段。大會從我國社會主義建設的階段、任務、動力、條件、佈局和國際環境等方面，對改革開放和現代化建設實踐中形成發展起來的一系列科學理論觀點作了歸納和概括，從而使建設有中國特色的社會主義理論有了更清晰的輪廓。

　　大會選舉產生了中央委員會、中央顧問委員會和中央紀律檢查委

員會。黨的十三屆一中全會選舉趙紫陽、李鵬、喬石、胡啟立、姚依林為中央政治局常委，趙紫陽為中央委員會總書記；決定鄧小平為中央軍事委員會主席；批准陳雲為中央顧問委員會主任，喬石為中央紀律檢查委員會書記。

黨的十三大以後，鄧小平不再擔任中央政治局常委職務。作為中國社會主義改革開放和現代化建設的總設計師，他仍以高度的責任感、使命感關注着改革開放和現代化建設事業，為黨領導的中國特色社會主義事業發展繼續發揮極為重要的作用。

改革開放的繼續推進和治理整頓的開始

按照黨的十三大的部署，1988 年經濟體制改革以深化企業經營機制改革為重點。這年 2 月，國務院頒佈《全民所有制工業企業承包經營責任制暫行條例》。4 月，七屆全國人大一次會議通過《中華人民共和國全民所有制工業企業法》，對企業所有權和經營權「兩權分離」的改革原則，作了更為明確的規定，為企業承包經營責任制改革提供了法律保障。會議通過的憲法修正案規定：「國家允許私營經濟在法律規定的範圍內存在和發展。私營經濟是社會主義公有制經濟的補充。」私營經濟的法律地位得到確認。

對外開放的步伐進一步加大。1988 年 3 月，國務院決定適當擴大沿海經濟開放區，新劃入沿海經濟開放區的有 140 個市、縣，包括杭州、南京、瀋陽 3 個省會城市。4 月，七屆全國人大一次會議正式批准設立海南省和建立海南經濟特區，體現了黨中央加快改革開放的魄力和決心。從此，海南這個祖國美麗的海島獲得了前所未有的發展

機遇，進入了深化改革、擴大開放的歷史新階段。

在全面改革的推動下，1984 年至 1988 年，我國經濟加速發展。五年間，國內生產總值年均增長 12.1%，工業總產值達 6 萬多億元，國家經濟實力和綜合國力邁上了一個新台階。但是，在經濟運行中也出現了一系列不穩定、不協調的問題，主要表現為通貨膨脹加劇，社會生產和消費總量不平衡，結構不合理等。黨和政府力圖探索新路子加以解決。1985 年初採取了「軟着陸」方針，即以較緩和的辦法逐步使社會總需求和總供給恢復平衡，但未能達到預期效果。1988 年夏季準備進行「價格闖關」，全面推進價格改革，放開價格。8 月舉行的中央政治局會議通過《關於價格、工資改革的初步方案》，準備用五年左右的時間解決價格問題。儘管方案沒有正式實施，但消息傳開後，引發了人們的高通脹預期和恐慌心理，觸發了全國性的擠提儲蓄存款和搶購商品的風潮。

面對這一嚴峻局面，1988 年 9 月下旬，黨的十三屆三中全會提出治理經濟環境、整頓經濟秩序、全面深化改革的方針，決定從加快改革步伐轉向其後兩年以治理經濟環境和整頓經濟秩序為重點，強調價格改革不能孤軍突出，改革必須是全面的配套改革。根據這一決定，國務院採取一系列措施，壓縮固定資產投資規模和社會總需求，加強對物價的調控和管理，整頓經濟方面特別是流通領域中的各種混亂現象。

經過一年左右的治理整頓，過旺的社會需求得到相當程度的控制，但國民經濟發展的難關尚未渡過，一些深層次的結構和體制問題還有待於進一步解決。

六、國防戰略的調整

黨的十一屆三中全會後，國防和軍隊建設進入一個新的歷史時期。根據對國際國內形勢變化的判斷，軍事戰略方針由「積極防禦、誘敵深入」改為「積極防禦」。1981 年 9 月，鄧小平在華北軍事演習閱兵式上發表講話，明確提出要建設強大的現代化正規化革命軍隊的總目標，為新時期軍隊建設指明了方向。

1985 年五六月間，中央軍委召開擴大會議，提出對軍隊建設指導思想實行戰略性重大轉變，即把軍隊工作從立足於「早打、大打、打核戰爭」的臨戰準備狀態真正轉入和平時期建設軌道上來，充分利用大仗打不起來的這段和平時期，在服從國家經濟建設大局的前提下，實行精兵政策，有計劃、有步驟地進行以現代化為中心的根本建設，減少數量、提高質量，增強軍隊在現代條件下的作戰能力。會議作出減少軍隊員額 100 萬的決策，通過《軍隊體制改革、精簡整編方案》。1985 年下半年至 1987 年初，舉世矚目的百萬大裁軍基本完成。通過調整，大軍區數量由原來的 11 個調整為 7 個，總參謀部、總政治部、總後勤部和各大軍區機關精簡近一半。1988 年，開始實行新的軍銜制度，建立文職幹部制度。人民解放軍在精兵、合成、高效方面前進了一大步，軍隊的正規化建設邁出新步伐。

人民解放軍服從和服務於國家經濟建設大局，在參加社會主義建設方面不斷取得新的成就。一批軍事設施陸續改作民用，國防科技和民用科技開始走向融合，培養出大量軍地兩用人才，有力支

1984 年 10 月 1 日，鄧小平在中華人民共和國成立 35 週年慶典上檢閱中國人民解放軍受閱部隊

援了國家經濟建設。在引灤入津、勝利油田的建設工地上，在抗洪搶險救災的危急現場，都活躍着人民子弟兵英姿勃發、奮勇拚搏的身影。

　　20 世紀 70 年代末和 80 年代，人民解放軍在保衛國家領土主權鬥爭中出色地履行了職責。1979 年二三月間，我邊防部隊實施對越邊境自衛反擊作戰。1981 年實施收復法卡山、扣林山作戰。1984 年實施收復老山作戰，此後又進行長達數年的老山堅守防禦作戰，邊境地區的局勢得到穩定。1988 年 3 月，我海軍艦船對竄到我南沙群島赤瓜礁海區進行挑釁的越南海軍艦船進行還擊。這些自衛還擊作戰，保衛了我國領土主權完整，維護了國家尊嚴，展現了人民解放軍威武之師的形象。

七、「一國兩制」方針的形成

實現祖國統一，始終是全體中華兒女的共同願望。中國必須統一，也必然統一。在這個問題上，中國共產黨人歷來堅定不移、旗幟鮮明。黨的十一屆三中全會後，黨中央和鄧小平在毛澤東、周恩來等老一輩革命家關於爭取和平解放台灣思想的基礎上，正視歷史和現實，創造性地提出「一國兩制」科學構想，開闢了以和平方式實現祖國統一的新途徑。

20世紀70年代後期，台灣問題被提上黨和國家重要議事日程。1979年1月1日，全國人大常委會發表《告台灣同胞書》，鄭重宣示了爭取祖國和平統一的大政方針。此後，黨中央進一步從全局高度統籌考慮祖國統一問題。1980年1月，鄧小平提出80年代要做三件事：在國際事務中反對霸權主義、維護世界和平；台灣回歸祖國，實現祖國統一；加緊經濟建設。他還多次闡釋在尊重台灣現實的基礎上實現祖國和平統一的戰略構想。1981年9月，全國人大常委會委員長葉劍英發表談話，全面系統地闡述了台灣回歸祖國、實現和平統一的九條方針。1982年1月，鄧小平首次提出「一個國家，兩種制度」的概念。1983年6月，他進一步提出解決台灣問題的六條方針，即：「祖國統一後，台灣特別行政區可以有自己的獨立性，可以實行同大陸不同的制度。司法獨立，終審權不須到北京。台灣還可以有自己的軍隊，只是不能構成對大陸的威脅。大陸不派人駐台，不僅軍隊不去，行政人員也不去。台灣的黨、政、軍等系統，都由台灣自己來管。中央政府還要給台灣留出名額。」這六條方針，進一步充實了

「一國兩制」的構想。

　　「一國兩制」構想最早是為解決台灣問題提出的，但首先被運用於解決香港、澳門回歸祖國問題上，並取得成功。

　　香港問題是英國殖民主義者侵略中國造成的歷史遺留問題。1840年鴉片戰爭後，英國政府先後強迫清政府簽訂《南京條約》《北京條約》《展拓香港界址專條》等不平等條約，強佔中國的香港島、九龍並強租新界地區。按照中英《展拓香港界址專條》，新界租期為99年，至1997年6月30日期滿。20世紀70年代末，英國政府提出了香港未來地位問題，試圖向中國施加壓力，取得管治香港的長期權力。1981年12月，中共中央作出1997年7月1日收回香港的決定。中國政府就處理香港問題確定兩條原則：一定要在1997年收回香港，恢復行使主權，不能再晚；在恢復行使主權的前提下，保持香港的穩定和繁榮。

　　1982年9月，英國首相撒切爾夫人訪問中國，拉開了中英關於香港問題談判的序幕。撒切爾夫人提出，香港的繁榮有賴於英國的統治。如果現在對英國的管理實行或宣佈重大改變，將對香港產生災難性影響，強烈表示不能單方面廢除有關香港的三個條約。對此，鄧小平斬釘截鐵地表示：主權問題不是一個可以討論的問題。1997年中國將收回香港，不僅是新界，而且包括香港島、九龍。中國和英國就是在這個前提下來進行談判的。如果中國在1997年，也就是中華人民共和國成立48年後還不把香港收回，任何一個中國領導人和政府都不能向中國人民交代，甚至也不能向世界人民交代。「如果說宣佈要收回香港就會像夫人說的『帶來災難性的影響』，那我們要勇敢地

1982 年 9 月 24 日，鄧小平會見英國首相撒切爾夫人

面對這個災難，做出決策。」通過這次會談，中方掌握了收回香港的主動權，解決香港問題的基調就這樣按照黨和人民的意志定了下來。

經過兩年多共 22 輪的艱難談判，1984 年 12 月，中英兩國政府正式簽署關於香港問題的聯合聲明，確認中國政府於 1997 年 7 月 1 日對香港恢復行使主權。從此，香港進入回歸祖國的過渡期。

此後，根據 1982 年憲法的規定，在廣泛聽取香港各界人士意見的基礎上，七屆全國人大三次會議於 1990 年 4 月審議通過《中華人民共和國香港特別行政區基本法》。香港基本法把中央政府對香港的各項方針政策以法律形式固定下來，奠定了依法治港的法律基石。

香港回歸進程啟動後，澳門回歸問題也被提上日程。澳門，包括澳門半島、氹仔島和路環島，自古以來就是中國的領土，16 世紀以

後被葡萄牙逐步強行佔領。1986 年 6 月，中葡兩國政府開始就澳門問題舉行談判。談判比較順利。1987 年 4 月，中葡兩國政府正式簽署關於澳門問題的聯合聲明，宣佈中國政府將於 1999 年 12 月 20 日對澳門恢復行使主權。澳門進入回歸祖國的過渡期。1993 年 3 月，八屆全國人大一次會議審議通過《中華人民共和國澳門特別行政區基本法》。

　　解決香港、澳門問題的初步實踐，證明「一國兩制」構想既體現了實現祖國統一、維護國家主權的原則性，又充分考慮到香港、澳門等地的歷史和現實，是推動祖國和平統一的創造性方針，在國際社會中產生了巨大影響。

八、外交方針政策的調整

　　黨的十一屆三中全會前夕，中國外交採取了兩個重大舉措：一是 1978 年 8 月同日本簽訂中日和平友好條約，二是 1978 年 12 月同美國發表正式建交的聯合公報。黨的十一屆三中全會後，隨着黨和國家工作重點的轉移和改革開放的展開，爭取一個有利於我國現代化建設的國際和平環境越來越成為全黨的共識。基於國際形勢的發展變化，黨中央開始對外交政策進行重大調整，實行兩個重大轉變。

　　第一個轉變是改變戰爭不可避免而且迫在眉睫的觀點，對戰爭與和平問題作出新的科學判斷。進入 20 世紀 80 年代後，鄧小平反覆說明，雖然戰爭的危險還存在，但是制約戰爭的力量有了可喜的發展，世界和平力量的增長超過戰爭力量的增長，在較長時間內不發生大規

模的世界戰爭是可能的，維護世界和平是有希望的。1985 年 3 月，鄧小平明確提出「和平和發展是當代世界的兩大問題」的重要論斷，為新時期黨和國家制定對外政策提供了重要依據。

第二個轉變是改變「一條線」戰略。中美建交後，美國國會通過「與台灣關係法」，繼續干涉中國內政，損害中國主權安全。中美兩國雖在 1982 年 8 月 17 日就分步驟直到最後徹底解決美國向台灣地區出售武器問題發表聯合公報，但後來美國政府並未兌現自己的承諾。蘇聯多次提出改善中蘇關係的願望。在此背景下，中國改變過去聯美抗蘇的「一條線」戰略。

1982 年 9 月，黨的十二大報告鄭重申明中國堅持獨立自主的對外政策，以和平共處五項原則為指導發展同各國的關係。報告還着重說明中國共產黨願按照「獨立自主、完全平等、互相尊重、互不干涉內部事務的原則，發展同各國共產黨和其他工人階級政黨的關係」。這四項原則成為中國共產黨同世界各國政黨建立和發展黨際關係的基本原則。

1986 年 4 月，六屆全國人大四次會議批准的國務院《關於第七個五年計劃的報告》，從十個方面闡述了中國獨立自主和平外交政策的主要內容和基本原則，對改革開放以來中國外交政策的調整作了歸納和總結。其中提到：中國主張世界上所有國家不論大小、富貧、強弱一律平等，各國的事應由各國人民自己去管，世界上的事應由各國協商解決，而不能由一兩個超級大國說了算。中國決不稱霸，也堅決反對來自任何方面和以任何形式出現的霸權主義。中國在任何時候和任何情況下都堅持獨立自主，對一切國際問題都根據其本身的是非曲

直決定自己的態度和對策。中國決不依附於任何一個超級大國，也決不同它們任何一方結盟。中國不以社會制度和意識形態的異同來決定親疏、好惡，堅決反對任何國家以社會制度和意識形態的相同或不同作為佔領別國領土、干涉別國內政的藉口。

隨着外交方針政策的調整，中國外交得到全方位發展，一個有利於中國改革開放和現代化建設的外部環境初步形成。到 1989 年，同中國建交的國家達 137 個。

這一時期，處理中美、中蘇關係是外交工作的主要方面之一。中美關係雖因售台武器等問題受到嚴峻考驗，但在 20 世紀 80 年代仍保持穩定發展。中蘇關係方面，兩國從 1982 年起就關係正常化問題進行磋商。影響中蘇關係的主要障礙基本解決後，1989 年 5 月，蘇聯最高蘇維埃主席團主席、蘇共中央總書記戈爾巴喬夫訪華，破裂 20 多年的中蘇兩黨兩國關係實現正常化，為建立不結盟、不對抗、不針對第三方的新型大國關係，提供了良好基礎。

九、經受政治風波的考驗和治理整頓的完成

1989 年政治風波

正當治理整頓工作進一步推進時，1988 年末至 1989 年初，在若干大城市特別是在北京，極少數人利用黨和政府工作中的失誤和人民群眾對物價上漲的焦慮，以及對一些黨員幹部中存在腐敗現象的不滿情緒，進行煽動反對共產黨的領導、反對社會主義制度的活動。

1989 年 4 月 15 日，胡耀邦逝世。黨中央充分肯定胡耀邦在 60

年的革命生涯中，為中國革命、建設、改革事業作出的卓越貢獻。在中央舉行悼念活動期間，極少數人藉機散佈謠言，蠱惑群眾舉行示威遊行，北京發生聚眾衝擊中南海新華門的嚴重事件。其他一些城市也發生不法分子打、砸、搶、燒的犯罪活動。4月24日，中央政治局常委會會議分析研究事態發展，認為一場有計劃、有組織的反黨、反社會主義的政治動亂已經擺在面前。4月26日，《人民日報》發表題為《必須旗幟鮮明地反對動亂》的社論，向全黨全國人民指出這場鬥爭的性質。但是，極少數別有用心的人仍煽動群眾佔據天安門廣場，繼續進行各種非法活動，最終發展成為一場反革命暴亂。

在關係黨和國家生死存亡的關鍵時刻，中央政治局在鄧小平和其他老一輩革命家堅決有力的支持下，依靠人民，旗幟鮮明地反對動亂，於6月4日採取果斷措施，一舉平息了北京地區的反革命暴亂。北京和其他大中城市很快恢復正常秩序。這場鬥爭的勝利，捍衛了我國社會主義性質的國家政權，維護了社會正常秩序和人民根本利益。

這場政治風波的發生不是偶然的，是國際國內多種因素交互作用的結果。正如鄧小平指出，「這場風波遲早要來。這是國際的大氣候和中國自己的小氣候所決定了的，是一定要來的，是不以人們的意志為轉移的」。

從國際環境來看，資本主義世界在第二次世界大戰結束後度過危機，在新科學技術革命推動下，生產力得到迅速發展；而一些社會主義國家由於決策的嚴重失誤，經濟建設和社會發展陷入相當嚴重的困難，社會主義制度的優越性未能很好地發揮出來，影響到社會主義在人們心目中的形象，因而產生了「社會主義不如資本主義」的錯誤

認識。一些西方國家的政治勢力對社會主義國家長期實行「和平演變」，支持和扶植各種反共反社會主義活動。從這個意義上說，這場政治風波首先是由國際上反共反社會主義的敵對勢力和社會思潮煽動起來的。從國內環境來看，在一段時間裡主持中央工作的領導人在推進改革開放、發展經濟的同時，未能使反對資產階級自由化方針得到認真的貫徹執行，資產階級自由化思潮不但沒有受到遏制，反而愈益發展以致氾濫。

這場政治風波，促使黨更加冷靜地思考過去、現實和未來。

1989 年 6 月 9 日，鄧小平接見首都戒嚴部隊軍以上幹部，對中國乃至世界都高度關注的中國向哪個方向發展、走哪條道路的根本問題作出明確回答。他指出：黨的十一屆三中全會制定的路線方針政策，包括發展戰略的「三部曲」沒有錯；黨的十三大概括的「一個中心、兩個基本點」的基本路線沒有錯。我們制定的基本路線方針政策，照樣幹下去，堅定不移地幹下去。鄧小平認為，如果說有錯誤的話，就是堅持四項基本原則還不夠一貫，沒有把它作為基本思想來教育人民，教育學生，教育全體幹部和共產黨員；要說不夠，就是改革開放得還不夠。鄧小平的重要講話，總結了改革開放十年來的經驗教訓，為政治風波後中國的改革發展指明了正確方向。

黨的十三屆四中全會和新的中央領導集體的形成

1989 年 6 月，黨的十三屆四中全會召開。鑒於趙紫陽在關係黨和國家生死存亡的關鍵時刻犯了支持動亂和分裂黨的嚴重錯誤，全會決定撤銷他所擔任的黨內一切領導職務。全會對中央領導機構成員進

行了調整，選舉江澤民為中央委員會總書記。

江澤民在全會上指出：「這次中央領導機構作了一些人事調整，但是，黨的十一屆三中全會以來的路線和基本政策沒有變，必須繼續貫徹執行。在這個最基本的問題上，我要十分明確地講兩句話：一句是堅定不移，毫不動搖；一句是全面執行，一以貫之。」

黨的十三屆四中全會前後，鄧小平多次鄭重提出：現在要真正建立一個新的第三代領導。第三代的領導集體必須有一個核心，要有意識地維護這個核心，就是江澤民同志。他強調：中國問題的關鍵在於共產黨要有一個好的政治局，特別是好的政治局常委會。只要這個環節不發生問題，中國就穩如泰山。

全會以後，新的中央領導集體堅決、全面地貫徹黨的基本路線，一手抓治理整頓、深化改革，一手抓黨的建設、精神文明建設和思想政治工作，全國政治局面迅速趨向穩定，經濟形勢逐步好轉，思想戰線出現新的轉機。

在新的中央領導集體已卓有成效地開展工作的情況下，1989年9月，鄧小平向中央政治局正式提出辭去中央軍事委員會主席職務的請求。11月，黨的十三屆五中全會同意鄧小平的這一請求，決定江澤民為中央軍事委員會主席。全會認為，鄧小平從黨和國家的根本利益出發，在自己身體還健康的時候辭去現任職務，實現他多年來一再提出的從領導崗位上完全退下來的夙願，表現了一個偉大的無產階級革命家的廣闊胸懷。與會同志對他身體力行地為廢除幹部領導職務終身制作出的表率，表示崇高的敬意。

經過黨的十三屆四中、五中全會，中央領導集體順利實現了新老

江澤民在黨的十三屆四中全會上發表講話

交替，這對於保證黨的政策的穩定性、連續性，實現黨和國家的長治久安，具有極為重大的意義。

加強黨的建設和思想政治工作

黨在政治風波中經受住了考驗，同時也深刻認識到自身存在的問題。鄧小平指出，這次暴亂使我們頭腦更加清醒起來。這個黨該抓了，不抓不行了。黨的十三屆四中全會以後，黨中央下大力氣聚精會神抓黨的建設。

1989 年 8 月，黨中央發出關於加強黨的建設的通知。根據通知

精神，1989 年秋冬和 1990 年春，各級黨組織對在政治風波中的重點人和重點事認真進行清查、清理，以保證黨的隊伍的純潔性。其後又在全黨進行了做合格共產黨員的教育，以及黨員重新登記工作。同時，嚴格黨員標準，培養吸收企業、農村生產一線的優秀分子入黨。

在加強黨的思想建設方面，為了幫助縣處級以上黨政幹部在複雜環境中明辨是非，把握正確方向，着重對他們進行馬列主義、毛澤東思想基本理論的教育，並使之經常化、制度化。按照中央的規定，凡進入領導班子的成員，都要經過相應的黨校學習，其他領導成員也要定期到黨校接受輪訓。

經過對政治風波的反思，黨中央強調要發揚黨的優良傳統，密切黨群幹群關係，開展反腐倡廉建設，堅決同腐敗現象、腐敗分子作鬥爭。江澤民在黨的十三屆四中全會上明確指出：「全國各族人民的眼睛盯着我們，看我們能不能拿出懲治腐敗的實際行動來。」1989 年 7 月，黨中央、國務院作出決定，要求從黨中央、國務院的領導同志做起，在制止腐敗和帶頭廉潔奉公、艱苦奮鬥方面做群眾關心的七件事。1990 年 3 月，黨的十三屆六中全會通過《中共中央關於加強黨同人民群眾聯繫的決定》。這些舉措的實施，取得了良好效果。

為了解決黨的領導受到削弱的問題，黨中央強調，必須堅持中國共產黨的領導和社會主義基本政治制度，中國的國家性質和基本制度決不能動搖，任何國家政權機關和社會政治組織都不能背離中國共產黨的領導，這是我國社會穩定和經濟發展的根本保證。同時，黨中央在領導體制上進一步調整黨同國家政權機關和其他社會政治組織的關係，陸續恢復國家機關、經濟組織和文化組織中被撤銷的黨組，加強

企業、農村、高校黨的建設，發揮基層黨組織的政治核心和戰鬥堡壘作用。

黨重視加強對人民群眾尤其是青年學生的思想政治工作。鄧小平在分析政治風波發生的原因時說，十年最大的失誤是教育，主要講思想政治教育，一手比較硬，一手比較軟。黨的十三屆四中全會以後，黨中央採取一系列有力措施來克服「一手軟」的問題。1990年至1991年，在廣大黨員幹部中開展了馬克思主義黨建學說和中共黨史的學習教育，在廣大人民群眾中開展了社會主義思想教育。中國近現代史及國情教育也越來越受到各方面重視。思想教育制度和工作方法得到恢復和改進。

黨還加強了對新聞輿論戰線的領導。1989年11月，江澤民在中宣部舉辦的新聞工作研討班上發表講話，闡明了社會主義新聞工作的基本方針，要求報紙、廣播、電視做黨、政府和人民的喉舌，堅持新聞工作的黨性原則，反對絕對的新聞自由。會議提出堅持正面宣傳為主的方針，發揮輿論的正確導向作用。

黨的建設和思想政治工作的加強，促進了我國的政治穩定和社會安定，為治理整頓、深化改革創造了重要的思想政治條件。

應對國際風雲變幻

1989年政治風波過後，美國政府和國會發表聲明，對中國政府進行污衊和攻擊，並宣佈一系列「制裁」措施。7月，西方七國首腦和歐洲共同體會議宣佈對中國中止高層政治接觸，延緩世界銀行貸款等。此後不久，國際形勢接連發生重大變化，蘇聯解體、東歐劇變，

世界社會主義運動陷入低潮。

面對以美國為首的一些西方國家掀起的反華浪潮和國際上不絕於耳的唱衰中國的論調，鄧小平反覆強調，要保持穩定和堅持改革開放，做好一件事，我們自己的事。關鍵是自己要搞好。他告誡說，西方國家向中國施壓，根本點就是要中國放棄社會主義。對這股逆流要旗幟鮮明地堅決頂住。國際輿論壓我們，要泰然處之，維護我們獨立自主、不信邪、不怕鬼的形象。只要沿着自己選擇的社會主義道路走到底，誰也壓不垮我們。

1989年9月，江澤民在慶祝中華人民共和國成立40週年大會上堅定地表示：「企圖排斥、孤立中國是很不明智的，也是根本不可能的。任何經濟制裁，都絲毫不能動搖我們振興中華、堅持社會主義道路的決心，絲毫不能動搖我們同世界各國人民友好相處的信念。」

為了扭轉局面、爭取主動，黨和政府確定20世紀90年代初期外交工作的兩個重點：一是開展睦鄰外交，穩定和積極發展同周邊國家的關係，加強同發展中國家的團結與合作；二是打破西方國家的「制裁」，恢復和穩定同西方發達國家的關係。

黨和國家領導人身體力行，積極開展外交活動。1990年至1992年，中國同印度尼西亞恢復外交關係，中越關係實現正常化，中印關係有了很大改善，中國同沙特阿拉伯、新加坡、以色列、韓國建立外交關係，順利實現了中蘇關係向中俄關係的過渡，並同蘇聯解體後新獨立的國家和東歐國家建立或發展了正常關係。到1992年8月底，同中國建交的國家達154個。中國還成功爭取到聯合國第四次世界婦女大會1995年在北京召開。中國沒有因西方國家的「制裁」而被孤

立，反而在國際事務中發揮了積極作用。

對於以美國為首的一些西方國家的「制裁」，中國進行了有理有利有節的鬥爭。中國領導人審時度勢，採取政治與經濟結合、官方與民間結合的方針，推動日本率先於 1990 年取消對華「制裁」。隨後，其他一些西方國家和國際組織也相繼取消對華「制裁」。到 1991 年底，中國同大多數西方國家的關係基本回到正常軌道。

美國帶頭「制裁」中國，但也逐漸意識到孤立中國未必符合自身利益。1989 年 7 月至 12 月，美國總統布什兩次派總統國家安全事務助理斯考克羅夫特作為特使來華進行溝通。在中美關係最困難的階段，鄧小平指出：「結束過去，美國應該採取主動，也只能由美國採取主動。」「要中國來乞求，辦不到。哪怕拖一百年，中國人也不會乞求取消制裁。」同時，中方繼續以着眼於大局的遠見卓識，積極同美方進行溝通。海灣危機爆發後，為得到中國在海灣問題上的支持，美國不得不重新考慮改善兩國關係。1993 年 11 月，應美國總統克林頓邀請，中國國家主席江澤民出席在美國西雅圖舉行的亞太經合組織第一次領導人非正式會議。其間，兩國最高領導人舉行正式會晤。

經過努力，中國有效應對了 1989 年政治風波後的種種外部挑戰。西方國家的「制裁」沒有達到使中國屈服和孤立的目的，反而最終被打破。中國的改革開放和現代化建設贏得了更加有利的國際環境。中國外交堅定地朝着全方位方向發展。

治理整頓的成效和「七五」計劃的完成

政治風波後，黨中央把一度被延誤的治理整頓工作重新提上日

程。1989 年 11 月，黨的十三屆五中全會作出《中共中央關於進一步治理整頓和深化改革的決定》，確定在遏制通貨膨脹、穩定經濟形勢的基礎上，從 1989 年算起，用三年或更長一點時間，基本完成治理整頓的任務。這一階段治理整頓大體分兩步進行：第一步是在調整經濟結構的同時，以啟動市場、爭取經濟適度發展為側重點；第二步是將治理整頓、深化改革的重點逐步轉到調整產業結構、提高經濟效益上來。

在治理整頓期間，老百姓的「菜籃子」成為各級政府關注的焦點之一。1988 年，國家開始實施「菜籃子工程」，建立中央和地方的肉、蛋、奶、水產和蔬菜生產基地。經過治理整頓，過熱的經濟明顯降溫，國民經濟保持適合實際的一定增長速度，供求平衡矛盾明顯緩解。人民群眾關心的通貨膨脹得到有效控制，流通領域的混亂現象初步緩解，市場秩序明顯好轉。1992 年 3 月，七屆全國人大五次會議宣佈，治理整頓的主要任務基本完成，作為經濟發展的一個特定階段可以如期結束。

在治理整頓期間，「七五」計劃所規定的國民經濟和社會發展各項指標到 1990 年底絕大部分完成或超額完成，提前實現了第一步戰略目標。人民生活水平進一步提高，全國絕大多數地區解決了溫飽問題，開始向小康社會邁進。

改革開放持續推進，並在一些領域取得重大突破。

證券交易所的建立，是深化改革具有標誌性的舉措。1990 年 12 月，上海證券交易所正式開業。這是改革開放以來在大陸開業的第一家證券交易所。1991 年 7 月，深圳證券交易所正式開業。這兩家交

易所的運營實現了股票的集中交易，形成了全國性的滬市、深市兩個
證券交易市場，推動了股份制的發展。1990 年 10 月，鄭州糧食批發
市場開業並引入期貨交易機制，成為中國期貨交易的開端。滬、深兩
個交易所的成功開業及期貨交易機制的引入，向世界發出了中國改革
開放將堅定不移地向前推進的強烈信號。

　　開發開放上海浦東，是擴大開放的一項重大舉措。浦東是指黃
浦江以東、長江口西南、川楊河以北緊鄰上海最繁華的外灘的一塊三
角形地區。這片具有巨大發展潛力的土地，長期以來沒有得到有效開
發，是一些人眼中的「爛泥渡」，與繁榮的浦西形成鮮明對比。1990
年 4 月，黨中央、國務院批准開發開放浦東，在浦東實行經濟技術開
發區和某些經濟特區的政策。這是黨中央全面研判國際國內大勢，統
籌把握改革發展大局作出的重大決策。由此掀開了我國改革開放向縱
深推進的嶄新篇章。幾十萬建設者開進浦東，架橋築路，建廠造樓，
一個外向型、多功能、現代化的浦東新區在長江出海口崛起。這不僅
促進了上海的迅速發展，而且對長江三角洲以及整個長江流域乃至全
國的改革開放和經濟發展產生了強大的輻射和帶動作用。

　　隨着治理整頓任務和「七五」計劃的勝利完成，改革開放和社會
主義現代化建設事業即將進入一個新的階段。

十、鄧小平南方談話

　　隨着蘇聯解體、東歐劇變，社會主義在世界範圍內的實踐陷入低
潮。冷戰結束後，世界開始走向多極化，經濟全球化進程加快，周邊

一些國家呈現強勁發展勢頭。而我國社會主義事業發展面臨巨大的困難和壓力。經過治理整頓，我國經濟走出了低谷，但經濟運行中存在的深層次問題尚未得到根本解決。世界社會主義發生的嚴重曲折對我國也產生一定的負面影響，有人對社會主義前途缺乏信心，也有人對改革開放產生懷疑，提出姓「社」還是姓「資」的疑問。能否堅持黨的基本路線不動搖，抓住機遇、加快發展，把改革開放和現代化建設繼續推向前進，成為中國共產黨人必須回答和解決的重大課題。

在黨和國家歷史發展的緊要關頭，1992 年 1 月 18 日至 2 月 21日，88 歲高齡的鄧小平先後到武昌、深圳、珠海、上海等地視察。他一路走，一路看，發表了一系列重要談話。

對如何推進改革開放，鄧小平在談話中指出，革命是解放生產力，改革也是解放生產力。改革開放膽子要大一些，敢於試驗。看準了的，就大膽地試，大膽地闖。改革開放邁不開步子，不敢闖，說來說去就是怕資本主義的東西多了，走了資本主義道路。要害是姓「資」還是姓「社」的問題。判斷的標準，應該主要看是否有利於發展社會主義社會的生產力，是否有利於增強社會主義國家的綜合國力，是否有利於提高人民的生活水平。針對一些人對改革開放的非議和責難，鄧小平強調，右可以葬送社會主義，「左」也可以葬送社會主義。中國要警惕右，但主要是防止「左」。他指出，恐怕再有 30年的時間，我們才會在各方面形成一整套更加成熟、更加定型的制度。在這個制度下的方針、政策，也將更加定型化。

關於計劃和市場的關係，鄧小平指出，計劃多一點還是市場多一點，不是社會主義與資本主義的本質區別。計劃和市場都是經濟手

1992 年 1 月 23 日，鄧小平在廣東考察時指出，廣東要上幾個台階，力爭用 20 年的時間趕上亞洲「四小龍」

段。他鮮明地提出，社會主義的本質是解放生產力，發展生產力，消滅剝削，消除兩極分化，最終達到共同富裕。他還指出，社會主義要贏得與資本主義相比較的優勢，就必須大膽吸收和借鑒人類社會創造的一切文明成果，吸收和借鑒當今世界各國包括資本主義發達國家的一切反映現代社會化生產規律的先進經營方式、管理方法。

　　抓住時機，加快發展，是鄧小平在談話中反覆強調的重大問題之一。他指出，周邊一些國家和地區經濟發展比我們快，如果我們不發展或發展得太慢，老百姓一比較就有問題了。要抓住時機，發展自己，關鍵是發展經濟。發展才是硬道理。在今後的現代化建設長過程中，出現若干個發展速度比較快、效益比較好的階段，是必要的，也

是能夠辦到的。我們就是要有這個雄心壯志！鄧小平認為，解決中國的發展問題，關鍵是要堅持黨的基本路線不動搖。他強調，要堅持黨的十一屆三中全會以來的路線、方針、政策，關鍵是堅持「一個中心、兩個基本點」。不堅持社會主義，不改革開放，不發展經濟，不改善人民生活，只能是死路一條。基本路線要管一百年，動搖不得。

在談話中，鄧小平還闡述了其他一些具有戰略指導意義的重要思想。他強調：在整個改革開放的過程中，必須始終注意堅持四項基本原則。要堅持兩手抓，一手抓改革開放，一手抓打擊各種犯罪活動。兩隻手都要硬。堅持兩手抓，社會主義精神文明建設就可以搞上去。在整個改革開放過程中都要反對腐敗。中國的事情能不能辦好，社會主義和改革開放能不能堅持，經濟能不能快一點發展起來，國家能不能長治久安，從一定意義上說，關鍵在人。說到底，關鍵是我們共產黨內部要搞好，不出事。

面對世界社會主義出現的低潮，鄧小平滿懷信心地指出：我堅信，世界上贊成馬克思主義的人會多起來的，因為馬克思主義是科學。不要驚慌失措，不要認為馬克思主義就消失了，沒用了，失敗了。哪有這回事！一些國家出現嚴重曲折，社會主義好像被削弱了，但人民經受鍛煉，從中吸收教訓，將促進社會主義向着更加健康的方向發展。他強調，鞏固和發展社會主義制度，還需要一個很長的歷史階段，需要我們幾代人、十幾代人，甚至幾十代人堅持不懈地努力奮鬥，決不能掉以輕心。我們要在建設有中國特色的社會主義道路上繼續前進。從現在起到下世紀中葉，將是很要緊的時期，我們要埋頭苦幹。

「東方風來滿眼春。」鄧小平南方談話闡發的一系列全新的思想，猶如一股強勁的東風，驅散了人們思想上的迷霧。它從理論上深刻回答了長期困擾和束縛人們思想的許多重大問題，是把改革開放和現代化建設推向新階段的又一個解放思想、實事求是的宣言書，不僅對即將召開的黨的十四大具有十分重要的指導作用，而且對中國整個社會主義現代化建設事業具有重大而深遠的意義。

南方談話，使鄧小平一生的光輝業績達到新的高度。鄧小平同志是全黨全軍全國各族人民公認的享有崇高威望的卓越領導人，偉大的馬克思主義者，偉大的無產階級革命家、政治家、軍事家、外交家，中國社會主義改革開放和現代化建設的總設計師，中國特色社會主義道路的開創者，鄧小平理論的主要創立者。如果沒有鄧小平，中國人民就不可能有今天的新生活，中國就不可能有今天改革開放的新局面和社會主義現代化的光明前景。作為一代偉人，鄧小平作出的光輝業績、創立的科學理論，已經並將繼續改變和影響着中國和世界。

第八章

把中國特色社會主義
全面推向 21 世紀

1992 年下半年，中國共產黨將召開第十四次全國代表大會。鄧小平南方談話之後，中國的改革開放如何邁出新的步伐，國內外十分關注。在指導起草黨的十四大報告的過程中，6 月 9 日，江澤民到中央黨校，為省部級幹部進修班作題為《深刻領會和全面落實鄧小平同志的重要談話精神，把經濟建設和改革開放搞得更快更好》的講話。這實際上是一次就十四大報告徵求意見、尋求共識的「吹風會」。在講話中，江澤民列舉了關於經濟體制改革目標的幾種提法，表示傾向於使用「社會主義市場經濟體制」這個提法。會後，江澤民就此徵求了鄧小平等同志的意見。鄧小平表示贊成，並說：這樣十四大也就有了一個主題了。江澤民的這篇講話為黨的十四大的召開做了重要的思想理論準備。

一、黨的十四大和建立社會主義市場經濟體制

黨的十四大

1992 年 10 月 12 日至 18 日，中國共產黨第十四次全國代表大會在北京舉行。江澤民作題為《加快改革開放和現代化建設步伐，奪取有中國特色社會主義事業的更大勝利》的報告。

大會作出了三項具有深遠意義的決策。

一是抓住機遇，加快發展，集中精力把經濟建設搞上去。大會指出，我國經濟能不能加快發展，不僅是重大的經濟問題，而且是重大的政治問題。現在國內條件具備，國際環境有利，既有挑戰，更有機遇，是加快發展的好時機。大會對我國 20 世紀 90 年代的經濟發展速

黨的十四大會場

度作出調整，把原定的國民生產總值平均每年增長 6% 調整為 8% 至 9%；提出到 20 世紀末，我國國民經濟整體素質和綜合國力將邁上一個新台階，國民生產總值將超過原定比 1980 年翻兩番的要求，人民生活由溫飽進入小康。

　　二是確定我國經濟體制改革的目標是建立社會主義市場經濟體制。大會指出，我國經濟體制改革確定甚麼樣的目標模式，是關係整個社會主義現代化建設全局的一個重大問題。這個問題的核心，是正確認識和處理計劃與市場的關係。實踐的發展和認識的深化，要求黨明確提出我國經濟體制改革的目標是建立社會主義市場經濟體制，以利於進一步解放和發展生產力。我國要建立的社會主義市場經濟體制是同社會主義基本制度結合在一起的，目的就是要使市場在社會主義國家宏觀調控下對資源配置起基礎性作用，使經濟活動遵循價值規律

的要求，適應供求關係的變化。

三是提出用鄧小平同志建設有中國特色社會主義的理論武裝全黨的任務。大會報告從發展道路、發展階段、根本任務、發展動力、外部條件、政治保證、戰略步驟、領導力量和依靠力量、祖國統一等九個方面，對建設有中國特色社會主義理論的主要內容作了概括，指出這個理論第一次比較系統地初步回答了在中國這樣的經濟文化比較落後的國家如何建設社會主義、如何鞏固和發展社會主義的一系列基本問題，用新的思想、觀點繼承和發展了馬克思主義。

大會審議通過了報告和《中國共產黨章程（修正案）》。黨章修正案寫入建設有中國特色社會主義理論和黨在社會主義初級階段的基本路線；明確提出黨的建設必須緊密圍繞黨的基本路線，堅持從嚴治黨，把黨建設成為領導全國人民沿着有中國特色社會主義道路不斷前進的堅強核心；增寫了紀律的重要性，規定黨的紀律是黨的各級組織和全體黨員必須遵守的行為規則，要求黨組織和黨員必須嚴格執行和維護黨的紀律，自覺接受黨的紀律的約束。

大會選舉產生十四屆中央委員會和中央紀律檢查委員會，決定不再設立中央顧問委員會。從黨的十二大到十四大，中央顧問委員會協助黨中央做了大量卓有成效的工作，在新的歷史時期為黨、國家和人民建立了歷史性功績，出色地完成了自己的使命。

黨的十四屆一中全會選舉江澤民、李鵬、喬石、李瑞環、朱鎔基、劉華清、胡錦濤為中央政治局常委，江澤民為中央委員會總書記；決定江澤民為中央軍事委員會主席；批准尉健行為中央紀律檢查委員會書記。

　　在鄧小平南方談話和黨的十四大精神的推動下，中國的改革開放揚起新的風帆。全國上下積極性高漲，經濟快速發展。世界的目光也聚焦中國，來華投資熱再度興起。以鄧小平南方談話和黨的十四大為標誌，我國改革開放和社會主義現代化建設事業進入新的發展階段。

建立社會主義市場經濟體制綱領的制定和實施

　　建立社會主義市場經濟體制是黨的十四大作出的重大決策。改革開放以來的實踐充分證明，原有的經濟體制已經不能適應社會生產力發展的要求，進行修修補補遠遠不能解決問題，必須對計劃經濟體制進行根本性改革，建立能夠使市場在資源配置中起基礎性作用的、充滿生機活力的社會主義市場經濟體制。

　　但人們對為甚麼要在「市場經濟」前面加「社會主義」四個字，還存在不同認識。對此，江澤民明確指出：「『社會主義』這幾個字是不能沒有的，這並非多餘，並非『畫蛇添足』，而恰恰相反，這是『畫龍點睛』。所謂『點睛』，就是點明我們市場經濟的性質」，「我們的創造性和特色也就體現在這裡」。這就表明我國的社會主義市場經濟體制，必須與國情相結合，不可能與西方國家的完全一樣，不能照搬照抄；社會主義市場經濟體制既有一般市場經濟的共性，又有我國的顯著特徵，必須處理好發揮市場作用和加強宏觀調控的關係。

　　把社會主義基本制度與市場經濟結合起來，建立社會主義市場經濟體制，是改革開放十多年艱辛探索的結果，是中國共產黨的一個偉大創舉，是中國共產黨人對馬克思主義的重大發展，也是社會主義發

展史上的重大突破,對我國改革開放和經濟社會發展具有極其重要的作用。

按照黨的十四大的決策,黨中央、國務院作出一系列相應的體制改革和政策調整,同時抓緊制定總體規劃,並有計劃、有步驟地加以實施。

1993 年 11 月,黨的十四屆三中全會審議通過《中共中央關於建立社會主義市場經濟體制若干問題的決定》,把十四大提出的經濟體制改革目標和基本原則進一步具體化,制定了建立社會主義市場經濟體制的總體規劃,其基本框架為:在堅持以公有制為主體、多種經濟成分共同發展的基礎上,建立現代企業制度、全國統一開放的市場體系、完善的宏觀調控體系、合理的收入分配制度和多層次的社會保障制度。我國經濟體制改革開始向着建立社會主義市場經濟體制的目標整體性推進。

按照黨中央關於建立社會主義市場經濟體制的要求,國務院先後作出一系列部署,加快推進財政、稅收、金融、外貿、外匯、計劃、投資、價格、流通等方面的體制改革步伐。

改革帶來了供給能力的提升和物質的豐富。1992 年之後,我國全面放開糧食購銷價格和經營。不僅是糧食,交由市場定價的範圍幾乎涵蓋所有的生活資料。一度遇到挫折的價格改革,波瀾不驚地取得了成功。1993 年,我國取消糧票,實行了 40 年的糧食統購統銷制度宣告終結,百姓生活曾經離不開的糧票、油票等各種票證進入歷史博物館。

國有企業改革是建立社會主義市場經濟體制的中心環節,也是難點所在。這一時期,國有企業改革開始從以往的放權讓利、政策調整

進入到轉換機制、制度創新階段。從 1994 年底開始，國家經貿委、體改委會同有關部門選擇 100 家國有大中型企業進行建立現代企業制度的試點。隨後，全國各地先後選定 2700 多家國有企業參與試點。國務院還選擇 18 個城市進行「優化資本結構」的配套改革試點，採取多種政策，在減輕企業債務負擔、分離社會服務功能、分流富餘人員等方面實現了重點突破。

上述改革和調整，從實際步驟上加快了由計劃經濟體制向社會主義市場經濟體制轉軌的步伐，市場在資源配置中的基礎性作用得到明顯增強，全國呈現出改革開放全面推進、經濟建設迅猛發展的景象。

二、加強宏觀調控與經濟發展實現「軟着陸」

經濟發展實現「軟着陸」

在經濟快速發展的過程中，一些地方和部門片面追求高速度，加上原有的宏觀調控機制逐漸失效，新的調控機制尚未健全，導致出現固定資產投資增加過猛、房地產熱、開發區熱、金融秩序混亂、物價上漲等新的問題。黨中央比較快地發現了這種苗頭，1992 年上半年就一再提醒要防止發生經濟過熱現象，強調要在深化改革上狠下功夫，避免只在擴大投資規模上做文章，以防出現新的重複建設和產品積壓。1993 年 4 月，中央召開經濟情況通報會，集中討論解決亂集資、亂拆借、房地產熱和開發區熱等問題。6 月，中共中央、國務院印發《關於當前經濟情況和加強宏觀調控的意見》，決定採取以整頓金融秩序為重點的 16 條措施，主要是嚴格控制貨幣發行，堅決糾

正違章拆借資金，堅決制止各種亂集資，嚴格控制信貸總規模，穩定外匯市場價格等。據此，國務院相繼召開全國金融工作會議和全國財政、稅務工作會議，加大金融、財稅領域的整頓力度。

這次宏觀調控，除了採取必要的行政手段和組織措施外，主要着眼於運用經濟、法律手段，從加快新舊體制轉換中找出路，把解決經濟運行中的突出問題變成加快改革、建立社會主義市場經濟體制的動力。經過3年努力，宏觀調控取得顯著成效，投資過熱得到有效控制，金融秩序逐漸好轉，信貸規模總量得到控制，物價逐漸放開且漲幅明顯回落。這次宏觀調控成功地抑制了通貨膨脹，同時保持了經濟增長的較快速度，實現了從經濟過熱和通貨膨脹到高增長、低通脹的「軟着陸」，避免了經濟大起大落，為經濟健康發展和後來成功抵禦亞洲金融危機的衝擊打下了基礎。

「八五」計劃的完成

在加強宏觀調控和深化改革過程中，「八五」計劃提出的主要指標完成或超額完成，國民經濟和社會發展取得顯著成就。「八五」期間，國民經濟持續快速增長，國民生產總值年均增長12.3%，1995年達到61130億元，原定2000年比1980年翻兩番的目標提前五年實現。城鄉人民生活繼續改善，城鎮居民人均可支配收入年均增長7.9%，農村居民人均純收入年均增長4.3%。我國各項事業全面發展，社會生產力、綜合國力和人民生活上了一個新台階。

1995年9月，黨的十四屆五中全會通過《中共中央關於制定國民經濟和社會發展「九五」計劃和2010年遠景目標的建議》，對

「九五」時期實現第二步發展戰略目標作出新部署：到 2000 年，在我
國人口將比 1980 年增長 3 億左右的情況下，實現人均國民生產總值
比 1980 年翻兩番；基本消除貧困現象，人民生活達到小康水平；加
快現代企業制度建設，初步建立社會主義市場經濟體制。《建議》確
定到 2010 年主要奮鬥目標是：實現國民生產總值比 2000 年翻一番，
使人民的小康生活更加寬裕，形成比較完善的社會主義市場經濟體
制。《建議》強調，實現奮鬥目標的關鍵是實行兩個具有全局意義的
根本性轉變：一是經濟體制從傳統的計劃經濟體制向社會主義市場經
濟體制轉變；二是經濟增長方式從粗放型向集約型轉變，促進國民經
濟持續、快速、健康發展和社會全面進步。

　　江澤民在全會閉幕時發表講話，深刻闡述了社會主義現代化建設
中 12 個重大關係。其中，最主要的是正確處理改革發展穩定的關係。
他強調改革是動力，發展是目的，穩定是前提，做到在政治和社會穩
定中推進改革和發展，在改革和發展的推進中實現政治和社會長期穩
定。這是對我國改革開放和社會主義現代化建設歷史經驗的深刻總結。

三、黨的十五大和確立鄧小平理論為黨的指導思想、
　　改革開放的深入推進

黨的十五大

　　1997 年 2 月 19 日，中國社會主義改革開放和現代化建設的總設
計師鄧小平逝世。全世界在關注，中國共產黨能否沿着鄧小平開闢的
中國特色社會主義道路繼續走下去。

黨的十五大會場

　　1997 年 9 月 12 日至 18 日，中國共產黨第十五次全國代表大會在北京舉行。江澤民作題為《高舉鄧小平理論偉大旗幟，把建設有中國特色社會主義事業全面推向二十一世紀》的報告。

　　大會指出，旗幟問題至關緊要。旗幟就是方向，旗幟就是形象。大會首次使用「鄧小平理論」這個概念，把這一理論作為指引黨繼續前進的旗幟。大會強調，堅持黨的十一屆三中全會以來的路線不動搖，就是高舉鄧小平理論的旗幟不動搖。在改革開放和社會主義現代化建設的新時期，在跨越世紀的新征途上，一定要高舉鄧小平理論的偉大旗幟，用鄧小平理論來指導我們整個事業和各項工作。

　　大會提出了黨在社會主義初級階段的基本綱領，闡明了建設有中國特色社會主義的經濟、政治、文化的基本特徵和基本要求。大會對

我國社會主義初級階段的所有制結構和公有制實現形式、依法治國和
建設社會主義法治國家、有中國特色社會主義文化建設等重大問題作
出新闡述。大會指出，公有制為主體、多種所有制經濟共同發展是我
國社會主義初級階段的一項基本經濟制度。公有制經濟不僅包括國有
經濟和集體經濟，還包括混合所有制經濟中的國有成分和集體成分。
國有經濟對經濟發展起主導作用，主要體現在控制力上。公有制實現
形式可以而且應當多樣化。非公有制經濟是我國社會主義市場經濟的
重要組成部分。依法治國，是黨領導人民治理國家的基本方略，是發
展社會主義市場經濟的客觀需要，是社會文明進步的重要標誌，是國
家長治久安的重要保障。建設有中國特色社會主義文化，就是以馬克
思主義為指導，以培育有理想、有道德、有文化、有紀律的公民為目
標，發展面向現代化、面向世界、面向未來的，民族的科學的大眾的
社會主義文化。這些論述，體現了黨在探索回答甚麼是社會主義、怎
樣建設社會主義問題上的又一次思想理論認識的深化。

　　大會在我國經濟發展「三步走」戰略的第二步目標即將實現之
際，對如何實現第三步目標作出進一步規劃，提出了新的「三步走」
發展戰略，即下世紀第一個十年實現國民生產總值比 2000 年翻一
番，使人民的小康生活更加寬裕，形成比較完善的社會主義市場經濟
體制；再經過十年的努力，到中國共產黨成立一百年時，使國民經
濟更加發展，各項制度更加完善；到下世紀中葉中華人民共和國成立
一百年時，基本實現現代化，建成富強民主文明的社會主義國家。大
會圍繞這個發展戰略，對我國跨世紀發展作出戰略部署。

　　大會強調，要按照黨的建設新的偉大工程的總目標，從思想上、

組織上、作風上全面加強黨的建設，不斷提高領導水平和執政水平，不斷增強拒腐防變的能力，以新的面貌和更強大的戰鬥力，帶領人民完成新的歷史任務。

大會審議通過了報告和《中國共產黨章程修正案》，選舉產生十五屆中央委員會和中央紀律檢查委員會。黨的十五屆一中全會選舉江澤民、李鵬、朱鎔基、李瑞環、胡錦濤、尉健行、李嵐清為中央政治局常委，江澤民為中央委員會總書記；決定江澤民為中央軍事委員會主席；批准尉健行為中央紀律檢查委員會書記。

確立鄧小平理論為黨的指導思想

黨的十五大把鄧小平理論同馬克思列寧主義、毛澤東思想一起作為黨的指導思想寫入黨章。這是黨經過近 20 年改革開放和社會主義現代化建設的成功實踐作山的歷史性決策，表明全黨把鄧小平開創的中國特色社會主義全面推向前進的決心和信念，也反映了全國人民的共識和心願。

黨的十五大報告指出，鄧小平理論是在和平與發展成為時代主題的歷史條件下，在我國改革開放和現代化建設的實踐中，在總結我國社會主義勝利和挫折的歷史經驗並借鑒其他社會主義國家興衰成敗歷史經驗的基礎上，逐步形成和發展起來的。它抓住「甚麼是社會主義、怎樣建設社會主義」這個根本問題，第一次比較系統地初步回答了建設有中國特色社會主義的一系列基本問題，指導黨制定了在社會主義初級階段的基本路線。它是貫通哲學、政治經濟學、科學社會主義等領域，涵蓋經濟、政治、科技、教育、文化、民族、軍事、外

交、統一戰線、黨的建設等方面比較完備的科學體系，又是需要從各方面進一步豐富發展的科學體系。

鄧小平理論開拓了馬克思主義的新境界，是馬克思主義在中國發展的新階段，是當代中國的馬克思主義，是中國特色社會主義理論體系的開創之作。黨的十五大對鄧小平理論的歷史地位和指導意義作了深刻闡述，指出，馬克思列寧主義同中國實際相結合有兩次歷史性飛躍，產生了兩大理論成果。第一次飛躍的理論成果是被實踐證明了的關於中國革命和建設的正確理論和經驗總結，它的主要創立者是毛澤東，我們黨把它稱為毛澤東思想。第二次飛躍的理論成果是建設有中國特色社會主義理論，它的主要創立者是鄧小平，我們黨把它稱為鄧小平理論。這兩大理論成果都是黨和人民實踐經驗和集體智慧的結晶。

農村改革全面推進和國有企業改組改造

黨的十五大以後，黨中央採取一系列重要舉措加快推進改革，並強調着重抓好兩個大頭：一是要加強農業基礎地位；一是要搞好國有大中型企業。

對農村改革和發展問題，1995 年 3 月，江澤民在江西考察農業和農村工作時，重申和進一步闡述了鄧小平關於農業改革和發展「兩個飛躍」[①] 的思想，指出要長期保持家庭聯產承包責任制的穩定不變

---

① 1990 年 3 月 3 日，鄧小平在同幾位中央負責同志談話時指出，中國社會主義農業的改革和發展，從長遠的觀點看，要有兩個飛躍。第一個飛躍，是廢除人民公社，實行家庭聯產承包為主的責任制。這是一個很大的前進，要長期堅持不變。第二個飛躍，是適應科學種田和生產社會化的需要，發展適度規模經營，發展集體經濟。這是又一個很大的前進，當然這是很長的過程。

並不斷加以完善，同時從長遠趨勢來說，逐步走上集約化、集體化道路，是農村發展的大方向。

隨着建立社會主義市場經濟體制步伐的加快，我國農業管理體制和產業結構與市場經濟不相適應的矛盾日益突出。為此，黨中央及時提出對農業結構實施戰略性調整的方針。1998 年 10 月，黨的十五屆三中全會通過《中共中央關於農業和農村工作若干重大問題的決定》，提出到 2010 年，基本建立以家庭承包經營為基礎，以農業社會化服務體系、農產品市場體系和國家對農業的支持保護體系為支撐，適應發展社會主義市場經濟要求的農村經濟體制。全會提出的堅定不移貫徹土地承包期再延長 30 年的政策，讓億萬農民安心地在承包的土地上進行生產和經營，促進了農業的發展。

為解決貧困地區農民溫飽和增收問題，黨和政府採取多方面措施，加大扶貧攻堅力度。自 20 世紀 80 年代以來，黨和政府在全國範圍內開展了有組織有計劃的大規模扶貧工作。1994 年制定實施的《國家八七扶貧攻堅計劃》提出，力爭用 7 年左右的時間，基本解決 8000 萬農村貧困人口的溫飽問題。在計劃實施過程中，中央扶貧資金累計投入 1127 億元。到 2000 年底，全國農村沒有解決溫飽的貧困人口減少到 3209 萬人，佔農村人口的比重下降到 3.5% 左右。全國 592 個國家級貧困縣生產生活條件明顯改善，大部分行政村實現了通電、通路、通郵、通電話，貧困狀況得到緩解。

在推進農村改革的同時，按照產權清晰、權責明確、政企分開、管理科學的目標要求，1994 年底開始的國有企業建立現代企業制度改革試點工作取得初步成效。但由於歷史包袱和社會負擔沉重等原

因，再加上 1997 年亞洲金融危機的影響，國有企業面臨前所未有的困難。國有企業改革必須尋求新思路，才能取得新突破。黨的十五大提出國有企業改革與脫困三年目標，即用三年左右的時間，通過改革、改組、改造和加強管理，使大多數國有大中型虧損企業擺脫困境，使大多數國有大中型骨幹企業初步建立現代企業制度。

黨的十五大後，以建立現代企業制度為方向的國有企業改革攻堅全面展開。國務院按照鼓勵兼併、規範破產、下崗分流、減員增效，實施再就業工程的改革思路，以紡織行業為突破口，通過債轉股、國家技改專項資金、國企上市變現、政策性關閉破產等一系列舉措，全面打響三年脫困攻堅戰。1998 年，中國石油天然氣集團、中國石油化工集團、上海寶鋼集團等一批按照市場要求運作的特大型企業集團相繼組建，向建立現代企業制度邁出重要一步。這些大型國企按照市場要求運作，不再承擔行政性職能，增強了自我發展和參與國際競爭的能力。國有小企業發揮「船小好調頭」的優勢，採取改組、聯合、兼併、租賃、承包經營、股份合作制、出售等形式，加快改革步伐。到 2000 年末，國有大中型企業改革和脫困三年目標基本實現，國有控股企業實現利潤大幅增長，大多數國有大中型骨幹企業初步建立了現代企業制度。

在加快經濟結構調整和深化國企改革的過程中，為了解決大量職工下崗問題，黨中央反覆強調，國有企業的廣大職工，幾十年來為國家作出了重大貢獻，要動員全黨、全社會力量，滿腔熱忱和極端負責地做好國有企業下崗職工基本生活保障和再就業工作。1996 年，上海率先創建再就業服務中心，大力推進再就業工程。這項「民心工

程」推向全國後，為國企職工分流架起了從企業到市場的橋樑。1998年6月，黨中央、國務院發出通知，要求爭取用五年左右時間，初步建立適應社會主義市場經濟體制要求的社會保障體系和就業機制。各級政府按照中央部署，為下崗職工建立起基本生活保障、失業保險、城市居民最低生活保障三條保障線，啟動以職工養老保險、醫療保險為重點的社會保障制度改革。許多地方還通過加強職業培訓，引導職工轉變擇業觀念，積極發展第三產業，拓寬就業渠道。這些措施保障了下崗職工的基本生活，在很大程度上消解了國有企業改革的困難和風險。

全方位對外開放格局的形成

對內深化改革與對外擴大開放是緊密聯繫在一起的。在 20 世紀 90 年代十分複雜的國際環境中，黨中央敏銳觀察和牢牢把握經濟全球化不可逆轉的發展趨勢，毫不動搖堅持對外開放基本國策，推動對外開放邁出重大步伐。

黨的十四大和十四屆三中全會提出，對外開放的地域要擴大，形成多層次、多渠道、全方位開放的格局，充分利用國際國內兩個市場、兩種資源，積極推進以質取勝和市場多元化等戰略措施。隨着原來在經濟特區實行的某些優惠政策和靈活措施在內地逐步推行，特區的一些幹部中出現了特區已經不「特」、特區還要不要「特」、還要不要繼續發展的議論。1994 年，黨中央明確提出，中央對發展經濟特區的決心不變，中央對經濟特區的基本政策不變，經濟特區在全國改革開放和現代化建設中的歷史地位和作用不變，經濟特區要「增創

新優勢，更上一層樓」。

　　黨的十五大進一步提出，對外開放是一項長期的基本國策，要以更加積極的姿態走向世界，完善全方位、多層次、寬領域的對外開放格局，發展開放型經濟，增強國際競爭力。1998 年 2 月，黨的十五屆二中全會深刻總結亞洲金融危機的教訓，提出我們既要敢於又要善於參與經濟全球化條件下的國際經濟技術合作和競爭；既要充分利用其中可以利用的各種有利條件和機遇來發展自己，又要清醒認識和及時防範其中可能帶來的各種不利影響和風險，穩步推進對外開放，趨利避害、掌握主動。此後，黨中央又進一步指出，經濟全球化是一把「雙刃劍」，對我國的發展有利也有弊，既要堅定不移地實行對外開放，又要堅持獨立自主，增強風險意識，加強防範工作，切實維護我國經濟安全，更好地發展壯大自己。

　　根據這些重大決策，在黨中央、國務院大力推進下，我國擴大開放沿海城市和內陸邊境城市、沿江城市和省會城市，建立起一批經濟技術開發區和保稅區，同時明確了以上海浦東新區為龍頭帶動長江流域經濟起飛的發展戰略，確定要在 21 世紀初將上海建成國際經濟、金融、貿易中心。到 1997 年，從沿海到沿江、從沿邊到內陸，多層次、多渠道、全方位開放的新格局逐步形成。

　　加入世界貿易組織是我國改革開放進程中具有歷史意義的一件大事，也是進一步推進全方位、多層次、寬領域對外開放的重要契機。中國政府於 1986 年 7 月申請恢復我國關貿總協定締約國地位，並開始同締約各方進行談判。1995 年 1 月世界貿易組織成立後，中國開始與世貿組織成員國逐一進行拉鋸式的雙邊談判，其過程跌宕起伏，

中美之間的談判尤為複雜艱難。從「復關」到「入世」，中國進行了長達 15 年的談判。其間，黨中央始終高度重視，做了大量工作。2001 年 11 月 10 日，在卡塔爾首都多哈舉行的世界貿易組織第四屆部長級會議，通過了中國加入世界貿易組織的決定。12 月 11 日，中國正式成為世貿組織的第 143 名成員。融入世界經濟是歷史大方向，中國經濟要發展，就要敢於到世界市場的汪洋大海中去游泳，如果不敢到大海中去經風雨、見世面，總有一天會在大海中溺水而亡。所以，中國勇敢地邁向世界市場。實踐證明，加入世界貿易組織，使中國經濟在全球化進程中獲得參與制定規則和競爭的有利位置，從而打開了對外開放的新天地，得到更為廣闊的發展空間，對推動經濟體制改革和現代化建設產生了深刻影響。

四、跨世紀發展戰略的制定與實施

科教興國戰略

現代國際間的競爭，說到底是綜合國力的競爭，關鍵是科學技術的競爭。制定和實施科教興國戰略，是在科學技術對我國現代化建設的推動作用日益受到重視的基礎上逐步形成的。1993 年，《中華人民共和國科學技術進步法》頒佈實施，這是新中國第一部關於科學技術的法律。1995 年 5 月，黨中央準確分析科技發展趨勢和國內外形勢，作出關於加速科學技術進步的決定，確定實施科教興國戰略。科教興國，就是全面落實科學技術是第一生產力的思想，堅持教育為本，把科技和教育擺在經濟、社會發展的重要位置，增強國家的科技實力及

江澤民在全國科學技術大會上講話

向現實生產力轉化的能力，提高全民族的科技文化素質，把經濟建設轉移到依靠科技進步和提高勞動者素質的軌道上來，加速實現國家的繁榮強盛。實施科教興國戰略，必須不斷提高創新能力。5 月 26 日，江澤民在全國科學技術大會上強調：創新是一個民族進步的靈魂，是國家興旺發達的不竭動力；一個沒有創新能力的民族，難以屹立於世界先進民族之林。我們必須在學習、引進國外先進技術的同時，堅持不懈地着力提高國家的自主研究開發能力。

　　黨中央提出科教興國戰略後，在繼續實施「863」計劃的同時，1997 年組織實施《國家重點基礎研究發展計劃》（「973」計劃），加強國家戰略目標導向的基礎研究工作。黨中央還敏銳地認識到，信息化是一場帶有深刻變革意義的科技創新，強調要積極推動工業化與信息化相結合，以信息化帶動工業化，實現跨越式發展。這一時期，我

國科技事業發展取得巨大成就。1999 年 11 月，第一艘無人試驗飛船「神舟一號」的成功發射，標誌着我國在載人航天飛行技術上獲得了重大突破。1999 年「神威」計算機的問世，打破了西方國家在高性能計算機技術方面對我國的封鎖。

為鼓勵廣大科技人員建功立業，在新中國成立 50 週年之際，黨中央、國務院、中央軍委作出決定，隆重表彰為研製「兩彈一星」作出突出貢獻的 23 位科技專家。黨中央、國務院決定從 2000 年起設立國家最高科學技術獎，並於 2001 年 2 月 19 日召開國家科學技術獎勵大會。著名數學家吳文俊、「雜交水稻之父」袁隆平榮膺 2000 年度國家最高科學技術獎，在社會上引起強烈反響。

在教育方面，中共中央、國務院於 1993 年 2 月頒佈《中國教育改革和發展綱要》，明確提出必須把教育擺在優先發展的戰略地位，努力提高全民族的思想道德和科學文化水平，強調這是實現我國現代化的根本大計。1995 年 9 月，《中華人民共和國教育法》正式實施，為教育事業的發展提供了法律保障。同年，國家正式啟動「211 工程」，即面向 21 世紀，重點建設 100 所左右的高等學校和一批重點學科。1999 年，國家開始實施「985 工程」，重點支持若干所高校創建具有世界先進水平的一流大學和一批一流學科。國家合理調整高校佈局結構，推動高等教育改革和多種形式聯合辦學，逐步改變高等教育長期存在的條塊分割、重複建設狀況，教育資源配置更加合理。在基礎教育和職業技術教育方面，逐步形成政府為主與社會參與相結合的辦學新體制。國家大幅度增加對教育事業的投入，有力支持了教育體制的改革和教育事業的發展。

可持續發展戰略

在我國經濟高速粗放增長、經濟規模越來越大的形勢下，可持續發展問題日益引起黨中央的高度重視。1992 年聯合國環境與發展大會後，黨中央、國務院明確提出將實施可持續發展戰略。1994 年，我國發表《中國 21 世紀議程 —— 中國 21 世紀人口、環境與發展白皮書》，提出可持續發展的總體戰略、對策和行動方案。黨的十五大和 1998 年 3 月召開的九屆全國人大一次會議，都將實施可持續發展戰略作為我國跨世紀發展的重要任務，堅持計劃生育和保護環境的基本國策，正確處理經濟發展同人口、資源、環境的關係。

在黨和政府的積極推動下，可持續發展戰略的實施在一些重要領域取得重大進展。1996 年，國務院發佈關於環境保護若干問題的決定，大力推進控制主要污染物排放總量、工業污染源達標和重點城市的環境質量按功能區達標工作，全面開展淮河、海河、遼河和太湖、滇池、巢湖水污染防治，酸雨污染控制區和二氧化硫污染控制區大氣污染防治。黨的十五大以後，國務院頒佈《全國生態環境建設規劃》和《中國自然保護區發展規劃綱要》，並作出秸稈禁燒和綜合利用、嚴厲打擊非法捕殺和經營野生動物等一系列規定，開展水土流失的綜合治理，啟動天然林保護、退耕還林（還草）、京津風沙源治理等工程，實行資源有償使用制度，逐年加大生態環境保護的力度。

1978 年，黨中央作出在西北、華北、東北風沙危害和水土流失重點地區建設大型防護林的戰略決策，啟動三北防護林建設工程。經過不懈努力，到 2001 年順利完成第一階段建設任務，「三北」地區的森林覆蓋率達到 10%，初步建立起阻止風沙南侵的綠色長城。這項

工程被譽為「世界生態工程之最」。在建設過程中，湧現了塞罕壩林場、右玉縣等一批防沙造林、改善生態的先進典型。

西部大開發戰略

我國幅員遼闊，不同地區自然環境和發展條件差異較大，長期以來發展不平衡、不協調。經過新中國成立以來特別是改革開放以來的建設，西部地區積累了相當的物質技術基礎，但同東部地區相比，交通、通信等基礎設施薄弱，經濟水平長期處於落後狀態，文化、教育、衛生等事業發展明顯滯後。

逐步縮小地區之間的發展差距，實現全國經濟社會協調發展，最終達到全體人民共同富裕，是社會主義的本質要求，也是關係我國跨世紀發展全局的一個重大問題。早在 1988 年 9 月，鄧小平就提出了「兩個大局」的戰略構想。他指出：「沿海地區要加快對外開放，使這個擁有兩億人口的廣大地帶較快地先發展起來，從而帶動內地更好地發展，這是一個事關大局的問題。內地要顧全這個大局。反過來，發展到一定的時候，又要求沿海拿出更多力量來幫助內地發展，這也是個大局。那時沿海也要服從這個大局。」他在 1992 年南方談話中又強調，在 20 世紀末達到小康水平的時候，就要突出地提出和解決這個問題。

1995 年 12 月中下旬，江澤民在陝西、甘肅考察期間，開始思考和醞釀加快西部地區的開發和發展問題。他提出，要通過國家的大力扶助，通過其他地區特別是比較發達地區的多方支援，努力加快西部地區的發展步伐。當時，西部地區面臨的最突出最緊迫問題就是生態

環境的保護和治理。1997 年 8 月，江澤民在《關於陝北地區治理水土流失，建設生態農業的調查報告》上作出批示，提出要齊心協力大抓植樹造林，綠化荒漠，建設生態農業，再造一個山川秀美的西北地區。隨後，國務院採取了在西部地區實行退耕還林、還草和移民開發等一系列措施。廣大西部地區的人民在全國各地的支援下，積極調整農業生產結構，大規模植樹造林，向荒漠化開戰。

世紀之交，我國綜合國力顯著增強，經濟結構調整加速推進，東部地區經濟社會發展積累了一定的實力，國家支持西部地區加快發展的條件基本具備，時機已經成熟。1999 年 9 月，黨的十五屆四中全會作出實施西部大開發戰略的決定，要求通過優先安排基礎設施建設、增加財政轉移支付等措施，支持中西部地區和少數民族地區加快發展。2000 年 10 月，黨的十五屆五中全會對此作了進一步部署，西部大開發戰略的實施全面啟動。隨後，國務院發出關於實施西部大開發若干政策措施的通知，明確西部開發的政策適用範圍包括四川、雲南、貴州、西藏、重慶、陝西、甘肅、青海、新疆、寧夏、內蒙古、廣西等 12 個省、自治區、直轄市。經國務院批准，湖南省湘西土家族苗族自治州、湖北省恩施土家族苗族自治州和吉林省延邊朝鮮族自治州，在實際工作中比照西部開發的有關政策措施予以照顧。為支持西部大開發，國務院制定出台有關財稅、金融、外資外貿、吸引人才和科技教育等方面的具體政策，加大對西部地區財政轉移支付的力度，擴大西部地區公共投資規模；青藏鐵路、西氣東輸、西電東送等一大批重點工程相繼開工，基礎設施建設步伐明顯加快，有力推動了西部地區經濟社會發展。

實施西部大開發戰略，是黨中央總攬全局作出的一項重大戰略決策，對於推動東西部地區協調發展和最終實現共同富裕，維護民族團結、社會穩定和國家安全，擴展國家發展的戰略迴旋空間，具有重大而深遠的意義。

「引進來」和「走出去」戰略

改革開放以來，我國通過積極引進國外的資金和先進的技術、管理經驗來發展自己，取得了很大成績。我國經濟實力的增強和經濟全球化的加速發展，要求我們必須不失時機地大膽「走出去」，充分利用好國際國內兩種資源、兩個市場。只有這樣，才能彌補國內資源和市場的不足，才能把技術、設備、產品和服務帶出去，使我國更有條件引進新的技術、發展新的產業，並逐步形成自己的跨國公司，更好地參與經濟全球化競爭。

1996 年 7 月，江澤民在河北唐山考察工作時提出，要加緊研究國有企業如何有重點有組織地「走出去」，做好利用國際市場和國外資源這篇大文章。1997 年 12 月，江澤民在會見全國外資工作會議代表時進一步明確提出，「引進來」和「走出去」是我們對外開放基本國策兩個緊密聯繫、相互促進的方面，缺一不可。這是一個大戰略，既是對外開放的重要戰略，也是經濟發展的重要戰略。2000 年 10 月，黨的十五屆五中全會提出，「實施『走出去』戰略，努力在利用國內外兩種資源、兩個市場方面有新的突破」。

根據這一戰略部署，我國的對外開放從過去側重引進為主，發展為「引進來」和「走出去」相結合。一批有實力有優勢的企業到非洲、

中亞、中東、東歐、南美等地投資辦廠，積極參與國際合作，多種形式的對外經濟合作業務持續穩定增長。到 2001 年底，我國累計參與境外資源合作項目 195 個，總投資 46 億美元；累計設立各種境外企業 6610 家，其中中方投資 84 億美元；境外項目平均投資達 252 萬美元，比上年提高近 30%。中國石油天然氣集團公司、中國石油化工集團公司等一批大型骨幹企業在實施海外投資戰略中發揮了龍頭作用，已初具跨國公司雛形。

「引進來」和「走出去」戰略促進了我國開放型經濟的發展，加快了我國經濟融入經濟全球化進程，拓展了我國經濟發展空間。這是黨中央在我國社會主義事業跨世紀發展道路上作出的又一項富有遠見的戰略決策。

五、政治文明、先進文化建設和人民生活實現總體小康

依法治國和政治文明建設扎實推進

發展社會主義民主政治，建設社會主義政治文明，是社會主義現代化建設的重要目標。黨的十四大提出，要積極推進政治體制改革，使社會主義民主和法制建設有一個較大的發展。黨的十五大把依法治國提到黨領導人民治理國家的基本方略的高度，提出要在黨的領導下，在人民當家作主的基礎上，依法治國，發展有中國特色社會主義民主政治，建設社會主義法治國家。

為適應建立社會主義市場經濟體制的需要，黨的十四大以後，各級黨委和政府按照政企分開和精簡、統一、效能原則，對行政管理

體制、黨政機構進行大刀闊斧的改革。黨的十五大以後，行政體制改革和政府職能轉變的力度進一步加大，改革圍繞加強宏觀經濟調控部門、調整和減少專業經濟部門、強化執法監管部門等方面展開。此後，又圍繞轉變政府職能，採取了改革行政審批制度、規範招投標制度等一系列深化行政改革的措施。

　　黨的十四大以後，國家的法制建設進入「快車道」。社會主義市場經濟也是法治經濟。1993 年 3 月，八屆全國人大一次會議將「國家實行社會主義市場經濟」寫入憲法。此後，有關社會主義市場經濟的立法步伐明顯加快，當年 12 月八屆全國人大常委會第五次會議通過《中華人民共和國公司法》。1996 年 2 月，江澤民在黨中央舉辦的法制講座上發表講話，把此前「以法治國」的提法改為「依法治國」，指出依法治國是黨和政府管理國家和社會事務的重要方針。1997 年，黨的十五大把依法治國的目標由「建設社會主義法制國家」改為「建設社會主義法治國家」。由「法制」到「法治」，雖一字之別，卻包含着不同的實質意義。「法制」只是法治的內容與形式之一，而「法治」則是治國理政的方式與方略。這樣，依法治國就作為黨領導人民治理國家的基本方略正式確立下來。為貫徹這一基本方略，全國人大及其常委會把加強立法工作、提高立法質量作為首要任務，制定立法法，修改婚姻法等，頒佈實施證券法、合同法等一批發展社會主義市場經濟的法律；適應不斷擴大對外開放特別是加入世界貿易組織的需要，及時修改了中外合資經營企業法、中外合作經營企業法、外資企業法和多個與知識產權保護有關的法律法規。1999 年 3 月，九屆全國人大二次會議將「依法治國，建設社會主義法治國家」載入憲法。

這是社會主義民主政治發展的重要成果，標誌着我國社會主義民主法制建設進入一個新階段。

黨的十五大後，黨中央把堅持黨的領導、人民當家作主和依法治國的有機統一，逐步確立為我國社會主義民主政治的基本原則。在這個基本原則的指導下，人民代表大會制度、中國共產黨領導的多黨合作和政治協商制度、民族區域自治制度進一步完善，愛國統一戰線更加壯大，農村村民自治、城市居民自治、職工代表大會和其他形式企事業民主管理制度不斷發展，城鄉基層民主建設逐步加強。

加強民族工作和宗教工作，是社會主義政治建設的重要組成部分。1990 年八九月間，江澤民在新疆考察工作時，提出各族人民要樹立漢族離不開少數民族、少數民族離不開漢族、各少數民族之間也相互離不開的思想。1992 年中央民族工作會議要求，繼續鞏固和發展平等、團結、互助，共同發展、共同繁榮的社會主義民族關係。1993 年全國統戰工作會議提出，要全面正確地貫徹執行黨的宗教政策，依法加強對宗教事務的管理，積極引導宗教與社會主義社會相適應。1994 年黨中央、國務院召開第三次西藏工作座談會，制定了加快西藏發展、維護社會穩定的一系列政策措施，作出了中央各部門和 15 個省市對口援藏的重大決策，開創了全國支援西藏的新局面。在黨中央的領導關心、全國支援下，西藏廣大幹部群眾繼承和發揚「老西藏精神」，推動西藏的改革開放和現代化建設取得顯著成就。這一時期，黨和國家加強民族地區的資源開發和基礎設施建設，實行中央財政轉移支付制度，加大對民族教育投入，實施興邊富民行動，開展沿海省市對口幫扶，加大對民族地區的扶貧攻堅力度，有力促進了民

族地區的社會穩定和經濟文化發展。

精神文明和先進文化建設穩步發展

20 世紀 90 年代，黨中央堅持「兩手抓，兩手都要硬」的方針，強調精神文明重在建設，動員全黨全社會的力量，繼續推進社會主義精神文明建設，大力發展中國特色社會主義文化，取得新的進展和成就。

為進一步堅持「為人民服務、為社會主義服務」的「二為」方向，貫徹「百花齊放、百家爭鳴」的「雙百」方針，弘揚主旋律，繁榮社會主義文化，從 1991 年開始，中央宣傳部組織實施精神文明建設「五個一工程」獎評選活動 [①]，鼓勵文化藝術工作者深入生活、深入群眾，創作出優秀作品，滿足廣大群眾精神文化生活需求。1996 年 3 月，八屆全國人大四次會議把精神文明建設列入國民經濟和社會發展總體規劃，推動物質文明建設和精神文明建設相互促進、協調發展。

1996 年 10 月，黨的十四屆六中全會作出《中共中央關於加強社會主義精神文明建設若干重要問題的決議》，強調要以科學的理論武裝人、以正確的輿論引導人、以高尚的精神塑造人、以優秀的作品鼓舞人，培育有理想、有道德、有文化、有紀律的社會主義公民，並對新形勢下社會主義精神文明建設作出部署。全會後，以創建文明城市、文明村鎮、文明行業等為主要內容的群眾性精神文明創建活動在

---

① 「五個一」是指一本好書、一台好戲、一部優秀影片、一部優秀電視劇（片）、一篇或幾篇有創見有說服力的文章。從 1995 年度起，又將一首好歌和一部好廣播劇列入評選範圍，「五個一工程」的名稱不變。

全國蓬勃開展。青年志願者行動、「希望工程」等活動，進一步得到各界的積極響應，在全社會弘揚了中華民族助人為樂和扶危濟困的美德。文化、科技、衛生「三下鄉」活動深入廣大農村尤其是「老少邊窮」地區，給農村群眾帶來了精神文化的享受，也使他們獲得了致富的信息和技術、健康知識以及醫療服務。

　　建設有中國特色社會主義文化是黨的十五大提出的新命題。十五大強調，就其主要內容來說，有中國特色社會主義文化同社會主義精神文明是一致的，是凝聚和激勵全國各族人民的重要力量，是綜合國力的重要標誌。黨的十五大以後，國家實施了文化建設「精品戰略」，大力發展公益性文化事業，加強文化基礎設施建設和重大文化項目建設。一批反映時代精神、貼近人民生活的優秀作品不斷湧現，群眾文化生活日益豐富多彩，健康文明的社會氛圍逐漸濃厚，社會主義文化陣地不斷鞏固。

　　加強社會主義思想道德建設，是發展先進文化的重要內容和中心環節。這一時期，黨中央把加強思想道德建設擺上重要位置，提出「以德治國」的重要思想。2001 年 1 月，江澤民在全國宣傳部長會議上明確指出：「我們在建設有中國特色社會主義、發展社會主義市場經濟的過程中，要堅持不懈地加強社會主義法制建設，依法治國；同時也要堅持不懈地加強社會主義道德建設，以德治國。對一個國家的治理來說，法治和德治，從來都是相輔相成、相互促進的。二者缺一不可，也不可偏廢。」9 月，中共中央印發《公民道德建設實施綱要》，提出要把法制建設與道德建設、依法治國與以德治國緊密結合起來，形成和發展社會主義道德體系。通過在全社會大力倡導「愛國

守法、明禮誠信、團結友善、勤儉自強、敬業奉獻」的基本道德規範，社會主義道德建設不斷深化和拓展，廣大幹部和人民群眾的道德素質不斷提高。

「九五」計劃的完成和人民生活實現總體小康

在把中國特色社會主義事業推向 21 世紀的進程中，黨團結帶領人民堅定不移深化改革開放、加快現代化建設，成功應對各種嚴峻風險挑戰，取得了重大成就。

1997 年下半年，東南亞國家爆發金融危機，我國外貿進出口總額呈下降趨勢，經濟建設遇到嚴重困難。面對金融危機衝擊，黨中央明確提出堅定信心、心中有數、未雨綢繆、沉着應付、埋頭苦幹、趨利避害的指導方針，果斷採取擴大國內需求的措施，實行積極的財政政策和穩健的貨幣政策，增加投資，加強基礎設施建設；增加中低收入者的生活保障，改善人民生活；採取提高出口退稅率、打擊走私等措施，千方百計增加出口，從多方面拉動經濟增長。這些對策措施很快見效。1997 年以後，我國經濟持續增長，外貿出口也從 1999 年下半年開始大幅回升。在許多國家出現經濟衰退、貨幣大幅度貶值的危急情況下，中國兌現了人民幣不貶值的承諾，在克服亞洲金融危機中發揮了定海神針的關鍵作用，充分展現出一個負責任大國的形象，為緩解這場影響全球的金融危機作出了貢獻。

1998 年夏，我國遭遇一場歷史罕見的特大洪澇災害。長江、嫩江、松花江發生超歷史記錄的特大洪水，珠江流域的西江和福建閩江也一度發生大洪水，受災人口達 2.3 億。危急時刻，黨中央高度關注

災區群眾的生命安全和切身利益，果斷決策、周密部署。黨和國家領導人親臨抗洪一線指揮；30 餘萬人民解放軍和武警部隊官兵參加抗洪鬥爭，用血肉之軀築起了沖不垮的堅強大堤；災區人民捨小家保大家、捨小局顧大局，全國人民大力支持第一線軍民，奪取了抗洪搶險鬥爭的全面勝利。在同洪水的搏鬥中，黨和人民鑄就了萬眾一心、眾志成城，不怕困難、頑強拚搏，堅韌不拔、敢於勝利的偉大抗洪精神。

改革開放中，在外部敵對勢力滲透、顛覆活動影響下，國內一些錯誤傾向和不良現象時有泛起。1999 年 4 月，針對極少數人利用「法輪功」蠱惑人心、破壞社會穩定的事件，黨中央領導人民堅決果斷地進行了反對「法輪功」邪教組織的重大政治鬥爭，及時依法取締了這個邪教組織，發動社會各界揭批「法輪功」邪教歪理邪說，對被裹脅蒙蔽的人員進行教育轉化，維護了社會政治穩定。

應對亞洲金融危機和一系列重大鬥爭的勝利，充分顯示出黨中央駕馭全局、應對挑戰和抵禦風險的能力，彰顯了我國社會主義制度的優越性。黨和人民在前進的道路上更加充滿信心。

在應對各種困難和風險挑戰的過程中，改革開放和現代化建設取得新的成就。到 2000 年，「九五」計劃的主要任務完成或超額完成，國內生產總值達 99776 億元，年均增長 8.6%；人均國民生產總值比 1980 年翻兩番的目標在 1997 年提前 3 年完成；主要工農業產品產量位居世界前列，商品短缺狀況基本結束。城鄉居民收入大幅度增加，生活質量顯著提升。各項事業全面進步，綜合國力進一步增強。這一時期，舉世矚目的長江三峽水利樞紐工程勝利實現大江截流；西煤東

運新鐵路通道、千萬噸級鋼鐵基地等一批跨世紀特大工程的興建取得重大進展；西氣東輸管道工程、青藏鐵路西寧至格爾木段擴能改造工程等先後啟動。

到 2000 年，我國成功實現由計劃經濟體制向社會主義市場經濟體制的轉變，社會主義市場經濟體制基本框架初步建立，經濟和社會發展的體制環境發生重大變化。

「九五」計劃的勝利完成，標誌着我國實現了社會主義現代化建設第二步戰略目標，人民生活總體上達到小康水平，為邁向第三步戰略目標奠定了良好基礎。這是我國改革開放和社會主義現代化建設事業取得的偉大成就，是中華民族發展史上一個新的里程碑。

2000 年 10 月，黨的十五屆五中全會通過《中共中央關於制定國民經濟和社會發展第十個五年計劃的建議》，為經濟和社會發展描繪了新的藍圖。

六、積極推進中國特色軍事變革

20 世紀 90 年代，面對世界新軍事變革風起雲湧，黨中央和中央軍委提出「政治合格、軍事過硬、作風優良、紀律嚴明、保障有力」的新時期軍隊建設總要求，着眼於打得贏、不變質，對軍隊建設和軍事鬥爭準備作出一系列戰略規劃和部署，推進中國特色軍事變革。

1991 年初爆發的海灣戰爭，向世界展示了全新的作戰圖景，高技術武器裝備成為決定戰爭勝負的重要因素。從軍事技術和戰爭樣式來說，這是機械化戰爭邁向信息化戰爭的轉折點，引發了世界性軍事

1999 年 10 月 1 日，江澤民在中華人民共和國成立 50 週年慶典上檢閱中國人民解放軍受閱部隊

變革浪潮。中央軍委對此高度關注，江澤民三次參加關於海灣戰爭的座談會，提出要看清國際形勢的變化，研究將來的戰爭究竟怎樣打，要下大氣力發展國防科技，在武器裝備上要有「殺手鐧」。1993 年 1 月，中央軍委擴大會議制定了新時期積極防禦的軍事戰略方針，在戰略指導上實行重大調整，明確了新形勢下全軍軍事鬥爭準備的目標和任務，提出把軍事鬥爭準備的基點放在打贏現代技術特別是高技術條件下的局部戰爭上，賦予積極防禦的軍事戰略方針以新的內容。1995 年 12 月，中央軍委擴大會議通過《「九五」期間軍隊建設計劃綱要》，明確提出科技強軍戰略和「兩個根本性轉變」的戰略思想，即在軍事鬥爭準備上，由準備應付一般條件下局部戰爭向準備打贏現代技術特別是高技術條件下局部戰爭轉變；在軍隊建設上，由數量規

模型向質量效能型、由人力密集型向科技密集型轉變。2000 年 12 月召開的中央軍委擴大會議，提出我軍建設要完成機械化和信息化建設雙重任務，以及實現跨越式發展的新思路。

為推進中國特色軍事變革，走中國特色精兵之路，1992 年下半年至 1994 年底，全軍體制編制進行了初步調整精簡。1997 年 9 月黨的十五大宣佈，中國在 80 年代裁減軍隊員額 100 萬的基礎上，將在 3 年內再裁減軍隊員額 50 萬。通過這次調整精簡，中國人民解放軍向合成和小型化、輕型化、多樣化的方向邁進了一步。為適應中國特色軍事變革的需要，黨中央和中央軍委對軍隊後勤保障體制、軍事院校體系、現役士兵服役制度特別是士官制度等，也作出了重大調整和改革。

20 世紀 90 年代中期以後，在經濟持續快速發展的基礎上，國家增加了對國防和軍隊建設的投入。人民解放軍各軍兵種認真貫徹科技強軍、質量強軍方針，加快國防科技和武器裝備發展，在航空、航天、船舶、兵器、軍用電子、工程物理等方面取得了具有世界先進水平的成果，在微電子、信息、傳感、通信技術等方面取得重大進展，特別是包括潛射導彈、機動戰略導彈研製等在內的一批尖端武器的突破，為我軍武器裝備的現代化建設奠定了新的重要技術基礎。

人民解放軍始終堅持黨對軍隊絕對領導的根本原則和制度，把思想政治建設擺在各項建設的首位。這一時期，黨中央、中央軍委修訂、制定和貫徹落實《中國人民解放軍政治工作條例》《關於改革開放和發展社會主義市場經濟條件下軍隊思想政治建設若干問題的決定》等，不斷強化官兵的軍魂意識，始終保持人民軍隊堅強的革命意

志和旺盛的戰鬥精神，為我軍完成以軍事鬥爭準備為龍頭的各項任務提供了堅強保證。

七、香港澳門回歸祖國和兩岸交流擴大

香港澳門勝利回歸祖國

香港進入回歸祖國過渡期後，中英兩國政府在解決香港問題上前期合作基本順利。1989 年後特別是蘇東劇變後，英國政府錯誤地估計形勢，違背中英聯合聲明的有關規定，在香港平穩過渡問題上設置重重障礙，阻擾和對抗中國政府對香港恢復行使主權。對此，我們黨和政府進行了針鋒相對的有理有利有節的鬥爭。

為確保香港平穩過渡和維持香港長期繁榮穩定，1992 年底，黨中央提出「以我為主，兩手準備」的方針。此後，中國政府根據香港特別行政區基本法加緊對香港恢復行使主權的準備和籌建香港特別行政區的有關工作。1996 年 12 月 11 日，香港特別行政區第一屆政府推選委員會以無記名投票方式，選舉董建華為香港特別行政區第一任行政長官人選。12 月 16 日，中央政府任命董建華為香港特別行政區第一任行政長官。至此，香港回歸祖國的各項準備工作基本就緒。

1997 年 6 月 30 日午夜，香港會議展覽中心燈火通明，舉世矚目的中英兩國政府香港交接儀式在這裡舉行。6 月 30 日 23 時 59 分，英國國旗和香港旗緩緩降下，象徵着英國對香港一個半世紀的殖民統治宣告結束。7 月 1 日零時，樂隊奏響中華人民共和國國歌，中華人民共和國國旗和中華人民共和國香港特別行政區區旗冉冉升起。中華

1997 年 7 月 1 日，香港交接儀式在香港會議展覽中心舉行

人民共和國主席江澤民莊嚴宣告：中國政府對香港恢復行使主權。

　　歷經百年滄桑的香港勝利回到祖國的懷抱，洗刷了中華民族百年恥辱，完成了實現祖國完全統一的重要一步。這是彪炳中華民族史冊的千秋功業。香港同胞從此成為祖國這塊土地上的真正主人，香港從此走上同祖國共同發展、永不分離的寬廣道路。

　　在香港回歸的各項準備工作緊張進行的同時，澳門回歸的步伐也在加快。1999 年 5 月 15 日，澳門特別行政區第一屆政府推選委員會以無記名投票方式，選舉何厚鏵為澳門特別行政區首任行政長官人選。5 月 20 日，中央政府任命何厚鏵為澳門特別行政區第一任行政長官。

　　1999 年 12 月 19 日午夜至 20 日凌晨，中葡兩國政府舉行澳門交接儀式。中華人民共和國主席江澤民莊嚴宣告：中國政府對澳門恢復行使主權。

1999 年 12 月 20 日，澳門交接儀式在澳門文化中心舉行

　　著名詩人聞一多 1925 年創作的《七子之歌》，抒發和表達的澳門同胞渴望回到祖國懷抱的強烈期盼，在這一刻成為現實。澳門的勝利回歸，是中國人民在完成祖國統一大業道路上樹立的又一座豐碑。

　　回歸祖國後，香港、澳門作為直轄於中央政府的特別行政區，重新納入國家治理體系。中央政府依照憲法和特別行政區基本法對香港、澳門實行管治，與之相應的特別行政區制度和體制得以確立。香港、澳門同祖國內地的聯繫越來越緊密。面對亞洲金融危機的嚴重衝擊和國際經濟環境變化的不利影響，在中央政府的有力支持下，特別行政區政府沉着應對，各界人士攜手努力，妥善處理一系列經濟和社會問題，保持了香港、澳門經濟和社會的穩定與繁榮。事實充分表明，「一國兩制」是解決歷史遺留的香港、澳門問題的最佳解決方案，也是香港、澳門回歸後保持長期繁榮穩定的最佳制度安排。

兩岸交流的擴大

隨着祖國大陸的發展，經過兩岸同胞的多年努力，1987年10月，台灣國民黨當局有限制地開放探親。11月，第一批探親台灣同胞經香港赴大陸。至此，長達38年之久的兩岸隔絕狀態被打破，兩岸人員往來和經濟文化交流逐步展開。

在此基礎上，黨中央穩步推進海峽兩岸關係的發展。1992年3月，海峽兩岸關係協會與台灣海峽交流基金會開始進行事務性商談。11月，雙方就如何表述堅持一個中國原則的問題，達成「海峽兩岸同屬一個中國，共同努力謀求國家統一」的共識，後被稱為「九二共識」。1993年4月，海協會會長汪道涵同台灣海基會董事長辜振甫在新加坡成功舉行會談，簽署《汪辜會談共同協議》等四項協議，建立了兩岸制度化聯繫與協商機制，標誌着兩岸關係邁出了重要一步。1994年3月，八屆全國人大常委會第六次會議通過《中華人民共和國台灣同胞投資保護法》，將保護台商投資納入法制化軌道，進一步促進了兩岸經濟關係的發展和其他方面交流的擴大。

但是，台灣地區領導人李登輝上台後，在美國等外部反華勢力的支持和縱容下，逐步背棄一個中國原則，「台獨」活動趨於猖獗。黨中央科學分析台灣局勢，認為既要遏制「台獨」分裂勢力，打擊其囂張氣焰，又要深入研究「和平統一、一國兩制」方針在新形勢下的運用和發展。1995年1月30日，在中華民族的傳統節日春節來臨之際，江澤民發表《為促進祖國統一大業的完成而繼續奮鬥》的講話，提出現階段發展兩岸關係、推動祖國和平統一進程的八項主張，強調：堅持一個中國的原則，是實現和平統一的基礎和前提。我們不承

諾放棄使用武力，決不是針對台灣同胞，而是針對外國勢力干涉中國統一和搞「台灣獨立」的圖謀的。講話既體現中國政府完成祖國統一大業的堅定決心，又充分考慮到台灣同胞的願望和台灣的實際情況，引起海內外高度關注和積極反響。

然而，李登輝在搞「台獨」、搞分裂的路上愈走愈遠。1995 年 6 月，李登輝以所謂私人名義訪美，公然在國際社會製造「兩個中國」，1999 年 7 月，他又拋出所謂「兩國論」。2000 年 3 月，台灣民進黨領導人陳水扁上台後，拒不接受一個中國原則，否認「九二共識」。

針對台灣島內和外國敵對勢力不斷加劇的「台獨」分裂活動，黨中央採取果斷措施，從政治、軍事、外交、輿論等方面開展鬥爭。1995 年下半年至 1996 年上半年，人民解放軍在台灣海峽和台灣附近海域進行了一系列大規模軍事演習，震動了世界，顯示了中國政府和中國人民維護國家主權和領土完整的堅強決心，有力打擊了「台獨」分裂勢力和外國敵對勢力的囂張氣焰。

八、推動構建全方位多層次對外關係新格局

20 世紀 90 年代初，隨着蘇聯解體、東歐劇變，國際格局和形勢呈現錯綜複雜的局面。黨中央始終把國家的主權和安全放在第一位，積極應對國際關係的新變化及科技迅猛發展的影響和挑戰，旗幟鮮明地反對霸權主義和強權政治，維護廣大發展中國家的利益，聯合一切可以聯合的力量，促進世界和平與發展，推動建立公正合理的國際政治經濟新秩序。

　　這一時期，我國向國際社會提出發展以不結盟、不對抗、不針對第三方為主要特徵的新型大國關係。根據這一原則，中國分別同俄羅斯、美國、法國、英國、日本及歐盟等建立了發展面向 21 世紀雙邊關係的基本框架。倡導並致力於發展新型大國關係，有利於打破以美國為首的西方國家對國際事務的壟斷，展現了中國為推動世界走向多極化、國際關係走向民主化的誠意、智慧和力量。

　　蘇聯解體後，中國同俄羅斯重新建立外交關係。雙方經過談判，比較妥善地解決了歷史遺留下來的兩國間絕大部分地段的邊界問題。1996 年 4 月，中俄宣佈「發展平等信任的、面向二十一世紀的戰略協作夥伴關係」。

　　20 世紀 90 年代，中國同美國的關係呈現出曲折發展的複雜局面。由於美國對中國一直採取所謂接觸加遏制、以遏制為主的政策，兩國關係經歷了幾次大的波折。1999 年 5 月 8 日，以美國為首的北約轟炸我駐南斯拉夫聯盟共和國大使館。2001 年 4 月 1 日，美國戰機在中國南海空域挑釁，發生了撞機事件。面對美國侵犯中國主權的野蠻暴行和在雙邊關係中挑起的種種事端，中國進行了針鋒相對的鬥爭，維護了國家主權和民族尊嚴。

　　發展同周邊國家和地區的睦鄰友好關係，維護周邊地區和平與穩定，促進共同發展，是我國外交的重要目標之一。這一時期，我國在發展睦鄰合作友好關係上取得了重要進展。1997 年至 2002 年，《中華人民共和國與東盟國家首腦會晤聯合聲明》發表，中國倡導並推動建立「中國—東盟自由貿易區」，簽署中國與東盟全面經濟合作框架協議。1996 年 4 月，中國、俄羅斯、哈薩克斯坦、吉爾吉斯斯坦、

塔吉克斯坦五國首腦在上海舉行會晤，正式形成「上海五國」機制。在此基礎上，2001 年 6 月，中、俄、哈、吉、塔和烏茲別克斯坦六國簽署《上海合作組織成立宣言》。上海合作組織是第一個由中國參與推動建立並以中國城市命名的地區性合作組織，它所倡導的「互信、互利、平等、協商、尊重多樣文明、謀求共同發展」的「上海精神」，在當代國際關係中產生了重要影響。上海合作組織成立後，各成員國在安全、經濟和人文等方面加強交流合作，在反對霸權主義、強權政治，防範「顏色革命」方面發揮了重要作用，有力打擊並遏制了暴力恐怖勢力、民族分裂勢力、宗教極端勢力，維護了地區的總體穩定，促進了各成員國的經濟社會發展。

在實施穩定周邊戰略的同時，中國加強與其他地區發展中國家的友好合作關係。2000 年 10 月，「中非合作論壇——北京 2000 年部長級會議」在北京舉行，通過了《中非合作論壇北京宣言》和《中非經濟和社會發展合作綱領》。中國同拉美和加勒比國家關係快速深入發展，同南美地區除巴拉圭外的所有國家建交。

中國以更加開放的姿態積極參加多邊外交各個領域的活動。2000年 9 月 7 日，在中國倡議下，出席聯合國千年首腦會議的中、美、俄、英、法五個安理會常任理事國首腦舉行聯合國歷史上的首次會晤。2001 年 2 月，博鰲亞洲論壇在海南博鰲成立。這是首個永久定址中國、非官方的國際性會議組織，它以平等、互惠、合作、共贏為主旨，成為亞洲和關心亞洲的各界人士加強了解、增進友誼和擴大合作的紐帶。10 月，我國在上海成功舉辦亞太經合組織第九次領導人非正式會議，為促進亞太地區經濟的恢復和發展產生積極影響。

2001 年 10 月 21 日，亞太經合組織第九次領導人非正式會議合影

世紀之交，我國建立起了全方位多層次的對外關係新格局，在激烈的國際競爭和鬥爭中越來越主動，國際戰略空間不斷擴展，國際影響力顯著提高。

九、推進黨的建設新的偉大工程

明確黨的建設總目標與兩大歷史性課題

20 世紀 90 年代，黨中央科學分析自身建設面臨的新形勢，積極探索在發展社會主義市場經濟條件下加強黨的建設的目標、任務和途徑，採取一系列重大舉措加強和改進黨的建設。

1994 年 9 月，黨的十四屆四中全會作出《中共中央關於加強黨的建設幾個重大問題的決定》，把新時期黨的建設提到「新的偉大工程」的高度，明確提出了黨的建設的總目標。黨的十五大把這個總目標進一步表述為：要把黨建設成為用鄧小平理論武裝起來、全心全意

為人民服務、思想上政治上組織上完全鞏固、能夠經受住各種風險、始終走在時代前列、領導全國人民建設有中國特色社會主義的馬克思主義政黨。

根據世紀之交世情、國情、黨情的深刻變化，2000 年 1 月，江澤民在十五屆中央紀委第四次全會上強調，治國必先治黨，治黨務必從嚴。治黨始終堅強有力，治國必會正確有效。他完整提出「提高領導水平和執政水平、增強拒腐防變和抵禦風險的能力」兩大歷史性課題，要求全黨認真研究和解決，使黨更加堅強有力、更加朝氣蓬勃，帶領全國各族人民繼續勝利前進。

黨的建設總目標和兩大歷史性課題的提出，昇華了黨對自身建設規律的認識，豐富了馬克思主義建黨學說，適應了發展社會主義市場經濟對黨的建設的新要求，為新的歷史條件下加強和改進黨的建設指明了方向。

全面加強黨的建設和「三講」教育的開展

按照黨的建設總目標要求，圍繞兩大歷史性課題，在跨世紀發展征途中，黨中央緊密結合推進改革開放和發展社會主義市場經濟的實踐，扎實推進黨的各方面建設，取得新的重大進展。

這一時期，黨中央堅持用鄧小平理論武裝全黨、教育幹部和人民；把思想政治工作作為經濟工作和其他一切工作的生命線，繼承和發揚黨的優良傳統，在內容、形式、方法、手段、機制等方面不斷創新和改進；按照總攬全局、協調各方的原則，進一步加強和改善黨的領導，既保證黨委的領導核心作用，又充分發揮人大、政府、政協及

人民團體等方面的作用；按照「集體領導、民主集中、個別醞釀、會議決定」的原則，進一步完善黨委內部的議事和決策機制，建立健全領導、專家、群眾相結合的決策機制，逐步完善科學決策、民主決策制度；高度重視培養選拔優秀年輕幹部，加快各級領導層的新老交替步伐；制定實施機關、高校、國企、農村、社團、非公等基層組織工作條例和意見，指導和推動各個領域黨的基層組織建設。這些措施，使黨的自身建設得到了明顯加強，保證了改革和建設事業的健康發展。

隨着社會主義市場經濟的發展，我國出現了新的社會階層和新經濟組織、新社會組織。為適應新情況，黨中央及時提出「增強黨的階級基礎、擴大黨的群眾基礎」的要求，加快在新經濟組織、新社會組織中組建黨組織，不斷擴大黨的工作覆蓋面。從 2001 年 8 月起，開始在新的社會階層中進行發展黨員的試點工作。

加強領導班子建設、提高領導幹部素質，是推進黨的建設新的偉大工程的關鍵所在。1995 年 11 月，江澤民在北京考察工作時提出，必須把教育幹部特別是教育領導幹部擺在突出位置、作為關鍵的一環來抓，向各級領導幹部提出了「講學習、講政治、講正氣」的要求。講學習、講政治、講正氣，三者是緊密相連、相互統一的，核心是講政治，講政治必須堅持學習、必須體現在講正氣上。1998 年 11 月至 2000 年底，全黨在領導班子和領導幹部中分期分批開展以講學習、講政治、講正氣為主要內容的黨性黨風教育。

「三講」教育是新的歷史條件下加強黨的建設特別是領導班子建設、領導幹部思想政治建設的一次創造性探索性的實踐，是延安整風精神和黨的「三大作風」在歷史新時期的豐富和發展。廣大幹部

在「三講」教育中切實拿起批評與自我批評的武器，廣泛聽取群眾意見，查找領導工作中及自身存在的問題，開展積極健康的思想鬥爭，普遍受到一次深刻的馬克思主義教育，經受了一次黨內政治生活的嚴格鍛煉。

改革開放新階段，在各級黨組織的積極推動下，廣大黨員幹部自覺加強黨性鍛煉，努力提高自身素質，始終站在時代前列，湧現出以孔繁森為代表的一大批優秀共產黨員。孔繁森兩次進藏工作，歷時十載，嘔心瀝血，忘我工作，艱苦奮鬥，政績卓著，不幸於 1994 年因公殉職，被譽為「領導幹部的楷模」。這些優秀共產黨員充分展示了當代共產黨人的風采，成為改革開放和現代化建設的時代先鋒。

推進黨風廉政建設與反腐敗鬥爭

在改革開放和發展社會主義市場經濟新條件下，黨中央堅持把黨風廉政建設和反腐敗鬥爭作為關係黨和國家生死存亡的大事來抓。1993 年 8 月，江澤民在十四屆中央紀委第二次全體會議上提出要從三個方面着手做好反腐敗工作：一是各級黨政領導幹部要帶頭廉潔自律；二是集中力量查辦一批大案要案；三是緊緊抓住本地區本部門本單位的突出問題，剎住群眾最不滿意的幾股不正之風。此後，黨中央、國務院着重抓了對各級黨政領導幹部廉潔自律情況的監督檢查、集中力量查辦大案要案、狠剎群眾反映強烈的不正之風三個方面的工作，逐步形成了反腐敗三項工作格局。

為了加強反腐倡廉工作，黨中央、國務院進一步健全相關機構。1993 年 1 月，中央紀委、監察部合署辦公。1995 年 11 月，最高人民

檢察院反貪污賄賂總局成立。這一時期，黨中央制定《中國共產黨紀律處分條例（試行）》《關於實行黨風廉政建設責任制的規定》《中國共產黨黨員領導幹部廉潔從政若干準則（試行）》等黨內法規。同時，規定黨政機關縣處級以上領導幹部收入需申報，黨和國家機關工作人員在國內公務活動中收受的禮品需登記，國有企業業務招待費使用情況需向職代會報告等。領導幹部廉潔從政行為規範初步建立，逐步形成了黨委統一領導、黨政齊抓共管、紀委組織協調、部門各負其責、依靠群眾支持和參與的反腐敗領導體制和工作機制。為了進一步推進黨風廉政建設，2001 年 9 月，黨的十五屆六中全會通過《中共中央關於加強和改進黨的作風建設的決定》，對加強作風建設作出全面部署。

黨中央還果斷作出了軍隊、武警部隊和政法機關不再從事經商活動和黨政機關與所辦經營性企業脫鈎，實行收支兩條線、工程招標、政府採購制度等決策，努力從源頭上預防和遏制腐敗。各級黨委、政府和紀檢監察機關不斷加大反腐敗鬥爭力度，嚴肅查處違紀違法案件，特別是對一批大案要案的查處，產生了較大震懾作用，維護了黨紀國法的嚴肅性。黨風廉政建設和反腐敗鬥爭取得了階段性成果。但是，黨內存在的一些消極腐敗現象依然屢禁不止，有的情況甚至還日趨嚴重。一個重要原因，就是一些黨組織程度不同地存在軟弱渙散、治黨不嚴的問題，對黨員幹部特別是領導幹部疏於教育、管理、監督，在紀律和制度貫徹執行上失之於寬、失之於軟。實踐表明，黨風廉政建設和反腐敗鬥爭既是攻堅戰，也是持久戰。反腐倡廉必須常抓不懈，拒腐防變必須警鐘長鳴。

「三個代表」重要思想的提出

在推進中國特色社會主義偉大事業和黨的建設新的偉大工程進程中，以江澤民同志為主要代表的中國共產黨人，科學分析國內外形勢、黨所處的歷史方位和肩負的歷史使命，深入思考面臨的新情況新問題，加深了對甚麼是社會主義、怎樣建設社會主義和建設甚麼樣的黨、怎樣建設黨的認識，逐步提出了「三個代表」重要思想。

2000 年 2 月 21 日至 25 日，江澤民在廣東考察工作時明確提出「三個代表」要求。他指出：「我們黨所以贏得人民的擁護，是因為我們黨在革命、建設、改革的各個歷史時期，總是代表着中國先進生產力的發展要求，代表着中國先進文化的前進方向，代表着中國最廣大人民的根本利益，並通過制定正確的路線方針政策，為實現國家和人民的根本利益而不懈奮鬥。」5 月 14 日，江澤民在上海主持召開江蘇、浙江、上海黨建工作座談會時進一步指出，始終做到「三個代表」，是我們黨的立黨之本、執政之基、力量之源。

2001 年 7 月 1 日，江澤民在慶祝中國共產黨成立 80 週年大會上發表的講話中，系統闡述了「三個代表」重要思想。他指出，我們黨要始終代表中國先進生產力的發展要求，就是黨的理論、路線、綱領、方針、政策和各項工作，必須努力符合生產力發展的規律，體現不斷推動社會生產力的解放和發展的要求，尤其要體現推動先進生產力發展的要求，通過發展生產力不斷提高人民群眾的生活水平。我們黨要始終代表中國先進文化的前進方向，就是黨的理論、路線、綱領、方針、政策和各項工作，必須努力體現發展面向現代化、面向世界、面向未來的，民族的科學的大眾的社會主義文化的要求，促進全

民族思想道德素質和科學文化素質的不斷提高，為我國經濟發展和社會進步不斷提供精神動力和智力支持。我們黨要始終代表中國最廣大人民的根本利益，就是黨的理論、路線、綱領、方針、政策和各項工作，必須堅持把人民的根本利益作為出發點和歸宿，充分發揮人民群眾的積極性、主動性、創造性，在社會不斷發展進步的基礎上，使人民群眾不斷獲得切實的經濟、政治、文化利益。

「三個代表」重要思想，是我們黨始終保持先進性歷史經驗的基本總結，既堅持了馬克思主義的基本原理，又反映了當代世界和中國的發展變化對黨和國家工作的新要求，並以新的思想、觀點、論斷，繼承、豐富和發展了馬克思列寧主義、毛澤東思想和鄧小平理論，是加強和改進黨的建設、推進我國社會主義自我完善和發展的強大理論武器。它的提出，為黨的十六大的召開，為全黨在充滿希望和挑戰的 21 世紀完成自己承擔的神聖歷史使命，做了重要的思想理論準備。

第九章

在新的形勢下堅持和發展
中國特色社會主義

2002 年 12 月 5 日至 6 日，黨的十六大後新當選的中共中央總書記胡錦濤帶領中共中央書記處的同志，來到河北省平山縣西柏坡學習考察，重溫毛澤東關於「兩個務必」的重要論述。胡錦濤號召全黨同志特別是領導幹部大力發揚艱苦奮鬥的作風，牢記全心全意為人民服務的宗旨，做到權為民所用、情為民所繫、利為民所謀，在帶領人民實現全面建設小康社會奮鬥目標、不斷開創中國特色社會主義事業新局面這場考試中經受新的考驗，交出優異的答卷。西柏坡之行，展現了新世紀新階段中國共產黨人的情懷和追求。

一、黨的十六大和確立「三個代表」重要思想為黨的 指導思想、提出全面建設小康社會的綱領

黨的十六大

2002 年 11 月 8 日至 14 日，中國共產黨第十六次全國代表大會在北京舉行。江澤民作題為《全面建設小康社會，開創中國特色社會主義事業新局面》的報告。

大會系統總結了黨的十三屆四中全會以來 13 年奮鬥歷程和基本經驗。報告指出，這些經驗，聯繫黨成立以來的歷史經驗，歸結起來就是，我們黨必須始終代表中國先進生產力的發展要求，代表中國先進文化的前進方向，代表中國最廣大人民的根本利益。大會對全面貫徹「三個代表」重要思想提出了要求。

大會提出全面建設小康社會的奮鬥目標。大會認為，經過全黨和全國各族人民的共同努力，我們勝利實現了現代化建設「三步走」戰

略的第一步、第二步目標，人民生活總體上達到小康水平。但必須看到，我國正處於並將長期處於社會主義初級階段，現在達到的小康還是低水平的、不全面的、發展很不平衡的小康，人民日益增長的物質文化需要同落後的社會生產之間的矛盾仍然是我國社會的主要矛盾。鞏固和提高目前達到的小康水平，還需要進行長時期的艱苦奮鬥。大會指出，21 世紀頭 20 年，對我國來說，是一個必須緊緊抓住並且可以大有作為的重要戰略機遇期。我國要在本世紀頭 20 年，集中力量，全面建設惠及十幾億人口的更高水平的小康社會，使經濟更加發展、民主更加健全、科教更加進步、文化更加繁榮、社會更加和諧、人民生活更加殷實。這是實現現代化建設第三步戰略目標必經的承上啟下的發展階段，也是完善社會主義市場經濟體制和擴大對外開放的關鍵階段。經過這個階段的建設，再繼續奮鬥幾十年，到本世紀中葉基本實現現代化，把我國建成富強民主文明的社會主義國家。大會還從經濟、政治、文化、社會、生態環境等方面提出了全面建設小康社會的目標，強調在優化結構和提高效益的基礎上，國內生產總值到 2020 年力爭比 2000 年翻兩番。

　　大會審議通過報告和《中國共產黨章程（修正案）》。黨章修正案明確規定，中國共產黨是中國工人階級的先鋒隊，同時是中國人民和中華民族的先鋒隊，是中國特色社會主義事業的領導核心，代表中國先進生產力的發展要求，代表中國先進文化的前進方向，代表中國最廣大人民的根本利益。這樣表述黨的性質，有利於最廣泛地調動廣大黨員的積極性、主動性和創造性，團結和帶領廣大人民群眾共同建設中國特色社會主義。黨章修正案增寫了黨必須按照總攬全局、協調

黨的十六大會場

各方的原則，增加了黨組發揮領導核心作用的規定；明確了將申請入黨對象擴大到其他社會階層的先進分子；增寫了在社區、社會團體、社會中介組織中成立黨的基層組織的內容。黨章修正案還增寫了「黨徽黨旗」一章，對於發揮黨徽黨旗的感召力，增強黨的凝聚力和影響力，具有重要作用。

　　大會選舉產生十六屆中央委員會和中央紀律檢查委員會。黨的十六屆一中全會選舉產生胡錦濤、吳邦國、溫家寶、賈慶林、曾慶紅、黃菊、吳官正、李長春、羅干為中央政治局常委，胡錦濤為中央委員會總書記；決定江澤民為中央軍事委員會主席；批准吳官正為中央紀律檢查委員會書記。2004 年 9 月，黨的十六屆四中全會決定胡

錦濤為中央軍事委員會主席。

　　黨的十六大是黨在新世紀召開的第一次全國代表大會。大會明確回答了新世紀新階段中國共產黨舉甚麼旗、走甚麼路、實現甚麼樣的發展目標等重大問題。它向世人昭示：在新世紀新階段，中國共產黨高舉的旗幟，就是馬克思列寧主義、毛澤東思想和鄧小平理論的旗幟，就是「三個代表」重要思想的旗幟；中國共產黨要走的道路，就是中國特色社會主義道路；中國共產黨帶領人民在新世紀前50年所要實現的目標，就是全面建設小康社會並進而實現現代化的目標。從此，中國人民踏上了全面建設小康社會的新征程。

確立「三個代表」重要思想為黨的指導思想

　　黨的十六大的一個歷史性貢獻，是把「三個代表」重要思想同馬克思列寧主義、毛澤東思想、鄧小平理論一道，作為黨必須長期堅持的指導思想寫入黨章。

　　黨的十六大對「三個代表」重要思想的科學內涵和根本要求作了全面闡述。大會強調，「三個代表」重要思想是在科學判斷黨的歷史方位的基礎上提出來的，是對馬克思列寧主義、毛澤東思想和鄧小平理論的繼承和發展，反映了當代世界和中國的發展變化對黨和國家工作的新要求，是加強和改進黨的建設、推進社會主義制度自我完善和發展的強大理論武器，是全黨集體智慧的結晶。大會指出，貫徹「三個代表」重要思想，關鍵在堅持與時俱進，核心在堅持黨的先進性，本質在堅持執政為民。始終做到「三個代表」，是我們黨的立黨之本、執政之基、力量之源。為此，全黨必須始終保持與時俱進的精神

狀態，不斷開拓馬克思主義理論發展的新境界；必須把發展作為黨執政興國的第一要務，不斷開創現代化建設的新局面；必須最廣泛最充分地調動一切積極因素，不斷為中華民族的偉大復興增添新力量；必須以改革的精神推進黨的建設，不斷為黨的肌體注入新活力。

黨的十六大以後，黨中央採取一系列舉措，推動「三個代表」重要思想的學習貫徹。各地區、各部門認真落實中央的要求，把學習貫徹「三個代表」重要思想不斷推向新高潮，有力地推動了黨和國家各項事業的發展。

二、推動經濟社會科學發展

科學發展觀的提出

正當各地區各部門圍繞黨的十六大提出的全面建設小康社會奮鬥目標，大力推進改革開放和社會主義現代化建設各項事業的時候，我國遭遇了一場突如其來的非典型性肺炎（簡稱「非典」）疫情。

2003 年 2 月中下旬，非典疫情在廣東局部地區流行，3 月上旬在華北地區傳播和蔓延，4 月中下旬波及全國 26 個省、自治區、直轄市。非典疫情對人民群眾身體健康和生命安全構成嚴重威脅，給經濟社會發展帶來嚴重衝擊。黨中央、國務院堅持把人民群眾身體健康和生命安全放在第一位，及時作出堅持一手抓防治工作這件大事不放鬆，一手抓經濟建設這個中心不動搖，齊心協力奪取抗擊非典和促進發展雙勝利的重大決策。在黨中央、國務院堅強領導下，全國各族人

2003 年 5 月 12 日，正在四川考察農村防治非典工作的胡錦濤來到自貢市富順縣人民醫院，看望醫護人員

民大力弘揚萬眾一心、眾志成城，團結互助、和衷共濟，迎難而上、敢於勝利的精神，舉國上下緊急動員，堅持群防群控，攜手共克時艱，有效控制了非典疫情，保持了經濟較快增長。6 月，世界衛生組織宣佈解除對北京的旅行警告。我國抗擊非典取得階段性重大勝利。

　　抗擊非典的勝利，充分顯示出我國社會主義制度的巨大優越性。同時，非典的發生和蔓延，也暴露出我國在經歷了一個經濟高速發展階段之後，存在發展不夠協調、公共衛生事業發展滯後、突發事件應急機制不健全等新矛盾新問題，這進一步引發了黨中央對新形勢下中國發展問題的深入思考。「實現甚麼樣的發展、怎樣發展」這一重大理論和實踐問題，歷史地擺到了中國共產黨人面前。

2003 年 8 月底 9 月初，胡錦濤在江西考察時提出「科學發展觀」概念，指出要牢固樹立協調發展、全面發展、可持續發展的科學發展觀。10 月，黨的十六屆三中全會第一次在黨的正式文件中完整地提出了科學發展觀，強調「堅持以人為本，樹立全面、協調、可持續的發展觀，促進經濟社會和人的全面發展」。

2004 年 3 月 10 日，胡錦濤在中央人口資源環境工作座談會上對科學發展觀的科學內涵、基本要求和指導意義作了全面闡述。他指出，堅持以人為本，就是要以實現人的全面發展為目標，從人民群眾的根本利益出發謀發展、促發展，不斷滿足人民群眾日益增長的物質文化需要，切實保障人民群眾的經濟、政治和文化權益，讓發展的成果惠及全體人民。全面發展，就是要以經濟建設為中心，全面推進經濟、政治、文化建設，實現經濟發展和社會全面進步。協調發展，就是要統籌城鄉發展、統籌區域發展、統籌經濟社會發展、統籌人與自然和諧發展、統籌國內發展和對外開放，推進生產力和生產關係、經濟基礎和上層建築相協調，推進經濟、政治、文化建設的各個環節、各個方面相協調。可持續發展，就是要促進人與自然的和諧，實現經濟發展和人口、資源、環境相協調，堅持走生產發展、生活富裕、生態良好的文明發展道路，保證一代接一代地永續發展。

科學發展觀，是黨中央對 20 多年改革開放實踐的經驗總結，是戰勝非典疫情的重要啟示，也是推進全面建設小康社會的迫切要求。科學發展觀提出以後，在實踐中不斷得到豐富和完善，對中國特色社會主義事業發展發揮了重要的指導作用。

完善社會主義市場經濟體制與推動經濟又好又快發展

經過改革開放以來特別是黨的十四大以來的奮鬥探索，我國初步建立起社會主義市場經濟體制，極大地促進了社會生產力的發展。但是社會主義市場經濟體制還有諸多不完善的地方，需要進一步改革。

2003 年 10 月，黨的十六屆三中全會通過《中共中央關於完善社會主義市場經濟體制若干問題的決定》，提出大力發展國有資本、集體資本和非公有資本等參股的混合所有制經濟；放寬市場准入，允許非公有資本進入法律法規未禁入的基礎設施、公用事業及其他行業和領域；建立歸屬清晰、權責明確、保護嚴格、流轉順暢的現代產權制度；建立有利於逐步改變城鄉二元經濟結構的體制等重大政策措施。《決定》標誌着我們黨對在社會主義條件下發展市場經濟的認識進一步深化，把握和運用市場經濟規律的能力進一步提高。按照全會的部署，我國經濟體制改革向重點領域和關鍵環節穩步推進。

鞏固和發展公有制經濟，發揮國有經濟的主導作用，是完善基本經濟制度的重要方面。中央、省、市三級相繼成立國有資產監督管理委員會，改變過去政府直接管理企業的職能，以保證國有資產保值增值的責任得到落實。按照《決定》提出的要使股份制成為公有制的主要實現形式的要求，通過規範上市、中外合資、相互參股、兼併收購等多種途徑，不斷推進國有企業股份制改革。改革後，湧現出一批能夠把握市場機遇、應對國際市場挑戰的新型國有企業，成為國民經濟的支柱力量，國有經濟活力、控制力和影響力明顯增強。

在毫不動搖地鞏固和發展公有制經濟的同時，毫不動搖地鼓勵、

支持和引導非公有制經濟發展。2005 年 2 月，國務院出台關於鼓勵支持和引導個體私營等非公有制經濟發展的若干意見，提出放寬非公有制經濟市場准入，允許非公有資本進入壟斷行業、公用事業、社會事業、金融服務業等領域，鼓勵參與國有企業重組。隨着政策環境不斷改善，非公企業得以迅速發展，這一時期創造的產值超過了國內生產總值的一半，上繳國家的稅收比重不斷增加，在促進經濟增長、擴大就業和活躍市場等方面發揮着越來越重要的作用。

在改革持續和深化的過程中，黨和政府針對工業化、城鎮化進程中出現的固定資產投資增長過快、貨幣信貸投放過多、外貿順差過大等問題，及時採取措施加大宏觀調控力度。2003 年以後，中央提出必須嚴把土地、信貸兩個閘門，將土地等資源政策作為宏觀調控手段。由於措施及時，從 2004 年第二季度起經濟緩慢降溫，部分行業投資過快增長勢頭得到一定程度的遏制。

在加強宏觀調控的同時，黨中央根據經濟社會發展的新情況提出新的發展方針。2006 年 10 月，黨的十六屆六中全會提出「促進經濟又好又快發展」的新要求。又好又快發展，強調既要保持經濟平穩較快增長，防止大起大落，又要堅持好中求快，注重優化結構，努力提高質量和效益。指導經濟發展的方針，從持續使用多年的「又快又好」到「又好又快」，雖只是「好」與「快」順序的調整，卻體現了科學發展的本質要求。

黨中央通過重點領域和關鍵環節的改革，以及宏觀調控的有效實施、指導方針的適時調整，使經濟運行中的一些突出矛盾得到緩解，國民經濟保持了增長較快、結構趨優、效益提高的良好態勢，沒有出

現大的起落。到 2007 年，我國經濟總量上升到世界第四位，進出口總額上升到世界第三位。

提出構建社會主義和諧社會戰略目標

實現社會和諧、建設美好社會，是我們黨不懈奮鬥的目標。進入新世紀，面對經濟體制深刻變革、社會結構深刻變動、利益格局深刻調整、思想觀念深刻變化，黨中央從中國特色社會主義事業總體佈局和全面建設小康社會的全局出發，準確把握我國發展的階段性特徵，客觀分析影響社會和諧的突出矛盾和問題，提出了構建社會主義和諧社會的重大戰略目標。

2002 年 11 月，黨的十六大在闡述全面建設小康社會目標時，提出了實現社會更加和諧的要求。2004 年 9 月，黨的十六屆四中全會明確提出了構建社會主義和諧社會的重大戰略任務，把提高構建社會主義和諧社會能力確定為加強黨的執政能力建設的重要內容。

2006 年 10 月，黨的十六屆六中全會通過《中共中央關於構建社會主義和諧社會若干重大問題的決定》，提出按照民主法治、公平正義、誠信友愛、充滿活力、安定有序、人與自然和諧相處的總要求，構建社會主義和諧社會。《決定》強調，必須堅持以人為本，始終把最廣大人民的根本利益作為黨和國家一切工作的出發點和落腳點，做到發展為了人民、發展依靠人民、發展成果由人民共享，促進人的全面發展。《決定》還提出了構建社會主義和諧社會的政策措施。

構建社會主義和諧社會重大戰略目標的提出，使中國特色社會主義事業總體佈局增加了「社會建設」這一重要方面，從而由經濟建

設、政治建設、文化建設「三位一體」擴展為經濟建設、政治建設、文化建設、社會建設「四位一體」。

促進區域、城鄉協調發展

區域、城鄉發展不平衡，是制約我國經濟社會發展的突出問題。科學發展觀提出後，黨中央認真貫徹科學發展觀的要求，對統籌區域、城鄉發展作出一系列重大決策部署。

西部大開發戰略在世紀之交實施後，按照中央提出的重點先行、適當超前的方針，着力加強西部基礎設施建設，重點展開了西電東送、西氣東輸、青藏鐵路等標誌性工程建設。青藏鐵路被稱為「離天最近的鐵路」，全體參建人員在惡劣的自然條件下，克服常年凍土、高寒缺氧、生態脆弱三大世界性工程技術難題，建成了世界上海拔最高、線路最長的高原鐵路，創造了人類鐵路建設史上的奇跡。2006年7月1日，全長1956公里的青藏鐵路全線通車，結束了西藏不通鐵路的歷史，有力推動了雪域高原的跨越式發展和各族人民生活的改善，成為西藏經濟社會發展的「輸氧線」。西部大開發戰略的深入實施，使西部經濟社會發展不斷呈現新的局面。

在深入實施西部大開發戰略的同時，黨中央着眼於實現區域協調發展，相繼作出振興東北地區等老工業基地、促進中部地區崛起等重大決策，形成並豐富了區域發展總體戰略。東北地區通過實施工業結構調整重大項目，大慶油田、中國一汽等一批重點企業技術水平有了顯著提高，自主創新和先進製造能力不斷增強，遼寧阜新等一批資源型城市經濟轉型試點工作取得階段性成果。中部地區在中央的支持

青藏鐵路通車當天，在位於青海省境內的沱沱河大橋橋頭，當地群眾歡迎從格爾木出發的「青1」次列車

下全力實現崛起，一批具有競爭力的優勢產業和產品不斷湧現，城市群、城市帶和城市圈加快形成，承東啟西的區位優勢進一步凸顯。國家批准上海浦東新區和天津濱海新區為全國綜合配套改革試驗區，積極推動長江三角洲、台灣海峽西岸等重點地區的開發開放。東部地區抓住區位優勢和先發優勢，努力實現率先發展，長三角、珠三角和京津冀三大都市圈始終保持我國經濟發展的「三大引擎」地位。

　　統籌城鄉發展是推動科學發展、促進社會和諧的另一個重要任務。黨的十六屆四中全會深刻分析一些國家工業化發展歷程，明確提出「兩個趨向」的重要論斷，即「在工業化初始階段，農業支持工業、為工業提供積累是帶有普遍性的趨向；但在工業化達到相當程度以後，工業反哺農業、城市支持農村，實現工業與農業、城市與農

村協調發展，也是帶有普遍性的趨向」。中央認為，經過幾十年的發展，我國在總體上已進入以工促農、以城帶鄉的發展階段，必須統籌城鄉經濟社會發展，把解決好農業、農村和農民問題作為全黨工作的重中之重，堅持「多予、少取、放活」的方針，努力增加農民收入。從 2004 年起，中央每年都印發有關「三農」問題的「一號文件」。2005 年 10 月，黨的十六屆五中全會明確提出建設社會主義新農村的重大戰略任務，對社會主義新農村建設作了部署。

黨和政府還採取一系列重大措施，切實減輕農民負擔。2005 年 12 月 29 日，十屆全國人大常委會第十九次會議決定，自 2006 年 1 月 1 日起廢止《中華人民共和國農業稅條例》。由此，國家不再針對農業單獨徵稅，一個在我國存在 2600 年的古老稅種宣告終結。附加在農業稅上的一系列地方性收費也一併取消。農業稅及各種附加收費的取消，根本性地扭轉了農民負擔過重的狀況，給億萬農民帶來了看得見、摸得着的實惠。河北省靈壽縣青廉村農民王三妮自掏腰包鑄成「告別田賦鼎」，用特殊的方式表達對取消農業稅的喜悅心情，讓子孫後代永遠銘記這一歷史性舉措。

國家還進行了包括鄉鎮機構、農村義務教育、縣鄉財政管理體制改革在內的農村綜合改革和集體林權制度改革。在社會主義新農村建設的偉大進程中，農村改革發展揭開了新的篇章。

「十五」計劃的完成和「十一五」規劃的制定

世紀之交，西方國家一些人鼓噪所謂「中國經濟崩潰論」。然而，事實證明，中國經濟不僅沒有崩潰，而且成為全球經濟發展的

重要力量。

「十五」計劃的五年中，我國擺脫亞洲金融危機帶來的衝擊，又成功戰勝非典疫情和重大自然災害，從容應對加入世界貿易組織新變化，不失時機推進改革開放、加強和改善宏觀調控，保持了經濟平穩較快發展，社會生產力、綜合國力都邁上一個新台階。2001 年至 2005 年五年間，國內生產總值增長 57.3%，年均增長 9.5%。人民生活明顯改善，老百姓住房條件大為改觀，汽車迅速進入普通家庭，人們的旅遊消費大大增加，不僅國內黃金週假日消費紅紅火火，而且越來越多的人走出國門，足跡遍及世界各地。

「十五」期間，我國人均國內生產總值突破 1000 美元，經濟社會發展進入一個關鍵時期。隨着「十五」計劃的完成，黨中央深入研究和把握這一時期我國發展呈現出來的一系列重要階段性特徵，高度重視存在的挑戰和風險，努力通過制定「十一五」規劃加以克服和應對。

2005 年 10 月，黨的十六屆五中全會通過《中共中央關於制定國民經濟和社會發展第十一個五年規劃的建議》。《建議》的鮮明特點是強調堅持以科學發展觀統領經濟社會發展全局，把科學發展觀貫穿到改革開放和現代化建設全過程。《建議》有兩個突出亮點：一個是強調在優化結構、提高效益、降低消耗的基礎上，實現 2010 年人均國內生產總值比 2000 年翻一番，這個人均指標比以前提出的國內生產總值翻一番的目標更高了；另一個是首次將能源消耗納入目標體系，提出單位國內生產總值能源消耗比「十五」期末降低 20% 左右。2006 年 3 月，十屆全國人大四次會議審議通過《中華人民共和國國民經濟和社會發展第十一個五年規劃綱要》。

「十一五」規劃綱要確定的目標、任務和政策措施，既與全面建設小康社會的目標相銜接，又反映了經濟社會發展的客觀要求和階段性特徵。「十一五」規劃還第一次將延續 50 多年的「計劃」改為「規劃」，這一字之差體現了社會主義市場經濟條件下中長期規劃的功能定位，反映了我國發展理念、經濟體制、政府職能的重大變革。

三、黨的十七大和全面建設小康社會新部署

黨的十七大

2007 年 10 月 15 日至 21 日，中國共產黨第十七次全國代表大會在北京舉行。胡錦濤作題為《高舉中國特色社會主義偉大旗幟，為奪取全面建設小康社會新勝利而奮鬥》的報告。

大會對改革開放的寶貴經驗作了「十個結合」的精闢概括，闡述了中國特色社會主義道路的基本內涵，首次提出中國特色社會主義理論體系的概念並作了概括。大會強調，改革開放以來我們取得一切成績和進步的根本原因，歸結起來就是：開闢了中國特色社會主義道路，形成了中國特色社會主義理論體系。高舉中國特色社會主義偉大旗幟，最根本的就是要堅持中國特色社會主義道路和中國特色社會主義理論體系。

大會對科學發展觀的時代背景、科學內涵、精神實質和根本要求進行了全面系統的闡述。

大會深刻分析國際國內形勢發展變化和新世紀新階段我國發展一系列新的階段性特徵，對實現全面建設小康社會的宏偉目標作出全

黨的十七大會場

面部署，在經濟、政治、文化、社會、生態文明等五個方面提出新要求。與黨的十六大確定的到 2020 年奮鬥目標相比較，這些新要求既與之相銜接，保持了目標的連續性，又根據新的情況和條件進行了充實，使全面建設小康社會的目標更全面、內涵更豐富、要求更具體。特別是根據經濟持續快速發展的實際，調整了黨的十六大提出的到 2020 年力爭實現國內生產總值比 2000 年翻兩番的經濟增長目標，提出「實現人均國內生產總值到二〇二〇年比二〇〇〇年翻兩番」的更高要求。這些新要求深刻反映了黨的執政治國理念的新發展，集中體現了科學發展觀的本質要求和基本精神。

大會審議通過報告和《中國共產黨章程（修正案）》。黨章修正案增寫了中國特色社會主義事業總體佈局，全面推進經濟建設、政治

建設、文化建設、社會建設的內容，體現了我們黨對共產黨執政規律、社會主義建設規律、人類社會發展規律認識的深化。此外，還增寫了黨的中央和省、自治區、直轄市委員會實行巡視制度，以利於加強黨內監督、促進反腐倡廉工作；增寫了黨的幹部要樹立正確政績觀，作出經得起實踐、人民、歷史檢驗的實績的要求；增加了推進黨務公開、發展黨內民主、加強和改進流動黨員管理等方面的新規定。

大會選舉產生十七屆中央委員會和中央紀律檢查委員會。黨的十七屆一中全會選舉產生胡錦濤、吳邦國、溫家寶、賈慶林、李長春、習近平、李克強、賀國強、周永康①為中央政治局常委，胡錦濤為中央委員會總書記；決定胡錦濤為中央軍事委員會主席；批准賀國強為中央紀律檢查委員會書記。

中國特色社會主義理論體系的概括提出

創造性地提出並深刻闡述馬克思主義中國化的第二次飛躍的理論成果 —— 中國特色社會主義理論體系，是黨的十七大的重大理論貢獻。

中國特色社會主義理論體系是黨在領導改革開放和社會主義現代化建設的偉大實踐中逐步形成的。黨的十七大首次概括提出，中國特色社會主義理論體系，就是包括鄧小平理論、「三個代表」重要思想以及科學發展觀等重大戰略思想在內的科學理論體系。這個理論體

---

① 2014 年 12 月，鑒於周永康嚴重違紀，中共中央經立案審查後決定給予其開除黨籍處分。2015 年 6 月，周永康因受賄、濫用職權、故意洩露國家秘密罪被天津市第一中級人民法院判處無期徒刑，剝奪政治權利終身。

系，堅持和發展了馬克思列寧主義、毛澤東思想，凝結了幾代中國共產黨人帶領人民不懈探索實踐的智慧和心血，是馬克思主義中國化最新成果，是黨最可寶貴的政治和精神財富，是全國各族人民團結奮鬥的共同思想基礎。大會強調，中國特色社會主義理論體系是不斷發展的開放的理論體系，必須倍加珍惜、長期堅持和不斷發展。

大會指出，科學發展觀是立足社會主義初級階段基本國情，總結我國發展實踐，借鑒國外發展經驗，適應新的發展要求提出來的。科學發展觀的第一要義是發展，核心是以人為本，基本要求是全面協調可持續，根本方法是統籌兼顧。在新的發展階段繼續全面建設小康社會、發展中國特色社會主義，必須堅持以鄧小平理論和「三個代表」重要思想為指導，深入貫徹落實科學發展觀。

大會認為，科學發展觀是中國特色社會主義理論體系重大創新成果，決定將這一成果寫入黨章。黨章明確規定：科學發展觀，是同馬克思列寧主義、毛澤東思想、鄧小平理論和「三個代表」重要思想既一脈相承又與時俱進的科學理論，是我國經濟社會發展的重要指導方針，是發展中國特色社會主義必須堅持和貫徹的重大戰略思想。

四、應對重大挑戰和深化改革開放

應對國際金融危機和各種挑戰

從 2007 年開始的美國次貸危機，到 2008 年演化成一場全球性的金融危機，並且迅速由金融領域擴散到實體經濟領域，由美國擴散到世界主要經濟體，其來勢之猛、擴散之快、影響之深，為 20 世

紀 20 年代末 30 年代初世界經濟大危機以來所僅見。美國次貸危機爆發後，黨中央密切關注危機的發展態勢，特別是可能對我國經濟發展帶來的風險和產生的衝擊，強調要樹立憂患意識，做好應對危機的預案。

到了 9 月，國際金融危機對我國的衝擊迅速加劇，第四季度經濟增速出現急劇下滑勢頭，對外貿易出口困難，就業壓力迅速加大。黨中央、國務院全面分析、準確判斷、從容應對，將宏觀調控的着力點轉到防止經濟增速過快下滑上來，實施積極的財政政策和適度寬鬆的貨幣政策，着力擴大國內需求特別是消費需求，形成了包括大規模增加政府投資、實行結構性減稅、大範圍實施十個重點產業調整振興規劃等一攬子計劃。

經過艱苦努力，我國在世界上率先實現經濟回升向好。從 2009 年第二季度起，經濟止跌回升，全年增長 9.2%。事實證明，我國應對國際金融危機衝擊的方針、政策和舉措總體上是有效的。但採取的一些經濟刺激政策會有一個消化的過程，同時我國經濟發展仍存在不少突出的矛盾和問題。從根本上解決經濟平穩健康發展問題，必須堅定不移推進和深化改革。

2008 年 5 月 12 日，四川汶川發生里氏 8.0 級特大地震，造成 8.7 萬人遇難，受災群眾達 4625 萬多人，直接經濟損失 8451 億多元。在黨中央領導下，我國迅速組織起歷史上救援速度最快、動員範圍最廣、投入力量最多的抗震救災活動。黨中央堅持以人為本、尊重科學、果斷決策、沉着應對，全國人民患難與共、同心協力，人民子弟兵捨生忘死、衝鋒在前，一方有難、八方支援、集中力量辦大事的制

度優勢得到充分發揮。在這場波瀾壯闊的抗震救災過程中，無數人在生死瞬間把生的希望留給他人，父母用臂膀為孩子撐起生命的空間，老師用身軀為學生擋住死神的威脅，黨員幹部在關鍵時刻、危難關頭豁得出來、衝得上去，在地震廢墟上譜寫了一曲曲感天動地的英雄壯歌，充分展現了萬眾一心、眾志成城，不畏艱險、百折不撓，以人為本、尊重科學的偉大抗震救災精神。

在奪取抗震救災鬥爭重大勝利後，黨和政府迅速制定災區災後恢復重建計劃，決定用三年時間完成災後恢復重建任務，並動員全國力量實行對口支援。全國各族人民、港澳台同胞和海外僑胞以各種方式支持抗震救災和災後重建。到 2010 年 9 月底，重建任務提前一年基本完成，受災地區的基礎設施和群眾的生產生活大大超過災前水平，創造了災後重建的人間奇跡。

2008 年至 2010 年間，黨和政府還帶領人民取得抗擊南方雨雪冰凍極端天氣、青海玉樹強烈地震和甘肅舟曲特大山洪泥石流等嚴重自然災害以及恢復重建的勝利。依法堅決平息和妥善處理 2008 年 3 月 14 日拉薩等地打砸搶燒嚴重暴力犯罪事件和 2009 年 7 月 5 日烏魯木齊打砸搶燒嚴重暴力犯罪事件，堅決打擊了暴力恐怖勢力、民族分裂勢力和宗教極端勢力的破壞活動，維護了民族團結和社會穩定。

成功應對各種困難和風險挑戰，充分顯示了我們黨抵禦各種風險、駕馭各種複雜局面的能力，顯示了黨的堅強領導和我國社會主義制度能夠集中力量辦大事的政治優勢，顯示了「任何困難都難不倒英雄的中國人民」的大無畏氣概。

加快轉變經濟發展方式和深化重要領域改革

加快經濟發展方式轉變是我國經濟領域的一場深刻變革。為更好地解決經濟長期積累的結構性矛盾和經濟增長方式粗放問題，黨的十七大提出加快轉變經濟發展方式的戰略任務。把過去常講的「轉變經濟增長方式」表述為「轉變經濟發展方式」，雖然只是兩個字的改動，但卻有着十分深刻的內涵。轉變經濟發展方式，除了涵蓋轉變經濟增長方式的全部內容外，還對經濟發展的理念、目的、戰略、途徑等提出了新的更高的要求，充分體現了黨對經濟發展規律認識的深化。

國際金融危機的衝擊，使我國內需外需不平衡、投資消費不協調、產業結構不合理、發展方式不可持續的問題進一步凸顯出來。2010 年 10 月召開的黨的十七屆五中全會明確指出，加快轉變經濟發展方式是做好「十二五」時期經濟社會發展工作的主線。黨中央還對加快轉變經濟發展方式的基本要求作出了新的概括，明確要求把經濟結構戰略性調整作為主攻方向，把科技進步和創新作為重要支撐，把保障和改善民生作為根本出發點和落腳點，把建設資源節約型、環境友好型社會作為重要着力點，把改革開放作為強大動力。按照這一要求，黨和國家相繼採取一系列措施，堅持實施擴大內需戰略，堅持走中國特色新型工業化道路，扎實推進節能減排和生態環境保護，深入實施區域發展總體戰略，積極穩妥推進城鎮化，推動經濟發展方式轉變邁出了新步伐。

經濟發展方式轉變滯後是多方面因素造成的，但最大癥結在於體制機制不合理。為此，黨中央強調要通過不斷深化改革，既從制度上

更好發揮市場在資源配置中的基礎性作用，又形成有利於科學發展的宏觀調控體系，為經濟社會發展提供強大動力和制度保障。

在所有制改革方面，國有經濟戰略性調整和國有大型企業改革加快推進。2006 年起，中央企業加大兼併重組力度，到 2011 年，國資委監管的中央企業從 2007 年的 159 家減少到 117 家，其中有超過 80% 的資產集中在石油石化、電力、國防和通信等關鍵領域以及運輸、礦業、冶金等支柱行業，國有企業整體素質和競爭力大大增強。在國有企業做強做優的同時，黨和政府堅持「兩個毫不動搖」的方針，積極鼓勵和引導非公有制經濟健康發展。2010 年 5 月，國務院印發關於鼓勵和引導民間投資健康發展的若干意見，非公有制經濟發展的體制環境進一步得到改善。

在農村改革發展方面，中央在改革開放 30 週年之際明確宣示，現有土地承包關係要保持穩定並長久不變。2008 年 10 月召開的黨的十七屆三中全會作出《中共中央關於推進農村改革發展若干重大問題的決定》，強調農業是安天下、穩民心的戰略產業，要求堅決守住 18 億畝耕地紅線，促進城鄉經濟社會發展一體化。此後，中央進一步加大對農業的財政投入，出台一系列強農惠農富農政策，在實施糧食直補的基礎上，對種糧農民實施良種補貼、農機具購置補貼和農資綜合補貼等，充分調動了種糧農民的積極性。從 2004 年起，我國糧食產量實現 8 年連續增長，2011 年達到 5.7 億噸。農民人均純收入也連年增長。

在擴大對外開放方面，開放型經濟水平全面提升。中國履行加入世界貿易組織承諾，大幅降低關稅，到 2010 年關稅總水平降至

9.8%，遠遠低於發展中國家的平均水平。同時，大規模開展法律法規清理修訂工作。從 2001 年開始，10 年間中央政府共清理法律法規和部門規章 2300 多件，地方政府共清理地方性政策和法規 19 萬多件。國際金融危機爆發後，中國積極應對外部環境的急劇變化，及時出台穩定外需的政策措施，實施市場多元化戰略，在對外貿易、利用外資、對外投資等領域取得重要進展。2002 年至 2011 年加入世界貿易組織的 10 年間，中國貨物貿易額的全球排名由第六位上升到第二位。中國實行的平等、互利、合作、共贏的對外開放政策，不僅惠及 13 億中國人民，也使世界各國人民獲益，給世界經濟發展以有力推動。

「十一五」規劃的完成和「十二五」規劃的制定

「十一五」時期，面對國內外環境的複雜變化和重大風險挑戰，黨中央緊緊抓住發展這個執政興國的第一要務，充分發揮社會主義制度的政治優勢，充分發揮市場在資源配置中的基礎性作用，加速推進改革開放和現代化建設，國家面貌發生新的歷史性變化。

經濟平穩較快發展，國民經濟邁上新台階。「十一五」期間，國內生產總值年均增長 11.3%，2010 年超過 40 萬億元，經濟總量先後超過德國和日本，躍升至世界第二位，成為僅次於美國的世界第二大經濟體。城鎮居民人均可支配收入和農村居民人均純收入年均分別增長 9.7% 和 8.9%，人民生活明顯改善。

經濟快速發展需要科技創新提供動力，同時又為科技進步提供了條件。繼 2005 年提出建設創新型國家後，2012 年中央進一步提出實

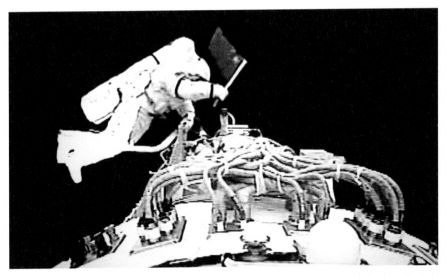

2008 年 9 月 27 日，執行「神舟七號」載人航天飛行出艙活動任務的航天員翟志剛在艙外揮舞中國國旗

施創新驅動發展戰略。按照這一部署，國家加大科技投入，組織實施 16 個重大科技專項、技術創新工程、十大產業振興規劃和戰略性新興產業發展規劃，在重要學科前沿和戰略必爭領域取得一批重大自主創新成果，載人航天、探月工程、超級計算機等實現新的重大突破。繼 2003 年「神舟五號」飛船首次實現載人航天飛行，5 年後「神舟七號」飛船航天員成功進行中國人的第一次太空漫步，實現了我國空間技術發展具有里程碑意義的重大跨越。2007 年「嫦娥一號」首次完成繞月探測。中華民族幾千年來的飛天夢想終於變成了現實。2008 年 8 月，京津城際高速鐵路開通運營，標誌着中國開始邁入高鐵時代。此外，三峽水利樞紐、青藏鐵路、南水北調、西電東送、西氣東輸等重大工程建設捷報頻傳，充分展現了我國改革開放和現代化建設的輝煌成就。

「十一五」期間，我國還辦好了許多大事。2008 年 8 月 8 日至 24 日，第二十九屆夏季奧運會在北京舉行，隨後舉行第十三屆殘疾人奧運會。中國體育代表團在奧運會上居於金牌榜首位，在殘奧會上居於金牌榜和獎牌榜首位，取得了運動成績和精神文明雙豐收。中國人民成功舉辦了一屆有特色、高水平奧運會，實現了中華民族的百年期盼，兌現了對國際社會的鄭重承諾，進一步增進了同世界各國人民的相互了解和友誼。2010 年 5 月 1 日至 10 月 31 日，以「城市，讓生活更美好」為主題的世界博覽會在上海舉行。這是第一次在發展中國家舉辦的註冊類世博會。在 184 天的時間裡，有 246 個國家和國際組織參展，7308 萬人次參觀展覽，書寫了中國人民同世界各國人民交流互鑒的新篇章。

進入 21 世紀第二個十年，黨中央綜合分析面臨的國際國內形勢，提出「十二五」時期我國發展仍處於可以大有作為的重要戰略機遇期的重要判斷。2010 年 10 月，黨的十七屆五中全會通過《中共中

第二十九屆夏季奧運會會場

央關於制定國民經濟和社會發展第十二個五年規劃的建議》，對在新的歷史起點上向着全面建設小康社會目標繼續前進作出全面部署。《建議》的鮮明特點是明確提出「十二五」規劃的主題是科學發展，主線是加快轉變經濟發展方式。2011 年 3 月，十一屆全國人大四次會議批准了《中華人民共和國國民經濟和社會發展第十二個五年規劃綱要》。

積極穩妥推進民主法治建設

進入新世紀，順應時代要求和人民期待，黨中央堅持把黨的領導、人民當家作主和依法治國統一起來，堅持走中國特色社會主義政治發展道路。

人民代表大會制度建設進一步加強。2005 年 5 月，中共中央轉發《中共全國人大常委會黨組關於進一步發揮全國人大代表作用，加強全國人大常委會制度建設的若干意見》。2010 年 3 月，十一屆全國人大三次會議通過新修改的全國人大和地方各級人大選舉法，在我國經濟社會快速發展、城鎮化不斷推進、城鄉人口結構比例發生巨大變化的背景下，明確城鄉按相同人口比例選舉人大代表。2011 年上半年到 2012 年底，全國完成修改選舉法後的首次縣鄉兩級人大換屆選舉，實現了新中國歷史上城鄉「同票同權」，人人平等、地區平等、民族平等原則得到了更好的體現。科學立法、民主立法的步伐也進一步加快。到 2010 年底，以憲法為統帥，以憲法相關法、民法商法等多個法律部門的法律為主幹，由法律、行政法規、地方性法規等多個層次的法律規範構成的中國特色社會主義法律體系形成。這是我國社

會主義民主法制建設史上的重要里程碑，是中國特色社會主義制度逐步走向成熟的重要標誌。

基本政治制度進一步完善和發展。黨的十七大首次把基層群眾自治制度納入中國特色社會主義政治制度的基本範疇，作為發展社會主義民主政治的基礎性工程加以推進。無論在城市，還是在鄉村，基層民主選舉、民主決策、民主管理、民主監督實踐日益廣泛深入開展，億萬群眾依法管理自己的事情，享有更多更切實的民主權利，基層民主活力增強。至 2012 年底，農村普遍開展了八輪以上的村委會換屆選舉，全國 98% 以上的村委會實行了直接選舉，村民平均參選率達到 95%；城市開展了六輪以上的居委會換屆選舉。

推動社會主義文化大發展大繁榮

建設社會主義文化強國是進入新世紀黨作出的重大戰略決策。黨的十七大強調，要更加自覺、更加主動地推動文化大發展大繁榮，提高國家文化軟實力。2011 年 10 月召開的黨的十七屆六中全會，通過《中共中央關於深化文化體制改革，推動社會主義文化大發展大繁榮若干重大問題的決定》，提出了堅持中國特色社會主義文化發展道路、努力建設社會主義文化強國的戰略任務。我國文化建設進入新的發展階段。

建設社會主義核心價值體系是思想文化建設的一個重大創新。2006 年 3 月，胡錦濤在參加全國政協十屆四次會議民盟、民進界委員聯組討論時，提出要樹立社會主義榮辱觀。10 月，黨的十六屆六中全會提出了建設社會主義核心價值體系的任務。此後，社會主義核

心價值體系建設融入國民教育和精神文明建設全過程，全社會廣泛開展理想信念教育、愛國主義教育、國情教育和形勢政策教育，使人民群眾進一步增強了對中國共產黨的領導、社會主義制度、改革開放事業、全面建設小康社會目標的信念和信心。

實現文化繁榮發展，迫切需要建立與社會主義市場經濟體制相適應的文化體制。2005 年 12 月，中共中央、國務院出台關於深化文化體制改革的若干意見，明確文化體制改革着重圍繞重塑市場主體、培育市場體系、改善宏觀管理、轉變政府職能等關鍵環節展開。截至 2012 年，出版發行、電影電視劇製作、廣電傳輸等國有經營性單位的轉企改制工作全面完成，國有文藝院團體制改革基本完成。

在文化體制改革過程中，國家加大投入、改革機制，推動公共文化服務體系建設進入快車道。實施文化信息資源共享工程、廣播電視村村通、鄉鎮綜合文化站建設等一大批文化惠民工程，基本實現「縣有圖書館、文化館，鄉有綜合文化站」的目標，同時積極推行公共博物館、紀念館、公共圖書館、美術館、文化館（站）等免費開放，使公共文化設施的公益性日益彰顯。

文化體制改革極大激發了文化創新創造活力，文化產業崛起和發展成為進入新世紀後文化改革發展的顯著特徵。眾多過去「吃皇糧」的文化事業單位通過改革，轉變成為自主經營、自負盈虧、自我發展、自我約束的市場主體，大大提高了我國文化產品的供給能力。到 2012 年，全國文化產業總產值突破 4 萬億元；年出版圖書品種、總量穩居世界第一位；電影產量連年保持在 500 部以上，成為世界第三大電影生產國；年產電視劇上萬集，是世界第一大電視劇生產國；

文化創意、數字出版、移動多媒體、動漫遊戲等新興文化產業快速發展。

加快推進以改善民生為重點的社會建設

人民是改革的參與者，也是發展成果的分享者。能否解決好民生問題，不僅關係到社會和諧穩定，更關係到人心向背和黨的執政基礎鞏固。這一時期，黨中央在經濟發展的基礎上，秉持發展為了人民、發展依靠人民、發展成果由人民共享的理念，着眼人民最關心、最直接、最現實的利益問題，着力解決經濟社會發展「一條腿長、一條腿短」的問題，加快推進以改善民生為重點的社會建設，努力使全體人民學有所教、勞有所得、病有所醫、老有所養、住有所居。

教育公平是社會公平的重要基礎。黨的十六大以後，國家大幅度增加財政性教育經費，建立農村義務教育經費保障新機制，全面免除農村義務教育學雜費，在西部農村地區實施「兩免一補」政策，進一步完善國家獎助學金資助制度，確保教育資源重點向農村、邊遠地區、少數民族地區、貧困地區傾斜，努力保障人民群眾接受良好教育的機會。到 2008 年，城鄉義務教育實現全部免除學雜費，惠及 1.6 億學生，減輕了億萬家庭的經濟負擔，確保了所有義務教育適齡兒童都能「不花錢，有學上」，當年全國學齡兒童入學率達到 99.5%。高等教育大眾化程度進一步提高，2012 年高等教育毛入學率達到 30% 以上，為莘莘學子提供了更多接受高等教育的機會。

黨和政府堅持把就業作為民生之本，千方百計擴大就業。同時還頒佈實施就業促進法、勞動合同法等法律法規，為解決就業平等問

題提供法制保障。2008 年國際金融危機爆發後，我國就業形勢出現新的壓力。一時間，保就業成為從中央到地方各級政府各項工作的重中之重。各地實施更加積極的就業政策，幫助高校畢業生就業，廣開農民就業門路，幫助城市困難家庭就業，同時鼓勵以創業帶動就業。2011 年末，我國城鄉就業人數達到 7.6 億人，保持了就業形勢總體穩定。

醫療衛生事業是民生大事。從 2003 年起，我國開始在西部部分地區實行新型農村合作醫療制度，2006 年在全國推開，到 2008 年底覆蓋了全國，有 8.14 億農村居民參與其中。這種個人自願參加，以大病統籌為主、兼顧小病，個人籌資小部分、國家和地方政府補貼大部分的新型農村合作醫療制度，受到廣大農民的熱烈歡迎。

建立和完善社會保障體系，是全面建設小康社會的重要目標。黨的十六大以後，黨中央堅持廣覆蓋、保基本、多層次、可持續方針，以基本養老、基本醫療、最低生活保障制度為重點，加快建立覆蓋城鄉居民、與經濟發展水平相適應的社會保障體系。在農村，新型農村合作醫療、農村最低生活保障、農村養老保險等一系列重大制度建設陸續出台；在城鎮，從城鎮職工到城鎮居民，特別是非公企業職工、靈活就業人員和農民工，社會保障範圍不斷擴大。到 2012 年，我國各項養老保險參保人數達到 7.9 億人，城鄉基本養老保險制度全面建立；各項醫療保險參保人數超過 13 億人，全民醫保基本實現；最低生活保障制度實現全覆蓋，城鄉社會救助體系基本建立。世界上覆蓋人口最多的社會保障網基本建成。

隨着改革發展進入關鍵時期，我國社會矛盾多發，黨和各級政府

針對新情況和新問題，積極探索完善新形勢下社會管理和服務的新路子、新舉措，初步形成了黨委領導、政府負責、社會協同、公眾參與的社會管理格局，努力把矛盾化解在基層，解決在萌芽狀態。同時，積極探索建立和完善應急管理體制，進一步提升應對和處置突發公共事件的能力和水平。在經濟社會深刻變革和急劇轉型過程中，由於加強社會管理和服務工作，我國始終保持了社會穩定和政治穩定。

加大環境保護力度

進入 21 世紀，我國發展面臨着越來越突出的資源環境制約，人民群眾對解決生態環境問題的要求越來越迫切。按照加快建設資源節約型、環境友好型社會的要求，中央和各地採取措施，推動我國環境保護工作進入新的發展階段。

不斷加強環境保護力度。我國制定或修訂了清潔生產促進法、循環經濟促進法、水污染防治法等法律，並在發展中國家中第一個制定並實施應對氣候變化國家方案。「十一五」規劃還明確規定了單位國內生產總值能源消耗比「十五」期末降低 20% 左右，主要污染物排放總量減少 10%，森林覆蓋率提高到 20% 等約束性指標。從中央到地方，對綠色 GDP 的追求開始取代以往單純追求 GDP 的做法。

黨和政府重視節能減排，並將重點放在搞好鋼鐵、有色、化工、建材等行業上，依法淘汰了一大批小火電、小煤礦等落後產能。同時還將淮河、太湖等確定為重點流域範圍，着力開展水污染治理工程建

設，以讓不堪污染重負的江河湖泊得到休養生息。2011年，在全國開展評價的18.9萬公里河流中，Ⅰ—Ⅲ類水河長的比例為64.2%；城市污水處理率達到83.6%。

　　堅持不懈推進退耕還林工程，是黨中央、國務院為解決水土流失嚴重、江河水患頻繁等問題作出的重大決策。到2008年，全國共安排退耕還林任務超過4億畝，相當於再造了一個東北、內蒙古國有林區。此外，我國還持續實施了青海三江源自然保護區生態保護與建設工程、京津風沙源治理工程、石漠化綜合治理工程等一系列生態環境保護重點工程。到2013年，全國森林覆蓋率達到21.63%，沙化土地實現了從「沙進人退」向「人進沙退」的歷史性轉變。

　　經過不懈努力，我國環境污染和生態破壞加劇的趨勢有所減緩，環境保護變成實實在在的行動。

五、履行新世紀新階段軍隊歷史使命

　　2004年12月，胡錦濤在中央軍委擴大會議上對軍隊歷史使命提出新要求，指出軍隊要為中國共產黨鞏固執政地位提供重要的力量保證，為維護國家發展的重要戰略機遇期提供堅強的安全保障，為維護國家利益提供有力的戰略支撐，為維護世界和平與促進共同發展發揮重要作用。2005年4月，胡錦濤明確提出堅持在國防和軍隊建設中貫徹落實科學發展觀，推動國防和軍隊建設全面協調可持續發展，實現富國和強軍的統一。12月，胡錦濤對在國防和軍隊建設中貫徹落實科學發展觀進行了系統闡述。

2009 年 10 月 1 日，胡錦濤在中華人民共和國成立 60 週年慶典上檢閱中國人民
解放軍受閱部隊

　　軍隊建設堅持把思想政治建設擺在首位。2006 年 10 月，胡錦濤
提出建設一支聽黨指揮、服務人民、英勇善戰的革命軍隊的要求。
2008 年 12 月，胡錦濤在中央軍委擴大會議上提出「忠誠於黨、熱愛
人民、報效國家、獻身使命、崇尚榮譽」的當代革命軍人核心價值
觀。全軍上下大力培育當代革命軍人核心價值觀，以及深入開展歷史
使命、理想信念、戰鬥精神、社會主義榮辱觀教育，使軍隊各級黨組
織的創造力凝聚力戰鬥力不斷增強。全軍湧現出載人航天英雄集體等
一批先進集體和個人。

　　全軍堅持以軍事鬥爭準備為龍頭帶動軍隊現代化建設。隨着信
息化在現代戰爭中的作用日益突出，2004 年，中央軍委充實、完善

新時期軍事戰略方針，提出把軍事鬥爭準備的基點放在打贏信息化條件下的局部戰爭上。適應中國特色軍事變革的要求，中央對軍隊體制編制進行了調整改革。2003 年到 2005 年，人民解放軍裁減員額 20 萬，重點精簡陸軍部隊，同時強化軍委總部戰略管理功能，推進新型作戰能力建設，推動作戰力量編成向精幹、聯合、多能、高效方向發展。軍隊全面建設現代後勤的步伐也不斷加快，在實現三軍聯勤的基礎上，符合信息化條件下局部戰爭要求的保障體制、保障方式、保障手段和管理模式逐步形成。軍隊還加快實施人才戰略工程，不斷提高全軍官兵信息化素養，不斷優化人才隊伍結構。

圍繞建設信息化軍隊、打贏信息化戰爭，加快推進戰鬥力生成模式轉變。軍隊積極推進機械化條件下軍事訓練向信息化條件下軍事訓練轉變，成功組織了一系列重大聯合戰役、戰術訓練和演習。着力提升國防科技和武器裝備自主創新能力，大力發展以軍事信息系統為支撐的現代化武器裝備，以第二代為主體、第三代為骨幹的武器裝備體系基本建成，為戰鬥力轉型奠定堅實的物質基礎。2012 年 9 月，我國第一艘航空母艦「遼寧艦」正式交付海軍。

全軍和武警部隊還出色完成一系列急難險重任務。積極參加抗擊非典、南方低溫雨雪冰凍災害、汶川和玉樹地震、舟曲特大山洪泥石流災害等搶險救災行動，參加利比亞撤僑行動，以實際行動捍衛了「人民子弟兵」的稱謂。中國軍隊還積極參加多個國家聯合軍事演習、聯合國維和行動以及赴亞丁灣、索馬里海域護航等，充分展示了過硬的軍事素質和良好的威武之師、文明之師、和平之師形象。

六、推進「一國兩制」實踐和祖國和平統一大業

推進「一國兩制」實踐

進入新世紀，中央政府繼續堅定不移貫徹「一國兩制」、「港人治港」、「澳人治澳」、高度自治的方針，嚴格按照憲法和特別行政區基本法辦事，全力支持香港、澳門經濟社會發展。

回歸以後，香港特別行政區的民主政制依法推進。全國人大常委會行使憲法和香港基本法賦予的職權，先後於 1999 年、2004 年、2005 年、2011 年，對香港基本法及其附件有關條款作出解釋。根據基本法和全國人大常委會的有關解釋，2007 年 12 月，十屆全國人大常委會第三十一次會議決定，2012 年香港特別行政區第四任行政長官和第五屆立法會的具體產生辦法可以作出適當修改；2017 年香港特別行政區第五任行政長官的選舉可以實行由普選產生的辦法；在行政長官由普選產生以後，香港特別行政區立法會的選舉可以實行全部議員由普選產生的辦法。

澳門特別行政區的民主政制也按照基本法的規定向前發展。2011年 12 月，十一屆全國人大常委會第二十四次會議對澳門基本法附件一第七條、附件二第三條作出解釋，明確了修改澳門特別行政區行政長官和立法會產生辦法的程序。

新世紀以後，中央政府及時採取開放內地部分城市居民個人赴港澳遊、擴大香港人民幣業務、推動內地企業在港上市等一系列政策措施，為港澳走出亞洲金融危機、擺脫非典影響、恢復經濟增長注入「強心劑」。從 2003 年開始，內地與香港、澳門分別簽署關於建立更

緊密經貿關係的安排（CEPA）及其補充協議，消除港澳與內地在貿易、投資等方面的制度性障礙，不斷促進內地與港澳之間的貨物、服務貿易自由化和投資便利化，實現了兩地互利共贏。國際金融危機爆發後，中央政府出台了一系列政策舉措，為香港應對國際金融危機提供了堅強後盾。中央政府還加大對澳門經濟發展和適度多元化的支持力度，支持澳門建設世界旅遊休閒中心，批准澳門大學在珠海橫琴島進行新校區建設，支持澳門特區發展與葡語國家間的經貿關係。

在中央政府的大力支持下，內地與港澳合作不斷加強，建立了粵港、粵澳、京港、滬港和泛珠三角九省區等合作機制，不斷拓寬港澳發展空間。作為粵港澳合作的重點，中央政府還積極推進深圳前海、珠海橫琴、廣州南沙合作開發。香港、澳門的經濟實現了較快速發展。2011 年，香港 GDP 較回歸前的 1996 年增長 54%；澳門 GDP 較 2000 年翻了兩番多，年均增長率達 12.5%。香港、澳門社會保持穩定，經濟更加繁榮，顯示了「一國兩制」方針的強大生命力。

2012 年 7 月，胡錦濤在慶祝香港回歸祖國 15 週年大會上指出，「一國兩制」是香港回歸後保持長期繁榮穩定的最佳制度安排。必須堅持全面理解和貫徹「一國兩制」方針，嚴格按照基本法辦事，把堅持「一國」原則和尊重「兩制」差異、維護中央權力和保障特別行政區高度自治權、維護國家整體利益和保障香港社會各界利益、支持香港積極開展對外交往和反對外部勢力干預香港事務等有機結合起來，任何時候都不能偏廢。

推動兩岸關係和平發展

在堅決維護香港、澳門穩定繁榮的同時，黨中央堅定不移按照「和平統一、一國兩制」方針推進祖國和平統一大業。

進入新世紀，「台獨」分裂活動不斷加劇，台灣陳水扁當局圖謀通過「憲政改造」，以所謂「憲法」和「法律」的形式把台灣從中國分割出去，給海峽兩岸關係和平穩定發展造成嚴重影響。黨中央將反對和遏制「台獨」擺在對台工作更為突出的位置。2005 年 3 月 4 日，胡錦濤就發展兩岸關係提出四點意見，強調堅持一個中國原則決不動搖，爭取和平統一的努力決不放棄，貫徹寄希望於台灣人民的方針決不改變，反對「台獨」分裂活動決不妥協。這四個「決不」的主張，在海峽兩岸和國際社會產生重大反響。3 月 14 日，十屆全國人大三次會議高票通過《反分裂國家法》，強調「台獨」分裂勢力以任何名義、任何方式造成台灣從中國分裂出去的事實，或者發生將會導致台灣從中國分裂出去的重大事變，或者和平統一的可能性完全喪失，國家得採取非和平方式及其他必要措施，捍衛國家主權和領土完整。這充分表明全中國人民反對「台獨」、維護國家統一和領土完整的共同意志和堅定決心。對台政策由此進入「以法遏獨、以法促統」的新階段。

同時，中共中央積極推動兩岸政黨交流。2005 年 4 月 29 日，中共中央總書記胡錦濤在北京會見中國國民黨主席連戰，實現了 60 年來中國共產黨和中國國民黨主要領導人之間第一次歷史性握手。會後發表《兩岸和平發展共同願景》，國共兩黨達成一系列共識。2006 年 4 月，中國共產黨和中國國民黨共同舉辦首屆兩岸經貿論壇，10 月，

共同舉辦兩岸農業合作論壇。通過論壇平台，大陸方面推出多項促進兩岸交流合作、惠及台灣同胞的政策措施，促進了兩岸關係的發展。

2008 年 3 月，頑固堅持「台獨」立場的民進黨下台，國民黨重新上台，台灣局勢出現積極變化。12 月 31 日，胡錦濤在紀念《告台灣同胞書》發表 30 週年座談會上全面系統闡述了兩岸關係和平發展重要思想，提出推動兩岸關係和平發展的六點主張，指明了推動兩岸關係和平發展是實現和平統一的必由之路，對進一步推動兩岸關係發展具有重要指導意義。

兩岸雙方本着「建立互信、擱置爭議、求同存異、共創雙贏」的精神，共同致力於兩岸關係改善與發展。2008 年 6 月，海協會與台灣海基會在「九二共識」基礎上恢復制度化協商。12 月，兩岸海、空直航及直接通郵正式啟動，兩岸全面直接雙向「三通」邁開歷史性步伐。2010 年 6 月，《海峽兩岸經濟合作框架協議》的簽署，推進了兩岸經濟合作機制化、制度化進程。

隨着兩岸經貿關係逐漸邁入正常化，兩岸在學術、文化、教育、新聞、體育、宗教等方面的交流交往不斷深化。從 2009 年開始，每年舉辦一屆海峽論壇。2011 年 6 月，大陸居民赴台個人遊正式啟動。中國政府還妥善處理了台灣參加世界衛生大會、亞太經合組織領導人非正式會議等涉台外交問題，在協助處理台胞涉外糾紛等事務中切實維護台胞的合法權益，照顧台胞福祉。這一系列舉措，既獲得了台灣島內民眾的歡迎和讚譽，又鞏固了國際社會一個中國的格局，為兩岸關係的和平發展增添了積極因素。

七、堅持和平發展合作

進入新世紀，黨中央順應世界求和平、謀發展、促合作的時代潮流，始終不渝走和平發展道路。2005 年 4 月 22 日，胡錦濤在雅加達亞非峰會上提出推動建設「和諧世界」的主張。2007 年 10 月，黨的十七大報告重申「各國人民攜手努力，推動建設持久和平、共同繁榮的和諧世界」，建設和諧世界的外交目標首次在黨代會文件中得到體現和確認。為推動建設和諧世界，中國提出「大國是關鍵、周邊是首要、發展中國家是基礎、多邊是重要舞台」的外交工作總體佈局，積極開展富有成效的外交活動。

大國關係總體上保持穩定和發展。2011 年 1 月，胡錦濤應邀對美國進行國事訪問，兩國元首發表中美聯合聲明，就建設相互尊重、互利共贏的合作夥伴關係達成重要共識。中俄兩國在 2008 年解決了歷史遺留的中俄國界東段的邊界問題，戰略協作夥伴關係繼續深化。中國與歐盟於 2003 年確定建立全面戰略夥伴關係，此後雙方經貿合作迅猛發展，歐盟連續八年保持第一大貿易夥伴地位。中日關係在曲折中發展。2008 年 5 月，胡錦濤訪問日本，兩國領導人共同發表《中日關於全面推進戰略互惠關係的聯合聲明》。2012 年 9 月，針對日本政府對釣魚島實施所謂「國有化」，中國政府發表了《中華人民共和國政府關於釣魚島及其附屬島嶼領海基線的聲明》和《釣魚島是中國的固有領土》白皮書，並通過常態化執法巡航等措施，對釣魚島及其附近海域實施管理，堅決捍衛國家主權。

中國同周邊國家實現高層互訪和交流，推進區域合作進程。在

2005 年 9 月 15 日，胡錦濤在聯合國成立 60 週年首
腦會議上發表題為《努力建設持久和平、共同繁榮
的和諧世界》的講話

中國推動下，2007 年上海合作組織各成員國締結長期睦鄰友好合作
條約。中國同東盟在 2002 年 11 月簽署《南海各方行為宣言》，為相
關國家在南海開展務實合作和共同開發奠定了政治基礎。2010 年 1
月，「中國—東盟自由貿易區」正式啟動，使世界上近 1/3 人口得到
實惠。

　　中國同發展中國家的團結合作取得重要進展，先後出台了中國對
非洲、拉丁美洲和加勒比的政策文件。2006 年 11 月，中非合作論壇
北京峰會舉行，峰會宣言鄭重宣佈建立中非新型戰略夥伴關係。中國

對發展中國家繼續提供力所能及的援助，與廣大發展中國家的團結合作不斷加強。

中國通過多邊舞台，推動解決國際和地區熱點問題。國際金融危機爆發後，中國通過出席二十國集團領導人峰會、亞太經合組織領導人非正式會議，以及舉辦博鰲亞洲論壇年會等，推動世界經濟治理機制改革。推動建立金磚國家領導人會晤機制，從 2009 年開始，金磚國家領導人定期舉行會晤，增強了新興市場國家和發展中國家在全球治理中的代表性和發言權。中國還積極參與安全反恐等全球性問題的國際合作，充分展示負責任大國的形象。

這一時期，中國政府踐行「外交為民」宗旨，穩妥處理撤僑、人質解救、勞務糾紛等重大突發事件，特別是 2011 年二三月間，利比亞出現緊張局勢，我國迅速有序地組織了一次新中國成立以來最大規模的撤離海外中國公民（包括港澳台同胞）行動，將 35860 名在利比亞的中國公民全部安全撤離回國，有效維護了中國公民在海外的人身安全和合法權益。

八、提高黨的建設科學化水平和確立科學發展觀 為黨的指導思想

加強黨的執政能力建設和先進性建設

新世紀新階段全面建設小康社會，對黨的執政能力提出了新的更高要求。黨中央堅持以執政能力建設和先進性建設為主線，緊密結合治國理政實踐，繼續全面推進黨的建設新的偉大工程。

　　黨的十六大提出「加強黨的執政能力建設」的命題。2004 年 9 月，黨的十六屆四中全會通過《中共中央關於加強黨的執政能力建設的決定》，就科學執政、民主執政、依法執政的目標及其內涵作了進一步闡述，明確提出要不斷提高駕馭社會主義市場經濟的能力，發展社會主義民主政治的能力，建設社會主義先進文化的能力，構建社會主義和諧社會的能力，應對國際局勢和處理國際事務的能力。胡錦濤在全會上強調，要緊緊圍繞為誰執政、靠誰執政、怎樣執政這個重大問題，開展全面系統深入的研究，努力使黨的執政方略更加完善、執政體制更加健全、執政方式更加科學、執政基礎更加鞏固。

　　貫徹落實黨的十六大和十六屆四中全會要求，黨領導國家立法機關科學立法、民主立法，修訂了憲法和人民代表大會選舉法、組織法，頒佈了各級人大常委會監督法，完善了根本政治制度，使黨的執政體制更加健全，從而為加強黨的執政能力建設提供了規範的法律框架。黨中央還先後就深化行政管理體制和機構改革，加強人民政協及人民法院、人民檢察院工作作出部署，把黨的領導、人民當家作主和依法治國有機統一起來，擴大了人民民主，黨的科學執政、民主執政、依法執政的能力不斷提高。

　　2004 年 11 月，黨中央印發文件，對在全黨開展以實踐「三個代表」重要思想為主要內容的保持共產黨員先進性教育活動作出部署。2005 年 1 月，胡錦濤在新時期保持共產黨員先進性專題報告會上提出「黨的先進性建設」這一重大命題，強調黨的先進性建設是馬克思主義政黨自身建設的根本任務。先進性教育活動從 2005 年 1 月起，分三批進行，到 2006 年 6 月基本結束。教育活動着力解決黨員和黨

組織在思想、組織、作風以及工作方面存在的突出問題，取得了豐碩的成果。

黨的十六大以後，圍繞加強黨的執政能力建設和先進性建設這條主線，黨中央還提出和實施了一系列加強黨的建設的重要舉措。主要有：落實高級幹部帶頭學習的號召，建立中央政治局集體學習制度；建立起中央和地方各級黨委常委會向全委會負責並報告工作和接受監督制度，以及黨的代表大會代表提案制度、代表提議處理和回覆機制；改革幹部人事制度，實施公開選拔、競爭上崗；加大新經濟組織、新社會組織黨建工作力度，擴大基層黨組織覆蓋面。黨中央還決定成立中國浦東幹部學院、中國井岡山幹部學院、中國延安幹部學院，組織開展大規模多層次培訓，着力提高黨員幹部的能力和素質。

提高黨的建設科學化水平

黨的十七大在把科學發展觀寫入黨章的同時，作出在全黨開展深入學習實踐科學發展觀活動的部署。從 2008 年 9 月到 2010 年 2 月底，全黨開展深入學習實踐科學發展觀活動。這次學習實踐活動，緊緊圍繞黨員幹部受教育、科學發展上水平、人民群眾得實惠的總要求，基本實現了提高思想認識、解決突出問題、創新體制機制、促進科學發展、加強基層組織的目標。

在學習實踐活動中，黨中央根據世情、國情、黨情變化，就如何加強和改進新形勢下黨的建設作出新的決策部署。2009 年 9 月，黨的十七屆四中全會通過《中共中央關於加強和改進新形勢下黨的建設若干重大問題的決定》，提出了提高黨的建設科學化水平這個重大

命題和重大任務。此後，黨中央多次強調，堅持用中國特色社會主義理論體系武裝全黨，以科學理論指導黨的建設；建立健全以黨章為根本、以民主集中制為核心的制度體系，以科學制度保障黨的建設；創造性地研究和解決時代發展、社會變革對黨的建設提出的新課題，以科學方法推進黨的建設。

　　圍繞提高黨的建設科學化水平，黨中央着力推進黨內制度建設，修訂和出台黨和國家機關基層組織工作條例、實行黨政領導幹部問責的暫行規定等文件，有效解決了黨的建設中遇到的一些新問題。2012年 5 月，中共中央印發《中國共產黨黨內法規制定條例》，努力通過規範黨內法規的制定、審批、備案和清理活動，促進從嚴治黨，推進科學執政、民主執政、依法執政。

　　為了鞏固和拓展全黨深入學習實踐科學發展觀活動成果，黨中央於 2010 年 4 月決定在黨的基層組織和黨員中開展「創建先進基層黨組織、爭當優秀共產黨員」活動，並以此作為黨的建設的一項重要的經常性工作。各地區、各部門、各單位在推動科學發展、促進社會和諧、服務人民群眾、加強基層組織中建功立業，充分發揮了基層黨組織的戰鬥堡壘作用和共產黨員的先鋒模範作用。雲南省原保山地委書記楊善洲踐行「只要生命不結束，服務人民不停止」的誓言，退休後捲起鋪蓋扎進大山，22 年義務植樹造林，帶領群眾把 5.6 萬畝荒山變為綠洲。鞍鋼集團職工郭明義數十年如一日學雷鋒做好事，被譽為新時期的「雷鋒傳人」。在創先爭優活動中，他們的先進事跡在廣大黨員幹部群眾中引起強烈反響，全國掀起了向楊善洲、郭明義等學習的熱潮。

扎實推進懲治和預防腐敗體系建設

增強拒腐防變和抵禦風險能力，是執政黨長期面臨的歷史性課題。黨中央對黨風廉政建設和反腐敗鬥爭的長期性、複雜性、艱巨性始終保持着清醒的認識，着眼於保持黨的先進性和純潔性，把黨風廉政建設和反腐敗鬥爭放在突出位置。2003 年 10 月，黨的十六屆三中全會提出建立健全與社會主義市場經濟體制相適應，教育、制度、監督並重的懲治和預防腐敗體系的目標。

在反腐敗鬥爭中，逐步確立了領導幹部廉潔自律、查辦違紀違法案件、糾正部門和行業不正之風的工作格局。在反腐倡廉的領導體制和工作機制方面，形成了黨委統一領導、黨政齊抓共管、紀委組織協調、部門各負其責、依靠群眾支持和參與的體制機制。在權力運行機制方面，建立健全了決策權、執行權、監督權既相互制約又相互協調的權力結構和運行機制。

在反腐倡廉制度建設方面，制定了《中國共產黨黨員領導幹部廉潔從政若干準則》《中國共產黨紀律處分條例》《關於領導幹部報告個人有關事項的規定》《關於對配偶子女均已移居國（境）外的國家工作人員加強管理的暫行規定》等一系列規定。2006 年 2 月，我國成為《聯合國反腐敗公約》締約國，反腐敗的國際合作得到加強。

在依法查處大案要案方面，在堅持查處重點案件的同時，着重查辦領導幹部搞官商勾結、權錢交易、索賄受賄的案件，為黑惡勢力充當「保護傘」的案件，嚴重侵害群眾利益的案件，群體性事件和重大責任事故背後的腐敗案件。自 2007 年 11 月至 2012 年 6 月，全國紀檢監察機關共立案 64.37 萬多件，結案 63.9 萬多件，給予黨紀政紀處

分 66.8 萬多人。涉嫌犯罪被移送司法機關處理 2.4 萬多人。特別是黨的十六大後，堅決查處了陳良宇等一批重大違紀違法案件，彰顯了黨中央反腐敗的堅強決心。

在糾正損害群眾利益的不正之風方面，黨中央開展制止公款出國（境）旅遊專項工作，開展公務用車問題專項治理，開展工程建設領域突出問題專項治理，查辦一大批違紀違法案件。在深入開展專項治理的同時，還加大糾風工作力度，糾正教育、醫療、徵地拆遷、土地和礦產資源管理、食品藥品安全、環境保護、安全生產、保障性住房建設和管理、執法司法等方面損害群眾利益的行為，切實維護人民群眾合法權益，取得了良好社會效果。

經過堅持不懈的探索和努力，黨的建設科學化水平不斷提高，為保持黨的先進性和純潔性發揮了重要作用，為黨領導改革開放和社會主義現代化建設提供了有力保證。但也要看到，滋生腐敗的土壤依然存在，反腐敗形勢依然嚴峻複雜。在一些地方和部門，腐敗現象趨於嚴重化，出現了區域性腐敗、系統性腐敗、家族式腐敗、塌方式腐敗，嚴重損害黨的肌體健康。堅定不移加強黨的領導，堅持不懈加強黨的建設，堅決遏制腐敗蔓延勢頭，仍需要全黨上下付出艱巨努力。

確立科學發展觀為黨的指導思想

科學發展觀提出以後，經歷了一個實踐、認識、再實踐、再認識的過程，理論內涵不斷豐富，實踐成效不斷顯現。科學發展觀對新形勢下實現甚麼樣的發展、怎樣發展等重大問題作出了新的科學回答，把黨對中國特色社會主義規律的認識提高到新的水平。

　　2012年，黨的十八大把科學發展觀正式確立為黨的指導思想。大會指出，總結十年奮鬥歷程，最重要的就是堅持以馬克思列寧主義、毛澤東思想、鄧小平理論、「三個代表」重要思想為指導，勇於推進實踐基礎上的理論創新，圍繞堅持和發展中國特色社會主義提出一系列緊密相連、相互貫通的新思想、新觀點、新論斷，形成和貫徹了科學發展觀。科學發展觀是馬克思主義同當代中國實際和時代特徵相結合的產物，是馬克思主義關於發展的世界觀和方法論的集中體現，開闢了當代中國馬克思主義發展新境界。科學發展觀是中國特色社會主義理論體系重要組成部分，是中國共產黨集體智慧的結晶，是指導黨和國家全部工作的強大思想武器。科學發展觀同馬克思列寧主義、毛澤東思想、鄧小平理論、「三個代表」重要思想一道，是黨必須長期堅持的指導思想。

　　確立科學發展觀為黨的指導思想，是黨的十八大作出的重要決策和歷史性貢獻。大會指出，面向未來，深入貫徹落實科學發展觀，對堅持和發展中國特色社會主義具有重大現實意義和深遠歷史意義，必須把科學發展觀貫徹到我國現代化建設全過程、體現到黨的建設各方面。

第十章

中國特色社會主義
進入新時代

　　2012 年 11 月，黨的十八大實現了中央領導集體的新老交替。新當選的中央委員會總書記習近平在十八屆一中全會上指出，歷史的接力棒傳到了我們手裡，我們一定不負重託，忠於黨、忠於祖國、忠於人民，以自己的最大智慧、力量、心血，作出無愧於歷史、無愧於時代、無愧於人民的業績。從此，圍繞實現社會主義現代化和中華民族偉大復興的總任務，一系列理論創新和實踐創新相繼展開，中國特色社會主義新時代的大幕徐徐拉開。

一、黨的十八大和實現中華民族偉大復興的中國夢

黨的十八大

　　2012 年 11 月 8 日至 14 日，中國共產黨第十八次全國代表大會在北京召開。胡錦濤代表十七屆中央委員會作題為《堅定不移沿着中國特色社會主義道路前進，為全面建成小康社會而奮鬥》的報告。

　　黨的十八大是在我國進入全面建成小康社會決定性階段召開的一次十分重要的大會。大會的主題是：高舉中國特色社會主義偉大旗幟，以鄧小平理論、「三個代表」重要思想、科學發展觀為指導，解放思想，改革開放，凝聚力量，攻堅克難，堅定不移沿着中國特色社會主義道路前進，為全面建成小康社會而奮鬥。

　　大會貫穿始終的主線是堅持和發展中國特色社會主義。大會強調，中國特色社會主義道路、中國特色社會主義理論體系、中國特色社會主義制度，是黨和人民 90 多年奮鬥、創造、積累的根本成就，必須倍加珍惜、始終堅持、不斷發展。建設中國特色社會主義，總依

2012 年 11 月 15 日，國家主席胡錦濤和新當選的中央委員會總書記、中央軍事委員會主席習近平親切握手

據是社會主義初級階段，總佈局是社會主義經濟建設、政治建設、文化建設、社會建設、生態文明建設「五位一體」，總任務是實現社會主義現代化和中華民族偉大復興。大會提出，在中國共產黨成立一百年時全面建成小康社會，在新中國成立一百年時建成富強民主文明和諧的社會主義現代化國家。

　　大會根據我國經濟社會發展實際，確定了全面建成小康社會的目標，即：經濟持續健康發展；人民民主不斷擴大；文化軟實力顯著增強；人民生活水平全面提高；資源節約型、環境友好型社會建設取得

重大進展。大會強調，全面建成小康社會，必須以更大的政治勇氣和智慧，不失時機深化重要領域改革，堅決破除一切妨礙科學發展的思想觀念和體制機制弊端，構建系統完備、科學規範、運行有效的制度體系，使各方面制度更加成熟更加定型。

大會根據「五位一體」總體佈局和全面建成小康社會目標要求，對推進中國特色社會主義建設作出全面部署，強調要加快完善社會主義市場經濟體制和加快轉變經濟發展方式，堅持走中國特色社會主義政治發展道路和推進政治體制改革，扎實推進社會主義文化強國建設，在改善民生和創新管理中加強社會建設，大力推進生態文明建設，加快推進國防和軍隊現代化，豐富「一國兩制」實踐和推進祖國統一，繼續促進人類和平與發展的崇高事業。

大會強調，要以改革創新精神全面推進黨的建設新的偉大工程，全面提高黨的建設科學化水平。要牢牢把握加強黨的執政能力建設、先進性和純潔性建設這條主線，堅持解放思想、改革創新，堅持黨要管黨、從嚴治黨，全面加強黨的思想建設、組織建設、作風建設、反腐倡廉建設、制度建設，增強自我淨化、自我完善、自我革新、自我提高能力，建設學習型、服務型、創新型的馬克思主義執政黨，確保黨始終成為中國特色社會主義事業的堅強領導核心。

大會選舉產生了十八屆中央委員會和中央紀律檢查委員會。黨的十八屆一中全會選舉習近平、李克強、張德江、俞正聲、劉雲山、王岐山、張高麗為中央政治局常委，習近平為中央委員會總書記；決定習近平為中央軍事委員會主席；批准王岐山為中央紀律檢查委員會書記。

習近平當選為十八屆中央委員會總書記

　　2012 年 11 月 15 日，在與中外記者見面會上，習近平代表新一屆中央領導集體莊嚴承諾：「人民對美好生活的嚮往，就是我們的奮鬥目標。」「我們一定要始終與人民心心相印、與人民同甘共苦、與人民團結奮鬥，夙夜在公，勤勉工作，努力向歷史、向人民交出一份合格的答卷。」「打鐵還需自身硬。我們的責任，就是同全黨同志一道，堅持黨要管黨、從嚴治黨，切實解決自身存在的突出問題，切實改進工作作風，密切聯繫群眾，使我們黨始終成為中國特色社會主義事業的堅強領導核心。」

《中國共產黨章程》的修改

黨的十八大審議並一致通過了十七屆中央委員會提出的《中國共產黨章程（修正案）》。

黨章修改的主要內容是：對科學發展觀作出定位和闡述，把科學發展觀同馬克思列寧主義、毛澤東思想、鄧小平理論、「三個代表」重要思想一道，確立為我們黨的行動指南；充實了中國特色社會主義主要成就的內容，把確立了中國特色社會主義制度與開闢了中國特色社會主義道路、形成了中國特色社會主義理論體系一道，作為改革開放以來我們取得一切成績和進步的根本原因；充實了堅持改革開放的內容，強調只有改革開放，才能發展中國、發展社會主義、發展馬克思主義；完善了中國特色社會主義事業總體佈局的內容，把生態文明建設納入中國特色社會主義事業總體佈局，充實了經濟建設、政治建設、文化建設、社會建設的內容，增寫了生態文明建設的段落；充實了加強黨的建設總體要求的內容，對黨員、黨的基層組織、黨的幹部分別提出了一些新要求。

黨的十八大對黨章的修改，使黨章的內容更加科學、更加完善，更加有效地發揮推進黨的事業、加強黨的建設的根本性規範和指導作用。

提出實現中華民族偉大復興的中國夢

在新的歷史條件下續寫堅持和發展中國特色社會主義這篇大文章，需要凝心聚力，需要精神支撐，需要目標引領。2012 年 11 月 29 日，習近平在參觀《復興之路》展覽時首次提出並闡述實現中華民族

2012 年 11 月 29 日，十八屆中央政治局常委來到中國國家博物館，參觀《復興之路》展覽

偉大復興的中國夢，指出：「實現中華民族偉大復興，就是中華民族近代以來最偉大的夢想。這個夢想，凝聚了幾代中國人的夙願，體現了中華民族和中國人民的整體利益，是每一個中華兒女的共同期盼。」中國夢的提出，貫通了中華民族的昨天、今天和明天，傳遞出新一屆中央領導集體勇擔民族復興使命的堅定決心和信心。

　　此後，習近平在十二屆全國人大一次會議等重要場合，進一步闡述和豐富了中國夢的基本內涵、實踐途徑和依靠力量。習近平指出，中國夢核心內涵是中華民族偉大復興，本質是國家富強、民族振興、人民幸福。實現中國夢必須走中國道路，這就是中國特色社會主義道路；必須弘揚中國精神，這就是以愛國主義為核心的民族精神和以改

革創新為核心的時代精神；必須凝聚中國力量，這就是中國各族人民大團結的力量。中國夢是國家的夢、民族的夢，也是每一個中華兒女的夢。中國夢歸根到底是人民的夢，必須緊緊依靠人民來實現，必須不斷為人民造福。中國夢是和平、發展、合作、共贏的夢，不僅造福中國人民，而且造福世界人民。

中國夢把國家的追求、民族的嚮往、人民的期盼融為一體，體現了中華民族和中國人民的整體利益，表達了每一個中華兒女的共同願景，成為激蕩在中國人民心中的高昂旋律，成為中華民族團結奮鬥的最大公約數和最大同心圓，成為激勵中華兒女團結奮進、開闢未來的一面精神旗幟。

堅持和發展中國特色社會主義的戰略部署

中國特色社會主義是改革開放以來黨的全部理論和實踐的主題。黨的十八大以後，以習近平同志為核心的黨中央以巨大的政治勇氣和一往無前的進取精神，團結帶領全黨全國人民繼續堅持和發展中國特色社會主義。2013 年 1 月 5 日，在新進中央委員會的委員、候補委員學習貫徹黨的十八大精神研討班開班式上，習近平堅定申明必須毫不動搖堅持和發展中國特色社會主義。習近平強調，中國特色社會主義，是科學社會主義理論邏輯和中國社會發展歷史邏輯的辯證統一，是根植於中國大地、反映中國人民意願、適應中國和時代發展進步要求的科學社會主義，是全面建成小康社會、加快推進社會主義現代化、實現中華民族偉大復興的必由之路。中國特色社會主義是社會主義而不是其他甚麼主義，科學社會主義基本原則不能丟，丟了就不是

社會主義。改革開放前後兩個歷史時期是兩個相互聯繫又有重大區別的時期，但本質上都是我們黨領導人民進行社會主義建設的實踐探索，兩者決不是彼此割裂的，更不是根本對立的。習近平還指出，堅持和發展中國特色社會主義是一篇大文章，我們這一代共產黨人的任務，就是繼續把這篇大文章寫下去。這些重要論述，深刻闡釋了中國特色社會主義的根本理論和實踐問題，極大凝聚起全黨全國人民堅持和發展中國特色社會主義的思想共識。

在新的歷史起點上堅持和發展中國特色社會主義，必須準備進行具有許多新的歷史特點的偉大鬥爭。領導好這場偉大鬥爭，首先必須把黨建設好。2012 年 12 月 4 日，習近平主持召開中央政治局會議，決定從作風建設入手，進一步加強黨的建設。會議審議通過中央政治局關於改進工作作風、密切聯繫群眾的八項規定。新的中央領導集體從落實八項規定精神破題，堅持以上率下，推動作風建設不斷走向深入，極大提升了黨在人民心目中的形象和威信。

黨的十八大後，改革開放到了一個新的歷史關頭，改革進入攻堅期和深水區。改革開放的旗幟能不能繼續高高舉起，成為黨開闢治國理政和中國特色社會主義建設新局面的新的趕考。2012 年 12 月 7 日至 11 日，當選總書記後第一次外出調研，習近平選擇來到廣東這個在我國改革開放中得風氣之先的地方。面對發展中的難題和深層次矛盾，他指出，現在中國改革已經進入攻堅期和深水區，我們必須以更大的政治勇氣和智慧，不失時機深化重要領域改革。要堅持改革開放正確方向，敢於啃硬骨頭，敢於涉險灘，既勇於衝破思想觀念的障礙，又勇於突破利益固化的藩籬，做到改革不停頓、開放不止步。

消除貧困，是全面建成小康社會的底線任務，是新一屆中央領導集體擺在第一位解決的問題。2012 年 12 月 29 日至 30 日，黨的十八大閉幕不久，習近平就踏雪前往河北省阜平縣看望慰問困難群眾，考察扶貧開發工作，連夜聽取當地工作彙報，與幹部群眾促膝長談。在詳細了解情況後，習近平指出：「全面建成小康社會，最艱巨最繁重的任務在農村、特別是在貧困地區。沒有農村的小康，特別是沒有貧困地區的小康，就沒有全面建成小康社會。」以此為起點，習近平作出向貧困宣戰的戰略部署，向全黨全國發出脫貧攻堅的動員令。

黨的十八大後的短短一個多月，新的中央領導集體肩負起對民族、對人民、對黨的責任，以實現中華民族偉大復興的中國夢為總目標引領新時代新征程，以作風建設為切入口推進黨的建設新的偉大工程，以全面深化改革開放為根本動力推進中國特色社會主義偉大事業，黨和國家事業很快打開新局面，展現新氣象。

隨着改革的不斷深入和各項事業的發展，各領域改革和改進越來越具有全面性、系統性，關聯性和互動性明顯增強，單兵突進、零敲碎打調整、碎片化修補很難取得實質性效果。習近平指出，要深入研究全面深化體制改革的頂層設計和總體規劃，加強對各項改革關聯性的研判，把經濟、政治、文化、社會、生態文明等方面的體制改革有機結合起來，把理論創新、制度創新、科技創新、文化創新以及其他各方面創新有機銜接起來。黨的十八大以後的五年，黨中央召開七次全會，分別就政府機構改革和職能轉變、全面深化改革、全面推進依法治國、全面建成小康社會、全面從嚴治黨等重大問題作出決定和部署，中國特色社會主義經濟建設、政治建設、

2014 年 12 月 13 日，習近平在江蘇省鎮江市丹徒區世業鎮永茂圩自然村調研時同村民握手交談

文化建設、社會建設、生態文明建設「五位一體」總體佈局和全面建成小康社會、全面深化改革、全面依法治國、全面從嚴治黨「四個全面」戰略佈局統籌聯動、相互促進，有力推動了理論創新和實踐創新的步伐。

明確習近平總書記的核心地位

　　黨的十八大後，習近平帶領新的中央領導集體，以巨大的政治勇氣和強烈的責任擔當，提出一系列新理念新思想新戰略，出台一系列重大方針政策，推出一系列重大舉措，推進一系列重大工作，解決了

許多長期想解決而沒有解決的難題，辦成了許多過去想辦而沒有辦成的大事，推動黨和國家事業取得歷史性成就、發生歷史性變革，推動中國特色社會主義進入了新時代。

在治國理政新實踐中，習近平作為黨、國家和軍隊的最高領導人，展現出堅定信仰信念、鮮明人民立場、非凡政治智慧、頑強意志品質、強烈歷史擔當、高超政治藝術，贏得了全黨全軍全國各族人民衷心擁護，受到了國際社會高度讚譽。習近平把握時代大趨勢，回答實踐新要求，順應人民新期待，提出一系列重大思想觀點，進一步豐富和發展了黨的科學理論，為在新的歷史起點上實現新的奮鬥目標提供了基本遵循。在新的鬥爭實踐中，習近平事實上已經成為黨中央的核心、全黨的核心。

黨的十八屆六中全會召開之前，黨內外形成一種普遍共識和強烈呼聲，這就是：維護黨中央權威和集中統一領導，必須明確和維護習近平在黨中央、全黨的核心地位。這是全黨全國各族人民的共同願望，是推進全面從嚴治黨、提高黨的創造力凝聚力戰鬥力的迫切要求，是保持黨和國家事業發展正確方向的根本保證。經過充分醞釀，2016年10月，黨的十八屆六中全會明確了習近平總書記黨中央的核心、全黨的核心地位，正式提出「以習近平同志為核心的黨中央」。2017年10月，黨的十九大把習近平總書記黨中央的核心、全黨的核心地位寫入黨章。確立習近平總書記的核心地位，是實踐的選擇、歷史的選擇，是全黨的選擇、人民的選擇。習近平總書記成為黨中央的核心、全黨的核心，是眾望所歸、名副其實。堅決維護習近平總書記的核心地位，堅決維護黨中央權威和集中統一領導，是黨的十八大後

的重大政治成果和寶貴經驗，是全黨在革命性鍛造中形成的共同意志，對於更好地凝聚黨和人民的力量，推進中國特色社會主義偉大事業和民族復興大業，具有重大而深遠的意義。

二、統籌推進「五位一體」總體佈局

進入新時代，以習近平同志為核心的黨中央總攬全局，科學決策，堅持統籌推進中國特色社會主義經濟建設、政治建設、文化建設、社會建設、生態文明建設「五位一體」總體佈局，推動中國特色社會主義事業全面發展、全面進步。黨的十八大以後的五年，我國改革開放和社會主義現代化建設取得了歷史性成就，發生了歷史性變革。

經濟建設取得重大成就

黨的十八大以後，國內外經濟形勢極其錯綜複雜，很多情況是改革開放以來沒有遇到過的。面對新情況新挑戰，黨中央審時度勢，準確把握我國經濟發展大勢，提出一系列關係我國經濟發展全局的重大論斷，成功駕馭我國經濟發展大局，經濟建設取得重大成就。

能不能保持經濟社會持續健康發展，從根本上講取決於黨在經濟社會發展中的領導核心作用發揮得好不好。2012 年 11 月，習近平指出，要按照穩中求進的工作總基調，扎實推動我國經濟持續健康發展。12 月，中央經濟工作會議明確提出，必須切實加強黨對經濟工作的領導。此後，黨中央不斷完善黨領導經濟工作的體制機制，形成

定期分析研究經濟形勢和重大經濟問題等制度，加強對發展大局大勢的分析和把握，及時制定重大方針、重大戰略，作出重大決策，部署重大工作，確保黨對經濟工作的領導落到實處，為推動各方面共同做好經濟工作提供了重要保證。

2013 年 8 月，國務院正式批准設立中國（上海）自由貿易試驗區。此後，自貿試驗區試點逐步擴大，形成一批可複製、可推廣的政策，拓展了改革開放空間，提高了開放型經濟水平。

2013 年 11 月，黨的十八屆三中全會對全面深化改革作出全面規劃和部署，強調經濟體制改革的核心問題是處理好政府和市場的關係，使市場在資源配置中起決定性作用和更好發揮政府作用，實現了理論上的重大突破和實踐上的重大創新，為深化經濟體制改革指明了方向。經濟體制改革全方位推進，在一些關鍵性、基礎性改革上取得突破性進展。通過改革進一步健全市場機制，破除壟斷，發揮價格機制作用，增強市場主體活力，發揮政府在各種形式的行政經濟調節、市場監管、社會管理、公共服務、生態環境保護中的作用，增強國有經濟活力、控制力、影響力和抗風險能力，激發非公有制經濟活力和創造力，為經濟發展注入了強大動力。

2013 年 12 月，中央城鎮化工作會議召開，明確了推進新型城鎮化的指導思想、主要目標、基本原則、重點任務。2014 年 3 月，中共中央、國務院印發實施《國家新型城鎮化規劃（2014—2020年）》。2014 年底，審議通過《關於農村土地徵收、集體經營性建設用地入市、宅基地制度改革試點工作的意見》。2015 年 12 月，中央城市工作會議召開，明確了城市工作總體思路和重點任務。2016 年

10 月，中共中央辦公廳、國務院辦公廳印發《關於完善農村土地所有權承包權經營權分置辦法的意見》。「三權分置」是繼家庭聯產承包責任制後農村改革的又一重大制度創新。

針對我國經濟發展處於增長速度換擋期、結構調整陣痛期、前期刺激政策消化期「三期疊加」階段的基本特徵和工作要求，2013 年，習近平作出我國經濟發展進入新常態這一重大論斷。在新常態下，我國經濟發展的主要特點是：增長速度從高速轉向中高速，發展方式從規模速度型轉向質量效率型，經濟結構調整從增量擴能為主轉向調整存量、做優增量並舉，發展動力從主要依靠資源和低成本勞動力等要素投入轉向創新驅動。這些變化，是我國經濟向形態更高級、分工更優化、結構更合理的階段演進的必經過程。實現這樣廣泛而深刻的變化是一個新的巨大挑戰。認識新常態，適應新常態，引領新常態，是這一時期我國經濟發展的大邏輯。

適應、把握、引領經濟發展新常態，需要進一步明確主攻方向、總體思路和工作重點。2015 年 10 月，黨的十八屆五中全會審議通過「十三五」規劃建議，明確提出了以人民為中心的發展思想，提出了創新、協調、綠色、開放、共享的發展理念。新發展理念集中體現了新時代我國的發展思路、發展方向、發展着力點，是管全局、管根本、管長遠的導向，集中反映了黨對經濟社會發展規律認識的深化。

2015 年 11 月，習近平在中央財經領導小組第十一次會議上首次提出推進「供給側結構性改革」。以供給側結構性改革適應並引領經濟新常態，是黨中央的一項重大戰略部署。12 月，在中央經濟工作會議上的講話中，習近平對供給側結構性改革從理論到實踐作了全面

2016 年 8 月，包頭鋼鐵集團煉鐵廠拆
除高爐淘汰落後產能

闡述，強調抓好去產能、去庫存、去槓桿、降成本、補短板五大任
務，明確宏觀政策要穩、產業政策要準、微觀政策要活、改革政策要
實和社會政策要托底五大政策支柱。

以「三去一降一補」為抓手，黨中央大力推進供給側結構性
改革。以鋼鐵、煤炭等行業為重點加大去產能力度，中央財政安排
1000 億元專項獎補資金予以支持，用於分流職工安置；堅持房子是
用來住的、不是用來炒的定位，因城施策分類指導，三四線城市商品
住宅去庫存取得明顯成效，熱點城市房價漲勢得到控制；積極穩妥去
槓桿，控制債務規模，增加股權融資，工業企業資產負債率連續下

降，宏觀槓桿率漲幅明顯收窄、總體趨於穩定；全面推開營業稅改增值稅試點；多措並舉降成本，壓減政府性基金項目 30%，削減中央政府層面設立的涉企收費項目 60% 以上，階段性降低「五險一金」繳費比例，推動降低用能、物流、電信等成本；突出重點加大補短板力度，推進供給側結構性改革取得明顯成效。

黨的十八大後，針對關係全局、事關長遠的問題，黨中央提出、實施了一系列重大發展戰略，主要包括：以疏解北京非首都功能為重點的京津冀協同發展戰略，以共抓大保護、不搞大開發為導向的長江經濟帶建設，以促進合作共贏為落腳點的「一帶一路」建設、粵港澳大灣區建設，以促進人的城鎮化為核心、提高質量為導向的新型城鎮化戰略，強化激勵實施創新驅動發展戰略，穀物基本自給、口糧絕對安全的國家糧食安全戰略，推動能源消費、能源供給、能源技術、能源體制革命和加強能源國際合作的能源安全新戰略等。制定實施製造強國行動綱領，設立國家新興產業創業投資引導基金，促進大數據發展，實施「互聯網＋」行動計劃，加快推動傳統產業技術改造，加快培育新興產業，加快發展現代服務業，着力培養發展新動能。鼓勵優勢骨幹企業參與境外基礎設施建設和產能合作，推動中國裝備走向世界。這些重大戰略對我國經濟發展變革產生了深遠影響。

在新發展理念正確指引下，黨中央堅持穩中求進工作總基調，以推進供給側結構性改革為主線，主動適應、把握、引領經濟發展新常態，經濟發展取得巨大成就，經濟保持中高速增長，發展質量和效益不斷提升。2013 年至 2017 年，GDP 年均增長超過 7%；2017 年，GDP 總量達到 82.08 萬億元，穩居世界第二，佔世界經濟比重達到

15% 左右，成為世界經濟增長的主要動力源和穩定器。基礎設施建設快速推進，農業現代化穩步推進，城鎮化水平穩步提高。開放型經濟新體制逐步健全，對外貿易、對外投資、外匯儲備穩居世界前列。載人航天、探月工程、量子通信、載人深潛等一批具有標誌性意義的重大科技成果湧現。以新產業新業態新模式為核心的新動能不斷增強，成為推動我國經濟平穩增長和經濟結構轉型升級的重要力量，增長的包容性和人民群眾的獲得感不斷增強，穩中有進、穩中向好的態勢更加明顯。我國經濟增長從主要依靠工業帶動轉為工業和服務業共同帶動、從主要依靠投資拉動轉為消費和投資一起拉動，從出口大國轉為出口和進口並重的大國，實現了我國多年想實現而沒有實現的重大結構性變革，經濟實力、經濟結構、經濟活力和韌性、對全球經濟發展的影響力都邁上了一個新台階。

民主政治建設邁出重大步伐

以甚麼樣的思路來謀劃和推進中國社會主義民主政治建設，在國家政治生活中具有管根本、管全局、管長遠的作用。中國是一個發展中大國，堅持正確的政治發展道路是關係根本、關係全局的重大問題。

2012 年 12 月 4 日，在首都各界紀念現行憲法公佈施行 30 週年大會上，習近平概括了中國特色社會主義政治發展道路的核心內涵，強調堅持中國特色社會主義政治發展道路，關鍵是要堅持黨的領導、人民當家作主、依法治國有機統一，以保證人民當家作主為根本，以增強黨和國家活力、調動人民積極性為目標，擴大社會主義民主，發

展社會主義政治文明。2014 年 9 月 5 日，在慶祝全國人民代表大會成立 60 週年大會上，習近平進一步闡述了中國特色社會主義政治發展道路的歷史邏輯、理論邏輯、實踐邏輯，深刻總結了中國特色社會主義政治制度的優勢和特點。習近平明確提出了評價一個國家政治制度是不是民主有效的重要標準：主要看國家領導層能否依法有序更替，全體人民能否依法管理國家事務和社會事務、管理經濟和文化事業，人民群眾能否暢通表達利益要求，社會各方面能否有效參與國家政治生活，國家決策能否實現科學化、民主化，各方面人才能否通過公平競爭進入國家領導和管理體系，執政黨能否依照憲法法律規定實現對國家事務的領導，權力運用能否得到有效制約和監督。

　　黨的十八大以後，黨中央以增加和擴大我國社會主義民主政治的優勢和特點為關鍵，堅持發揮黨總攬全局、協調各方的領導核心作用；堅持國家一切權力屬於人民；堅持和完善中國共產黨領導的多黨合作和政治協商制度；堅持和完善民族區域自治制度；堅持和完善基層群眾自治制度；堅持和完善民主集中制的制度和原則；持續推進社會主義民主政治制度化、規範化、程序化，更好發揮中國特色社會主義政治制度的優越性，不斷為黨和國家興旺發達、長治久安提供更加完善的制度保障。

　　人民代表大會制度不斷完善。緊扣全面依法治國，抓住提高立法質量這個關鍵，科學立法、民主立法、依法立法水平不斷提高。2015年 3 月，十二屆全國人大三次會議對《中華人民共和國立法法》作出重要修改，依法賦予設區的市地方立法權，明確地方立法權限和範圍，進一步完善了我國立法體制。十二屆全國人大及其常委會加強重

點領域立法，截至 2017 年 9 月，新制定法律 22 件，修改法律 110 件次，通過有關法律問題和重大問題的決定決議 37 件，作出 9 個法律解釋，以憲法為核心的中國特色社會主義法律體系更加完善。堅持正確監督、有效監督，切實依法履行人大監督職責。貫徹黨中央關於健全人大討論決定重大事項制度、各級政府重大決策出台前向本級人大報告的部署要求，認真做好人大討論決定重大事項工作，更好發揮國家權力機關職能作用。代表工作不斷深化和拓展，人大代表中一線工人、農民、專業技術人員代表比例和農民工代表人數有所增加，代表依法履職得到充分保障。代表列席常委會會議、參加執法檢查、參與專門委員會和工作委員會活動日益常態化，進一步暢通了社情民意表達和反映渠道。

社會主義協商民主廣泛多層制度化發展。協商民主是中國社會主義民主政治中獨特的、獨有的、獨到的民主形式，是切實保障人民當家作主的制度安排。2015 年初，中共中央印發《關於加強社會主義協商民主建設的意見》，從頂層設計的高度系統謀劃了協商民主的發展路徑，形成了包括政黨協商、人大協商、政府協商、政協協商、人民團體協商、基層協商、社會組織協商等七種協商形式，推動協商民主廣泛多層制度化發展不斷取得新成效，極大地豐富了民主形式、拓寬了民主渠道、加深了民主內涵。從黨的十八大到十九大五年間，黨中央召開或委託有關部門召開的協商會、座談會、情況通報會共計 110 多次，其中習近平主持召開或出席的就有 20 多次。

中國共產黨領導的多黨合作和政治協商制度實現新發展。2015 年 5 月，中共中央頒佈《中國共產黨統一戰線工作條例（試行）》，

首次將「參加中國共產黨領導的政治協商」作為民主黨派基本職能之一，將民主黨派基本職能拓展為「參政議政、民主監督，參加中國共產黨領導的政治協商」。2012 年 11 月至 2017 年 11 月，各民主黨派中央結合自身特色和優勢，圍繞大力推進供給側結構性改革、深入推進新型城鎮化、「一帶一路」建設、促進科技發展和自主創新、大力振興和提升實體經濟等重大問題，組織專家學者深入調研，共向中共中央、國務院報送意見建議 496 件。其中，加快推進平潭綜合實驗區建設、科學設定「十三五」期間 GDP 增速等建議還轉化為黨和國家重大決策。人民政協還堅持把協商民主貫穿履行職能全過程，堅持發揚民主和增進團結相互貫通、建言資政和凝聚共識雙向發力，不斷完善專門協商機構制度。全國政協落實中共中央關於政協協商民主建設重大改革舉措，形成和完善了以全體會議為龍頭，以專題議政性常委會議和專題協商會為重點，以雙週協商座談會、對口協商會、提案辦理協商會等為常態的協商議政格局，充分調動了政協委員參政議政的積極性主動性創造性。

民族區域自治制度得到切實貫徹落實。黨的十八大以後，黨中央高度重視民族地區經濟社會發展，完善差別化的區域政策，優化轉移支付和對口支援機制，實施促進民族地區和人口較少民族發展、興邊富民行動等規劃，確保少數民族和民族地區同全國一道實現全面小康和現代化。認真執行黨的民族宗教政策，高舉民族團結旗幟，深入開展民族團結進步宣傳教育，促進各民族像石榴籽一樣緊緊抱在一起，引導各族群眾增強對偉大祖國的認同、對中華民族的認同、對中華文化的認同、對中國共產黨的認同、對中國特色社會主義的認同，進

2015 年 3 月，福建省莆田市荔城區後黃村村民在古民居「流轉」村民監督討論會上舉牌表決

一步鑄牢中華民族共同體意識。民族區域自治法配套法規建設不斷加強，民族工作法律法規體系不斷健全，民族區域自治制度越來越展現出強大的生命力和優越性，有力地推進了民族事務治理體系和治理能力現代化。

基層群眾自治制度充滿活力。人民群眾通過村民委員會、居民委員會、職工代表大會等，廣泛、直接參與社會事務管理。全國農村普遍制定了村規民約或村民自治章程，城市社區普遍制定了居民公約或居民自治章程。以城鄉村（居）民自治為核心，民主選舉、民主協商、民主決策、民主管理、民主監督為主要內容的基層群眾自治制度基本建立並不斷完善，人民群眾從各層次各領域有序參與政治生活，我國基層民主正日益發揮巨大作用。

　　愛國統一戰線不斷鞏固發展。黨中央先後召開了中央統戰工作會議、中央民族工作會議、全國宗教工作會議、第二次中央新疆工作座談會、中央第六次西藏工作座談會和全國新的社會階層人士統戰工作會議，頒佈了黨關於統一戰線的第一部黨內法規《中國共產黨統一戰線工作條例（試行）》和一批規範性文件，統一戰線不斷創新發展、鞏固壯大，在中國特色社會主義事業中發揮了重要的法寶作用。

思想文化建設取得重大進展

　　文化是一個國家、一個民族的靈魂，文化興國運興，文化強民族強。堅定中國特色社會主義道路自信、理論自信、制度自信，說到底是要堅定文化自信。2016 年 5 月 17 日，習近平在哲學社會科學工作座談會上指出：「文化自信是更基本、更深沉、更持久的力量。」6 月 28 日，習近平在十八屆中央政治局第三十三次集體學習時提出堅定「四個自信」，即中國特色社會主義道路自信、理論自信、制度自信、文化自信，明確把文化自信納入「四個自信」之中。黨中央強調堅定文化自信，就是堅持中國特色社會主義文化發展道路，激發全民族文化創新創造活力。

　　黨對意識形態工作的領導發生深刻變革。隨着人們思想活動的獨立性、選擇性、多變性、差異性明顯增強，輿論生態、媒體格局、傳播方式發生深刻變化，意識形態工作面臨的國內外環境更趨複雜。為加強和改進宣傳思想工作，從 2013 年至 2016 年，黨中央先後召開了全國宣傳思想工作會議、文藝工作座談會、黨的新聞輿論工作座談會、網絡安全和信息化工作座談會、哲學社會科學工作座談會、全國

黨校工作會議和全國高校思想政治工作會議，習近平發表了一系列重要講話，深刻回答了新的歷史條件下宣傳思想文化工作的重大理論和現實問題。黨中央作出了一系列重大工作部署，出台了《關於推動傳統媒體和新興媒體融合發展的指導意見》《關於實施網絡內容建設工程的意見》《黨委（黨組）意識形態工作責任制實施辦法》等文件。經過不懈努力，意識形態領域敢抓敢管、敢於亮劍，牢牢掌握工作領導權、管理權、話語權，人心凝聚、團結向上的良好局面日益形成。

馬克思主義在我國社會主義意識形態中的指導地位進一步鞏固。各級黨組織和政府部門切實採取有效措施，持續做好做強馬克思主義宣傳教育工作，把深入學習宣傳貫徹習近平總書記系列重要講話精神和治國理政新理念新思想新戰略作為重中之重，深化中國特色社會主義和中國夢的學習宣傳教育，理論武裝卓有成效，主旋律更加響亮，正能量更加強勁，全黨全社會思想上的團結統一更加鞏固。

培育和踐行社會主義核心價值觀。黨的十八大提出，倡導富強、民主、文明、和諧，倡導自由、平等、公正、法治，倡導愛國、敬業、誠信、友善，積極培育和踐行社會主義核心價值觀。2013 年 12 月，中共中央辦公廳印發《關於培育和踐行社會主義核心價值觀的意見》，要求把培育和踐行社會主義核心價值觀融入國民教育全過程、落實到經濟發展實踐和社會治理中。全社會普遍開展愛國主義教育活動和群眾性精神文明創建活動，社會主義核心價值觀被納入國民教育體系，推動社會主義核心價值觀進教材、進課堂、進學生頭腦。一些重大禮儀活動上升到國家層面。國家通過法定程序，將 9 月 3 日確定為中國人民抗日戰爭勝利紀念日，將 12 月 13 日設立為南京大屠殺死

難者國家公祭日，將 9 月 30 日設立為烈士紀念日，等等。2015 年 12
月，中共中央印發《關於建立健全黨和國家功勳榮譽表彰制度的意
見》，全國人大常委會審議通過《中華人民共和國國家勳章和國家榮
譽稱號法》。通過肯定功勳模範的歷史功績，豎起標杆、立起旗幟，
推動全社會形成見賢思齊、崇尚英雄、爭做先鋒的良好氛圍。

　　實施中華優秀傳統文化傳承發展工程，推動中華優秀傳統文化創
造性轉化、創新性發展，越來越多的傳統經典、戲曲、書法等內容走
入課堂、走進校園，融入國民教育體系。各地採取多種方式，讓收藏
在博物館裡的文物、陳列在大地上的遺產、書寫在古籍裡的文字都活
起來，發揮其弘揚中華優秀傳統文化的重要作用。

　　文化事業和文化產業蓬勃發展，不斷為人民提供更加豐富的精神
食糧。堅持把社會效益放在首位、社會效益和經濟效益相統一，新一
輪文化體制改革全面實施。2017 年 3 月，《中華人民共和國公共文化
服務保障法》施行，實現了人民群眾基本文化權益的法律保障。健全
現代文化產業體系和市場體系，在經濟下行壓力較大的背景下，文化
產業保持了較快增長速度。截至 2017 年底，我國文化產業增加值達
到 3.47 萬億元，佔 GDP 比重提升到 4.2%。統籌對外文化交流、文化
傳播和文化貿易，加快推動中華文化走出去。

人民生活不斷改善

　　進入新時代，隨着經濟社會發展水平的提高，人民對美好生活的
嚮往更加強烈，民生領域需求日益複雜多元，保障和改善民生的任務
十分繁重。黨中央堅持以人民為中心，把增進人民福祉作為發展的根

本目的，着眼在發展中補齊民生短板，在幼有所育、學有所教、勞有所得、病有所醫、老有所養、住有所居、弱有所扶上取得一系列開創性成果，改革發展成果更多更公平惠及全體人民。

就業是最大的民生，關係老百姓的飯碗，是天大的事，必須下大力氣解決。面對結構性就業壓力，黨中央深入實施就業優先戰略和更加積極的就業政策，出台完善各項創業優惠政策，大力發展職業教育和職業培訓，加大援企穩崗力度。2013 年到 2017 年，每年城鎮新增就業人數 1300 萬人以上，城鎮登記失業率保持在較低水平。就業結構不斷優化，第三產業已經成為吸納就業最多的產業。城鎮就業人員比重由 2012 年的 48.4% 提高到 2016 年的 53.4%。城鎮就業人員數量超過鄉村，城鄉就業格局發生歷史性轉變，中西部地區勞動力就近就地就業和返鄉創業趨勢明顯。各級黨委和政府不斷健全勞動關係協調和矛盾調處機制，堅決防止和糾正就業歧視，建立解決農民工工資拖欠長效機制，推動全社會共同構建和諧勞動關係。

收入是民生之源。黨和政府堅持按勞分配原則，努力拓寬居民勞動收入和財產性收入渠道，完善按要素分配的體制機制，在堅持居民收入增長和經濟增長同步、勞動報酬提高和勞動生產率提高同步的條件下，通過「擴中、提低、調高、打非」，縮小收入分配差距，促進收入分配更合理、更有序。通過改革完善收入分配制度，實現了居民收入和經濟發展同步增長，勞動報酬和勞動生產率同步提高。2013 年到 2017 年，全國居民人均可支配收入從 18311 元增長到 25974 元。2017 年，城鄉居民人均可支配收入之比為 2.71，比 2012 年下降 0.17。

　　百年大計，教育為本。教育寄託着億萬家庭對美好生活的期盼，建設教育強國是中華民族偉大復興的基礎工程。黨中央緊扣落實立德樹人根本任務深化教育改革，努力構建德智體美勞全面培養的教育體系，中國特色社會主義教育制度體系的主體框架基本確立。2012 年起，國家財政性教育經費支出佔當年國內生產總值比例連續保持在 4% 以上。全面改善貧困地區義務教育薄弱學校基本辦學條件、農村義務教育學生營養改善計劃、全學段學生資助政策體系等深入實施，教育公平得到更好保障。各級政府不斷擴大優質教育資源覆蓋面，努力解決人民群眾反映強烈的「擇校熱」「入園難」問題。2017 年，學前教育毛入園率達 79.6%，小學學齡兒童淨入學率達 99.91%，初中階段毛入學率達 103.5%，九年義務教育鞏固率為 93.8%，高中階段教育毛入學率達 88.3%，90% 以上的殘疾兒童享有受教育機會，80% 以上的外來務工人員隨遷子女在流入地公辦學校就學。高等教育毛入學率達 45.7%，即將從大眾化邁進普及化階段。教師隊伍建設大為加強，覆蓋大中小學完整的師德建設制度體系加快建立。

　　社保是民生之依。堅持全覆蓋、保基本、多層次、可持續的方針，不斷深化社會保障制度改革，建成世界上規模最大的社會保障體系。全面建立統一的城鄉居民基本養老保險制度，推進機關事業單位養老保險制度改革，建立企業職工基本養老保險基金中央調劑制度，啟動養老保險基金投資運營，制度的公平性和可持續性顯著增強。2017 年，全國參加城鎮職工基本養老保險人數 40199 萬人，參加城鄉居民基本養老保險人數 51255 萬人，參加基本醫療保險人數 117664 萬人，基本實現全民參保。失業保險、工傷保險、生育保險

的參保人數均達到 2 億人左右，覆蓋絕大多數職業群體。經過努力，一個覆蓋城鄉居民的多層次社會保障體系逐步建立起來。

健康中國戰略全面深入實施。2016 年 8 月，全國衛生與健康大會召開，習近平強調，要把人民健康放在優先發展的戰略地位，加快推進健康中國建設，努力全方位、全周期保障人民健康。大會提出以基層為重點，以改革創新為動力，預防為主，中西醫並重，把健康融入所有政策，人民共建共享的衛生與健康工作方針。10 月，中共中央、國務院印發的《「健康中國 2030」規劃綱要》，對健康中國建設作出全面部署。根據這個方針和部署，醫藥衛生體制改革堅持醫療、醫保、醫藥「三醫」聯動，堅持防治結合、聯防聯控、群防群控，不斷推進疾病治療向健康管理轉變。

以體制創新為關鍵，加強和創新社會治理。堅定不移走中國特色社會主義社會治理之路，把黨的領導和社會主義制度優勢轉化為社會治理優勢，不斷完善中國特色社會主義社會治理體系，基本建成黨委領導、政府負責、社會協同、公眾參與、法治保障的社會治理體制，初步形成共建共治共享的社會治理格局。社會治理重心向基層下移，更多資源、服務、管理下放到基層。通過加強基層網格化服務管理，綜合運用大數據、人工智能等先進技術，打造起全方位、立體化的社會治安防控體系，全社會公共安全風險預測預警預防能力大幅提高。改革社會組織管理制度、促進社會組織健康有序發展，更好發揮社會組織作用，實現政府治理和社會調節、居民自治良性互動。通過深入開展嚴厲打擊暴力恐怖活動專項行動，暴恐襲擊風險得到有效防控。

生態文明建設成效顯著

黨的十八大後，以習近平同志為核心的黨中央把生態文明建設作為統籌推進「五位一體」總體佈局和協調推進「四個全面」戰略佈局的重要內容，以「綠水青山就是金山銀山」理念為先導，推動我國生態環境保護發生歷史性、轉折性、全局性變化。

良好生態環境是最普惠的民生福祉。經過 30 多年持續快速發展，多年積累下來的環境問題在某些地方、某些領域進入高強度頻發階段。這不僅是關係黨的使命宗旨的重大政治問題，也是關係民生的重大社會問題。

建設生態文明，重在建章立制，用最嚴格的制度、最嚴密的法治保護生態環境。2013 年 11 月，黨的十八屆三中全會將「生態文明體制改革」納入全面深化改革的目標體系，提出緊緊圍繞建設美麗中國深化生態文明體制改革，加快建立生態文明制度，健全國土空間開發、資源節約利用、生態環境保護的體制機制，推動形成人與自然和諧發展現代化建設新格局。2015 年，中共中央、國務院先後印發《關於加快推進生態文明建設的意見》和《生態文明體制改革總體方案》，從總體目標、基本理念、主要原則、重點任務、制度保障等方面對生態文明建設進行全面系統部署安排，要求到 2020 年構建起產權清晰、多元參與、激勵約束並重、系統完整的生態文明制度體系。在這些頂層設計指引下，生態文明制度建設全面展開並不斷向縱深推進，取得一系列重大突破。

推進生態文明建設離不開對生態環境有力的監管。黨的十八大後，一些嚴重破壞生態環境事件受到嚴肅查處。黨中央明確生態環境

保護實行黨政同責、一崗雙責，嚴格落實領導幹部生態文明建設責任制。2015 年至 2020 年，開展兩輪次中央生態環境保護督察，對解決突出生態環境問題、促進經濟高質量發展等發揮了關鍵作用。被稱為「史上最嚴」的新環保法從 2015 年開始實施，在打擊環境違法犯罪方面力度空前。2015 年至 2020 年，全國實施生態環境行政處罰案件 93.06 萬件，罰款金額 578.64 億元。

從保護到修復，牢固樹立保護生態環境就是保護生產力、改善生態環境就是發展生產力的理念，着力補齊生態短板。2013 年至 2017 年，全國新增造林面積 4.6 億畝，完成森林撫育 6.38 億畝，全國森林覆蓋率達到 21.66%。到 2017 年底，我國治理沙化土地 1.26 億畝，

浙江省安吉縣余村走出一條「生態美、產業興、百姓富」綠色之路

荒漠化沙化呈整體遏制、重點治理區明顯改善的態勢，沙化土地面積年均縮減 1980 平方公里，實現了由「沙進人退」到「人進沙退」的歷史性轉變。全國地表水國控斷面Ⅰ—Ⅲ類水體比例增加到 67.9%，劣Ⅴ類水體比例下降到 8.3%，大江大河幹流水質穩步改善。同 2013 年相比，2017 年全國地級及以上城市可吸入顆粒物平均濃度下降 22.7%，京津冀、長三角、珠三角等重點區域 $PM_{2.5}$ 平均濃度分別下降 39.6%、34.3%、27.7%。

在生態文明建設深入推進的實踐中，國土空間開發保護制度和空間規劃體系不斷健全。落實主體功能區規劃，嚴格按照主體功能區定位推動發展，進一步優化國土空間開發格局。2015 年 8 月，國務院印發《全國海洋主體功能區規劃》，我國主體功能區戰略實現陸域國土空間和海域國土空間的全覆蓋。黨中央倡導簡約適度、綠色低碳的生活方式。綠色家庭、綠色學校、綠色社區、綠色商場、綠色建築等創建行動廣泛開展。

堅持山水林田湖草是一個生命共同體，全面加大生態系統保護力度。通過採取全面停止天然林商業性採伐、實施沙化土地封禁保護區試點、加大退耕還林還草退牧還草工程力度、全面停止新增圍填海、推進大規模國土綠化等一系列重要舉措，森林、草原、濕地等重要生態功能區得到休養生息。全國江河湖泊全面推行河長制湖長制。推動實現生態保護補償對重點領域和重要區域全覆蓋，補償水平同經濟社會發展狀況相適應，探索開展跨地區、跨流域補償試點，生態損害者賠償、受益者付費、保護者得到合理補償的運行機制正在形成。

積極參與全球環境與氣候治理。我國率先發佈《中國落實

2030 年可持續發展議程國別方案》，實施《國家應對氣候變化規劃（2014—2020 年）》。2015 年 12 月，中國積極推動聯合國氣候變化巴黎大會達成《巴黎協定》這一歷史性文件。在 2016 年二十國集團領導人杭州峰會期間，習近平代表中國政府正式向聯合國交存了《巴黎協定》批准文書。中國積極履行生物多樣性保護國際義務，為全球環境治理作出持續努力。中國關於生態文明建設的理念和戰略，得到國際社會的廣泛認可。

生態環境問題，歸根結底是發展方式和生活方式問題。這一時期，綠色發展方式加快形成。實行資源總量和強度雙控制度，嚴守水資源紅線，嚴控新增建設用地規模；推動能源生產和消費革命，能源結構調整不斷加快，中國已經成為世界利用新能源和可再生能源第一大國。全面節約資源有效推進，能源資源消耗強度大幅下降。大幅提高生態環保標準，倒逼傳統產業改造升級，持續化解環境污染重、資源消耗大、達標無望的落後與過剩產能，加快發展節能環保產業和循環經濟。通過發展綠色信貸、綠色債券、綠色保險等綠色金融產品，開展碳排放權、排污權交易等試點，更多社會資本被引導投入綠色產業，重大環保基礎設施建設、生態保護與修復工程、美麗鄉村建設等成為投資熱點。

伴隨着綠色發展方式的不斷推進，綠色生活方式日益成為人們的普遍共識和共同追求。黨中央倡導簡約適度、綠色低碳的生活方式，反對奢侈浪費和不合理消費，引導形成文明健康的生活風尚。綠色產品和服務供給不斷增加，共享經濟、服務租賃、二手交易等新業態蓬勃發展，節能環保再生產品受到消費者青睞，「光盤行動」、低碳出

行等倡議得到全社會積極響應。在國民教育和培訓體系中，珍惜生態、保護資源、愛護環境等內容大為加強。全黨全國貫徹綠色發展理念的自覺性和主動性顯著增強，忽視生態環境保護的狀況明顯改變。

三、協調推進「四個全面」戰略佈局

「四個全面」戰略佈局的提出

2013 年 11 月，黨的十八屆三中全會對全面深化改革進行了系統部署，作出關於全面深化改革若干重大問題的決定，明確了當前和今後一個時期改革的方向、目標和任務；2014 年 10 月，黨的十八屆四中全會專題研究法治建設問題，通過關於全面推進依法治國若干重大問題的決定，對法治中國建設進行了戰略部署，明確了全面推進依法治國的重大任務。黨的十八屆三中、四中全會作出的兩個決定形成姊妹篇，使改革和法治如鳥之兩翼、車之兩輪，有力推動全面建成小康社會事業向前發展。隨着實踐的發展，黨對治國理政規律性認識也在不斷深化。12 月，黨的十八屆四中全會閉幕後不久，習近平在江蘇調研時首次提出協調推進全面建成小康社會、全面深化改革、全面依法治國、全面從嚴治黨。

2015 年 2 月，習近平在省部級主要領導幹部學習貫徹十八屆四中全會精神全面推進依法治國專題研討班開班式上的講話，明確將「四個全面」定位為「戰略佈局」。「四個全面」戰略佈局，每一個「全面」都具有重大戰略意義，都是事關全局的戰略重點。同時，「四個全面」相輔相成、相互促進、相得益彰，具有緊密邏輯和內在聯繫，

是戰略目標與戰略舉措相統一的有機整體。「四個全面」戰略佈局，抓住了主要矛盾和矛盾的主要方面，體現了唯物辯證法，成為黨在新形勢下治國理政的總抓手。

繼黨的十八屆三中、四中全會專題研究全面深化改革、全面推進依法治國後，黨中央又相繼召開黨的十八屆五中、六中全會，就全面建成小康社會、全面從嚴治黨進行專題研究，作出重要部署。2015年10月召開的黨的十八屆五中全會，在深刻認識和把握經濟發展新常態的基礎上，明確提出創新、協調、綠色、開放、共享的新發展理念。全會審議通過的《中共中央關於制定國民經濟和社會發展第十三個五年規劃的建議》，以新發展理念為統領，明確了「十三五」時期我國的發展思路、發展方向、發展着力點。2016年10月，黨的十八屆六中全會專題研究全面從嚴治黨問題，為新形勢下嚴肅黨內政治生活、淨化黨內政治生態、完善黨內監督體系提供了基本遵循，為全面從嚴治黨提供了重要制度保障。

「四個全面」戰略佈局，是黨在新時代把握我國發展新特徵確定的治國理政新方略，抓住了黨和國家事業發展中根本性、全局性、緊迫性的重大問題，擘畫了推進改革開放和現代化建設的頂層設計，集中體現了黨和國家事業長遠發展的戰略目標和舉措。統籌推進「五位一體」總體佈局、協調推進「四個全面」戰略佈局的形成，標誌着黨對中國特色社會主義建設規律的把握達到了一個前所未有的新高度。

全力推進全面建成小康社會進程

全面建成小康社會，在「四個全面」戰略佈局中居於引領地位。

黨中央帶領全黨全國各族人民朝着黨的十八大確定的到 2020 年全面建成小康社會宏偉目標不斷邁進。全面建成小康社會，強調的不僅是「小康」，更重要、更難做到的是「全面」。沒有全民小康，就沒有全面小康。

　　小康不小康，關鍵看老鄉。農村特別是貧困地區，是全面小康最大的短板。習近平指出：「貧窮不是社會主義。如果貧困地區長期貧困，面貌長期得不到改變，群眾生活長期得不到明顯提高，那就沒有體現我國社會主義制度的優越性，那也不是社會主義。」「以更大決心、更精準思路、更有力措施，採取超常舉措，實施脫貧攻堅工程，確保我國現行標準下農村貧困人口實現脫貧、貧困縣全部摘帽、解決區域性整體貧困。」

　　黨的十八大後，黨中央加大扶貧投入，創新扶貧方式，扶貧開發工作呈現新局面。脫貧攻堅貴在精準，重在精準，成敗之舉在於精準。開對「藥方子」，因人因地施策、因貧困原因施策、因貧困類型施策，做到對症下藥、靶向治療，才能拔掉「窮根子」。2013 年 11 月，習近平在湖南考察時，首次創造性地提出「精準扶貧」的重要理念，強調要「實事求是、因地制宜、分類指導、精準扶貧」，標誌着我國扶貧方式的重大轉變。

　　伴隨着精準扶貧的貫徹實施，我國扶貧攻堅事業不斷取得新突破。黨的十八屆五中全會審議通過的《中共中央關於制定國民經濟和社會發展第十三個五年規劃的建議》，把農村貧困人口脫貧作為全面建成小康社會的基本標誌，強調全面建成小康社會，關鍵是要把經濟社會發展的「短板」盡快補上，確保到 2020 年我國現行標準下農村

2013 年 11 月 3 日，習近平在湖南考察時與湘西土家族苗族自治州花垣縣排碧鄉
十八洞村村民座談

貧困人口實現脫貧、貧困縣全部摘帽、解決區域性整體貧困。隨後，
中共中央、國務院發佈《關於打贏脫貧攻堅戰的決定》，圍繞到 2020
年穩定實現「兩不愁、三保障」（農村貧困人口不愁吃、不愁穿，義
務教育、基本醫療、住房安全有保障）扶貧開發工作目標，堅持扶持
對象精準、項目安排精準、資金使用精準、措施到戶精準、因村派人
（第一書記）精準、脫貧成效精準等「六個精準」，對於「扶持誰」「誰
來扶」「怎麼扶」「如何退」等關鍵性問題，提出了實施「五個一批」
（發展生產脫貧一批，易地搬遷脫貧一批，生態補償脫貧一批，發展
教育脫貧一批，社會保障兜底一批）工程等具體解決方案，吹響了脫
貧攻堅啃硬骨頭、攻堅拔寨的衝鋒號。

　　這一時期，通過加強產業扶貧，貧困地區特色優勢產業和旅遊扶貧、光伏扶貧、電商扶貧等快速發展，增強了貧困地區內生發展活力和動力。通過生態扶貧、易地扶貧搬遷、退耕還林還草等，貧困地區生態環境明顯改善，實現了生態保護和扶貧脫貧一個戰場、兩場戰役的雙贏。通過基礎設施和公共服務建設，貧困地區特別是農村基礎條件明顯改善，改變了貧困地區整體面貌。通過組織開展貧困識別和貧困退出、扶貧項目實施，貧困地區基層治理能力和管理水平明顯提高，增強了農村基層黨組織凝聚力和戰鬥力。通過選派第一書記和駐村工作隊，鍛煉了機關幹部，培養了農村人才。截至 2017 年底，累計向貧困村選派第一書記 43.5 萬名，駐村幹部 278 萬人次。農村貧困人口減少 6800 多萬，易地扶貧搬遷 830 萬人，貧困發生率由 10.2% 下降到 3.1%。

　　為了確保脫貧攻堅順利推進，黨中央堅持發揮政府投入主體和主導作用，充分發揮政府和社會兩方面力量作用，深入推進東西部扶貧協作、黨政機關定點扶貧、軍隊和武警部隊扶貧、社會力量參與扶貧，構建專項扶貧、行業扶貧、社會扶貧互為補充的大扶貧格局，增加金融資金對脫貧攻堅的投放，發揮資本市場支持貧困地區發展作用，吸引社會資金廣泛參與脫貧攻堅，形成脫貧攻堅資金多渠道、多樣化投入。截至 2017 年 1 月，東部有 267 個發達縣市區與西部 390 個貧困縣結成對子，促進了西部地區脫貧攻堅和區域協調發展。到 2017 年底，全國有 4.62 萬家民營企業幫扶 5.12 萬個村，投資 527 億元實施產業扶貧項目，捐資 109 億元開展公益幫扶，帶動和惠及 620 多萬建檔立卡貧困人口。

擴大中等收入群體，關係全面建成小康社會目標的實現。黨的十六大提出全面建設小康社會目標的同時，就首次明確了「擴大中等收入者比重」的目標。黨的十七大提出「中等收入者佔多數」，黨的十八大提出「中等收入群體持續擴大」的任務。黨的十八屆三中全會研究全面深化改革、十八屆五中全會研究「十三五」規劃時再次強調了這一任務。圍繞穩定擴大中等收入群體，黨和政府提出了一系列理論和實踐創新的重點方向，並先後出台一系列新政策，有力推動了中等收入群體的擴大。經過不懈努力，我國已經形成了世界上規模最大的中等收入群體，這一群體已超過 4 億人。

全面深化改革取得重大突破

全面深化改革是「四個全面」戰略佈局中具有突破性和先導性的關鍵環節。進入新時代，黨中央推進全面深化改革，改革呈現全面發力、多點突破、蹄疾步穩、縱深推進的態勢。

2013 年 11 月，黨的十八屆三中全會審議通過的《中共中央關於全面深化改革若干重大問題的決定》，站在中國特色社會主義事業發展全局的戰略高度，對全面深化改革作出頂層設計和總體規劃，明確全面深化改革的指導思想、目標任務、重大原則，科學規劃全面深化改革的戰略重點、優先順序、主攻方向、工作機制、推進方式和時間表、路線圖。全會明確全面深化改革的總目標是完善和發展中國特色社會主義制度，推進國家治理體系和治理能力現代化；要求到 2020 年，在重要領域和關鍵環節改革上取得決定性成果，形成系統完備、科學規範、運行有效的制度體系，使各方面制度更加成熟更加定型。

全會在重大理論和政策問題上取得一系列新突破，提出「使市場在資源配置中起決定性作用和更好發揮政府作用」「推進協商民主廣泛多層制度化發展」等新觀點新論斷，出台包括經濟、政治、文化、社會、生態文明和黨的建設等領域 336 項較大的改革舉措。黨的十八屆三中全會的意義是劃時代的，開啟了全面深化改革、系統整體設計推進改革的新時代，開創了我國改革開放的全新局面。

全面深化改革是一個複雜的系統工程，需要建立更高層面的領導機制。2013 年 12 月，中央成立習近平任組長的中央全面深化改革領導小組，負責改革總體設計、統籌協調、整體推進、督促落實。這充分體現了黨中央對改革的高度重視，充分表明了黨中央的改革決心，有利於發揮黨總攬全局、協調各方的領導核心作用，有利於確保改革的系統性、整體性、協同性，有利於保證全面深化改革的各項任務和各個環節落到實處。黨的十八大以後的五年，先後召開 38 次中央全面深化改革領導小組會議，審議通過 365 個重要改革文件，確定 357 個重點改革任務，出台 1500 多項改革舉措，重要領域和關鍵環節改革取得突破性進展，主要領域改革主體框架基本確立。

在改革實踐中，黨中央突出強調以經濟體制改革為重點，發揮經濟體制改革牽引作用，着力使市場在資源配置中起決定性作用和更好發揮政府作用，提出並推進供給側結構性改革、農村土地「三權分置」、深化國資國企改革、發展混合所有制經濟、共建「一帶一路」、設立自由貿易試驗區等新理念新舉措，推動國有企業、財稅金融、科技創新、土地制度、對外開放、文化教育、司法公正、環境保護、養老就業、醫藥衛生、黨建紀檢等領域具有牽引作用的改革不斷取得突

破，使各方面體制機制弊端阻礙全社會創造力和發展活力的狀況得到明顯改變。

在推進全面深化改革的發展歷程中，黨中央着力抓好基礎性、長遠性、系統性的制度設計，對於完善國有資產管理體制、以管資本為主加強國有資產監管，實施全面規範、公開透明的預算制度，穩妥推進財稅和金融體制改革，健全城鄉發展一體化體制機制，構建開放型經濟新體制，推進協商民主廣泛多層制度化發展，確保司法機關依法獨立行使審判權和檢察權，健全反腐敗領導體制和工作機制，設立國家安全委員會，健全自然資源資產產權制度，深化國防和軍隊改革等，都作了制度性安排。國家治理體系與治理能力在制度的不斷完善中得到提升。

全面推進依法治國邁出堅實步伐

全面推進依法治國是解決發展中的一系列重大問題，解放和增強社會活力、促進社會公平正義、維護社會和諧穩定、確保國家長治久安的根本要求。2014 年 1 月，習近平在中央政法工作會議上強調，要把維護社會大局穩定作為基本任務，把促進社會公平正義作為核心價值追求，把保障人民安居樂業作為根本目標，着眼於讓人民群眾在每一個司法案件中感受到公平正義。要從確保依法獨立公正行使審判權檢察權、健全司法權力運行機制、完善人權司法保障制度三個方面，着力破解體制性、機制性、保障性障礙，不斷提高司法公信力。

2014 年 10 月，黨的十八屆四中全會通過《中共中央關於全面推進依法治國若干重大問題的決定》，明確全面推進依法治國的總目標

是建設中國特色社會主義法治體系，建設社會主義法治國家。這個總目標既明確了全面推進依法治國的性質和方向，又突出了工作重點和總抓手，具有綱舉目張的意義。圍繞這一總目標，全會提出了 180 多項重大改革舉措，涵蓋了依法治國各個方面。2015 年 4 月，中央全面深化改革領導小組第十一次會議審議通過《黨的十八屆四中全會重要舉措實施規劃（2015—2020 年）》，為此後一個時期推進全面依法治國提供了總施工圖和總台賬。

在全面依法治國的實踐中，黨中央高度重視憲法在治國理政中的重要地位和作用，明確堅持依法治國首先要堅持依憲治國。2014 年 11 月，十二屆全國人大常委會以立法形式將 12 月 4 日設立為國家憲法日。2015 年 7 月，又明確規定國家工作人員就職時公開進行憲法宣誓，莊嚴承諾忠於憲法、忠於祖國、忠於人民。

建立健全完備的法律規範體系，以良法保障善治，是全面依法治國的前提和基礎。立法機關堅持從國情出發，加快推進國家安全領域立法，出台國家安全法、國家情報法、反間諜法、反恐怖主義法、網絡安全法、境外非政府組織境內活動管理法、國防交通法、核安全法等一系列涉及國家安全的法律，為維護國家安全、核心利益和其他重大利益提供了堅實的法制保障。同時，經濟、社會、民生、文化、生態環境等重點領域立法工作不斷推進。截至 2017 年 9 月，我國有現行有效法律 260 部。以憲法為核心的中國特色社會主義法律體系不斷完善。

推進全面依法治國，法治政府建設是重點任務，對法治國家、法治社會建設具有示範帶動作用。從依法全面履行職能的基本要求出

發，各地對政府部門權力進行全面梳理、調整、審核確認並對外公佈。2015 年 12 月，中共中央、國務院印發《法治政府建設實施綱要（2015—2020 年）》，提出到 2020 年基本建成「職能科學、權責法定、執法嚴明、公開公正、廉潔高效、守法誠信」的法治政府的總體目標和行動綱領。2016 年 1 月，國務院在國家發改委等七部門開展權力和責任清單編制試點，用「權力清單」和「責任清單」明確政府權力邊界，推動「放管服」改革落地見效。截至 2017 年底，國務院部門行政審批事項削減 44%，非行政許可審批徹底終結。

推動以司法責任制為重點的司法體制改革。根據中央部署，從 2014 年開始，全國分批開展司法人員分類管理、完善司法責任制、健全司法人員職業保障、省以下地方法院檢察院人財物統一管理改革試點，2016 年改革試點在全國推開。全面落實司法責任制改革，實行法官、檢察官員額制，讓審理者裁判、由裁判者負責，落實「誰辦案誰負責」機制，法官檢察官依法對案件質量終身負責，不斷健全權責明晰、權責統一的司法權力運行機制。着眼提升司法公信力，推進以審判為中心的訴訟制度改革，確保偵查、審查起訴的案件事實經得起法律檢驗。深化認罪認罰從寬制度改革，完善速裁程序運行機制，推進案件繁簡分流、輕重分離、快慢分道，着力構建多層次訴訟制度體系。最高人民法院六個巡迴法庭覆蓋六大區域，實現了最高審判機關重心下移；完善人民陪審員制度、人民監督員制度。為了逐步解決人民群眾反映的打官司難的問題，全面實施立案登記制改革，變立案審查制為立案登記制，做到有案必立、有訴必理，加強監督，依法制裁虛假訴訟，維護正常訴訟秩序。深化司法責任制綜合配套改革，進

一步健全偵查權、檢察權、審判權、執行權相互配合、相互制約的體制機制，加快構建系統完備、規範高效的執法司法制約監督體系。經過新一輪司法改革，新的司法管理體制、司法權力運行機制逐步形成，公平正義成為新時代的鮮亮底色。

作為全面依法治國的固本之舉，法治社會建設不斷得到強化。2016 年，中央組織部等四部門聯合印發《關於完善國家工作人員學法用法制度的意見》，緊緊抓住領導幹部這個「關鍵少數」，促使國家工作人員帶頭尊法學法守法用法。3 月，中共中央、國務院轉發《中央宣傳部、司法部關於在公民中開展法治宣傳教育的第七個五年規劃（2016—2020 年）》，「七五」普法工作拉開帷幕。2017年 5 月印發的《關於實行國家機關「誰執法誰普法」普法責任制的意見》，首次將國家機關明確為法治宣傳教育的責任主體。落實「誰執法誰普法」要求，抓住普法責任制這個「牛鼻子」，黨委統一領導、部門分工負責、各司其職、齊抓共管的「大普法」格局逐步形成。

全面從嚴治黨成效卓著

全面從嚴治黨是協調推進「四個全面」戰略佈局的根本保證，是黨的十八大以來黨中央抓黨的建設的鮮明主題。習近平指出，新的歷史條件下，我們要更好進行具有許多新的歷史特點的偉大鬥爭、推進中國特色社會主義偉大事業，就必須以更大力度推進黨的建設新的偉大工程，堅定不移推進全面從嚴治黨，切實把黨建設好、管理好。全面從嚴治黨永遠在路上，不能有任何喘口氣、歇歇腳的念頭。必須始

終保持思想上的冷靜清醒、增強行動上的勇毅執着，堅定全面從嚴治黨的政治自覺，不斷推動全面從嚴治黨向縱深發展。

2013 年 12 月，習近平在中央經濟工作會議上指出，中國特色社會主義有很多特點和特徵，但最本質的特徵是堅持中國共產黨領導。2016 年 7 月，習近平在慶祝中國共產黨成立 95 週年大會上強調，中國特色社會主義最本質的特徵是中國共產黨領導，中國特色社會主義制度的最大優勢是中國共產黨領導。

堅持黨的領導，首先是堅持黨中央權威和集中統一領導。2014 年 1 月，習近平在十八屆中央紀委第三次全會上指出，「中央委員會，中央政治局，中央政治局常委會，這是黨的領導決策核心」。為體現這一要求，2015 年 1 月 16 日，中央政治局常委會會議專門聽取了全國人大常委會、國務院、全國政協、最高人民法院、最高人民檢察院黨組工作彙報。1 月 23 日，中央政治局會議聽取了有關綜合情況報告。

2016 年 10 月，黨的十八屆六中全會審議通過《關於新形勢下黨內政治生活的若干準則》和《中國共產黨黨內監督條例》。《準則》強調，「堅決維護黨中央權威、保證全黨令行禁止，是黨和國家前途命運所繫，是全國各族人民根本利益所在」。這次全會明確了習近平總書記在黨中央和全黨的核心地位，反映了全黨全軍全國各族人民的共同心願，是黨和國家根本利益所在，是堅持和加強黨的領導的根本保證。全會號召全黨同志緊密團結在以習近平同志為核心的黨中央周圍，牢固樹立政治意識、大局意識、核心意識、看齊意識，堅定不移維護黨中央權威和集中統一領導。

　　為加強黨的全面領導，中央進一步健全完善相關制度機制。2015年1月，中共中央印發《關於加強和改進黨的群團工作的意見》，強調黨的領導是做好群團工作的根本保證。6月，中共中央印發《中國共產黨黨組工作條例（試行）》。這是中國共產黨在黨組工作方面第一部專門黨內法規。12月，中共中央印發《中國共產黨地方委員會工作條例》，進一步健全了地方黨委發揮領導核心作用的制度基礎，完善了地方黨委運行機制。2016年10月，中央召開全國國有企業黨的建設工作會議，對解決國有企業黨的領導、黨的建設弱化、淡化、虛化、邊緣化問題作出系統部署，強調要堅持黨對國有企業的領導不動搖，開創國有企業黨的建設新局面。12月，中共中央、國務院印發《關於加強和改進新形勢下高校思想政治工作的意見》，要求把黨的建設貫穿始終，牢牢掌握黨對高校的領導權。

　　全面從嚴治黨首先從作風問題抓起。新時代全面從嚴治黨從中央政治局立規矩開始，從落實中央八項規定精神入手。八項規定是黨的十八大之後制定的第一部重要黨內法規，也是改進工作作風的一個切入點。習近平強調，共產黨員永遠是勞動人民的普通一員，除了法律和政策規定範圍內的個人利益和工作職權外，所有共產黨員都不得謀求任何私利和特權，必須反對特權思想、特權現象。我們黨堅持把反「四風」、反腐敗與反特權思想和特權現象相結合，在幹部辦公用房、公務用車、秘書配備、公務消費等方面出台了一系列整治措施，嚴格規範領導幹部的工作和生活待遇，一些幹部身上存在的特權思想和特權現象得到有效遏制。各級紀檢監察機關從治理公款吃喝、旅遊、送禮等不正之風入手，以一個個具體問題的

突破，帶動了全黨全社會風氣整體轉變，為深入推進全面從嚴治黨凝聚了黨心民心。

堅持把紀律挺在前面，嚴明政治紀律和政治規矩。2012 年 11 月 16 日，習近平在十八屆中央政治局第一次會議上強調，「大家要帶頭遵守黨的組織原則和黨內政治生活準則，懂規矩，守紀律」。2013 年 1 月，習近平在十八屆中央紀委第二次全會上進一步指出，嚴明黨的紀律，首要的就是嚴明政治紀律，政治紀律是最重要、最根本、最關鍵的紀律。會議還提出，黨的各級紀律檢查機關要把維護黨的政治紀律放在首位，加強對政治紀律執行情況的監督檢查，鏟除政治腐敗和經濟腐敗相互交織形成的利益集團，消除重大政治隱患。各級紀委着力解決無視政治紀律和政治規矩的問題，嚴肅查處公開發表違背中央精神的言論和有令不行、有禁不止行為。黨的十八大以後的五年，共立案審查違反政治紀律案件 1.5 萬件，處分 1.5 萬人，其中中管幹部 112 人，有力維護了黨的集中統一領導。2015 年 10 月，重新修訂的《中國共產黨廉潔自律準則》和《中國共產黨紀律處分條例》印發。《準則》堅持正面倡導、重在立德，重申黨的理想信念宗旨、優良傳統作風，樹立了看得見、摸得着的高標準。《條例》列出「負面清單」、重在立規，把黨章對紀律的要求整合成「六項紀律」。為了強化紀律執行，黨中央堅持懲前毖後、治病救人方針，創造性提出並運用監督執紀「四種形態」[①]，加強日常監督管理，在用好第一種形態

---

① 監督執紀「四種形態」，是指經常開展批評和自我批評、約談函詢，讓「紅紅臉、出出汗」成為常態；黨紀輕處分、組織調整的成為違紀處理的大多數；黨紀重處分、重大職務調整的成為少數；嚴重違紀涉嫌違法立案審查的成為極少數。

上下更大功夫，紀律建設的治本作用日益顯現。

腐敗是黨面臨的最大威脅，嚴重侵蝕黨的執政基礎。面對一段時間黨內腐敗問題比較嚴重的狀況，以習近平同志為核心的黨中央以「得罪千百人，不負十四億」的堅定決心，堅持反腐敗無禁區、全覆蓋、零容忍，堅定不移「打虎」「拍蠅」，深化國際反腐敗執法合作，織密國際追逃「天網」，以雷霆之勢、霹靂手段懲治腐敗，持續形成強大威懾。黨的十八大以後的五年，經黨中央批准立案審查的省軍級以上黨員幹部及其他中管幹部 440 人。其中，十八屆中央委員、候補委員 43 人，中央紀委委員 9 人。全國紀檢監察機關共處置問題線索 267.4 萬件，立案 154.5 萬件，處分 153.7 萬人，其中廳局級幹部 8900 餘人，縣處級幹部 6.3 萬人，涉嫌犯罪被移送司法機關處理 5.8 萬人。特別是堅決查處了周永康、薄熙來、郭伯雄、徐才厚、孫政才、令計劃等人嚴重違紀違法問題。以反腐敗為重點突破口的全面從嚴治黨取得重大戰略性成果，不敢腐的目標初步實現，不能腐的籠子越紮越牢，不想腐的堤壩正在構築，反腐敗鬥爭壓倒性態勢已經形成並鞏固發展。

黨要管黨，首先要從黨內政治生活管起；從嚴治黨，首先要從黨內政治生活嚴起。2016 年 10 月，黨的十八屆六中全會深入分析了新形勢下黨的建設面臨的新情況新問題，針對黨內政治生活和黨內監督存在的薄弱環節提出了明確措施，對嚴肅黨內政治生活、淨化黨內政治生態作出全面規範，強調全黨必須牢固樹立政治意識、大局意識、核心意識、看齊意識，自覺在思想上政治上行動上同以習近平同志為核心的黨中央保持高度一致。

　　黨中央堅持思想建黨和制度治黨緊密結合，注重解決思想問題、擰緊「總開關」，持續夯實全面從嚴治黨思想基礎。按照黨的十八大部署，從 2013 年 6 月到 2014 年 9 月，全黨開展以為民務實清廉為主要內容的黨的群眾路線教育實踐活動。2015 年在縣處級以上領導幹部中開展「三嚴三實」專題教育，2016 年在全體黨員中開展「兩學一做」學習教育，2017 年對推進「兩學一做」學習教育常態化制度化作出安排和部署，持續推動全面從嚴治黨從「關鍵少數」向廣大黨員拓展、從集中性教育向經常性教育延伸，全黨理想信念更加堅定、黨性更加堅強。

　　全方位紮緊制度的籠子，制度治黨依規治黨水平不斷提升。2013 年 11 月，中共中央發佈《中央黨內法規制定工作五年規劃綱要（2013—2017 年）》，提出「力爭經過五年努力，基本形成涵蓋黨的建設和黨的工作主要領域、適應管黨治黨需要的黨內法規制度體系框架，使黨內生活更加規範化、程序化」，「到建黨一百週年時全面建成內容科學、程序嚴密、配套完備、運行有效的黨內法規制度體系」。中共中央印發《關於加強黨內法規制度建設的意見》，提出按照「規範主體、規範行為、規範監督」相統籌相協調原則，完善黨內法規制度體系。

　　黨中央不斷完善黨和國家監督體系。黨的十八大以後的五年，黨中央兩次修訂《中國共產黨巡視工作條例》，制定中央巡視工作五年規劃，組織開展 12 輪巡視，巡視 277 個黨組織，在黨的歷史上首次實現一屆任期內巡視全覆蓋。修訂黨內監督條例，加強對黨內政治生活狀況、黨的路線方針政策執行情況監督檢查，堅決維護黨中央權威

和集中統一領導。通過實行單獨派駐和綜合派駐相結合，實現了中央一級黨和國家機關全面派駐紀檢機構，統一名稱、統一管理。深化國家監察體制改革，構建黨統一領導、權威高效的國家反腐敗機構，實現對所有行使公權力的公職人員監察全覆蓋，不斷完善黨和國家的監督制度。

　　從嚴治黨，關鍵是從嚴治吏，培養選拔黨和人民需要的好幹部。以甚麼標準選人、選甚麼樣的人，是幹部工作的首要問題。2013 年 6 月，習近平在全國組織工作會議上首次提出「信念堅定、為民服務、勤政務實、敢於擔當、清正廉潔」的好幹部標準。為了貫徹新時代好幹部標準，中共中央修訂印發《黨政領導幹部選拔任用工作條例》等法規文件，強化黨組織領導和把關作用，有力破解了「唯票」「唯分」「唯 GDP」「唯年齡」取人偏向等突出問題。針對幹部工作中的一些「老大難」問題，黨中央不斷深化幹部人事制度改革。2015 年 7 月，中共中央辦公廳印發《推進領導幹部能上能下若干規定（試行）》，明確了「下」的標準，規範了「下」的方式，疏通了「下」的渠道，對於推動形成能者上、優者獎、庸者下、劣者汰的用人導向和從政環境發揮了重要作用。2016 年 8 月，中共中央辦公廳印發《關於防止幹部「帶病提拔」的意見》，明確提出「凡提四必」要求，確保人選忠誠、乾淨、擔當。為了加強對幹部的管理監督，2017 年 2 月，中共中央修訂《領導幹部報告個人有關事項規定》、制定《領導幹部個人有關事項報告查核結果處理辦法》，完善並嚴格落實中國特色領導幹部報告個人有關事項制度。

四、全面推進國防和軍隊現代化建設

確立黨在新時代的強軍目標

當今世界正經歷百年未有之大變局，國際戰略格局深刻演變，國際軍事競爭日趨激烈，中國正處在由大向強發展的關鍵階段。強國必須強軍，軍強才能國安。2012 年 11 月，黨的十八屆一中全會決定習近平為中央軍事委員會主席。上任伊始，習近平從實現中華民族偉大復興的中國夢的戰略高度，敏銳把握世界新軍事革命發展動向，統籌謀劃新時代國防和軍隊現代化建設的一系列重大問題。12 月，在會見駐廣州部隊師以上領導幹部時，習近平首次提出「強軍夢」，指出，強國夢，對於軍隊來講，也是強軍夢。我們要實現中華民族偉大復興，一定要堅持富國和強軍相統一，建設鞏固國防和強大軍隊。

實現強軍夢，必須明確回答新時代建設一支甚麼樣的強大人民軍隊、怎樣建設強大人民軍隊。2012 年底，習近平在中央軍委擴大會議上提出，為建設一支聽黨指揮、能打勝仗、作風優良的人民軍隊而奮鬥。2013 年 3 月，在參加十二屆全國人大一次會議解放軍代表團全體會議時，習近平明確指出，建設一支聽黨指揮、能打勝仗、作風優良的人民軍隊，是黨在新形勢下的強軍目標。2016 年 2 月，習近平在中央軍委擴大會議上進一步提出了實現強軍目標、建設世界一流軍隊的要求。

強軍目標中，聽黨指揮是靈魂，決定軍隊建設的政治方向；能打勝仗是核心，反映軍隊的根本職能和軍隊建設的根本指向；作風優良是保證，關係軍隊的性質、宗旨、本色。強軍目標明確了加強軍隊建

設的聚焦點和着力點，體現了堅持黨的建軍原則、軍隊根本職能、特有政治優勢的高度統一，是黨中央從全局上對國防和軍隊建設作出的戰略籌劃和頂層設計，是黨在新時代建軍治軍的總方略。

強國強軍，戰略先行。根據國家安全和發展戰略，適應新的歷史時期形勢任務要求，黨中央、中央軍委不斷豐富和完善積極防禦戰略思想內涵，與時俱進加強軍事戰略指導。2013 年 11 月，黨的十八屆三中全會提出，創新發展軍事理論，加強軍事戰略指導。2014 年，中央軍委制定新形勢下軍事戰略方針。這一方針堅持積極防禦，整體運籌備戰與止戰、維權與維穩、威懾與實戰、戰爭行動與和平時期軍事力量運用，將軍事鬥爭準備基點放在打贏信息化局部戰爭上，以海上方向軍事鬥爭為戰略重心，增強了戰略指導的積極性和主動性。2015 年 5 月，首部專門闡述中國軍事戰略的白皮書《中國的軍事戰略》正式發表。白皮書聚焦新形勢下積極防禦軍事戰略方針，明確調整軍事鬥爭準備基點、創新基本作戰思想、優化軍事戰略佈局，堅決維護國家主權、安全、發展利益，集中體現了人民軍隊軍事戰略發展和實踐成果。

貫徹新時代政治建軍方略

貫徹落實黨在新時代的強軍目標，首要是聽黨指揮。2014 年 10 月 30 日至 11 月 2 日，新世紀第一次全軍政治工作會議在福建省上杭縣古田鎮召開。習近平在會上發表重要講話，強調革命的政治工作是革命軍隊的生命線，明確提出了軍隊政治工作的時代主題，即緊緊圍繞實現中華民族偉大復興的中國夢，為實現黨在新形勢下的強軍目標

提供堅強政治保證。

習近平強調，軍隊政治工作只能加強不能削弱，要把理想信念、黨性原則、戰鬥力標準、政治工作威信這四個帶根本性的東西立起來，着力抓好鑄牢軍魂工作、高中級幹部管理、作風建設和反腐敗鬥爭、戰鬥精神培育、政治工作創新發展等五個方面的重點工作。

習近平指出，軍隊政治工作實質上是黨領導和掌握軍隊的工作。人民軍隊作為執行黨的政治任務的武裝集團，必須堅持黨的絕對領導，必須堅定不移聽黨的話、跟黨走，必須做到黨指向哪裡、就打到哪裡。講話系統總結了軍隊政治工作在長期實踐中形成的一整套優良傳統，強調這些優良傳統是軍隊政治工作的根本原則和內容，必須一代代傳下去。

全軍政治工作會議是在黨、國家和軍隊事業發展的重要關口召開的一次極為重要的會議，開啟思想建黨、政治建軍新征程。習近平的重要講話從時代發展和戰略全局的高度，深刻闡明了黨從思想上政治上建設軍隊的一系列重大問題，確立了新時代政治建軍方略，是引領新時代人民軍隊建設開創新局面的綱領性文獻。

2014年12月，中共中央轉發《關於新形勢下軍隊政治工作若干問題的決定》。自2014年底開始，全軍深入展開整頓思想、整頓用人、整頓組織、整頓紀律的「四個整頓」以及幹部工作大檢查和幹部系統作風整頓、財務檢查整治等專項清理整治，以整風精神推進政治整訓，重振政治綱紀。2015年2月，中央軍委制定《貫徹落實全軍政治工作會議精神總體部署方案》，向全軍下達落實政治建軍方略的總規劃、任務書。人民軍隊聚焦絕對忠誠，刀刃向內、刮骨療毒，特

別是嚴肅查處郭伯雄、徐才厚等人嚴重違紀違法案件並全面徹底肅清其流毒影響，純正政治生態。人民軍隊突出抓好軍魂培育，着力培養有靈魂、有本事、有血性、有品德的新時代革命軍人，鍛造鐵一般信仰、鐵一般信念、鐵一般紀律、鐵一般擔當的過硬部隊。

中央軍委實行主席負責制，是堅持黨對人民軍隊絕對領導的根本制度和根本實現形式。為推動貫徹軍委主席負責制嚴起來、實起來，2012 年 11 月，中央軍委修訂《中央軍事委員會工作規則》，明確寫入軍委主席負責制。2014 年 4 月，中央軍委印發《關於貫徹落實軍委主席負責制建立和完善相關工作機制的意見》，建立請示報告、督促檢查、信息服務「三項機制」，推動軍委主席負責制各項要求機制化運行。通過改革重塑軍隊領導指揮體制、優化規模結構和力量編成，形成更加有利於貫徹軍委主席負責制的全新體制架構。

以全軍政治工作會議為重要起點，新時代的人民軍隊經過思想洗禮，重整行裝再出發，深入貫徹政治建軍方略，恢復和發揚光榮傳統和優良作風，政治生態得到有效治理，為軍隊建設和改革奠定了堅實政治基礎。

深化國防和軍隊改革

面對長期制約國防和軍隊建設的體制性障礙、結構性矛盾、政策性問題，黨中央、中央軍委把改革作為關鍵一招，向積存多年的頑瘴痼疾開刀，堅決破除各方面體制機制弊端，整體重塑人民軍隊，形成推進改革強軍的強大勢場。深化國防和軍隊改革大開大合、大破大立、蹄疾步穩，推進力度之大、觸及利益之深、影響範圍之廣前所未有。

2013 年 11 月，黨的十八屆三中全會把深化國防和軍隊改革單列為一個部分寫入全會決定中，納入全面深化改革總體佈局、上升為黨的意志和國家行為。2014 年 3 月，由習近平擔任組長的中央軍委深化國防和軍隊改革領導小組召開第一次全體會議，此後陸續成立相關工作機構，對改革方案作研究論證和擬制工作。2015 年 7 月，習近平分別主持召開中央軍委常務會議和中央政治局常委會會議，審議和審定《深化國防和軍隊改革總體方案》，一整套解決深層次矛盾問題、有重大創新突破、人民軍隊特色鮮明的改革設計破繭而出。

2015 年 11 月，中央軍委改革工作會議召開，對深化國防和軍隊改革進行總體部署。會後，中央軍委印發《關於深化國防和軍隊改革的意見》，明確改革的指導思想、基本原則和總體目標，繪製了改革的路線圖和時間表，部署了領導管理體制、聯合作戰指揮體制、軍隊規模結構、部隊編成、新型軍事人才培養、政策制度、軍民融合發展、武裝警察部隊指揮管理體制和力量結構、軍事法治體系等改革主要任務，要求努力構建能夠打贏信息化戰爭、有效履行使命任務的中國特色現代軍事力量體系，進一步完善中國特色社會主義軍事制度。

從 2015 年底開始，領導指揮體制改革率先展開，重在破除體制性障礙。按照軍委管總、戰區主戰、軍種主建的總原則，調整組建軍委機關 15 個職能部門，成立陸軍領導機構、火箭軍、戰略支援部隊、聯勤保障部隊，構建起「中央軍委—軍種—部隊」的領導管理體系。健全軍委聯合作戰指揮機構，組建戰區聯合作戰指揮機構，把七大軍區調整劃設為五大戰區，實施聯勤保障體制改革，構建起「中央軍委—戰區—部隊」的作戰指揮體系。這輪「脖子以上」改革，

打破了長期實行的總部體制、大軍區體制、大陸軍體制，實現了軍隊組織架構的歷史性變革。

從 2016 年底開始，規模結構和力量編成改革壓荏推進，重在破解結構性矛盾。按照調整優化結構、發展新型力量、理順重大比例關係、壓減數量規模的要求，優化兵力規模構成，軍隊現役總員額由 230 萬減至 200 萬，精簡機關和非戰鬥機構人員；調整力量結構佈局，着力壓減陸軍規模，優化各軍兵種內部力量結構，大幅提高新質戰鬥力比重；改革作戰部隊編成，在主要作戰部隊實行「軍—旅—營」體制；優化院校力量佈局。這輪改革，構建起中國特色現代軍事力量體系，推動軍隊由數量規模型向質量效能型、人力密集型向科技密集型轉變。

至黨的十九大前，國防和軍隊改革取得歷史性突破，形成軍委管總、戰區主戰、軍種主建新格局，人民軍隊組織架構和力量體系實現革命性重塑。

科技是現代戰爭的核心戰鬥力。黨中央、中央軍委對國防科技創新作出戰略籌劃。2016 年 1 月，組建中央軍委科學技術委員會。2017 年 7 月，在新調整組建的軍事科學院、國防大學、國防科技大學成立大會暨軍隊院校、科研機構、訓練機構主要領導座談會上，習近平提出，全面實施科技興軍戰略，依靠科技進步和創新把軍隊建設模式和戰鬥力生成模式轉到創新驅動發展的軌道上來。8 月，習近平在慶祝中國人民解放軍建軍 90 週年大會上指出，全面實施科技興軍戰略，不斷提高科技創新對人民軍隊建設和戰鬥力發展的貢獻率。

瞄準世界軍事科技前沿，人民軍隊堅持向科技創新要戰鬥力，堅

持自主創新戰略基點，圍繞發展新型作戰力量、加快研發高新技術武器裝備等作出一系列戰略部署，加快推進重大工程建設，加速戰略性前沿性顛覆性技術發展，取得了一系列顯著成就。

依法治軍、從嚴治軍是強軍之基，是人民軍隊深化改革、推進現代化建設的重要內容。2014 年 10 月，黨的十八屆四中全會把依法治軍、從嚴治軍納入全面依法治國的總體佈局。12 月，習近平在中央軍委擴大會議上強調，依法治軍、從嚴治軍是黨建軍治軍的基本方略，軍隊越是現代化，越是信息化，越是要法治化。要按照法治要求轉變治軍方式，努力實現「三個根本性轉變」，即從單純依靠行政命令的做法向依法行政的根本性轉變，從單純靠習慣和經驗開展工作的方式向依靠法規和制度開展工作的根本性轉變，從突擊式、運動式抓工作的方式向按條令條例辦事的根本性轉變。2015 年 2 月，中央軍委印發《關於新形勢下深入推進依法治軍從嚴治軍的決定》，對加強軍隊法治建設作出全面部署，要求構建完善中國特色軍事法治體系，形成系統完備、嚴密高效的軍事法規制度體系、軍事法治實施體系、軍事法治監督體系、軍事法治保障體系，提高國防和軍隊建設法治化水平。

按照黨中央、中央軍委的要求，人民軍隊改革創新「中央軍委—戰區、軍兵種、武警部隊」兩級軍事立法體制，規範立法權限。2017 年 5 月，《軍事立法工作條例》施行，為新時代開展軍事立法工作提供了法規依據和基本遵循。出台國防交通法等軍事法律，修訂共同條令、《軍隊基層建設綱要》等，建立起新時代軍隊建設發展的法規制度和行為準則。

從嚴治軍，從貫徹落實中央八項規定要求入手。2012 年 12 月，《中央軍委加強自身作風建設十項規定》出台，中央軍委機關和領導率先垂範。黨的十八大之後，中央軍委決定在軍隊建立巡視制度、設置巡視機構、開展巡視工作。至 2017 年 2 月，完成了對軍委機關部門、大單位第一輪巡視和回訪巡視全覆蓋。建立健全法治監督體系，組建新的軍委紀律檢查委員會、軍委政法委員會，調整組建軍委審計署，全部實行派駐審計，建立基層風氣監察聯繫點制度。為保持人民軍隊性質和本色，2015 年 11 月，中央軍委改革工作會議作出全面停止軍隊開展對外有償服務的決策。2016 年 2 月，中央軍委印發《關於軍隊和武警部隊全面停止有償服務活動的通知》，明確計劃用 3 年左右時間，分步驟停止軍隊和武警部隊一切有償服務活動。

聚焦能打勝仗強化練兵備戰

新時代國防和軍隊現代化建設中，黨中央、中央軍委聚焦備戰打仗主責主業，把能打仗、打勝仗這一「強軍之要」作為實現黨在新時代的強軍目標的核心來抓，全部心思向打仗聚焦，各項工作向打仗用勁，全面提高新時代備戰打仗能力，確保部隊召之即來、來之能戰、戰之必勝。

2012 年底，習近平在中央軍委擴大會議上鮮明地提出牢固確立戰鬥力這個唯一的根本的標準，要求把戰鬥力標準貫穿到軍隊建設全過程和各方面，為新時代備戰打仗指明了方向。2014 年 3 月，一場「戰鬥力標準大討論」在全軍展開，層層對照檢查、人人全程參與，凝聚起練精兵、謀打贏的高度共識。

從實戰需要出發，人民軍隊大抓實戰化軍事訓練，堅持以戰領訓、以訓促戰、戰訓一致。2014年3月，中央軍委印發《關於提高軍事訓練實戰化水平的意見》，作出系統部署。同月，成立全軍軍事訓練監察領導小組，對全軍軍事訓練進行督導督查。2015年底，軍委和戰區、軍兵種、武警部隊兩級機關設立訓練監察部門，正式確立軍事訓練監察體制。2016年11月，中央軍委印發《加強實戰化軍事訓練暫行規定》，對落實實戰化軍事訓練提出剛性措施、作出硬性規範。對軍事訓練不嚴不實的單位、個人追責問責，促進了部隊實戰化訓練水平提升。

適應聯合作戰要求，人民軍隊深入推進聯戰聯訓，加速提升一體化聯合作戰能力。2015年1月，出台《中國人民解放軍聯合戰役訓練暫行規定》等一系列法規文件，系統規範各領域、各層次聯合訓練的組織與實施。2016年組建軍委和戰區兩級聯指機構，開啟了以聯為綱、聯戰聯訓新局面，不斷提高基於網絡信息體系的聯合作戰能力、全域作戰能力。

貫徹落實黨中央和中央軍委的決策部署，全軍部隊廣泛開展各戰略方向使命課題針對性訓練和各軍兵種演訓。各戰區組織「東部」「南部」「西部」「北部」「中部」系列聯合實兵演習，陸軍廣泛開展軍事訓練大比武，海軍拓展遠海訓練，空軍加強體系化實案化全疆域訓練，火箭軍組織對抗性檢驗性訓練、整旅整團實案化訓練，戰略支援部隊、聯勤保障部隊積極融入聯合作戰體系，武警部隊實施「衛士」等系列演習，加強中外聯演聯訓、展開國際軍事合作等，人民軍隊的軍事鬥爭準備取得重大進展。這一時期，人民軍隊有效執行海上維

權、反恐維穩、搶險救災、國際維和、亞丁灣護航、人道主義救援等重大任務，維護了國家主權、安全、發展利益，提振了國威軍威。

五、堅持「一國兩制」和推進祖國統一

保持香港、澳門長期繁榮穩定

「一國兩制」是中國共產黨的偉大創舉。進入新時代，黨中央研究新形勢新情況，妥善應對複雜局面，排除各種干擾，全面準確貫徹「一國兩制」方針，牢牢掌握憲法和基本法賦予的中央對香港、澳門全面管治權，深化內地和港澳地區交流合作，引領「一國兩制」實踐在乘風破浪中取得新成功。

2012 年 12 月，習近平在聽取香港特別行政區行政長官彙報時，鄭重申明中央貫徹落實「一國兩制」、嚴格按照基本法辦事的方針不會變，支持行政長官和特別行政區政府依法施政、履行職責的決心不會變，支持香港、澳門兩個特別行政區發展經濟、改善民生、推進民主、促進和諧的政策也不會變。同時強調，關鍵是要全面準確理解和貫徹「一國兩制」方針，切實尊重和維護基本法權威。

在中央政府的全力支持下，香港特別行政區政府根據十屆全國人大常委會第三十一次會議決定，依法推進選舉制度改革。2014 年 6 月，針對香港社會一些人對「一國兩制」方針政策和基本法的模糊認識和片面理解，國務院新聞辦公室發表《「一國兩制」在香港特別行政區的實踐》白皮書，系統闡述中央對香港的基本方針政策，突出強調中央對香港擁有全面管治權等重要觀點，起到正本清源的作用。根

據香港特別行政區行政長官提交的有關報告，8 月 31 日，十二屆全國人大常委會第十次會議通過《關於香港特別行政區行政長官普選問題和 2016 年立法會產生辦法的決定》，確定香港特別行政區行政長官普選制度的核心要素和制度框架。9 月底，香港一部分人策劃已久的非法「佔領中環」活動爆發。面對香港複雜嚴峻甚至一度風高浪急的局勢，中央政府全面準確貫徹落實「一國兩制」方針不動搖，堅守原則底線不退讓，統籌協調有關各方，全力支持香港特別行政區政府依法平息了持續 79 天的非法「佔領中環」活動以及後來的「旺角暴亂」事件，維護了香港大局穩定。

2014 年 12 月，習近平出席慶祝澳門回歸祖國 15 週年大會暨澳門特別行政區第四屆政府就職典禮時指出，繼續推進「一國兩制」事業，必須牢牢把握「一國兩制」的根本宗旨，共同維護國家主權、安全、發展利益，保持香港、澳門長期繁榮穩定；必須堅持依法治港、依法治澳，依法保障「一國兩制」實踐；必須把堅持「一國」原則和尊重「兩制」差異、維護中央權力和保障特別行政區高度自治權、發揮祖國內地堅強後盾作用和提高港澳自身競爭力有機結合起來，任何時候都不能偏廢。2015 年 12 月，習近平在聽取香港特別行政區行政長官述職彙報時進一步強調，中央貫徹「一國兩制」方針堅持兩點：一是堅定不移，不會變、不動搖；二是全面準確，確保「一國兩制」在香港的實踐不走樣、不變形，始終沿着正確方向前進。

在推進「一國兩制」實踐中，中央政府高度重視依法治港治澳，依法遏制和打擊「港獨」勢力，堅決維護國家核心利益和香港、澳門特別行政區根本利益。2016 年 11 月，針對香港特別行政區第六屆

立法會議員宣誓過程中極少數候任議員宣揚「港獨」等違法言行，全國人大常委會主動對香港基本法第 104 條作出解釋，明確依法宣誓的含義和要求，支持香港特別行政區政府有關機構和司法機關對有關議員作出檢控和判決，取消其議員資格，維護了基本法的權威和香港法治。澳門特別行政區依據全國人大常委會有關釋法精神，主動在立法會選舉法中增加「防獨」條款，以防患於未然。在完善行政長官述職制度、依法行使對行政長官和主要官員的實質任命權、加強國家憲法和基本法的宣傳教育等方面，中央政府也採取了相應舉措。

在依法治港治澳的同時，黨和國家從整體發展戰略的高度着眼，從保持香港、澳門長期繁榮穩定的要求出發，積極謀劃、全力支持港澳經濟社會發展和民生改善，促進港澳與內地優勢互補、合作共贏、共同發展。2016 年 3 月，國家「十三五」規劃綱要明確提出，提升港澳在國家經濟發展和對外開放中的地位和功能，支持港澳參與國家雙向開放、「一帶一路」建設，推動內地與港澳關於建立更緊密經貿關係安排升級，深化內地與香港金融合作。這一時期，中央政府支持香港舉辦「一帶一路」高峰論壇、加入亞洲基礎設施投資銀行，支持澳門舉辦第八屆亞太經合組織旅遊部長會議和中國—葡語國家經貿合作論壇第四、五屆部長級會議。中央政府還出台了一系列支持內地與港澳加強交流合作、共同發展的政策措施。內地與香港實施基金互認安排，先後實施「滬港通」「深港通」「債券通」等金融互聯互通政策，不但穩步推動了我國金融市場對外開放，也鞏固和提升了香港作為國際金融中心的競爭力。在 CEPA 框架下，內地分別與香港、澳門簽署服務貿易協議，基本實現服務貿易自由化。內地與香港簽署投資

協議、經濟技術合作協議，推動內地與港澳的跨境基礎設施建設和人員、貨物通關便利化。

2017 年 6 月 29 日至 7 月 1 日，習近平出席慶祝香港回歸祖國 20 週年大會暨香港特別行政區第五屆政府就職典禮，並視察香港特別行政區。在香港期間，習近平提出「三個相信」^①「四個帶頭」^②「四個始終」^③ 等重要理念、思想和主張。習近平指出，香港回歸祖國 20 年來，「一國兩制」實踐取得了舉世公認的成功。他強調，「一國」是根，根深才能葉茂；「一國」是本，本固才能枝榮。必須牢固樹立「一國」意識，堅守「一國」原則，正確處理特別行政區和中央的關係。任何危害國家主權安全、挑戰中央權力和香港特別行政區基本法權威、利用香港對內地進行滲透破壞的活動，都是對底線的觸碰，都是絕不能允許的。發展是永恆的主題，是香港的立身之本，也是解決香港各種問題的金鑰匙。香港背靠祖國、面向世界，有着許多有利發展條件和獨特競爭優勢。我們既要把實行社會主義制度的內地建設好，也要把實行資本主義制度的香港建設好，堅守「一國」之本，善用「兩制」之利。這些重要論述，對「一國兩制」在香港的實踐行穩致遠，對香港特別行政區提高管治水平、謀劃長遠發展，具有重要指導作用。

2012 年至 2016 年，香港本地生產總值年均實際增長 2.6%，高

---

① 「三個相信」，即希望香港同胞相信自己、相信香港、相信國家。
② 「四個帶頭」，即希望香港社會各界代表人士帶頭支持行政長官和新一屆特別行政區政府依法施政、帶頭搞好團結、帶頭關心青年、帶頭推動香港同內地交流合作。
③ 「四個始終」，即始終準確把握「一國」和「兩制」的關係、始終依照憲法和基本法辦事、始終聚焦發展這個第一要務、始終維護和諧穩定的社會環境。

於發達經濟體同期平均增速。香港國際金融、航運、貿易中心地位不斷鞏固，全球離岸人民幣業務樞紐地位和國際資產管理中心功能不斷強化。澳門人均本地生產總值居全球前列，社會事業邁上新台階。「一國兩制」的成功實踐再次證明，「一國兩制」不僅是歷史遺留的香港、澳門問題的最佳解決方案，也是香港、澳門回歸後保持長期繁榮穩定的最佳制度安排，是行得通、辦得到、得人心的。

推進兩岸關係和平發展

推進兩岸關係和平發展和祖國統一，是實現中華民族偉大復興的必然要求。面對兩岸關係和平發展進入深水區、台灣局勢和我周邊形勢發生複雜變化等困難與挑戰，黨中央保持高度戰略自信和戰略定力，始終把握兩岸關係發展正確方向，堅持對台大政方針不動搖，牢牢把握兩岸關係主導權和主動權，推動兩岸關係取得重要進展。

2013 年 2 月，習近平在會見中國國民黨榮譽主席連戰及隨訪的台灣各界人士時強調，繼續推動兩岸關係和平發展、促進兩岸和平統一，是新一屆中共中央領導集體的責任。習近平指出，兩岸同胞同屬中華民族，這種天然的血緣紐帶任何力量都切割不斷；兩岸同屬一個中國，這一基本事實任何力量都無法改變；兩岸交流合作得天獨厚，這種雙向利益需求任何力量都壓制不住；全體中華兒女有決心通過自己的不懈奮鬥自立於世界民族之林，這種全民族共同願望任何力量都阻擋不了。6 月，以「聚焦親情、共圓夢想」為主題的第五屆海峽論壇在福建舉辦，台灣方面有 22 個縣市、37 家主辦單位、30 多個界別

代表和基層民眾近萬人參加論壇。10 月，習近平在會見台灣兩岸共同市場基金會榮譽董事長蕭萬長時強調，增進兩岸政治互信，夯實共同政治基礎，是確保兩岸關係和平發展的關鍵，兩岸長期存在的政治分歧問題終歸要逐步解決。對兩岸關係中需要處理的事務，雙方主管部門負責人也可以見面交換意見。

2014 年 2 月，經兩岸雙方協商，國務院台灣事務辦公室與台灣方面大陸委員會在堅持「九二共識」共同政治基礎上建立起常態化聯繫溝通機制，兩部門負責人多次互訪，為維護兩岸關係和平發展和推進兩岸各領域交流合作發揮了積極作用。簽署《海峽兩岸服務貿易協議》等多項協議，為推動兩岸關係和平發展和增進兩岸同胞利益福祉發揮了重要作用。國共兩黨用好定期溝通的平台，努力擴大兩岸經濟文化交流合作，繼續舉辦兩岸經貿文化論壇，形成「積極推進兩岸經濟合作框架協議後續協議商談和落實」等多項共同建議，並大多轉化為兩岸共同或各自的具體政策措施，給兩岸同胞帶來了實實在在的好處。大陸秉持「兩岸一家親」和兩岸命運共同體理念，繼續辦好海峽論壇、兩岸企業家峰會年會、海峽青年節、「上海—台北城市論壇」、中山論壇等主題廣泛的互動合作、匯聚民意的平台，基層民眾交流更加熱絡。

2015 年 11 月 7 日，習近平同台灣地區領導人馬英九在新加坡會晤時，就進一步推進兩岸關係和平發展交換意見。習近平強調，兩岸中國人完全有能力、有智慧解決好自己的問題，並共同為世界與地區和平穩定、發展繁榮作出更大貢獻。站在兩岸關係發展的新起點上，兩岸雙方應該胸懷民族整體利益、緊跟時代前進步伐，攜手鞏固兩

岸關係和平發展大格局，共同實現中華民族偉大復興。習近平提出四點意見，強調堅持兩岸共同政治基礎不動搖，堅持鞏固深化兩岸關係和平發展，堅持為兩岸同胞多謀福祉，堅持同心實現中華民族偉大復興。這是 1949 年以來兩岸領導人的首次會晤，開創了兩岸領導人直接對話、溝通的先河，為兩岸關係未來發展開闢了新的空間。根據兩岸領導人會晤達成的共識，國務院台辦與台灣方面陸委會建立並啟用「兩岸熱線」。

2016 年民進黨上台執政，台灣島內政局發生重大變化後，兩岸關係和平發展的勢頭受到嚴重衝擊。3 月，習近平在參加十二屆全國人大四次會議上海代表團審議時強調，我們對台大政方針是明確的、一貫的，不會因台灣政局變化而改變。11 月，習近平會見時任中國國民黨主席洪秀柱，強調只要是有利於增進兩岸同胞親情和福祉的事，只要是有利於推動兩岸關係和平發展的事，只要是有利於維護中華民族整體利益的事，國共兩黨都應該盡最大努力去做，並把好事辦好。

黨中央在妥善應對台灣局勢變化的同時，繼續加強同島內認同「九二共識」、支持兩岸關係和平發展的政黨、團體、縣市和人士交流互動，繼續推進兩岸各領域交流合作與經濟社會融合發展，堅定維護兩岸關係和平發展大局。2015 年 6 月，國務院修改《中國公民往來台灣地區管理辦法》，對台灣居民往來大陸免簽注手續並實行卡式台胞證。這一時期，有關部門出台 20 多項政策措施，為台灣同胞在大陸學習、工作、生活提供更多便利，創造更好條件。為給來大陸實習、就業、創業的台灣青年提供便利條件，國務院台辦及有關省市設

立 53 個海峽兩岸青年就業創業基地和示範點，吸引 1000 多家台資企業和團隊入駐。兩岸教育交流合作取得新進展，文化交流合作形式更加豐富，兩岸工會、青年、婦女、體育、衛生、宗教、宗親和民間信仰等各領域、各界別交流持續熱絡，增強了兩岸同胞中華文化情感紐帶，夯實了兩岸合作的民意基礎。

堅決反對和遏制「台獨」分裂勢力

對兩岸關係和平發展的最大現實威脅是「台獨」勢力及其分裂活動。黨的十八大以後，黨中央深刻洞悉台灣局勢重大變化，始終着眼於中華民族整體利益和長遠利益，堅定維護國家主權和領土完整，堅決反對和遏制任何形式的「台獨」分裂行徑，保持台海局勢總體穩定。

2014 年 3 月，台灣島內發生「反服貿事件」，實質上是「台獨」及外部勢力在背後煽動、支持的一次「反中」事件，是蓄意阻撓兩岸關係發展的有預謀、有組織的行動，兩岸關係和平發展進程和節奏受到了相當程度的影響。2016 年 5 月，主張「台獨」的民進黨當局上台後，拒不承認體現一個中國原則的「九二共識」，單方面破壞兩岸關係和平發展的政治基礎，縱容支持各種形式的「去中國化」「漸進台獨」分裂活動，煽動兩岸民意對立，阻撓破壞兩岸各領域交流合作，並企圖挾洋自重，對兩岸關係和平發展構成了嚴峻挑戰。

黨中央高度警惕形形色色的「台獨」活動，堅決反對「法理台獨」分裂行徑，堅決遏制「漸進台獨」侵蝕和平統一的基礎，絕不為各種形式的「台獨」分裂活動留下任何空間。在台灣局勢變化前後，習近平多

次發表講話，強調「台獨」煽動兩岸同胞敵意和對立，損害國家主權和領土完整，破壞台海和平穩定，阻撓兩岸關係發展，只會給兩岸同胞帶來深重禍害，兩岸同胞要團結一致、堅決反對；我們將堅決遏制任何形式的「台獨」分裂行徑，維護國家主權和領土完整，絕不讓國家分裂的歷史悲劇重演。從而向台灣當局和「台獨」勢力劃出清晰底線，形成強大震懾。台灣問題是中國的內政，中國政府堅決反對外部勢力打「台灣牌」在台海興風作浪，與有關國家的涉台消極動向進行堅決鬥爭，使越來越多國家和人民理解並支持中國維護國家統一的正義事業。

六、全面推進中國特色大國外交和推動構建人類命運共同體

中國特色大國外交的提出

進入 21 世紀第二個十年，世界多極化、經濟全球化、社會信息化、文化多樣化深入發展，新興市場國家和發展中國家快速崛起，國際力量對比更趨均衡，全球治理體系深刻重塑，國際格局加速演變，世界處於大變革大調整之中。中國與世界的關係發生深刻變化，我國前所未有地走近世界舞台中央，與世界的互聯互動空前緊密，中華民族偉大復興進入了關鍵時期。世界與中國的發展變化同步交織、相互激盪，中國外交站在了新的歷史起點上。

面對世界百年未有之大變局，黨中央精心謀劃我國外交工作，提出了必須統籌國內國際兩個大局，完善外交總體佈局，全方位推進大國、周邊、發展中國家、多邊外交和各領域外交工作，為全面建成小

康社會爭取良好國際環境的戰略任務。

2014 年 11 月，習近平在中央外事工作會議上明確提出了推進中國特色大國外交的戰略思想。他指出，中國必須有自己特色的大國外交。我們要在總結實踐經驗的基礎上，豐富和發展對外工作理念，使我國對外工作有鮮明的中國特色、中國風格、中國氣派。要高舉和平、發展、合作、共贏的旗幟，統籌國內國際兩個大局，統籌發展和安全兩件大事，牢牢把握堅持和平發展、促進民族復興這條主線，維護國家主權、安全、發展利益，為和平發展營造更加有利的國際環境，維護和延長我國發展的重要戰略機遇期，為實現「兩個一百年」奮鬥目標、實現中華民族偉大復興的中國夢提供有力保障。

黨中央全面推進中國特色大國外交，全方位外交佈局深入展開：倡導構建人類命運共同體，實施共建「一帶一路」倡議，發起創辦亞洲基礎設施投資銀行，設立絲路基金，舉辦首屆「一帶一路」國際合作高峰論壇等多場多邊會議，促進全球治理體系變革。我國國際影響力、感召力、塑造力進一步提高，塑造了中國外交獨特風範，走出了一條中國特色大國外交新路，為實現中華民族偉大復興的中國夢營造了良好外部環境，為世界和平與發展作出了新的重大貢獻。

倡導推動構建人類命運共同體

在世界百年未有之大變局的演化過程中，人類面臨許多共同的風險和挑戰。霸權主義、強權政治和新干涉主義有所上升，保護主義、單邊主義不斷抬頭，戰亂恐襲、饑荒疫情此伏彼現，傳統安全和非傳統安全問題複雜交織，世界充滿不確定性。人們對人類的未來感到擔

習近平在莫斯科國際關係學院發表演講

憂，希望有新的智慧提供新的解決方案。

　　2013 年 3 月，習近平在莫斯科國際關係學院發表演講，倡導構建人類命運共同體。之後，在一系列重大國際場合，習近平對構建人類命運共同體理念進行了深入闡發，在國際社會產生廣泛影響。2015 年 9 月，習近平在紐約聯合國總部出席第七十屆聯合國大會一般性辯論並發表重要講話，將構建以合作共贏為核心的新型國際關係與打造人類命運共同體緊密相連，進一步豐富發展了人類命運共同體思想。

2017 年 1 月 17 日，習近平在達沃斯世界經濟論壇年會上發表主旨演講，指出經濟全球化是社會生產力發展的客觀要求和科技進步的必然結果，不是哪些人、哪些國家人為造出來的。面對經濟全球化帶來的機遇和挑戰，正確的選擇是充分利用一切機遇，合作應對一切挑戰，引導好經濟全球化走向，打造富有活力的增長模式、開放共贏的合作模式、公正合理的治理模式、平衡普惠的發展模式。只要我們牢固樹立人類命運共同體意識，攜手努力、共同擔當，同舟共濟、共渡難關，就一定能夠讓世界更美好、讓人民更幸福。

2017 年 1 月 18 日，習近平在聯合國日內瓦總部發表主旨演講。面對「世界怎麼了、我們怎麼辦？」這一時代之問，習近平提出「構建人類命運共同體，實現共贏共享」的中國方案，系統闡釋構建人類命運共同體的理論內涵和目標路徑，倡導建設持久和平、普遍安全、共同繁榮、開放包容、清潔美麗的世界。這一重大理念，以宏闊的國際視野和高度的責任擔當，廓清錯誤認識、釐清發展出路，為處於十字路口的世界指引前行方向。

構建人類命運共同體，是面對世界百年未有之大變局，為解決人類面臨的各種複雜問題貢獻的中國智慧和中國方案，得到國際社會的廣泛認同。2017 年 3 月，「構建人類命運共同體」被寫入聯合國安理會第 2344 號決議。

這一理念集中了中華優秀傳統文化智慧，體現了全人類共同的願望和追求，反映了世界各國人民對和平、發展、繁榮嚮往的必然趨勢，成為引領時代潮流和人類文明進步的鮮明旗幟。

積極促進「一帶一路」國際合作

「一帶一路」倡議是中國特色大國外交的偉大實踐。2013 年秋，習近平提出了共建絲綢之路經濟帶和 21 世紀海上絲綢之路倡議。11 月，「推進絲綢之路經濟帶、海上絲綢之路建設，形成全方位開放新格局」作為一項重大決策部署，寫入黨的十八屆三中全會審議通過的《中共中央關於全面深化改革若干重大問題的決定》。2014 年 6 月，習近平在中國—阿拉伯國家合作論壇第六屆部長級會議上首次正式使用「一帶一路」的提法，並對絲綢之路精神和「一帶一路」建設應該堅持的原則作出系統闡述。「一帶一路」建設作為一種全新的合作模式和共同繁榮發展的方案正式提出。

伴隨着「一帶一路」倡議的提出，「一帶一路」建設規劃也隨即展開。2014 年 11 月，「加強互聯互通夥伴關係」東道主夥伴對話會在北京舉行，習近平提出以亞洲國家為重點方向、以經濟走廊為依託、以交通基礎設施為突破、以建設融資平台為抓手、以人文交流為紐帶的合作建議，指出互聯互通是要建設全方位、立體化、網絡狀的大聯通，是生機勃勃、群策群力的開放系統，進一步指明了「一帶一路」建設的方向和路徑。12 月，中共中央、國務院印發《絲綢之路經濟帶和 21 世紀海上絲綢之路建設戰略規劃》。2015 年 3 月，國家發展改革委、外交部、商務部聯合發佈了《推動共建絲綢之路經濟帶和 21 世紀海上絲綢之路的願景與行動》，涵蓋「一帶一路」建設的時代背景、共建原則、框架思路、合作重點、合作機制等八大方面，堅持共商、共建、共享原則，努力實現政策溝通、設施聯通、貿易暢通、資金融通、民心相通。「一帶一路」國際合作平台以更清晰的輪廓展現在世人面前。

「一帶一路」建設是我國擴大開放的重大戰略舉措和經濟外交的頂層設計，更是探索全球治理新模式、推動構建人類命運共同體的新平台，引起世界的普遍關注和響應。2017 年 5 月，首屆「一帶一路」國際合作高峰論壇在北京召開。習近平出席開幕式並發表主旨演講，強調要將「一帶一路」建成和平之路、繁榮之路、開放之路、創新之路、文明之路。29 個國家的元首和政府首腦出席論壇，140 多個國家、80 多個國際組織的 1600 多名代表參會，領導人圓桌峰會發表了聯合公報，為推動各方合作共建「一帶一路」取得廣泛共識。

截至 2017 年 9 月底，已有 74 個國家和國際組織與中方簽署共建「一帶一路」合作文件。共建「一帶一路」國家由亞歐延伸至非洲、拉美、南太等區域。

在明確的願景規劃引導下，在「一帶一路」沿線各國人民的共同努力下，「一帶一路」建設逐步從理念到行動，發展成為實實在在的國際合作。2014 年至 2016 年，中國同「一帶一路」沿線國家貿易總額超過 3 萬億美元。中國對「一帶一路」沿線國家投資累計超過 500 億美元。截至 2017 年 10 月，中國已與「一帶一路」沿線國家簽署 130 多個雙邊和區域運輸協定，與相關國家開通了 356 條國際道路客貨運輸線路；每週約 4200 個航班，中國與 43 個沿線國家實現空中直航；中歐班列開通 50 多條，累計開行 5000 多列，從中國駛出的「鋼鐵駝隊」到達歐洲 12 個國家 30 多個城市。

打造全球夥伴關係

實現中華民族偉大復興，推動構建人類命運共同體，必須積極

發展全球夥伴關係，擴大同各國的利益交匯點。在與世界上很多國家已經建立多種形式夥伴關係的基礎之上，黨中央通盤謀劃，整體推進大國、周邊、發展中國家外交和多邊合作，打造更富包容性和建設性的全球夥伴關係。通過構建覆蓋全球的夥伴關係網絡，中國的「朋友圈」越來越大。

　　大國關係事關全球戰略穩定。推動構建總體穩定、均衡發展的大國關係框架至關重要。中俄關係作為維護世界和平與穩定的壓艙石，一直是中國外交的重點方向之一。2013 年 3 月，習近平就任國家主席後首次出訪就到俄羅斯與普京會晤。此後，中俄高層保持頻密交往，兩國元首在不同場合會晤 20 餘次。2017 年 7 月，兩國元首簽署《中華人民共和國和俄羅斯聯邦關於進一步深化全面戰略協作夥伴關係的聯合聲明》，對中俄關係發展作出全面規劃，中俄全面戰略協作夥伴關係不斷邁向更高水平。對於中美關係，中方歷來主張，作為世界上最大的發展中國家和最大的發達國家，應該本着對人類負責、對歷史負責、對人民負責的態度，認真對待和妥善處理兩國關係。2013 年 6 月，習近平訪美與奧巴馬會晤並一致同意共同致力於構建中美新型大國關係。2017 年 4 月，習近平再次訪美與特朗普會晤，雙方確立了涵蓋中美關係外交安全、全面經濟、執法及網絡安全、社會和人文四個高級別對話機制。中歐關係不斷深化拓展。2013 年 11 月與歐盟共同制定發佈了《中歐合作 2020 戰略規劃》，雙方一致同意致力於進一步推動中歐全面戰略夥伴關係向前發展。2014 年 3 月，習近平訪問歐洲，並對歐盟總部進行訪問。中歐關係發展層次更加豐富，交流合作更加全面、均衡、深入，中國同歐洲各國關係呈現出競相發

展、相互促進的良好態勢。

中國與周邊國家唇齒相依、命運與共，相互以德為鄰，是共同發展繁榮之基。2013 年 10 月，黨中央專門召開新中國成立以來的首次周邊外交工作座談會，強調我國周邊外交的基本方針，就是堅持與鄰為善、以鄰為伴，堅持睦鄰、安鄰、富鄰，提出「親、誠、惠、容」的周邊外交理念。在 2014 年 11 月的中央外事工作會議上，習近平強調要切實抓好周邊外交工作，打造周邊命運共同體。黨的十八大後，習近平出訪足跡遍佈東北亞、南亞、東南亞、歐亞等地區，基本實現了周邊國家高層交往的全覆蓋，為深化互信、促進合作發揮了戰略引領作用。同時，不斷深化同周邊國家的互利合作和互聯互通，推進「一帶一路」建設，通過這一建設更好惠及周邊國家，我國與周邊國家相互依存和利益融合的格局更加穩固。2016 年瀾湄合作機制正式啟動，成為增進瀾湄六國人民友好往來的紐帶，為流域國家經濟社會發展作出重要貢獻。

廣大發展中國家是我國在國際事務中的天然同盟軍。2013 年 3 月訪問非洲時，習近平首次提出「真實親誠」的對非工作理念；10 月，在周邊外交工作座談會上，習近平強調堅持正確義利觀，多向發展中國家提供力所能及的幫助。秉持正確義利觀和真實親誠理念，我國同發展中國家的團結合作不斷加強，同發展中國家集體對話機制實現全覆蓋，各方向合作實現全覆蓋。在中非關係方面，在 2015 年中非合作論壇約翰內斯堡峰會上，中國提出並實施中非「十大合作計劃」，開啟了中非合作共贏、共同發展的新時代。在中阿關係方面，弘揚絲路精神、加強戰略和行動對接，深入推進「一帶

一路」建設，帶動中阿全方位合作進入新階段，全面合作、共同發展、面向未來的中阿戰略夥伴關係不斷深化，合作機制日臻成熟。在中拉關係方面，推動共同創立中國—拉美和加勒比國家共同體論壇，倡議描繪中拉共建「一帶一路」新藍圖，打造跨越太平洋的合作之路，平等互利、共同發展的中拉全面合作夥伴關係不斷深化，開啟中拉關係嶄新時代。2015 年 9 月，我國和聯合國共同舉辦南南合作圓桌會，推動南南合作向更高水平、更深層次發展，促進發展中國家發展。

政黨外交、經濟外交、人文外交、民間外交等，是國家關係發展的社會基礎。黨的十八大後，在黨中央集中統一領導下，政黨、政府、軍隊、地方、民間等相互協調與配合，形成了我國對外工作大協同局面。

引領全球治理體系改革和建設

隨着國際力量對比消長變化和全球性挑戰日益增多，加強全球治理、推動全球治理體系改革和建設是大勢所趨。

中國是當代國際秩序參與者、維護者，也是改革者，努力為全球治理貢獻中國智慧和力量。2014 年 3 月，習近平出席在荷蘭海牙舉行的第三屆核安全峰會，首次提出「理性、協調、並進」的核安全觀。11 月，在北京舉行的亞太經合組織第二十二次領導人非正式會議確立了共建面向未來的亞太夥伴關係，啟動亞太自貿區進程，批准《亞太經合組織互聯互通藍圖（2015—2025）》，在近 30 個領域共取得 100 多項合作成果。2016 年 9 月二十國集團領導人杭州峰會上，

二十國集團領導人杭州峰會合影

中國引導協調各方在創新增長、結構性改革、多邊投資、氣候變化、可持續發展等重要問題上制定出一系列指導原則和指標體系，發表《二十國集團領導人杭州峰會公報》，核准 28 份核心成果文件，有力推動二十國集團從危機應對向長效治理機制轉型。我國還成功舉辦了亞信上海峰會、金磚國家領導人廈門會晤等主場外交活動。習近平提出構建創新、活力、聯動、包容的世界經濟，為解決人類社會面臨的種種全球性挑戰提供了中國方案。

　　我國積極參與制定多個新興領域治理規則，推動改革全球治理體系中不公正不合理的安排。2013 年 10 月，習近平在訪問印度尼西亞期間提出籌建亞洲基礎設施投資銀行，2016 年 1 月亞投行開業，成為首個由中國倡議設立的多邊金融機構。2014 年 12 月，中國設立專門的絲路基金開始運行，重點圍繞「一帶一路」建設，推進與相關國家和地區的基礎設施、資源開發、產能合作和金融合作等。2015 年 7

月，中國推動成立的新開發銀行開業，總部設在上海，支持成員國的基礎設施建設和可持續發展。隨着中國國際地位的上升，出任聯合國專門機構和重要國際組織主要職務的中國人不斷增加。2016 年，中國在國際貨幣基金組織中的份額從第六位躍居第三位。同年，人民幣被納入國際貨幣基金組織特別提款權貨幣籃子。中國的國際話語權和影響力得到顯著增強。

我國建設性地參與解決國際和地區熱點問題，堅持發展中國家定位，努力維護發展中國家的共同利益，發起一系列以發展中國家為主體的國際組織及合作機制，實現了多邊機制在發展中國家的網絡化全覆蓋。我國認真履行自己的責任，遵守國際規則，履行國際義務，同國際社會採取協調一致行動，共同應對氣候變化、國際反恐、核安全和國際防擴散等全球性挑戰。此外，我國大力支持中東、非洲的經濟社會發展，為解決難民問題作出貢獻，積極參與網絡、極地、深海、外空、生物安全等新興領域規則制定，發起並主辦世界互聯網大會，推動建立多邊、民主、透明的全球互聯網治理體系。截至 2017 年 9 月，我國先後同 70 多個國家和地區深度開展打擊網絡犯罪合作，提出責任共擔、社會共治的國際禁毒合作方案，聯合各國開展國際追逃追贓、打擊電信詐騙等執法行動，全面參與聯合國、國際刑警組織、上海合作組織、中國 — 東盟等國際和區域合作框架內的執法安全合作，創建了湄公河流域執法安全合作機制，建立了新亞歐大陸橋安全走廊國際執法合作論壇。我國堅定支持和積極參與聯合國維和行動，是聯合國安理會 5 個常任理事國中派出維和人員最多的國家。

堅決維護國家主權、安全、發展利益

2016 年 7 月 1 日，習近平在慶祝中國共產黨成立 95 週年大會上的講話中指出，「中國不覬覦他國權益，不嫉妒他國發展，但決不放棄我們的正當權益。中國人民不信邪也不怕邪，不惹事也不怕事，任何外國不要指望我們會拿自己的核心利益做交易，不要指望我們會吞下損害我國主權、安全、發展利益的苦果」。黨中央不斷豐富和發展維護國家利益的方式手段，堅決捍衛國家主權、安全和領土完整，堅決遏制和打擊一切形式的分裂行徑，積極保障經濟金融安全，有效維護海外利益，防範和化解各種風險挑戰，為改革發展和民族復興提供有力支撐。

扎實開展涉疆、涉藏外交，回擊無端指責，在聯合國平台和國際上贏得大多數國家理解支持。堅決捍衛領土主權和海洋權益，有效遏制侵害我國國土安全的各種圖謀和行為。在南海問題上，堅持有理、有利、有節的維權鬥爭，在堅決應對域外勢力干擾介入的同時，與地區有關國家加強溝通、增進互信、妥處分歧、聚焦合作。中國政府先後發表《中華人民共和國政府關於在南海的領土主權和海洋權益的聲明》等多份官方聲明文件，我國在多個國際場合重申中國對南海問題的立場主張，有效維護了中國在南海的領土主權和海洋權益；同時，堅持通過對話談判解決具體爭議，穩步推進「南海行為準則」磋商進程，穩定海上形勢。我國排除干擾如期完成在南沙群島部分駐守島礁擴建工程，南海維權取得歷史性進展。2014 年 7 月設立的三沙市永興（鎮）工委、管委會，標誌着中國在西沙島礁首個基層政權城市雛形誕生，用政權實體組織形式進一步宣示了我國主權。2015 年起，華

陽燈塔、赤瓜燈塔、渚碧燈塔、永暑燈塔和美濟燈塔陸續建成發光並投入使用，維護了我國南海主權和海洋權益。在釣魚島問題上，中國堅持原則，在尊重歷史和國際法的基礎上進行合情合理鬥爭，在多個外交場合和部分國家重要媒體上發表「釣魚島屬於中國」的言論或文章，劃設東海防空識別區，在釣魚島海域進行巡航執法，依法行使國家主權，充分展示了中國共產黨、中國政府和中國人民捍衛國家領土主權的堅定決心和意志。

積極維護周邊和平穩定，堅持通過對話協商解決問題。中國在堅持原則、不斷提高管控能力的同時，堅持通過外交和軍事渠道談判溝通，維護中印邊境地區的和平與安寧。我國積極踐行中國特色的熱點問題解決之道，堅持勸和促談，推進朝鮮半島問題政治解決進程。中國還在阿富汗和平和解問題上積極斡旋，在印度和巴基斯坦之間呼籲對話，在緬甸和孟加拉國之間居中協調，這些行動都為實現地區局勢的穩定作出了重要貢獻。

切實維護我國海外利益安全，保護海外中國公民、組織和機構的安全與正當權益，努力形成強有力的海外利益安全保障體系。2014年9月，外交部全球領事保護與服務應急呼叫中心啟動，可以隨時為在海外遇到困難和有所需求的中國公民提供關懷與幫助。黨的十八大後的五年，中國還成功從多個突發戰爭或重大自然災害的國家接回滯留同胞，成功組織9次海外公民撤離行動。截至2017年9月，先後處理100多起中國公民在境外遭綁架或者襲擊案件，受理各類領保救助案件30萬起。在國家安全體系建設總體框架下，建立起統一高效的境外企業和對外投資安全保護體系。中國還同其他國家達成多項便

利人員往來協定或安排。截至 2017 年 9 月，持中國普通護照可以有條件免簽或落地簽的國家和地區已達 64 個，與中國締結簡化簽證手續協議的國家達 41 個。我國公民出行更加安全方便，利益得到有效維護。

七、黨的十九大和確立習近平新時代中國特色社會主義思想 為黨的指導思想、決勝全面建成小康社會

黨的十九大

2017 年 10 月 18 日至 24 日，中國共產黨第十九次全國代表大會在北京舉行。大會正式代表 2280 人，特邀代表 74 人，代表全國 8900 多萬黨員。

習近平代表十八屆中央委員會向大會作題為《決勝全面建成小康社會，奪取新時代中國特色社會主義偉大勝利》的報告。大會的主題是：不忘初心，牢記使命，高舉中國特色社會主義偉大旗幟，決勝全面建成小康社會，奪取新時代中國特色社會主義偉大勝利，為實現中華民族偉大復興的中國夢不懈奮鬥。

大會高度評價黨的十八大以來黨和國家事業取得的歷史性成就、發生的歷史性變革。五年來，我們黨以巨大的政治勇氣和強烈的責任擔當，提出一系列新理念新思想新戰略，出台一系列重大方針政策，推出一系列重大舉措，推進一系列重大工作，解決了許多長期想解決而沒有解決的難題，辦成了許多過去想辦而沒有辦成的大事，推動黨和國家事業發生歷史性變革。以習近平同志為核心的黨中央勇於面對

習近平代表十八屆中央委員會向大會作報告

黨面臨的重大風險考驗和黨內存在的突出問題，以頑強意志品質正風肅紀、反腐懲惡，消除了黨和國家內部存在的嚴重隱患，黨內政治生活氣象更新，黨內政治生態明顯好轉，黨的創造力、凝聚力、戰鬥力顯著增強，黨的團結統一更加鞏固，黨群關係明顯改善，黨在革命性鍛造中更加堅強，煥發出新的強大生機活力，為黨和國家事業發展提供了堅強政治保證。五年來的成就是全方位的、開創性的，五年來的變革是深層次的、根本性的。

　　黨的十九大報告明確指出，中國共產黨人的初心和使命，就是為中國人民謀幸福，為中華民族謀復興。這個初心和使命是激勵中國共產黨人不斷前進的根本動力。報告圍繞實現中華民族偉大復興這一近

代以來中華民族最偉大的夢想，回顧了中國共產黨成立以來近百年的奮鬥歷程，強調：今天，我們比歷史上任何時期都更接近、更有信心和能力實現中華民族偉大復興的目標。行百里者半九十。中華民族偉大復興，絕不是輕輕鬆鬆、敲鑼打鼓就能實現的。全黨必須準備付出更為艱巨、更為艱苦的努力。實現偉大夢想，必須進行偉大鬥爭、建設偉大工程、推進偉大事業。這「四個偉大」緊密聯繫、相互貫通、相互作用，其中起決定性作用的是黨的建設新的偉大工程。

正確認識黨和人民事業所處的歷史方位和發展階段，是我們黨明確階段性中心任務、制定路線方針政策的根本依據。大會作出中國特色社會主義進入新時代的重大政治判斷。中國特色社會主義進入新時代，意味着近代以來久經磨難的中華民族迎來了從站起來、富起來到強起來的偉大飛躍，迎來了實現中華民族偉大復興的光明前景；意味着科學社會主義在 21 世紀的中國煥發出強大生機活力，在世界上高高舉起了中國特色社會主義偉大旗幟；意味着中國特色社會主義道路、理論、制度、文化不斷發展，拓展了發展中國家走向現代化的途徑，給世界上那些既希望加快發展又希望保持自身獨立性的國家和民族提供了全新選擇，為解決人類問題貢獻了中國智慧和中國方案。

大會提出我國社會主要矛盾已經轉化為人民日益增長的美好生活需要和不平衡不充分的發展之間的矛盾，這是關係全局的歷史性變化，對黨和國家工作提出了許多新要求。從人民日益增長的物質文化需要同落後的社會生產之間的矛盾到人民日益增長的美好生活需要和不平衡不充分的發展之間的矛盾，是經濟社會發展的必然結果。

　　漫漫征途謀新篇，雄心壯志啟新程。大會結合「兩個一百年」奮鬥目標，對決勝全面建成小康社會、開啟全面建設社會主義現代化國家新征程作出戰略部署和安排。報告指出，從黨的十九大到二十大，是「兩個一百年」奮鬥目標的歷史交匯期。既要全面建成小康社會、實現第一個百年奮鬥目標，又要乘勢而上開啟全面建設社會主義現代化國家新征程，向第二個百年奮鬥目標進軍。綜合分析國際國內形勢和我國發展條件，從 2020 年到本世紀中葉可以分兩個階段來安排。第一個階段，從 2020 年到 2035 年，在全面建成小康社會的基礎上，再奮鬥 15 年，基本實現社會主義現代化。第二個階段，從 2035 年到本世紀中葉，在基本實現現代化的基礎上，再奮鬥 15 年，把我國建成富強民主文明和諧美麗的社會主義現代化強國。

　　大會按照中國特色社會主義事業「五位一體」總體佈局，對經濟建設、政治建設、文化建設、社會建設、生態文明建設進行了全面部署。報告指出，要貫徹新發展理念，建設現代化經濟體系；健全人民當家作主制度體系，發展社會主義民主政治；堅定文化自信，推動社會主義文化繁榮興盛；提高保障和改善民生水平，加強和創新社會治理；加快生態文明體制改革，建設美麗中國。大會還對國防和軍隊建設、港澳台工作和外交工作作出重要部署。報告強調，要堅持走中國特色強軍之路，全面推進國防和軍隊現代化；堅持「一國兩制」，推進祖國統一；堅持和平發展道路，推動構建人類命運共同體。

　　大會明確提出新時代黨的建設總要求：堅持和加強黨的全面領導，堅持黨要管黨、全面從嚴治黨，以加強黨的長期執政能力建設、先進性和純潔性建設為主線，以黨的政治建設為統領，以堅定理

新當選的中央政治局常委同採訪十九大的中外記者見面

想信念宗旨為根基，以調動全黨積極性、主動性、創造性為着力點，全面推進黨的政治建設、思想建設、組織建設、作風建設、紀律建設，把制度建設貫穿其中，深入推進反腐敗鬥爭，不斷提高黨的建設質量，把黨建設成為始終走在時代前列、人民衷心擁護、勇於自我革命、經得起各種風浪考驗、朝氣蓬勃的馬克思主義執政黨。

大會通過了報告和《中國共產黨章程（修正案）》，批准了中央紀律檢查委員會的工作報告。大會選舉產生了十九屆中央委員會和中央紀律檢查委員會。黨的十九屆一中全會選舉習近平、李克強、栗戰書、汪洋、王滬寧、趙樂際、韓正為中央政治局常委，習近平為中央委員會總書記；決定習近平為中央軍事委員會主席；批准趙樂際為中央紀律檢查委員會書記。

確立習近平新時代中國特色社會主義思想為黨的指導思想

黨的十九大着眼中國特色社會主義事業長遠發展，鄭重提出習近平新時代中國特色社會主義思想，並把這一思想確立為黨必須長期堅持的指導思想，寫進黨章，實現了黨的指導思想的又一次與時俱進。

黨的十八大以來，以習近平同志為核心的黨中央從理論和實踐結合上系統回答了新時代堅持和發展甚麼樣的中國特色社會主義、怎樣堅持和發展中國特色社會主義這個重大時代課題，回答了新時代堅持和發展中國特色社會主義的總目標、總任務、總體佈局、戰略佈局和發展方向、發展方式、發展動力、戰略步驟、外部條件、政治保證等基本問題，並且根據新的實踐對經濟、政治、法治、科技、文化、教育、民生、民族、宗教、社會、生態文明、國家安全、國防和軍隊、「一國兩制」和祖國統一、統一戰線、外交、黨的建設等各方面作出理論分析和政策指導，創立了習近平新時代中國特色社會主義思想。

大會報告用「八個明確」和「十四個堅持」全面闡述了習近平新時代中國特色社會主義思想的科學內涵和實踐要求。

「八個明確」，即：明確堅持和發展中國特色社會主義，總任務是實現社會主義現代化和中華民族偉大復興，在全面建成小康社會的基礎上，分兩步走在本世紀中葉建成富強民主文明和諧美麗的社會主義現代化強國；明確新時代我國社會主要矛盾是人民日益增長的美好生活需要和不平衡不充分的發展之間的矛盾，必須堅持以人民為中心的發展思想，不斷促進人的全面發展、全體人民共同富裕；明確中國特色社會主義事業總體佈局是「五位一體」、戰略佈局是「四個全面」，強調堅定道路自信、理論自信、制度自信、文化自信；明確全

面深化改革總目標是完善和發展中國特色社會主義制度、推進國家治理體系和治理能力現代化；明確全面推進依法治國總目標是建設中國特色社會主義法治體系、建設社會主義法治國家；明確黨在新時代的強軍目標是建設一支聽黨指揮、能打勝仗、作風優良的人民軍隊，把人民軍隊建設成為世界一流軍隊；明確中國特色大國外交要推動構建新型國際關係，推動構建人類命運共同體；明確中國特色社會主義最本質的特徵是中國共產黨領導，中國特色社會主義制度的最大優勢是中國共產黨領導，黨是最高政治領導力量，提出新時代黨的建設總要求，突出政治建設在黨的建設中的重要地位。

「十四個堅持」，即：堅持黨對一切工作的領導，堅持以人民為中心，堅持全面深化改革，堅持新發展理念，堅持人民當家作主，堅持全面依法治國，堅持社會主義核心價值體系，堅持在發展中保障和改善民生，堅持人與自然和諧共生，堅持總體國家安全觀，堅持黨對人民軍隊的絕對領導，堅持「一國兩制」和推進祖國統一，堅持推動構建人類命運共同體，堅持全面從嚴治黨。「十四個堅持」是新時代堅持和發展中國特色社會主義的基本方略。

「八個明確」「十四個堅持」有機融合、有機統一，反映了以習近平同志為核心的黨中央對中國特色社會主義規律性認識的深化，體現了理論與實際相結合、認識論和方法論相統一的鮮明特色。在新時代，我們要堅持好黨的基本理論、基本路線、基本方略，推動中國特色社會主義事業不斷向前發展。

大會指出，習近平新時代中國特色社會主義思想，是對馬克思列寧主義、毛澤東思想、鄧小平理論、「三個代表」重要思想、科學發

展觀的繼承和發展，是馬克思主義中國化最新成果，是黨和人民實踐經驗和集體智慧的結晶，是中國特色社會主義理論體系的重要組成部分，是全黨全國人民為實現中華民族偉大復興而奮鬥的行動指南，必須長期堅持並不斷發展。繼黨的十九大確立習近平新時代中國特色社會主義思想的指導地位之後，2018 年 3 月，十三屆全國人大一次會議通過的憲法修正案，把習近平新時代中國特色社會主義思想載入憲法，實現了國家指導思想的與時俱進，反映了全國各族人民共同意志和全社會共同意願。

習近平總書記是習近平新時代中國特色社會主義思想的主要創立者，他以馬克思主義政治家、思想家、戰略家的非凡勇氣、卓越政治智慧、強烈使命擔當，提出一系列具有開創性意義的新理念新思想新戰略，為這一思想的創立發揮了決定性作用、作出了決定性貢獻。

習近平新時代中國特色社會主義思想，堅持馬克思主義立場觀點方法，堅持科學社會主義基本原則，科學總結世界社會主義運動經驗教訓，根據時代和實踐發展變化，以嶄新的思想內容豐富和發展了馬克思主義，形成了系統科學的理論體系。這一思想，體系嚴整、邏輯嚴密、內涵豐富、博大精深，閃耀着馬克思主義真理光輝。這一思想貫通馬克思主義哲學、政治經濟學、科學社會主義，貫通歷史、現實和未來，貫通改革發展穩定、內政外交國防、治黨治國治軍等各領域，彰顯着堅定理想信念，展現着真摯人民情懷，貫穿着高度自覺自信，體現着鮮明問題導向，充滿着無畏擔當精神，使我們黨對共產黨執政規律、社會主義建設規律、人類社會發展規律的認識達到了新高度。

習近平新時代中國特色社會主義思想為發展馬克思主義作出了原創性貢獻。這一思想是不斷發展的開放的理論，是在理論與實踐相結合的基礎上不斷與時俱進的科學理論，在指導新時代偉大社會革命和偉大自我革命的歷史進程中，隨着中國特色社會主義偉大實踐的深入推進而持續發展、不斷豐富、更加完善。習近平強軍思想、經濟思想、外交思想、生態文明思想、法治思想是這一理論體系在相關領域的展開。實踐永無止境，理論創新也永無止境，習近平新時代中國特色社會主義思想作為當代中國馬克思主義、21 世紀馬克思主義，必然隨着時代的變化和實踐的發展不斷實現創新發展。

理論創新每前進一步，理論武裝就要跟進一步。為了進一步用習近平新時代中國特色社會主義思想武裝頭腦、指導實踐、推動工作，黨的十九大以後，黨中央把學懂弄通做實習近平新時代中國特色社會主義思想作為首要政治任務，採取一系列重大舉措，推動學習貫徹習近平新時代中國特色社會主義思想往深裡走、往實裡走、往心裡走，切實做到學思用貫通、知信行統一。

《中國共產黨章程》的修改

修改黨章是實現黨的指導思想與時俱進的客觀需要，是新時代推動黨和國家事業發展的必然要求，是推進黨的建設新的偉大工程的戰略舉措，是貫徹落實黨的十九大精神的現實需要。把習近平新時代中國特色社會主義思想確立為黨的指導思想，寫在黨的旗幟上，是這次黨章修改的最大亮點和最突出的歷史貢獻。大會一致同意，在黨章中

把習近平新時代中國特色社會主義思想同馬克思列寧主義、毛澤東思想、鄧小平理論、「三個代表」重要思想、科學發展觀一道確立為黨的行動指南。

　　這次黨章修改充分體現了黨的十八大以後黨的理論創新、實踐創新、制度創新成果，充分體現了黨的十九大報告確立的重大理論觀點和重大戰略思想。比如，把中國特色社會主義文化同中國特色社會主義道路、中國特色社會主義理論體系、中國特色社會主義制度一道寫入黨章；在黨章中明確實現「兩個一百年」奮鬥目標、實現中華民族偉大復興的中國夢的宏偉目標；根據黨的十九大對我國社會主要矛盾的新概括，對黨章作出相應修改；把發揮市場在資源配置中的決定性作用和更好發揮政府作用，推進供給側結構性改革，建設中國特色社會主義法治體系，推進協商民主廣泛、多層、制度化發展，培育和踐行社會主義核心價值觀，推動中華優秀傳統文化創造性轉化、創新性發展，牢牢掌握意識形態工作領導權，加強和創新社會治理，堅持總體國家安全觀，增強綠水青山就是金山銀山的意識，堅持政治建軍、改革強軍、科技興軍、依法治軍，建設一支聽黨指揮、能打勝仗、作風優良的人民軍隊，鑄牢中華民族共同體意識，堅持正確義利觀，推動構建人類命運共同體，推進「一帶一路」建設等內容寫入黨章；等等。作出這些調整和充實，對全黨更加自覺、更加堅定地貫徹黨的基本理論、基本路線、基本方略，更好堅持和發展中國特色社會主義，具有十分重要的作用。

　　這次黨章修改實現了黨的指導思想與時俱進，有力地推動了新時

代黨和國家事業發展，極大地推進了黨的建設新的偉大工程的展開；修改後的黨章充分體現了馬克思主義中國化最新成果，充分體現了黨的十八大以來黨中央提出的一系列重大戰略思想，充分體現了黨的工作和黨的建設的新鮮經驗。

八、堅持黨的全面領導和提高黨的建設質量

黨的十九大報告提出的新時代黨的建設總要求，對推進黨的建設新的偉大工程作出頂層設計和全面部署，對新時代黨的建設目的、方針、主線、總體佈局、目標等作出明確規定，進一步回答了新時代「建設甚麼樣的黨、怎樣建設黨」這一歷史性課題，為堅持黨的全面領導和提高黨的建設質量指明前進方向，提供基本遵循。

堅持黨對一切工作的領導

歷史充分證明，沒有中國共產黨，就沒有新中國，就沒有中華民族偉大復興。黨政軍民學，東西南北中，黨是領導一切的，是最高的政治領導力量。習近平對黨的領導核心作用作了鮮明生動的闡述，他強調：「形象地說是『眾星捧月』，這個『月』就是中國共產黨。」黨的領導是做好黨和國家各項工作的根本保證，是戰勝一切困難和風險的「定海神針」。

黨的十九大將「中國特色社會主義最本質的特徵是中國共產黨領導，中國特色社會主義制度的最大優勢是中國共產黨領導，黨是最高

政治領導力量」確立為習近平新時代中國特色社會主義思想的重要內容，同時把這一重大政治原則寫入黨章，把「堅持黨對一切工作的領導」作為新時代堅持和發展中國特色社會主義的基本方略的第一條。這是中國共產黨、中國人民在堅持和發展中國特色社會主義中最根本的經驗總結，是道路自信、理論自信、制度自信、文化自信的集中體現。

2018 年 3 月，十三屆全國人大一次會議通過《中華人民共和國憲法修正案》，在憲法序言確定黨的領導地位的基礎上，又在總綱中明確規定中國共產黨領導是中國特色社會主義最本質的特徵，強化了

十三屆全國人大一次會議投票表決《中華人民共和國憲法修正案（草案）》

黨總攬全局、協調各方的領導地位。憲法以根本法的形式確立黨的領導地位，反映的是中國最大的國情，有利於在全體人民中強化黨的領導意識，有效地把黨的領導落實到國家工作全過程和各方面，確保黨和國家事業始終沿着正確方向前進。

黨的全面領導是具體的，不是空洞的、抽象的，必須體現到治國理政的方方面面，體現到國家政權的機構、體制、制度等的設計、安排、運行之中，確保黨的領導全覆蓋，確保黨的領導更加堅強有力。在實踐中，不斷完善堅持黨的全面領導的制度，強化黨的組織在同級組織中的領導地位，在國家機關、事業單位、群團組織、社會組織、企業和其他組織中設立的黨委（黨組），接受批准其成立的黨委統一領導，定期彙報工作，確保黨的方針政策和決策部署在同級組織中得到貫徹落實，加快在新型經濟組織和社會組織中建立健全黨的組織機構，做到黨的工作進展到哪裡，黨的組織就覆蓋到哪裡。

2019 年 10 月，黨的十九屆四中全會把堅持和完善黨的領導制度體系放在首要位置，突出了黨的領導制度體系的統領地位，抓住了國家治理的關鍵和要害。全會通過的決定強調，「健全總攬全局、協調各方的黨的領導制度體系，把黨的領導落實到國家治理各領域各方面各環節」。這為新時代加強黨的全面領導提供了有力制度保證。

2020 年 10 月，黨的十九屆五中全會把堅持黨的全面領導作為「十四五」時期經濟社會發展必須遵循的首要原則，明確要堅持和完善黨領導經濟社會發展的體制機制，堅持和完善中國特色社會主義制度，不斷提高貫徹新發展理念、構建新發展格局能力和水平，為實現高質量發展提供根本保證。

堅決維護黨中央權威和集中統一領導

事在四方，要在中央。在國家治理體系的大棋局中，黨中央是坐鎮中軍帳的「帥」；在中國特色社會主義大廈中，黨中央是頂樑柱。堅持黨的全面領導，首先是堅持黨中央的集中統一領導。這是黨的領導的最高原則，是最根本的政治規矩，任何時候任何情況下都不能含糊、不能動搖。

萬山磅礡，必有主峰。習近平強調，必須增強政治意識、大局意識、核心意識、看齊意識，堅定道路自信、理論自信、制度自信、文化自信，保證全黨團結統一和行動一致，確保黨始終總攬全局、協調各方。黨的十九大後，黨中央對堅決維護習近平總書記黨中央的核心、全黨的核心地位，堅決維護黨中央權威和集中統一領導，提出一系列具體要求。

2017 年 10 月，中央政治局會議審議《中共中央政治局關於加強和維護黨中央集中統一領導的若干規定》，指出，中央政治局要帶頭樹立「四個意識」，嚴格遵守黨章和黨內政治生活準則，全面落實黨的十九大關於加強和維護黨中央集中統一領導的各項要求，自覺在以習近平同志為核心的黨中央集中統一領導下履行職責、開展工作，堅決維護習近平總書記作為黨中央的核心、全黨的核心地位。根據《規定》，中央政治局全體同志每年向黨中央和習近平總書記書面述職一次。這已經成為加強和維護黨中央集中統一領導的重要制度安排。

2018 年 8 月，中共中央印發修訂後的《中國共產黨紀律處分條例》，增加了「兩個維護」「四個意識」等內容，並對在重大原則問題上不同黨中央保持一致，搞山頭主義、落實黨中央決策部署打折

扣、搞變通、搞兩面派、做兩面人等行為的處理作出具體規定，為各級黨組織和黨員、幹部始終在政治立場、政治方向、政治原則、政治道路上同黨中央保持高度一致，為確保全黨令行禁止提供了有力紀律保障。

2019 年 1 月，中共中央印發《關於加強黨的政治建設的意見》，這是黨中央對新時代加強黨的政治建設作出的重大決策部署。《意見》進一步將堅決做到「兩個維護」作為加強黨的政治建設的首要任務，強調堅持和加強黨的全面領導，最重要的是堅決維護黨中央權威和集中統一領導，最關鍵的是堅決維護習近平總書記黨中央的核心、全黨的核心地位。同時，中共中央還印發《中國共產黨重大事項請示報告條例》，強調涉及黨和國家工作全局的重大方針政策，經濟、政治、文化、社會、生態文明建設和黨的建設中的重大原則和問題，國家安全、港澳台僑、外交、國防、軍隊等黨中央集中統一管理的事項，以及其他只能由黨中央領導和決策的重大事項，必須向黨中央請示報告。《條例》對於堅決做到「兩個維護」，保證全黨團結統一和行動一致，推動請示報告工作全面走上制度化、規範化、科學化軌道，具有重要意義。

黨的十九屆四中全會明確提出「完善堅定維護黨中央權威和集中統一領導的各項制度」，強調推動全黨增強「四個意識」、堅定「四個自信」、做到「兩個維護」，自覺在思想上政治上行動上同以習近平同志為核心的黨中央保持高度一致，堅決把維護習近平總書記黨中央的核心、全黨的核心地位落到實處。健全黨中央對重大工作的領導體制，強化黨中央決策議事協調機構職能作用，完善推動黨中央重大

決策落實機制，嚴格執行向黨中央請示報告制度，確保令行禁止。健全維護黨的集中統一的組織制度，形成黨的中央組織、地方組織、基層組織上下貫通、執行有力的嚴密體系，實現黨的組織和黨的工作全覆蓋。這一制度安排為強化黨中央權威和集中統一領導提供了有力保證。

2020 年 9 月，中共中央印發《中國共產黨中央委員會工作條例》，把「堅持黨對一切工作的領導，確保黨中央集中統一領導」作為中央委員會開展工作必須把握的第一條原則，強調中央委員會、中央政治局、中央政治局常務委員會是黨的組織體系的大腦和中樞，在推進中國特色社會主義事業中把方向、謀大局、定政策、促改革。涉及全黨全國性的重大方針政策問題，只有黨中央有權作出決定和解釋。《條例》着眼加強中央委員會工作，對黨中央的領導地位、領導體制、領導職權、領導方式、決策部署、自身建設等作出全面規定，為保證黨中央對黨和國家事業的集中統一領導提供了基本遵循。

維護習近平總書記黨中央的核心、全黨的核心地位，維護黨中央權威和集中統一領導，是全面從嚴治黨的重大政治成果和寶貴經驗。各地區各部門認真貫徹中央要求，根據實際制定出台關於「兩個維護」的具體規定、辦法等，結合各種學習教育，引導廣大黨員幹部增強「四個意識」、堅定「四個自信」、做到「兩個維護」。經過持續努力，黨員、幹部的政治站位、政治覺悟和政治能力有了明顯提高，鞏固了黨的團結統一，確保了黨中央一錘定音、定於一尊的權威。

把黨的政治建設擺在首位

黨的政治建設決定黨的建設的方向和效果，是黨的建設的「靈魂」和「根基」。2017 年 10 月，黨的十九大提出了黨的政治建設這個重大命題，把黨的政治建設納入黨的建設總體佈局並擺在首位，明確黨的政治建設在新時代黨的建設中的戰略定位，抓住全面從嚴治黨的根本性問題，強調：黨的政治建設是黨的根本性建設，決定黨的建設方向和效果。保證全黨服從中央，堅持黨中央權威和集中統一領導，是黨的政治建設的首要任務。全黨要堅定執行黨的政治路線，嚴格遵守政治紀律和政治規矩，在政治立場、政治方向、政治原則、政治道路上同黨中央保持高度一致，要弘揚忠誠老實、公道正派、實事求是、清正廉潔等價值觀，堅決防止和反對個人主義、分散主義、自由主義、本位主義、好人主義，堅決防止和反對宗派主義、圈子文化、碼頭文化，堅決反對搞兩面派、做兩面人。

《中共中央關於加強黨的政治建設的意見》明確指出，加強黨的政治建設，目的是堅定政治信仰，強化政治領導，提高政治能力，淨化政治生態，實現全黨團結統一、行動一致。《意見》通篇貫徹和體現「兩個維護」這一根本要求，牢牢把握黨的政治建設對黨的各項建設的統領作用，把政治標準和政治要求貫穿於黨的各項建設之中。《意見》強調，要以正確的認識、正確的行動堅決做到「兩個維護」，堅決防止和糾正一切偏離「兩個維護」的錯誤言行。

2019 年 3 月，全國巡視工作會議暨十九屆中央第三輪巡視動員部署會召開，強調要認真履行新時代巡視工作政治監督責任，緊扣督促做到「兩個維護」根本任務，嚴明政治紀律和政治規矩，破除形式

主義、官僚主義，推進政治監督具體化常態化，推動黨中央大政方針貫徹落實。

2020 年 12 月，習近平在中央政治局民主生活會上進一步強調，必須增強政治意識，善於從政治上看問題，善於把握政治大局，不斷提高政治判斷力、政治領悟力、政治執行力。

為落實這些要求，黨中央聚焦黨的政治屬性、政治使命、政治目標、政治追求持續發力，引導全黨增強「四個意識」、堅定「四個自信」、做到「兩個維護」，牢記「國之大者」，堅持把黨的政治建設融入黨和國家重大決策部署的制定和落實全過程，不斷健全貫徹落實黨中央重大決策部署和習近平總書記重要指示批示督查問責機制，嚴肅查處違背黨的政治路線、破壞黨的集中統一問題，以政治上的加強推動全面從嚴治黨向縱深發展。

深入推進黨的自我革命

中國共產黨能夠帶領人民進行偉大的社會革命，也能夠進行偉大的自我革命。勇於自我革命，是我們黨最鮮明的品格，是熔鑄在中國共產黨人血脈裡的政治基因。中國共產黨之所以能成為中國人民和中華民族的主心骨，根本原因在於我們黨始終保持了自我革命精神，一次次拿起手術刀來革除自身病症，一次次靠自己解決了自身問題。

深入推進黨的自我革命永不停歇。黨的十九大報告明確了黨的建設總體佈局：「全面推進黨的政治建設、思想建設、組織建設、作風建設、紀律建設，把制度建設貫穿其中，深入推進反腐敗鬥爭」。習近平指出，必須以黨章為根本遵循，把黨的政治建設擺在首位，思想

建黨和制度治黨同向發力，統籌推進黨的各項建設，不斷增強黨自我淨化、自我完善、自我革新、自我提高的能力。要增強全面從嚴治黨永遠在路上的政治自覺，繼續推進新時代黨的建設新的偉大工程，確保黨不變質、不變色、不變味。

思想建設是黨的基礎性建設。中國共產黨之所以能夠歷經艱難困苦而不斷發展壯大，很重要的一個原因就是我們黨始終重視思想建黨、理論強黨。黨的十九大強調要把堅定理想信念作為黨的思想建設的首要任務，用習近平新時代中國特色社會主義思想武裝全黨，教育引導全黨牢記黨的宗旨，解決好「總開關」問題。黨的十九大閉幕僅一週，習近平帶領中央政治局常委，瞻仰上海中共一大會址和浙江嘉興南湖紅船，回顧建黨歷史，重溫入黨誓詞，宣示新一屆黨中央領導集體的堅定政治信念。習近平指出，只有不忘初心、牢記使命、永遠

廣西壯族自治區柳州鋼鐵集團組織黨員重溫入黨誓詞

奮鬥，才能讓中國共產黨永遠年輕。2019 年 5 月底開始的「不忘初心、牢記使命」主題教育自上而下分兩批在全黨開展。這是新時代深化黨的自我革命、推動全面從嚴治黨向縱深發展的生動實踐。為了鞏固主題教育成果，黨的十九屆四中全會提出「建立不忘初心、牢記使命的制度」，推動教育常態化長效化。2020 年 9 月，中共中央辦公廳印發《關於鞏固深化「不忘初心、牢記使命」主題教育成果的意見》，推動主題教育各項成果落地見效。

在抓好黨內集中教育的同時，黨中央堅持把學習教育融入日常、抓在經常，推動各級黨組織不斷加強思想建設，更好用習近平新時代中國特色社會主義思想武裝全黨。組織廣大黨員、幹部深入學習《習近平談治國理政》和一系列重要論述摘編，學習《習近平新時代中國特色社會主義思想學習綱要》等重要輔導讀物。廣大黨員、幹部讀原著、學原文、悟原理，不斷築牢信仰之基、補足精神之鈣、把穩思想之舵。

貫徹新時代黨的組織路線。黨的力量來自組織，組織強則力量倍增。2018 年 7 月，習近平在全國組織工作會議上提出並闡述新時代黨的組織路線，為新時代黨的建設和組織工作指明了前進方向。新時代黨的組織路線是：全面貫徹習近平新時代中國特色社會主義思想，以組織體系建設為重點，着力培養忠誠乾淨擔當的高素質幹部，着力集聚愛國奉獻的各方面優秀人才，堅持德才兼備、以德為先、任人唯賢，為堅持和加強黨的全面領導、堅持和發展中國特色社會主義提供堅強組織保證。新時代黨的組織路線的提出，為加強黨的組織建設提供了科學遵循，為增強黨的創造力、凝聚力、戰鬥力提供了重要保

證。以新時代黨的組織路線為引領，持續整頓軟弱渙散基層黨組織，推動基層黨組織全面進步、全面過硬，黨的組織體系建設不斷增強。張桂梅、鍾南山、黃文秀、張富清、鄭德榮、張黎明……一批批優秀共產黨員不斷湧現；「硬骨頭六連」、首都醫科大學附屬北京地壇醫院黨委、武漢市青山區工人村街青和居社區黨總支……一個個全國先進基層黨組織積極發揮戰鬥堡壘作用。截至 2021 年 6 月 5 日，中國共產黨黨員總數為 9514.8 萬名，基層黨組織 486.4 萬個，其中基層黨委 27.3 萬個，總支部 31.4 萬個，支部 427.7 萬個。黨的政治領導力、思想引領力、群眾組織力、社會號召力不斷增強。

　　黨的作風是黨的形象，是觀察黨群幹群關係、人心向背的晴雨表。黨的十九大後，中央政治局首次會議就把作風建設擺上議程，審議了《中共中央政治局貫徹落實中央八項規定的實施細則》，根據過去幾年中央八項規定實施過程中遇到的新情況新問題，着重對相關內容作了進一步規範、細化和完善，更加切合工作實際，增強了指導性和操作性。解決形式主義、官僚主義突出問題，為基層減負是作風建設的重點內容。2019 年 3 月，中共中央辦公廳印發《關於解決形式主義突出問題為基層減負的通知》，明確提出將 2019 年作為「基層減負年」。2020 年 4 月，中共中央辦公廳印發《關於持續解決困擾基層的形式主義問題為決勝全面建成小康社會提供堅強作風保證的通知》。2020 年 10 月，黨的十九屆五中全會明確提出，「持續糾治形式主義、官僚主義，切實為基層減負」。黨的作風建設從細節入手，堅持「常」「長」二字，抓鐵有痕、踏石留印，讓全黨和人民群眾感到了變化，從改進作風的實際成效中看到了希望，起到了徙木立信的作

用，為深入推進全面從嚴治黨凝聚了黨心民心。據國家統計局民意調查顯示，95.7% 的群眾認為 2020 年落實中央八項規定精神、糾正「四風」卓有成效，比 2013 年提高 14.4 個百分點；95.8% 的群眾認為 2020 年全面從嚴治黨卓有成效，比 2012 年提高 16.5 個百分點。

紀律真正成為帶電的高壓線。加強紀律建設是全面從嚴治黨的治本之策。黨要管黨、從嚴治黨，就要靠嚴明紀律和規矩，推動黨員在思想上劃出紅線、在行為上明確界限。各地區各部門深入開展紀律教育，將紀律處分條例等黨內法規納入黨委（黨組）理論學習中心組學習內容和黨校課程，深入剖析幹部嚴重違紀違法的典型案例，發揮警示、震懾、教育作用，教育引導廣大黨員、幹部特別是領導幹部嚴格按黨章標準要求自己，使黨員、幹部增強紀律意識，把黨章黨規黨紀刻印在心上，知邊界、明底線，把他律要求轉化為內在追求，形成尊崇黨章、遵守黨紀的良好習慣。2018 年 7 月，中央政治局召開會議強調，要鞏固和發展執紀必嚴、違紀必究常態化成果，下大氣力建制度、立規矩、抓落實、重執行，讓制度「長牙」、紀律「帶電」，充分發揮紀律建設標本兼治的利器作用，使鐵的紀律真正轉化為黨員幹部的日常習慣和自覺遵循，推動全面從嚴治黨向縱深發展。

制度事關根本，關乎長遠。2018 年 2 月，中共中央印發《中央黨內法規制定工作第二個五年規劃（2018—2022 年）》，適應新時代堅持和加強黨的全面領導、以黨的政治建設為統領全面推進黨的各項建設的需要，對此後 5 年黨內法規制度建設進行頂層設計。黨中央更加重視提高黨內法規執行力，把制度的剛性標尺立起來，防止制度成為「稻草人」。2019 年 9 月，中共中央印發了《中國共產黨黨內法規

執行責任制規定（試行）》。《規定》逐一明確了各級各類黨組織和黨員領導幹部的執規責任，對監督考核、責任追究等提出要求，是從根本上破解黨內法規「執行難」問題、推動黨內法規全面深入實施的一項重要舉措。《規定》與同時修訂印發的《中國共產黨黨內法規制定條例》《中國共產黨黨內法規和規範性文件備案審查規定》一起，進一步對黨內法規工作進行了全鏈條的制度規範，成為黨立規、執規的「規矩」。為了繼續扭住責任制這個全面從嚴治黨的「牛鼻子」，2020年3月，中共中央辦公廳印發《黨委（黨組）落實全面從嚴治黨主體責任規定》。截至2021年5月，中央黨內法規共210部，部委黨內法規共162部，地方黨內法規共3210部，形成了以黨章為根本、以準則條例為主幹、覆蓋黨的領導和黨的建設各方面的黨內法規制度體系。

黨風廉政建設永遠在路上，反腐敗鬥爭永遠在路上。黨的十九大以後，習近平強調，腐敗這個黨執政的最大風險仍然存在，存量還未清底，增量仍有發生，形勢依然嚴峻複雜，必須一刻不停推進黨風廉政建設和反腐敗鬥爭。黨中央堅定不移推進反腐敗鬥爭，堅決保持懲治腐敗高壓態勢，堅持無禁區、全覆蓋、零容忍，堅持重遏制、強高壓、長震懾，堅持受賄行賄一起查，對黨的十八大後不收斂不收手，特別是十九大後仍不知止、膽大妄為的，發現一起查處一起，持續整治群眾身邊腐敗和作風問題，對扶貧、民生領域腐敗和涉黑涉惡「保護傘」一查到底。在強化不敢腐的震懾同時，將正風肅紀反腐與深化改革、完善制度、促進治理貫通起來，把所有行使公權力人員納入統一監督的範圍，實現了對公權力監督和反腐敗的全覆蓋、無死角，不

斷紮牢不能腐的籠子。着力深化以案促改、以案為鑒，加強黨性教育和廉潔教育，持續增強不想腐的自覺。經過全黨不懈努力，反腐敗鬥爭取得壓倒性勝利並全面鞏固，黨在解決黨內存在的突出矛盾和問題中淨化純潔。

　　黨和國家監督體系是黨在長期執政條件下實現自我淨化、自我完善、自我革新、自我提高的重要制度保障。黨的十九大以後，黨的紀律檢查體制改革、國家監察體制改革、紀檢監察機構改革一體推進，紀律監督、監察監督、派駐監督、巡視監督全覆蓋的權力監督格局日臻完善。充分發揮黨內監督的政治引領作用，把監督融入區域治理、部門治理、行業治理、基層治理、單位治理之中。推動黨委（黨組）主體責任、書記第一責任人責任和紀委監委監督責任貫通聯動、一體落實。堅持以黨內監督為主導，不斷完善權力監督制度和執紀執法體系，推動人大監督、民主監督、行政監督、司法監督、審計監督、財會監督、統計監督、群眾監督、輿論監督有機貫通、相互協調，形成常態長效的監督合力。2019 年 10 月，黨的十九屆四中全會對「堅持和完善黨和國家監督體系，強化對權力運行的制約和監督」作出重大制度安排，明確提出必須健全黨統一領導、全面覆蓋、權威高效的監督體系，增強監督嚴肅性、協同性、有效性，形成決策科學、執行堅決、監督有力的權力運行機制，構建一體推進不敢腐、不能腐、不想腐體制機制，確保黨和人民賦予的權力始終用來為人民謀幸福。2021 年 3 月，中共中央印發《關於加強對「一把手」和領導班子監督的意見》，提出要完善黨和國家監督體系，促進主動開展監督、自覺接受監督，形成一級抓一級、層層抓落實的監督工作格局。

九、國家制度和治理體系建設邁出新步伐

黨和國家組織結構和管理體制的系統性整體性重構

為了從黨和國家機構職能上確保堅持和加強黨的領導、堅持和完善中國特色社會主義制度，推進國家治理體系和治理能力現代化，黨中央把深化黨和國家機構改革工作提上議事日程。2018 年 2 月，黨的十九屆三中全會通過了《中共中央關於深化黨和國家機構改革的決定》和《深化黨和國家機構改革方案》，從完善黨的全面領導的制度、優化政府機構設置和職能配置、統籌黨政軍群機構改革、合理設置地方機構、推進機構編制法定化五個方面對改革進行了整體部署。3 月 17 日，十三屆全國人大一次會議批准國務院機構改革方案。改革的目標是構建系統完備、科學規範、運行高效的黨和國家機構職能體系，形成總攬全局、協調各方的黨的領導體系，職責明確、依法行政的政府治理體系，中國特色、世界一流的武裝力量體系，聯繫廣泛、服務群眾的群團工作體系，推動人大、政府、政協、監察機關、審判機關、檢察機關、人民團體、企事業單位、社會組織等在黨的統一領導下協調行動、增強合力，全面提高國家治理能力和治理水平。這個目標注重解決事關長遠的體制機制問題，為形成更加完善的中國特色社會主義制度創造有利條件。

深化黨和國家機構改革，是貫徹落實黨的十九大決策部署的第一場硬仗，是對黨和國家組織結構和管理體制的一次系統性、整體性重構。黨的十九屆三中全會後，從中央到地方，上下同心、扎實推進，各項改革部署迅速落實到位。2018 年 3 月，新組建的國家監

察委員會正式揭牌運行，黨和國家機構改革全面鋪開。11 月，31 個省（區、市）機構改革方案全部對外公佈。黨中央加大統的力度、明確改的章法、做好人的工作、執行嚴的紀律，按照先中央、後省級、再省以下的路線圖壓荏推進，用一年多的時間總體完成了改革任務。新組建和重新組建部級機構 25 個，調整優化領導管理體制和職責部級機構 31 個，印發 39 個部門「三定」規定和 25 個部門調整職責的通知。部門機構編制職數嚴格控制在總盤子內，總體實現精簡。通過機構改革，整體性調整優化了中央和地方各級各類組織機構和管理體制，重構性健全了黨的領導體系、政府治理體系、武裝力量體系、群團工作體系，系統性增強了黨的領導力、政府執行力、武裝力量戰鬥力，人大、政協機構設置更加優化，在推動黨和國家機構職能體系更加成熟更加定型、推進國家治理體系和治理能力現代化上邁出了重大步伐。

加強黨的全面領導得到有效落實，維護黨的集中統一領導的機構職能體系更加健全。從機構職能上把加強黨的領導落實到各個領域、各個方面、各個環節，是這次機構改革的標誌性成果。這次機構改革加強了黨對深化改革、依法治國、經濟、國家安全、網絡信息、外交、機構編制、軍民融合、審計、教育、農業農村等重大工作的領導，充實了黨的組織、宣傳、統戰、政法、機關黨建、教育培訓等部門職責配置，強化了歸口協調本系統本領域重大工作職能。通過改革，黨把方向、謀大局、定政策、促改革的能力得到提高，黨總攬全局、協調各方的地位得到鞏固。

深化國家監察體制改革，加強黨對反腐敗工作的統一領導，是

這次機構改革的重要內容。黨的十九大要求，深化國家監察體制改革，將試點工作在全國推開，組建國家、省、市、縣監察委員會。到 2018 年 2 月，全國省、市、縣三級監察委員會全部完成組建。黨的十九屆三中全會把組建國家監察委員會列為深化黨中央機構改革第一項任務。十三屆全國人大一次會議通過憲法修正案和監察法，確立監察委員會作為國家機構的憲法地位。國家監察體制改革是事關全局的重大政治體制改革，是國家監察制度的頂層設計。設立國家、省、市、縣監察委員會，加強黨對反腐敗工作的統一領導，實現了對所有行使公權力的公職人員監察全覆蓋，構建了黨統一指揮、全面覆蓋、權威高效的監督體系。

這次深化黨和國家機構改革，還專門對深化群團組織改革作出部署，進一步健全了黨委統一領導群團工作的制度，增強了群團組織政治性、先進性、群眾性，有力促進了黨政機構同群團組織功能有機銜接，群團組織作為黨和政府聯繫人民群眾的橋樑和紐帶作用得到更好發揮。

2019 年 7 月，習近平在深化黨和國家機構改革總結會議上發表重要講話，充分肯定了深化黨和國家機構改革取得的重大成效和寶貴經驗。主要是：堅持黨對機構改革的全面領導，堅持不立不破、先立後破，堅持推動機構職能優化協同高效，堅持中央和地方一盤棋，堅持改革和法治相統一相協調，堅持把思想政治工作貫穿改革全過程。實踐證明，黨中央關於深化黨和國家機構改革的戰略決策充分彰顯黨的集中統一領導和我國社會主義制度的政治優勢。

全面深化改革向縱深發展

　　黨的十九大後，我們黨推動全面深化改革向縱深發展，系統集成黨的十八屆三中全會後全面深化改革的理論成果、制度成果、實踐成果，對新時代全面深化改革勾勒出更加清晰的頂層設計，由前期重點是夯基壘台、立柱架樑，中期重點在全面推進、積厚成勢，發展到着力點放到加強系統集成、協同高效上來。

　　2017 年 11 月，十九屆中央全面深化改革領導小組第一次會議指出，無論改甚麼、改到哪一步，堅持黨對改革的集中統一領導不能變，完善和發展中國特色社會主義制度、推進國家治理體系和治理能力現代化的總目標不能變，堅持以人民為中心的改革價值取向不能變。2018 年 5 月，十九屆三中全會後新成立的中央全面深化改革委員會審議通過了《黨的十九大報告重要改革舉措實施規劃（2018—2022 年）》，對黨的十九大確定的 158 項改革舉措進行梳理，列明牽頭單位、改革起止時間、改革目標路徑、成果形式等要素，形成了未來五年全面深化改革的「大施工圖」，立下「確保到 2022 年全面完成黨的十九大提出的目標任務」的軍令狀。

　　全面深化改革對標到 2020 年在重要領域和關鍵環節改革上取得決定性成果，繼續打硬仗，啃硬骨頭。深化黨和國家機構改革，成立國家監察委員會；建立健全城鄉融合發展體制機制和政策體系，加快建立同高質量發展要求相適應的宏觀調控體系；推動自由貿易試驗區改革創新，支持海南全面深化改革開放，支持河北雄安新區先行先試、率先突破，支持深圳建設中國特色社會主義先行示範區；推進國有資本投資、運營公司改革試點，加強非金融企業投資金融機構監

管，在上海證券交易所設立科創板並試點註冊制，推進公共資源交易平台整合共享，擴大高校和科研院所科研自主權；實施國家職業教育改革，開展國家產教融合建設試點，完善教育督導體制機制；改革醫療衛生行業綜合監管制度，改革和完善疫苗管理體制，開展區域醫療中心建設試點等一系列重大改革舉措相繼出台。

2018 年是改革開放 40 週年。12 月，黨中央隆重舉行慶祝改革開放 40 週年大會。習近平在會上回顧改革開放 40 年的光輝歷程，總結改革開放的偉大成就和寶貴經驗，宣示了在新時代將改革開放進行到底的信心和決心。他強調：「我們現在所處的，是一個船到中流浪更急、人到半山路更陡的時候，是一個愈進愈難、愈進愈險而又不進則退、非進不可的時候。改革開放已走過千山萬水，但仍需跋山涉水，擺在全黨全國各族人民面前的使命更光榮、任務更艱巨、挑戰更嚴峻、工作更偉大。」動員全黨全國各族人民在新時代繼續把改革開放推向前進，為實現「兩個一百年」奮鬥目標、實現中華民族偉大復興的中國夢不懈奮鬥。

到 2020 年底，各領域基礎性制度框架基本確立，許多領域實現歷史性變革、系統性重塑、整體性重構，為推動形成系統完備、科學規範、運行有效的制度體系，使各方面制度更加成熟更加定型奠定了堅實基礎。2020 年 12 月，中央全面深化改革委員會第十七次會議審議了黨的十八屆三中全會以來全面深化改革總結評估報告，回顧了幾年來氣勢如虹、波瀾壯闊的改革進程，指出這是一場思想理論、改革組織方式、國家制度和治理體系、人民廣泛參與的深刻變革。會議強調，我們已經啃下了不少硬骨頭但還有許多硬骨頭要啃，我們攻克了

不少難關但還有許多難關要攻克。要把接續推進改革同服務黨和國家工作大局結合起來、把深化改革攻堅同促進制度集成結合起來、把推進改革同防範化解重大風險結合起來、把激發創新活力同凝聚奮進力量結合起來，推動改革在新發展階段打開新局面。

堅持和完善中國特色社會主義制度，推進國家治理體系和治理能力現代化

我國內外環境不斷發生深刻變化，對制度建設提出新要求。制度建設更多的是解決深層次體制機制問題，對改革的系統性、整體性、協同性要求更高，相應地建章立制、構建體系的任務更重，要求在堅持和完善中國特色社會主義制度，推進國家治理體系和治理能力現代化上下更大功夫。

2019 年 10 月，黨的十九屆四中全會審議通過《中共中央關於堅持和完善中國特色社會主義制度，推進國家治理體系和治理能力現代化若干重大問題的決定》，系統總結我國國家制度和國家治理體系的巨大成就和顯著優勢，深入回答在我國國家制度和國家治理體系上應該「堅持和鞏固甚麼、完善和發展甚麼」這個重大政治問題，深入闡釋了支撐中國特色社會主義制度的根本制度、基本制度、重要制度，對新時代堅持和完善中國特色社會主義制度，推進國家治理體系和治理能力現代化作出頂層設計和全面部署。這次全會系統梳理和集成昇華了黨和國家各方面的制度，描繪了堅持和完善中國特色社會主義制度的宏偉藍圖，為實現中華民族偉大復興提供了堅強制度保障。

全會明確提出堅持和完善中國特色社會主義制度，推進國家治理

體系和治理能力現代化的總體目標：到我們黨成立一百年時，在各方面制度更加成熟更加定型上取得明顯成效；到 2035 年，各方面制度更加完善，基本實現國家治理體系和治理能力現代化；到新中國成立一百年時，全面實現國家治理體系和治理能力現代化，使中國特色社會主義制度更加鞏固、優越性充分展現。圍繞這個總體目標，《決定》對堅持和完善黨的領導制度體系、人民當家作主制度體系、中國特色社會主義法治體系、中國特色社會主義行政體制、社會主義基本經濟制度、社會主義先進文化制度、民生保障制度、社會治理制度、生態文明制度體系、黨對人民軍隊的絕對領導制度、「一國兩制」制度體系、獨立自主的和平外交政策、黨和國家監督體系等作出新的制度安排。全會強調，必須突出堅持和完善支撐中國特色社會主義制度的根本制度、基本制度、重要制度，着力固根基、揚優勢、補短板、強弱項，構建系統完備、科學規範、運行有效的制度體系，加強系統治理、依法治理、綜合治理、源頭治理，把我國制度優勢更好轉化為國家治理效能，不斷彰顯「中國之治」的制度優勢和強大生命力。

中國特色社會主義制度就像一棵參天大樹，是嚴密完整的科學制度體系。起枝幹作用的是中國特色社會主義根本制度、基本制度、重要制度，構建起國家制度和治理體系的總體框架。全會總結實踐經驗，在我們黨已經明確的根本制度、基本制度、重要制度的基礎上作出一些新的概括。比如，把社會主義基本經濟制度確定為「公有制為主體、多種所有制經濟共同發展，按勞分配為主體、多種分配方式並存，社會主義市場經濟體制等社會主義基本經濟制度」，明確提出「堅持馬克思主義在意識形態領域指導地位的根本制度」，對中國特

色社會主義法治體系、中國特色社會主義行政體制、繁榮發展社會主義先進文化的制度、統籌城鄉的民生保障制度、共建共治共享的社會治理制度、生態文明制度體系、黨對人民軍隊的絕對領導制度、「一國兩制」制度體系、黨和國家監督體系等也進一步作出闡述。這三類制度，從不同層次，圍繞內政外交國防、治黨治國治軍，對黨和國家各方面事業作出制度安排，是中國特色社會主義制度的「總綱」和「總遵循」。

　　通過憲法法律確認和鞏固國家根本制度、基本制度、重要制度，並運用國家強制力保證實施，是國家治理體系的系統性、規範性、協調性、穩定性的重要保障。隨着時代發展和改革推進，國家治理現代化對科學完備的法律規範體系的要求越來越迫切。2020年5月，十三屆全國人大三次會議通過《中華人民共和國民法典》，這是新中國歷史上第一部法典化的法律，是新時代中國特色社會主義制度建設、法治建設的一個重大標誌性成果。民法典既對現行民事法律進行系統整合，又針對新情況新問題作出修改完善，體現了對生命健康、財產安全、交易便利、生活幸福、人格尊嚴等各方面權利的平等保護。11月，中央召開全面依法治國工作會議，強調要堅定不移走中國特色社會主義法治道路，在法治軌道上推進國家治理體系和治理能力現代化。12月，中共中央印發《法治社會建設實施綱要（2020—2025年）》，指出法治社會建設是實現國家治理體系和治理能力現代化的重要組成部分，對加快推進法治社會建設作出部署。同月，中共中央印發《法治中國建設規劃（2020—2025年）》，對建設完備的法律規範體系、高效的法治實施體系、嚴密的

法治監督體系、有力的法治保障體系、完善的黨內法規制度體系作出具體部署安排。

　　評判一種制度是否行得通、有效率、真管用，實踐最有說服力。在長期的奮鬥中，我們黨帶領人民創造了「兩大奇跡」。一個是經濟快速發展奇跡。我國大踏步趕上時代，用幾十年時間走完了發達國家幾百年走過的工業化進程，躍升為世界第二大經濟體，綜合國力、科技實力、國防實力、文化影響力、國際影響力顯著提升，人民生活顯著改善，中華民族以嶄新姿態屹立於世界的東方。另一個是社會長期穩定奇跡。我國長期保持社會和諧穩定、人民安居樂業，成為國際社會公認的最有安全感的國家之一。「兩大奇跡」之所以能夠產生，是黨帶領人民長期不懈奮鬥的必然結果，也是我國國家制度和治理體系顯著優勢充分發揮的必然結果。

隆重慶祝中華人民共和國成立 70 週年

　　2019 年是中華人民共和國成立 70 週年，黨和政府舉行了氣勢恢宏、氣氛熱烈的慶祝活動。

　　9 月 29 日，黨中央在人民大會堂隆重舉行中華人民共和國國家勳章和國家榮譽稱號頒授儀式。習近平向 42 名國家勳章和國家榮譽稱號獲得者頒授勳章獎章並發表重要講話，強調崇尚英雄才會產生英雄，爭做英雄才能英雄輩出。偉大出自平凡，平凡造就偉大。只要有堅定的理想信念、不懈的奮鬥精神，腳踏實地把每件平凡的事做好，一切平凡的人都可以獲得不平凡的人生，一切平凡的工作都可以創造不平凡的成就。

　　9 月 29 日晚，在人民大會堂舉辦以大型音樂舞蹈史詩形式呈現的慶祝中華人民共和國成立 70 週年文藝晚會《奮鬥吧　中華兒女》。

　　9 月 30 日烈士紀念日，在天安門廣場人民英雄紀念碑前舉行向人民英雄敬獻花籃儀式，習近平等黨和國家領導人和首都各界群眾代表參加。

　　10 月 1 日上午，在天安門廣場隆重舉行慶祝中華人民共和國成立 70 週年大會。習近平在天安門城樓上發表重要講話，強調今天社會主義中國巍然屹立在世界東方，沒有任何力量能夠撼動我們偉大祖國的地位，沒有任何力量能夠阻擋中國人民和中華民族的前進步伐。

慶祝中華人民共和國成立 70 週年大會遊行方陣

隨後舉行了盛大閱兵儀式，59 個方隊梯隊、近 1.5 萬官兵接受檢閱。10 萬群眾舉行了以「同心共築中國夢」為主題的群眾遊行。當晚，在天安門廣場舉辦首都國慶聯歡活動，黨和國家領導人同 6 萬多名北京各界群眾一起聯歡。

9 月起，在北京展覽館舉辦「偉大歷程　輝煌成就 —— 慶祝中華人民共和國成立 70 週年大型成就展」。三個多月現場觀展人次達 315 萬，網上展館點擊量超 1.4 億次。

各地各部門也組織開展了形式多樣的慶祝活動和宣傳教育活動。

中華人民共和國成立 70 週年慶祝活動是國之大典，氣勢恢宏、大度雍容，綱維有序、禮樂交融，充分展示了新中國成立 70 年來的輝煌成就，有力彰顯了國威軍威，極大振奮了民族精神，廣泛激發了各方面力量。慶祝活動是在第一個百年即將到來之際，全黨全軍全國各族人民萬眾一心，朝着全面建成小康社會目標奮進的一次偉力凝聚；是在實現中華民族偉大復興中國夢的征程上，全體中華兒女對共同理想所作的一次豪邁宣示；是在當今世界正經歷百年未有之大變局的形勢下，中華人民共和國始終巍然屹立於世界東方，並且愈發蓬勃、愈發健強的一次盛大亮相。

十、在應對風險挑戰中推進各項事業

統籌國內國際兩個大局，辦好發展安全兩件大事

深刻複雜變化的國內外環境，要求我們堅持用全面、辯證、長遠

的眼光正確看待應對各種矛盾挑戰，及時適應新情況新要求。關鍵是堅持正確的歷史觀、大局觀、發展觀，統籌國內國際兩個大局。最為重要和關鍵的，就是更好統籌中華民族偉大復興戰略全局和世界百年未有之大變局。習近平指出：「領導幹部要胸懷兩個大局，一個是中華民族偉大復興的戰略全局，一個是世界百年未有之大變局，這是我們謀劃工作的基本出發點。」

統籌發展和安全，增強憂患意識，做到居安思危，是我們黨治國理政的一個重大原則。黨的十八大後，以習近平同志為核心的黨中央決策設立國家安全委員會，提出並貫徹總體國家安全觀，初步構建了國家安全體系主體框架，形成了國家安全理論體系，完善了國家安全戰略體系，建立了國家安全工作協調機制，國家安全工作得到全面加強。黨的十九大後，面對國內外風險挑戰明顯增多的複雜局面，黨中央堅持統籌國內國際兩個大局、統籌發展安全兩件大事，團結帶領全國各族人民攻堅克難、砥礪奮進，向着黨的十九大確定的宏偉目標扎實前行。

2018 年 1 月 5 日，習近平在新進中央委員會的委員、候補委員和省部級主要領導幹部學習貫徹習近平新時代中國特色社會主義思想和黨的十九大精神研討班開班式上提出，要做到「三個一以貫之」，即堅持和發展中國特色社會主義要一以貫之，推進黨的建設新的偉大工程要一以貫之，增強憂患意識、防範風險挑戰要一以貫之。他回顧了近代以來中華民族復興進程曾多次被打斷的歷史過程，提醒全黨同志，前進道路不可能一帆風順，越是取得成績的時候，越是要有如履薄冰的謹慎，越是要有居安思危的憂患，絕不能犯戰略性、顛覆性錯誤；強調各種風險我們都要防控，但重點要防控那些可能遲滯或中斷

中華民族偉大復興進程的全局性風險。

2019 年 1 月 21 日，習近平在省部級主要領導幹部堅持底線思維着力防範化解重大風險專題研討班開班式上，對防範化解政治、意識形態、經濟、科技、社會、外部環境、黨的建設等領域重大風險作出深刻分析，提出明確要求。習近平強調，面對波譎雲詭的國際形勢、複雜敏感的周邊環境、艱巨繁重的改革發展穩定任務，必須始終保持高度警惕，既要高度警惕「黑天鵝」事件，也要防範「灰犀牛」事件；既要有防範風險的先手，也要有應對和化解風險挑戰的高招；既要打好防範和抵禦風險的有準備之戰，也要打好化險為夷、轉危為機的戰略主動戰。9 月 3 日，習近平在 2019 年秋季學期中央黨校（國家行政學院）中青年幹部培訓班開班式上進一步強調，我們面臨着難得的歷史機遇，也面臨着一系列重大風險考驗。勝利實現我們黨確定的目標任務，必須發揚鬥爭精神，增強鬥爭本領。

辦好發展和安全兩件大事，關係到實現中華民族偉大復興中國夢這一宏偉目標。2020 年 7 月 30 日召開的中央政治局會議，對於高質量發展階段的目標定位，由原來的「四個更」拓展為「五個更」——在「更高質量、更有效率、更加公平、更可持續」的基礎上添加了「更為安全」。10 月，黨的十九屆五中全會強調，統籌國內國際兩個大局，辦好發展安全兩件大事，注重防範化解重大風險挑戰，實現發展質量、結構、規模、速度、效益、安全相統一。黨的十九屆五中全會首次把統籌發展和安全納入「十四五」時期我國經濟社會發展的指導思想，並列專章作出戰略部署，突出了國家安全在黨和國家工作大局中的重要地位。

穩妥應對各種風險挑戰

堅持底線思維，增強憂患意識，着力防範化解重大風險，是習近平新時代中國特色社會主義思想的重要內容。習近平反覆強調，必須增強憂患意識，防範風險挑戰。黨中央對當前和今後一個時期事關國家安全和發展、事關社會大局穩定的重大風險挑戰進行了深入分析研判，提出應對之策。主要風險包括政治安全風險、意識形態安全風險、經濟發展風險、科技安全風險、社會穩定風險、生態安全風險、生物安全風險、外部環境風險、黨的建設面臨的風險、重大公共衛生風險等，此外，還強調防範化解糧食安全、能源安全、核安全、軍事安全等領域面臨的風險等。

2018 年後，我國外部形勢發生深刻複雜變化，特別是美國單方面執意挑起中美經貿摩擦，對我國進行全方位遏制打壓，給我國經濟運行帶來不利影響。黨中央密切關注、穩妥應對。3 月後，我國採取有力反制措施，堅決捍衛自身合法利益；同時始終堅持通過對話協商解決爭議的基本立場，努力穩定雙邊經貿關係。我國向世界申明了我們不願打、不怕打、必要時不得不打這場貿易戰的原則立場，採取反制措施是為了捍衛國家正當利益、捍衛自由貿易和多邊體制、捍衛各國人民共同利益，這一立場得到了全國人民廣泛支持和國際社會普遍認同。在新冠肺炎疫情期間，美國等西方國家一些政客極力對中國「污名化」，「甩鍋」本國抗疫不力的責任，拿中國當「替罪羊」。我們組織開展旗幟鮮明的輿論鬥爭，有理有據地進行批駁，揭穿他們的謊言，讓世人看到其卑劣行徑和醜惡嘴臉。

2018 年 7 月，中央政治局會議提出做好「六穩」工作的要求，

即做好穩就業、穩金融、穩外貿、穩外資、穩投資、穩預期工作，以穩定宏觀經濟大局，增強應對複雜局面和各種挑戰的底氣。2018年12月，中央經濟工作會議進一步提出「鞏固、增強、提升、暢通」八字方針，為進一步堅持以供給側結構性改革為主線不動搖、推動高質量發展指明了方向。

2019年6月，香港爆發「修例風波」，「一國兩制」在香港的實踐遭遇前所未有的挑戰。以習近平同志為核心的黨中央審時度勢、果斷決策，堅定支持香港特別行政區行政長官和政府及警隊採取一系列舉措，依法打擊和懲治暴力犯罪活動，止暴制亂，恢復秩序。「修例風波」充分暴露出香港在維護國家安全方面存在巨大的制度漏洞。2020年5月，十三屆全國人大三次會議通過《全國人民代表大會關於建立健全香港特別行政區維護國家安全的法律制度和執行機制的決定》，授權全國人大常委會制定相關法律，切實防範、制止和懲治任何分裂國家、顛覆國家政權、組織實施恐怖活動等嚴重危害國家安全的行為和活動以及外國和境外勢力干預香港特別行政區事務的活動。6月，十三屆全國人大常委會第二十次會議通過《中華人民共和國香港特別行政區維護國家安全法》，並將其列入香港基本法附件三，明確由香港特別行政區在當地公佈實施，對香港特別行政區維護國家安全制度機制作出法律化、規範化、明晰化的具體安排。7月，根據香港國安法規定，香港特別行政區維護國家安全委員會、中央人民政府駐香港特別行政區維護國家安全公署相繼成立。頒佈實施香港國安法是回歸以來中央處理香港事務最為重大的舉措，夯實築牢了在香港維護國家安全的制度屏障，對防範、制

止和懲治危害國家安全的罪行發揮出強大威力。

2020 年 8 月，十三屆全國人大常委會第二十一次會議作出決定，明確 2020 年 9 月 30 日後，香港特別行政區第六屆立法會繼續履行職責，不少於一年，直至第七屆立法會任期開始為止。應香港特別行政區行政長官的請求，11 月，十三屆全國人大常委會第二十三次會議對香港特別行政區立法會議員資格問題作出決定，確立了立法會議員一經依法認定不符合擁護香港特別行政區基本法、效忠香港特別行政區的法定要求和條件，即時喪失立法會議員資格的一般性規則，同時明確在原定第七屆立法會選舉提名期間被依法裁定參選提名無效的第六屆立法會議員已喪失議員資格。這進一步明確了「愛國愛港者治港，反中亂港者出局」的政治規矩。根據全國人大常委會決定，香港特別行政區政府隨後依法宣佈相關人員喪失立法會議員資格，憲法和基本法的威嚴得到充分彰顯。2021 年 3 月 11 日，十三屆全國人大四次會議審議通過《全國人民代表大會關於完善香港特別行政區選舉制度的決定》，授權全國人大常委會根據決定修改《中華人民共和國香港特別行政區基本法》附件一《香港特別行政區行政長官的產生辦法》和附件二《香港特別行政區立法會的產生辦法和表決程序》。3 月 30 日，十三屆全國人大常委會第二十七次會議表決通過香港基本法附件一和附件二修訂案。全國人民代表大會及其常委會依法修改完善香港選舉制度，為全面貫徹「愛國者治港」原則、確保「一國兩制」實踐行穩致遠提供了堅實制度保障。

為加強對港澳工作的集中統一領導，2020 年 2 月，黨中央決定成立中央港澳工作領導小組，取代原來設立的中央港澳工作協調小

組，設立領導小組辦公室，與國務院港澳事務辦公室合併設置。這是黨中央面對世界百年未有之大變局和港澳內外環境新變化作出的重要戰略決策，是對港澳工作領導體制作出的一次重大調整，從機構設置和制度安排上進一步加強了黨中央對港澳工作的集中統一領導，不僅對促進香港局勢由亂轉治發揮了重要作用，而且對「一國兩制」實踐行穩致遠產生了深遠影響。

堅決團結廣大台灣同胞共同反對「台獨」、促進統一。2019 年 7 月發表的《新時代的中國國防》白皮書指出，如果有人要把台灣從中國分裂出去，中國軍隊將不惜一切代價，堅決予以挫敗，捍衛國家統一。這再次表明了中國共產黨和中國政府堅決反對「台獨」分裂和外部勢力干涉的嚴正立場，清晰劃出了不容逾越的紅線。2020 年台灣地區選舉民進黨繼續「執政」後，「台獨」分裂勢力誤判形勢，不斷挑釁，妄圖推行「漸進台獨」，尋機謀求「法理台獨」，台海形勢持續趨於複雜嚴峻，對台工作面臨諸多風險挑戰。2020 年 5 月，《反分裂國家法》實施 15 週年座談會在北京舉行。會議強調，堅決粉碎「台獨」分裂圖謀，堅決捍衛國家主權和領土完整。8 月，針對個別大國在涉台問題上的消極動向及向「台獨」勢力發出的嚴重錯誤信號，中國人民解放軍東部戰區多軍種多方向成體系出動兵力，在台灣海峽及南北兩端連續組織實戰化演練，堅決回擊一切製造「台獨」、分裂中國的挑釁行為。

同時，中國扎實開展涉疆、涉藏外交，回擊無端指責，在聯合國平台和國際上贏得大多數國家理解支持。堅決捍衛領土主權和海洋權益，敢於鬥爭、善於鬥爭，維護尊嚴利益展現新擔當，堅決開

展外交戰、法理戰、輿論戰，有效遏制侵害我國國土安全的各種圖謀和行為，堅定維護了我國主權、安全、發展利益，全面提升了我國國際地位和國際影響。

走中國特色強軍之路

2017 年 10 月，黨的十九大明確，黨在新時代的強軍目標是建設一支聽黨指揮、能打勝仗、作風優良的人民軍隊，並作出新的戰略安排，強調確保到 2020 年基本實現機械化，信息化建設取得重大進展，戰略能力有大的提升，力爭到 2035 年基本實現國防和軍隊現代化，到本世紀中葉把人民軍隊全面建成世界一流軍隊。

2020 年 10 月，黨的十九屆五中全會提出，加快國防和軍隊現代化，實現富國和強軍相統一。貫徹習近平強軍思想，貫徹新時代軍事戰略方針，堅持黨對人民軍隊的絕對領導，堅持政治建軍、改革強軍、科技強軍、人才強軍、依法治軍，加快機械化信息化智能化融合發展，全面加強練兵備戰，提高捍衛國家主權、安全、發展利益的戰略能力，確保 2027 年實現建軍百年奮鬥目標。

黨的十九大把堅持黨對人民軍隊的絕對領導上升為新時代堅持和發展中國特色社會主義的一條基本方略，把「中央軍事委員會實行主席負責制」寫入黨章，使這一領導體制在黨的根本大法中確立下來；把習近平強軍思想鄭重寫入黨章，確立習近平強軍思想在國防和軍隊建設中的指導地位。2018 年 8 月，中央軍委黨的建設會議召開，會後印發《關於加強新時代軍隊黨的建設的決定》，就全面加強新時代軍隊黨的領導和黨的建設工作作出戰略部署，進一步推進新時代政治

2019 年 10 月 1 日，習近平在中華人民共和國成立 70 週年慶典上檢閱中國人民
解放軍受閱部隊

建軍。2019 年 1 月，中央軍委印發《關於全面從嚴加強部隊管理的
意見》。10 月，黨的十九屆四中全會對貫徹軍委主席負責制作出新的
部署，貫徹軍委主席負責制法治化規範化程序化運行進一步得到加
強。同時，全會提出構建中國特色社會主義軍事政策制度體系，全面
推進國防和軍隊現代化，確保實現黨在新時代的強軍目標。11 月，
中央軍委召開基層建設會議並印發《關於加強新時代軍隊基層建設的
決定》，就全面鍛造「三個過硬」基層立起基層建設新標準，有力確
保了黨對軍隊的絕對領導直達基層、直達官兵。2020 年 11 月，中央
政治局會議審議《軍隊政治工作條例》，要求全面深入貫徹軍委主席
負責制，確保絕對忠誠、絕對純潔、絕對可靠。

　　強軍興軍，人才是關鍵。2020 年 10 月，中央軍委印發《關於加

快推進三位一體新型軍事人才培養體系建設的決定》。全軍積極適應新的形勢任務要求，建強聯合作戰指揮人才、新型作戰力量人才、高層次科技創新人才、高水平戰略管理人才等各方面人才隊伍，各類人才創造活力競相迸發的局面初步形成。

強軍興軍，歸根到底要落實到提高軍隊戰鬥力這個根本上來，馳而不息推動全部心思向打仗聚焦，各項工作向打仗用勁，確保部隊召之即來、來之能戰、戰之必勝。作為加強練兵備戰的重要舉措，自2018年1月中央軍委首次統一組織全軍開訓動員起，習近平連續四年在新年之際向全軍發佈開訓動員令，樹立起大抓軍事訓練的鮮明導向。2020年11月，《中國人民解放軍聯合作戰綱要（試行）》施行，成為新時代作戰條令體系的頂層法規。同月，中央軍委軍事訓練會議提出，加快構建新型軍事訓練體系，加快實現軍事訓練轉型升級，全面提高訓練水平和打贏能力。

站在新的歷史起點上，面對國家安全環境的深刻變化，面對強國強軍的時代要求，新時代國防和軍隊建設着眼於實現中國夢強軍夢，堅持政治建軍、改革強軍、科技強軍、人才強軍、依法治軍，強軍興軍取得歷史性成就，實現政治生態重塑、組織形態重塑、力量體系重塑、作風形象重塑。2020年11月，軍隊已基本實現機械化，信息化建設取得重大進展。人民軍隊在中國特色強軍之路上邁出堅定步伐。

開拓中國特色大國外交新局面

黨的十九大以來，世界多極化加速發展，國際關係分化組合更趨複雜，國際格局面臨深刻調整，力量對比向更加均衡方向發展。

面對保護主義的抬頭、單邊霸凌的逆流，中國支持全球化進程，堅守自由貿易體制，維護多邊主義規則。從主場外交到國際會議，從政策宣示到務實舉措，中國不斷對外釋放擴大開放的明確信號，堅定地站在歷史前進的正確一邊。

黨的十九大報告把堅持推動構建人類命運共同體作為新時代堅持和發展中國特色社會主義的基本方略之一，並寫入新修改的《中國共產黨章程》。2017 年 11 月，中國共產黨與世界政黨高層對話會在北京舉行，會議以「構建人類命運共同體、共同建設美好世界：政黨的責任」為主題。2018 年 3 月，十三屆全國人大一次會議通過《中華人民共和國憲法修正案》，序言部分寫入推動構建人類命運共同體內容，構建人類命運共同體思想正式上升為國家意志。2018 年，「人類命運共同體」被相繼寫入中非合作論壇北京峰會、上合組織青島峰會、中阿合作論壇部長級會議以及諸多雙多邊高層交往的成果文件，匯聚起各方共建人類命運共同體的磅礴之力。

習近平在博鰲亞洲論壇 2018 年年會上鄭重宣示「中國開放的大門不會關閉，只會越開越大」。2018 年 11 月，首屆中國國際進口博覽會在上海舉辦。這是世界上第一個以進口為主題的國家級展會，是國際貿易發展史上的一大創舉。

「一帶一路」倡議目前已經成為世界上最受歡迎的公共產品和最大規模的合作平台。2018 年 8 月，習近平提出「一帶一路」建設要從謀篇佈局的「大寫意」轉入精雕細琢的「工筆畫」，向高質量發展轉變，造福沿線國家人民，推動構建人類命運共同體。2019 年，中國成功舉辦第二屆「一帶一路」國際合作高峰論壇。2020 年，面對

全球性新冠肺炎疫情,「一帶一路」國際合作高級別視頻會議達成建設「健康絲綢之路」共識,形成高質量共建「一帶一路」良好勢頭。

2020 年中歐班列開行 1.24 萬列、發送 113.5 萬標箱,同比分別增長 50%、56%,年度開行數量首次突破 1 萬列,單月開行均穩定在 1000 列以上,成為助力「一帶一路」沿線各國抗疫的「鋼鐵駝隊」。

中國順應時代發展的潮流,推動全球治理體系朝着更加公正合理的方向發展,成為世界亂象中的中流砥柱。

從二十國集團領導人峰會到中法全球治理論壇,從聖彼得堡國際經濟論壇到金磚國家領導人會晤、亞洲文明對話大會,從領導人氣候峰會到全球健康峰會,習近平全面闡釋多邊主義的核心要義和時代內涵,倡導共商共建共享的全球治理觀,倡導構建人與自然生命共同體、構建人類衛生健康共同體,發出踐行多邊主義、抵制單邊主義、反對霸權主義的正義之聲。中國大力提倡不同文明相互尊重、平等相待,美人之美、美美與共,開放包容、互學互鑒,與時俱進、創新發展,以中國文明觀引領國際思潮前行,引發各方強烈共鳴。

2020 年 9 月,中國發起《全球數據安全倡議》,倡導全球數字治理應秉持多邊主義、兼顧安全發展、堅守公平正義。

2020 年 9 月,習近平在聯合國大會上宣佈,中國的二氧化碳排放力爭於 2030 年前達到峰值,努力爭取在 2060 年前實現碳中和。這一承諾體現了中國在環境保護和應對氣候變化問題上的負責任大國作用和擔當。

2021 年 1 月,習近平在世界經濟論壇「達沃斯議程」對話會上號召:「讓多邊主義火炬照亮人類前行之路,向着構建人類命運共同

體不斷邁進！」

中國是大國穩定與協作的促進者。2019 年，習近平對俄羅斯進行歷史性訪問，兩國元首共同宣佈發展中俄新時代全面戰略協作夥伴關係，簽署關於加強當代全球戰略穩定的聯合聲明，中俄全面戰略協作更加穩固。2020 年中俄雙邊貨物貿易額 1077.7 億美元，連續三年突破千億美元大關。中國在俄外貿中的佔比進一步提升，連續 11 年穩居俄第一大貿易夥伴國地位。2021 年 6 月，兩國元首宣佈發表聯合聲明，正式決定《中俄睦鄰友好合作條約》延期。中俄密切合作，樹立了新型國際關係的典範。

中美關係牽動世界目光，關乎各國利益。中美關係經歷建交 40 多年來最嚴峻局面。面對美國反華勢力的霸凌挑釁，中方開展有理有利有節鬥爭，堅定維護國家主權、安全、發展利益，堅定維護國際關係準則和國際公平正義，堅定維護世界各國特別是廣大發展中國家的正當權益。同時，中方保持對美政策的穩定性和連續性，以堅定和冷靜態度，建設性處理和管控分歧，努力維護國際體系的戰略穩定。

中歐利益紐帶更加緊密，強化協調合作，增進彼此互信，堅定維護多邊主義，共同應對全球挑戰。2020 年，雙方如期完成中歐投資協定談判，中歐全面戰略夥伴關係增添時代內涵。2021 年 2 月，中國—中東歐國家領導人峰會達成的務實合作文件近 90 份，總價值近 130 億美元，創歷史之最。7 月，習近平同法國、德國領導人舉行視頻峰會，表示希望中歐擴大共識和合作，堅持構建總體穩定、均衡發展的大國關係，為妥善應對全球性挑戰發揮重要作用。

在習近平外交思想的正確指引下，中國不僅保持了同主要大國關

係的總體穩定，同周邊國家關係也實現了全面改善和發展。

　　中國是地區融合與發展的建設者。中國同東盟關係進入全方位發展新階段。2020 年 7 月，「中國＋中亞五國」通過視頻方式舉行首次外長會晤。會議通過並發表了《「中國＋中亞五國」外長視頻會議聯合聲明》，各方就推進中國同中亞國家合作、促進地區和平發展達成 9 點重要共識。11 月，中國與東盟 10 國、日本、韓國、澳大利亞、新西蘭正式簽署了《區域全面經濟夥伴關係協定》（RCEP）。這標誌着當前世界上人口最多、經貿規模最大、最具發展潛力的自由貿易區正式啟航。

　　南南合作邁上了新的台階。2018 年是中國外交的「南南合作年」，從中拉、中阿到中非合作論壇，我國同發展中國家集體對話實現了全覆蓋，2018 年 9 月，中非合作論壇北京峰會成功召開。習近平提出「不干預非洲國家探索符合國情的發展道路，不干涉非洲內政，不把自己的意志強加於人，不在對非援助中附加任何政治條件，不在對非投資融資中謀取政治私利」等「五不」原則，樹立了中國對非合作的自律標杆，展示了國際發展合作的道德準則。

　　2018 年 1 月，中拉論壇第二屆部長級會議就支持和參與「一帶一路」倡議發表特別聲明，制定 2019 年至 2021 年中國與拉美和加勒比國家共同體成員國優先領域合作共同行動計劃。2020 年，中阿合作論壇第九屆部長級會議召開，中阿雙方匯聚起團結抗疫、共克時艱的集體力量；表明了中阿相互支持、命運與共的政治意志；規劃了中阿務實合作、共同發展的前進路徑。

　　政黨外交是國家總體外交的重要組成部分，是中國特色大國外交

的重要體現。2017 年 11 月底至 12 月初，中國共產黨與世界政黨高層對話會在北京召開。2021 年 7 月，中國共產黨與世界政黨領導人峰會召開，習近平發表主旨講話，強調政黨作為推動人類進步的重要力量，要錨定正確的前進方向，擔起為人民謀幸福、為人類謀進步的歷史責任。

在習近平外交思想的正確指引下，中國冷靜應對國際形勢發生的複雜深刻變化，妥善處理由此帶來的新困難、新挑戰，堅定維護國家利益，深入拓展友好合作，積極展現大國擔當，奮力開拓新時代中國特色大國外交新局面。

抗擊新冠肺炎疫情和偉大抗疫精神

2020 年伊始，一場突如其來的新冠肺炎疫情肆虐中華大地。這次疫情是新中國成立以來我國遭遇的傳播速度最快、感染範圍最廣、防控難度最大的一次重大突發公共衛生事件，也是百年來全球發生的最嚴重的傳染病大流行。

新冠肺炎疫情發生後，黨中央將疫情防控作為頭等大事來抓。習近平親自指揮、親自部署，堅持把人民生命安全和身體健康放在第一位，提出堅定信心、同舟共濟、科學防治、精準施策的總要求。從大年初一起，習近平先後主持召開 14 次中央政治局常委會會議、4 次中央政治局會議以及多次黨的重要會議，敏銳洞察、果敢決策，科學指引、沉着應對，周密部署武漢保衛戰、湖北保衛戰，因時因勢制定重大戰略策略，帶領全黨全軍全國各族人民迅速打響疫情防控的人民戰爭、總體戰、阻擊戰。

援鄂醫護人員精心照料新冠肺炎患者

　　在黨中央堅強領導下，中國人民風雨同舟、眾志成城，發揚一方有難、八方支援精神，構築起疫情防控的堅固防線。廣大醫務人員白衣為甲、逆行出征，54萬名湖北省和武漢市醫務人員同病毒短兵相接，346支國家醫療隊、4萬多名醫務人員毅然奔赴前線；各行各業扛起責任，國有企業、公立醫院勇挑重擔，460多萬個基層黨組織衝鋒陷陣，400多萬名社區工作者日夜值守，各類民營企業、民辦醫院、慈善機構、養老院、福利院等積極出力，廣大黨員、幹部帶頭拚搏，人民解放軍指戰員、武警部隊官兵、公安民警奮勇當先，廣大科

研人員奮力攻關，數百萬快遞員冒疫奔忙，180 萬名環衛工人起早貪黑，新聞工作者深入一線，千千萬萬志願者和普通人默默奉獻。經過艱苦卓絕的努力，我國用 1 個多月的時間初步遏制疫情蔓延勢頭，用 2 個月左右的時間將本土每日新增病例控制在個位數以內，用 3 個月左右的時間取得武漢保衛戰、湖北保衛戰的決定性成果，進而又接連打了幾場局部地區聚集性疫情殲滅戰，疫情防控取得重大戰略成果。

黨中央及時將全國總體防控策略調整為「外防輸入、內防反彈」，推動防控工作由應急性超常規防控向常態化防控轉變。應香港特別行政區政府請求，在中央統籌部署和指揮下，國家衛生健康委組建內地核酸檢測支援隊，協助香港抗擊疫情；在澳門疫情受控後，廣東和澳門特別行政區政府建立「健康碼」及核酸檢測結果互認互通機制，澳門與內地人員正常往來逐步恢復。我國第一時間研發出核酸檢測試劑盒，疫苗研發總體處於世界領先地位，分批為全民免費接種。

在自身面臨巨大抗疫壓力情況下，我國始終秉持人類命運共同體理念，積極開展抗疫國際和地區合作，倡導構建人類衛生健康共同體。截至 2021 年 5 月，我國已為受疫情影響的發展中國家抗疫及恢復經濟社會發展提供了 20 億美元援助，向 150 多個國家和 13 個國際組織提供了抗疫物資援助，向全球供應了 2800 多億隻口罩、34 億多件防護服、40 多億份檢測試劑盒，向 80 多個有急需的發展中國家提供疫苗援助，向 43 個國家出口疫苗，有力支持了世界各國疫情防控。

針對疫情帶來的衝擊，黨中央統籌推進疫情防控和經濟社會發展，加大宏觀政策應對力度。2020 年 2 月 23 日，統籌推進新冠肺炎疫情防控和經濟社會發展工作部署會議召開，習近平在會上指出，要

用全面、辯證、長遠的眼光看待我國發展，增強信心、堅定信心。要變壓力為動力、善於化危為機，加大政策調節力度，把我國發展的巨大潛力和強大動能充分釋放出來。3月6日，習近平在決戰決勝脫貧攻堅座談會上強調，統籌推進疫情防控和脫貧攻堅，以更大決心、更強力度推進脫貧攻堅，支持扶貧產業恢復生產，優先支持貧困勞動力務工就業，做好對因疫致貧返貧人口的幫扶。4月17日，中央政治局會議提出，在加大「六穩」工作力度的同時，全面落實「六保」任務，即保居民就業、保基本民生、保市場主體、保糧食能源安全、保產業鏈供應鏈穩定、保基層運轉。做好「六穩」工作、落實「六保」任務，穩住了經濟基本盤，為渡過難關贏得了時間、創造了條件，為應對各種風險挑戰提供了重要保證。黨中央、國務院還制定一系列紓困惠企政策，出台多項強化就業優先、促進投資消費、穩定外貿外資、穩定產業鏈供應鏈等措施，促進新業態發展，推動交通運輸、餐飲商超、文化旅遊等各行各業有序恢復，實施支持湖北發展一攬子政策，分批分次復學復課。在一系列政策作用下，中國經濟二季度增速轉負為正，三季度延續轉正態勢，復蘇更為強勁，前三季度累計實現正增長，在全球率先復蘇，成為2020年唯一實現正增長的世界主要經濟體。

2020年9月8日，全國抗擊新冠肺炎疫情表彰大會隆重舉行。習近平為「共和國勳章」獲得者鍾南山，「人民英雄」國家榮譽稱號獲得者張伯禮、張定宇、陳薇，一一頒授勳章獎章。大會還表彰了全國抗擊新冠肺炎疫情先進個人和先進集體、全國優秀共產黨員和全國先進基層黨組織。習近平在大會上深刻闡述生命至上、舉國同心、捨

2020 年 9 月 8 日，全國抗擊新冠肺炎疫情表彰大會在人民大會堂隆重舉行

生忘死、尊重科學、命運與共的偉大抗疫精神。生命至上，集中體現
了中國人民深厚的仁愛傳統和中國共產黨人以人民為中心的價值追
求。舉國同心，集中體現了中國人民萬眾一心、同甘共苦的團結偉
力。捨生忘死，集中體現了中國人民敢於壓倒一切困難而不被任何困
難所壓倒的頑強意志。尊重科學，集中體現了中國人民求真務實、開
拓創新的實踐品格。命運與共，集中體現了中國人民和衷共濟、愛好
和平的道義擔當。習近平指出：「偉大抗疫精神，同中華民族長期形
成的特質稟賦和文化基因一脈相承，是愛國主義、集體主義、社會主
義精神的傳承和發展，是中國精神的生動詮釋，豐富了民族精神和時
代精神的內涵。」

　　新冠肺炎疫情加速了世界格局演變，世界不穩定性不確定性明顯
增加。面對錯綜複雜的國際環境帶來的新矛盾新挑戰，面對我國社會

主要矛盾變化帶來的新特徵新要求，黨中央統籌中華民族偉大復興戰略全局和世界百年未有之大變局，帶領全黨全國人民，以「踏平坎坷成大道，鬥罷艱險又出發」的頑強意志，努力在危機中育先機、於變局中開新局，向着中華民族偉大復興的目標繼續前進。

十一、全面建成小康社會和開啟全面建設社會主義　現代化國家新征程

脫貧攻堅戰取得全面勝利

消除貧困、改善民生、逐步實現共同富裕，是中國特色社會主義的本質要求，是中國共產黨的重要歷史使命。習近平強調：「全面建成小康社會、實現第一個百年奮鬥目標，農村貧困人口全部脫貧是一個標誌性指標。」「歷史充分證明，江山就是人民，人民就是江山，人心向背關係黨的生死存亡。」以習近平同志為核心的黨中央，堅持以人民為中心的發展思想，把脫貧攻堅擺到治國理政重要位置，提升到事關全面建成小康社會、實現第一個百年奮鬥目標的政治高度，充分發揮黨的領導和我國社會主義制度的政治優勢，採取了許多具有原創性、獨特性的重大舉措，組織實施了人類歷史上規模最大、力度最強的脫貧攻堅戰。2017 年 10 月，黨的十九大向全黨全國人民發出堅決打贏脫貧攻堅戰的動員令。2018 年 6 月，中共中央、國務院制定《關於打贏脫貧攻堅戰三年行動的指導意見》。2019 年 3 月，習近平在全國兩會上號召全國「盡銳出戰、迎難而上，真抓實幹、精準施策」，吹響打贏脫貧攻堅戰的號角。10 月，黨的十九屆四中全會提出

「堅決打贏脫貧攻堅戰，鞏固脫貧攻堅成果，建立解決相對貧困的長效機制」。

習近平高度重視消除貧困問題，足跡遍佈全國 14 個集中連片特困地區，先後在陝西、貴州、寧夏、山西、四川等地主持召開 7 次脫貧攻堅座談會。2020 年 3 月，在抗擊新冠肺炎疫情的關鍵時刻，習近平出席決戰決勝脫貧攻堅座談會並發表重要講話，有力動員全黨全國全社會力量，確保取得脫貧攻堅戰最後勝利。建立中央統籌、省負總責、市縣抓落實的工作機制，強化黨政一把手負總責的責任制，五級書記抓扶貧，脫貧攻堅期內保持貧困縣黨政正職穩定，全國累計選派 300 多萬縣級以上機關、國有企事業單位幹部參加駐村幫扶，形成「專項扶貧、行業扶貧、社會扶貧」的「三位一體」大扶貧格局。在黨中央的堅強領導下，全社會積極參與，廣大黨員發揮先鋒模範作用，精準扶貧、精準脫貧，扶真貧、真扶貧、真脫貧。注重扶貧同扶志、扶智相結合，深入實施東西部扶貧協作，重點攻克深度貧困地區脫貧任務。2020 年，這場舉全黨全國之力的脫貧攻堅戰取得決定性勝利。11 月 23 日，是一個載入史冊的不平凡的日子，我國最後 9 個貧困縣實現貧困退出。經過 8 年的持續奮鬥，全國 832 個貧困縣全部摘帽，12.8 萬個貧困村全部出列，近 1 億貧困人口實現脫貧，消除了絕對貧困和區域性整體貧困。2021 年 2 月 25 日，全國脫貧攻堅總結表彰大會舉行，習近平在會上莊嚴宣告：我國脫貧攻堅戰取得了全面勝利。這是中國人民的偉大光榮，是中國共產黨的偉大光榮，是中華民族的偉大光榮！

困擾中華民族幾千年的絕對貧困問題得到歷史性解決，是全面

建成小康社會的標誌性成果。這一成就的取得，凝聚了全黨全國各族人民智慧和心血，是廣大幹部群眾扎扎實實幹出來的，彰顯了中國共產黨領導和我國社會主義制度的政治優勢。脫貧摘帽不是終點，而是新生活、新奮鬥的起點。黨中央明確要求，脫貧攻堅期內已脫貧的貧困縣、貧困村、貧困戶，相關政策要保持一段時間，做到摘帽不摘責任、摘帽不摘政策、摘帽不摘幫扶、摘帽不摘監管，有效防止返貧和產生新的貧困人口。黨中央、國務院專門出台意見，明確設立 5 年過渡期，逐步實現由集中資源支持脫貧攻堅向全面推進鄉村振興平穩過渡。2021 年 4 月，十三屆全國人大常委會第二十八次會議通過《中華人民共和國鄉村振興促進法》。各地方各部門陸續出台後續政策，推動減貧戰略和工作體系平穩轉型，扎實推進鞏固拓展脫貧攻堅成果同鄉村振興戰略的有效銜接。

打贏脫貧攻堅戰，為實現第一個百年奮鬥目標打下了堅實基礎，強化了我們黨的執政根基，鞏固了中國特色社會主義制度。忍飢捱餓、生活困頓，這些幾千年來困擾中國人民的問題總體上一去不復返了，極大增強了人民群眾的獲得感、幸福感、安全感。

打贏脫貧攻堅戰，為人類減貧事業作出歷史性貢獻，為全球減貧治理提供了中國智慧和中國方案。西方發達國家用了幾百年至今也沒能完全消除絕對貧困問題，而我國僅僅用幾十年就歷史性解決了，提前 10 年實現聯合國 2030 年可持續發展議程確定的減貧目標，走在全球減貧事業前列。這一偉大壯舉，將載入人類社會發展的史冊，向世界有力證明中國共產黨領導和中國特色社會主義制度的優越性。

全面建成小康社會目標如期實現

自改革開放之初提出小康社會的戰略構想以來，中國共產黨始終把人民對美好生活的嚮往作為奮鬥目標，幾代人一以貫之、接續奮鬥。黨的十八大以來特別是「十三五」期間，面對錯綜複雜的國際形勢、艱巨繁重的國內改革發展穩定任務特別是新冠肺炎疫情嚴重衝擊，以習近平同志為核心的黨中央不忘初心、牢記使命，團結帶領全黨全國各族人民砥礪前行、開拓創新，奮發有為推進黨和國家各項事業，我國經濟實力、科技實力、綜合國力和人民生活水平躍上了新的大台階，全面建成小康社會取得偉大歷史性成就。

經濟實力大幅躍升，經濟結構持續優化。2020 年，國內生產總值達 101.6 萬億元，佔世界經濟比重預計達到 17% 左右，穩居世界第二位。人均國民總收入（GNI）突破 1 萬美元，按世界銀行標準，達到中高收入國家水平。2015 年至 2020 年糧食產量連續 6 年穩定在 6.5 億噸以上，製造業增加值多年位居世界首位，220 多種工業產品產量居世界第一。2013 年至 2019 年我國對世界經濟增長的年均貢獻率接近 30%，成為世界經濟增長的火車頭。社會消費品零售總額接近 40 萬億元規模，消費對經濟增長的貢獻率進一步提升。高技術產業、農業、社會領域等重點領域投資持續較快增長。裝備製造業和高技術產業快速增長，數字經濟、平台經濟蓬勃興起，第三產業成為經濟增長「新引擎」。東中西和東北「四大板塊」聯動發展，京津冀協同發展、長江經濟帶發展、粵港澳大灣區建設、長三角一體化發展、黃河流域生態保護和高質量發展等重大區域戰略加快落實。新型城鎮化穩步推進，到 2019 年末，常住人口城鎮化率達 60.6%。基礎設施

港珠澳大橋

日益完善，高速鐵路、高速公路、發電裝機容量、互聯網基礎設施規模均居世界第一。同時，我國還是世界第一貨物貿易大國、第一外匯儲備大國。

　　科技創新作用凸顯。研發投入持續擴大。2020 年，我國研發（R&D）經費支出 24426 億元，比 2015 年增長 10256 億元，穩居世界第二；研發經費投入強度達 2.24%，比 2015 年提高 0.18 個百分點，達到中等發達國家水平；科技進步貢獻率達到 60.2%。基礎研究整體實力顯著加強，化學、材料、物理、工程等學科整體水平明顯提升，在量子信息、幹細胞、腦科學等前沿方向上取得一批重大原創成果，成功組織「嫦娥五號」地外天體採樣返回、「天問一號」火星探測、神舟十二號載人飛船與天和核心艙交會對接等一批重大基礎研究任務，若干領域實現從「跟跑」到「並跑」「領跑」的躍升。知識產權產出居世界前列，2019 年通過《專利合作條約》途徑提交的專利申請量躍居世界第一。2020 年，我國創新指數位居世界第十四位。教育水平躍居世界中上行列。勞動年齡人口平均受教育年限由 2000 年

的 7.18 年提高至 2020 年的 10.75 年，基礎教育鞏固發展，高等教育進入普及化階段。

生態環境明顯改善。環境問題是全面建成小康社會能否得到人民認可的一個關鍵。黨的十九大把污染防治攻堅戰確立為決勝全面建成小康社會的三大攻堅戰之一。2018 年 5 月，全國生態環境保護大會就堅決打好污染防治攻堅戰作出部署。6 月，中共中央、國務院印發《關於全面加強生態環境保護，堅決打好污染防治攻堅戰的意見》，藍天、碧水、淨土保衛戰全面展開。2020 年，全國地級及以上城市空氣質量優良天數比例為 87.0%，比 2015 年上升 5.8 個百分點；PM$_{2.5}$平均濃度為 33 微克 / 立方米，比 2015 年下降 28.3%。2020 年，全國地表水水質優良（I—III類）比例為 83.4%，比 2015 年上升 17.4 個百分點，長江幹流首次全線達到 II 類水質。能源消費結構不斷優化。2020 年，天然氣、水電、風電、核電等清潔能源消費佔能源消費總量的比重為 24.3%，比 2015 年提高 6 個多百分點，非化石能源佔能源消費總量比重超過 15%，單位國內生產總值能耗比 2015 年下降超過 13%。中國已經成為世界利用新能源和可再生能源第一大國。

改革開放不斷深化。全面深化改革取得重大突破，若干領域實現了歷史性變革、系統性重塑、整體性重構。產權保護法治體系加快完善，要素市場化配置改革持續深化。國資國企改革體系基本形成，民營企業等多種所有制經濟健康發展。放管服改革成效顯著，「十三五」期間新增減稅降費累計達 7.6 萬億元左右，營商環境全球排名從 2017 年的第 78 位提升至 2019 年的第 31 位。對外開放持續擴大，「引進來」和「走出去」統籌推進，外商投資准入前國民待遇加負面清單

管理制度全面實行，負面清單大幅縮減，我國關稅總水平已降至7.5%。共建「一帶一路」成果豐碩。截至 2021 年 1 月底，我國已與140 個國家和 31 個國際組織簽署共建「一帶一路」合作文件 205 份。對外投資存量從 2012 年 0.5 萬億美元增加至 2020 年 2.3 萬億美元，位居全球第三位。

人民生活水平顯著提高。2020 年，全國居民人均可支配收入達到 32189 元，比 2015 年實際增長 31.3%，2016 年至 2020 年年均增長5.6%，快於同期人均國內生產總值增速。居民生活質量顯著提升，消費較快增長，吃穿用有餘，家電全面普及，汽車快速進入尋常百姓家。2020 年，全國居民恩格爾係數為 30.2%，比 2000 年下降 12 個百分點。居民平均預期壽命從 1949 年的 35 歲提高到 2019 年的 77.3歲。建成世界上規模最大的社會保障體系，截至 2020 年 12 月底，全國基本養老、失業、工傷保險參保人數分別達到 9.99 億人、2.17 億人、2.68 億人，基本醫療保險覆蓋超過 13 億人，社會保障卡持卡人數超過 13 億人，覆蓋 94.6% 的人口。居民居住條件顯著改善，2020年城鎮居民和農村居民人均住房建築面積分別達 39.9 平方米和 49.6平方米。

文化事業和文化產業繁榮發展。公共文化服務設施加快普及。到 2019 年末，全國公共圖書館、博物館數量分別達 3196 個、5132個，電視節目綜合人口覆蓋率達 99.4%；全國已有 1536 個縣（市、旗）建設融媒體中心，覆蓋率近 82%，主流新聞輿論陣地不斷做強做大。文化產業快速發展。2019 年，文化及相關產業增加值達 44363億元，佔國內生產總值比重為 4.5%。全民健身戰略深入實施，全民

健身公共服務體系更加完善。有近 4 億人經常參加體育鍛煉，2019 年底，平均每萬人擁有 25.3 個體育場地，人均體育場地面積達 2.08 平方米。文化軟實力日益凸顯，社會主義核心價值觀深入人心，中華文化影響力持續擴大。

到中國共產黨成立一百週年的時候，全面建成惠及十幾億人口的更高水平的小康社會，是我們黨進入 21 世紀後，在基本建成小康社會基礎上提出的奮鬥目標，是向人民、向歷史作出的莊嚴承諾。從黨的十九大到 2020 年，是全面建成小康社會決勝期。黨中央提出，要突出抓重點、補短板、強弱項，堅決打好防範化解重大風險、精準脫貧、污染防治三大攻堅戰，使全面建成小康社會得到人民認可、經得起歷史檢驗。經過全黨全國各族人民的持續奮鬥，我們實現了第一個百年奮鬥目標，在中華大地上全面建成了小康社會。

全面建成小康社會，實現了中華民族千百年來的夙願。無論在落後的農耕文明時代，還是在積貧積弱的近代，小康對百姓來說，都只能是遙不可及的奢望。只有在中國共產黨領導下，這一夢想才能實現。中國共產黨自成立之日起，就堅定扛起為人民謀幸福、為民族謀復興的大旗，經過一代一代的接續奮鬥，全面小康終於夢想成真。實現這一目標，我國發展和人民生活水平躍上新的大台階。

全面建成小康社會，是邁向中華民族偉大復興的關鍵一步。「小康夢」是中國夢的階段性目標，沒有全面小康的實現，民族復興就無從談起。如期全面建成小康社會，標誌着第一個百年奮鬥目標圓滿完成，為實現第二個百年奮鬥目標奠定了堅實的基礎，在中華民族文明史上具有重大意義，實現了從大幅落後於時代到大踏步趕上時代的新跨越。

北京大興國際機場

　　全面建成小康社會，是對人類社會的偉大貢獻。全面建成小康社會，大大提升了人類社會整體發展水平，社會主義中國以更加雄偉的身姿屹立於世界東方。根據國際貨幣基金組織統計，2019 年共有 69 個國家和地區人均國內生產總值超過 1 萬美元，包括中國 14 億多人口，總數約為 28 億人。中國全面建成小康社會，使得世界上人均國內生產總值超過 1 萬美元的人口數量翻了將近一番，充分彰顯了中國特色社會主義制度的強大生命力和巨大優越性。全面建成小康社會的理論和實踐，深化了對社會主義本質的認識和理解，開拓了社會主義發展新境界，使科學社會主義在 21 世紀的中國煥發出強大生機活力。全面建成小康社會的成功探索，拓展了發展中國家走向現代化的路徑，給世界上那些既希望加快發展又希望保持自身獨立性的國家和

民族提供了全新選擇，為解決人類問題貢獻了中國智慧和中國方案。

把握新發展階段、貫徹新發展理念、構建新發展格局

隨着「十三五」規劃目標任務的完成、全面建成小康社會勝利實現，中華民族偉大復興向前邁出了至關重要的一步，我國進入了一個新的發展階段。進入新發展階段，是中華民族偉大復興歷史進程的大跨越，在我國發展進程中具有里程碑意義。

黨的十九屆五中全會通過的《中共中央關於制定國民經濟和社會發展第十四個五年規劃和二〇三五年遠景目標的建議》，明確了 2035 年基本實現社會主義現代化的遠景目標，明確了「十四五」時期經濟社會發展的指導思想、基本原則和主要目標，闡述了「十四五」時期經濟社會發展和改革開放的重點任務，作出了加快構建以國內大循環為主體、國內國際雙循環相互促進的新發展格局的戰略抉擇。《建議》是開啟全面建設社會主義現代化國家新征程、向第二個百年奮鬥目標進軍的綱領性文件，是此後五年乃至更長時期我國經濟社會發展的行動指南。

2021 年 1 月 11 日，習近平在省部級主要領導幹部學習貫徹黨的十九屆五中全會精神專題研討班開班式上的講話中，對我國經濟社會發展的一系列重大問題進行了深入闡述。習近平的重要講話，深刻回答了我國處在甚麼發展階段、實現甚麼樣的發展、怎樣發展的重大問題，對我國進入新發展階段的主要依據和目標要求作了科學分析，對深入貫徹新發展理念提出了新要求，對加快構建新發展格局提出了主攻方向，對加強黨對社會主義現代化建設的全面領導進行了深刻闡述。

黨的十九屆五中全會會場

　　準確把握新發展階段。我國正站在新的歷史起點上，全面建成小康社會的第一個百年奮鬥目標如期實現，進入全面建設社會主義現代化國家的新發展階段。新發展階段是實現第二個百年奮鬥目標、把民族復興偉業推向新境界的階段，是社會主義初級階段中的一個階段，同時是其中經過幾十年積累、站到了新的起點上的一個階段，是我們黨帶領人民迎來從站起來、富起來到強起來歷史性跨越的新階段。全面建設社會主義現代化國家、基本實現社會主義現代化，既是社會主義初級階段我國發展的要求，也是我國社會主義從初級階段向更高階段邁進的要求。

　　全面貫徹新發展理念。新發展階段的發展，必須完整、準確、全面貫徹創新、協調、綠色、開放、共享的新發展理念，實現高質量發展。新發展理念是一個系統的理論體系，回答了關於發展的目的、

動力、方式、路徑等一系列理論和實踐問題，闡明了中國共產黨關於發展的政治立場、價值導向、發展模式、發展道路等重大政治問題。必須把新發展理念作為指揮棒、紅綠燈，貫穿發展全過程和各領域，切實轉變發展方式，推動質量變革、效率變革、動力變革，實現更高質量、更有效率、更加公平、更可持續、更為安全的發展。必須更加注重共同富裕問題。黨的十九屆五中全會提出了「全體人民共同富裕取得更為明顯的實質性進展」的目標，突出強調了「扎實推動共同富裕」，這在黨的全會歷史上還是第一次。我們要始終把滿足人民對美好生活的新期待作為發展的出發點和落腳點，在實現現代化過程中不斷地、逐步地解決好共同富裕問題。要自覺主動解決地區差距、城鄉差距、收入差距等問題，堅持在發展中保障和改善民生，統籌做好就業、收入分配、教育、社保、醫療、住房、養老、扶幼等各方面工作，更加注重向農村、基層、欠發達地區傾斜，向困難群眾傾斜，促進社會公平正義，讓發展成果更多更公平惠及全體人民。

加快構建新發展格局。構建新發展格局，是適應我國經濟發展階段變化的主動選擇，是我國經濟現代化的路徑選擇，是關係我國發展全局的重大戰略任務，是於變局中開新局、塑造全面建設社會主義現代化新優勢的重大戰略。2020 年 4 月，在十九屆中央財經委員會第七次會議上，習近平提出要構建以國內大循環為主體、國內國際雙循環相互促進的新發展格局。黨的十九屆五中全會進一步對構建新發展格局作出全面部署。這是把握未來發展主動權的戰略性佈局和先手棋，是新發展階段要着力推動完成的重大歷史任務，也是貫徹新發展理念的重大舉措。構建新發展格局是開放的國內國際雙循環，不是封

閉的國內單循環，要通過發揮內需潛力，使國內市場和國際市場更好聯通，以國內大循環吸引全球資源要素，更好利用國內國際兩個市場、兩種資源，提高在全球配置資源能力，更好爭取開放發展中的戰略主動，形成參與國際經濟合作和競爭新優勢。構建新發展格局是以全國統一大市場基礎上的國內大循環為主體，不是各地都搞自我小循環。構建新發展格局關鍵在於經濟循環的暢通無阻，最本質的特徵是實現高水平的自立自強。

進入新發展階段、貫徹新發展理念、構建新發展格局，是由我國經濟社會發展的理論邏輯、歷史邏輯、現實邏輯決定的，三者緊密關聯。進入新發展階段明確了我國發展的歷史方位，貫徹新發展理念明確了我國現代化建設的指導原則，構建新發展格局明確了我國經濟現代化的路徑選擇。把握新發展階段是貫徹新發展理念、構建新發展格局的現實依據，貫徹新發展理念為把握新發展階段、構建新發展格局提供了行動指南，構建新發展格局則是應對新發展階段機遇和挑戰、貫徹新發展理念的戰略選擇。

奮力奪取全面建成社會主義現代化強國新勝利

建設社會主義現代化國家，一直是黨和國家的奮鬥目標。新中國成立後，中國共產黨孜孜以求，帶領人民對中國現代化建設進行了艱辛探索，對建設社會主義現代化國家在認識上不斷深入、在戰略上不斷成熟、在實踐上不斷豐富，加速了中國現代化發展進程，為全面建設社會主義現代化國家奠定了實踐基礎、理論基礎、制度基礎。

中國特色社會主義進入新時代，中國共產黨對全面建設社會主

義現代化國家的認識和把握進一步深化。習近平強調，我國現代化是
人口規模巨大的現代化，是全體人民共同富裕的現代化，是物質文明
和精神文明相協調的現代化，是人與自然和諧共生的現代化，是走和
平發展道路的現代化；強調，中國式現代化既切合中國實際，體現了
社會主義建設規律，也體現了人類社會發展規律；強調，我們堅持和
發展中國特色社會主義，推動物質文明、政治文明、精神文明、社會
文明、生態文明協調發展，創造了中國式現代化新道路，創造了人類
文明新形態。這些重要論述，闡明了中國式現代化的鮮明特徵和豐富
內涵，為不斷奪取全面建成社會主義現代化強國新勝利提供了根本
遵循。

　　到 2035 年，我國將基本實現社會主義現代化。到那時，我國經
濟實力、科技實力、綜合國力大幅躍升，經濟總量和城鄉居民人均收
入再邁上新的大台階，關鍵核心技術實現重大突破，進入創新型國家
前列；基本實現新型工業化、信息化、城鎮化、農業現代化，建成現
代化經濟體系；基本實現國家治理體系和治理能力現代化，人民平等
參與、平等發展權利得到充分保障，基本建成法治國家、法治政府、
法治社會；建成文化強國、教育強國、人才強國、體育強國、健康中
國，國民素質和社會文明程度達到新高度，國家文化軟實力顯著增
強；廣泛形成綠色生產生活方式，碳排放達峰後穩中有降，生態環境
根本好轉，美麗中國建設目標基本實現；形成對外開放新格局，參與
國際經濟合作和競爭新優勢明顯增強；人均國內生產總值達到中等發
達國家水平，中等收入群體顯著擴大，基本公共服務實現均等化，城
鄉區域發展差距和居民生活水平差距顯著縮小；平安中國建設達到

更高水平，基本實現國防和軍隊現代化；人民生活更加美好，人的全面發展、全體人民共同富裕取得更為明顯的實質性進展。

到本世紀中葉，我國要建成富強民主文明和諧美麗的社會主義現代化強國。到那時，我國物質文明、政治文明、精神文明、社會文明、生態文明將全面提升，實現國家治理體系和治理能力現代化，成為綜合國力和國際影響力領先的國家，全體人民共同富裕基本實現，我國人民將享有更加幸福安康的生活，中華民族將以更加昂揚的姿態屹立於世界民族之林。

隆重慶祝中國共產黨成立 100 週年

2021 年是中國共產黨成立 100 週年，中國共產黨舉行了隆重熱烈、莊嚴恢宏的慶祝活動。

在全黨開展黨史學習教育。2 月 15 日，中共中央印發《關於在全黨開展黨史學習教育的通知》，就黨史學習教育作出部署安排。2 月 20 日，黨史學習教育動員大會在北京召開，習近平出席會議並發表重要講話。講話指出，在全黨開展黨史學習教育，是黨中央立足黨的百年歷史新起點、統籌中華民族偉大復興戰略全局和世界百年未有之大變局、為動員全黨全國滿懷信心投身全面建設社會主義現代化國家而作出的重大決策。講話強調，全黨同志要做到學史明理、學史增信、學史崇德、學史力行，學黨史、悟思想、辦實事、開新局。隨後，各地區各部門認真貫徹落實黨中央決策部署，扎實深入有效開展黨史學習教育。這次黨史學習教育作為慶祝活動「重頭戲」貫穿2021 年全年。

　　6月18日，「『不忘初心、牢記使命』中國共產黨歷史展覽」開幕式在當天開館的中國共產黨歷史展覽館舉行。中國共產黨歷史展覽館於2018年9月10日開工建設、2021年5月5日竣工落成，是一座以中國共產黨黨史為主線、全景式展示中國共產黨矢志不渝奮鬥之路的永久性展館。18日下午，習近平到中國共產黨歷史展覽館參觀「『不忘初心、牢記使命』中國共產黨歷史展覽」，並帶領黨員領導同志重溫入黨誓詞。展覽第一次全方位、全過程、全景式、史詩般展現中國共產黨波瀾壯闊的百年歷程，濃墨重彩地反映黨的不懈奮鬥史、不怕犧牲史、理論探索史、為民造福史、自身建設史。

　　6月28日，慶祝中國共產黨成立100週年文藝演出《偉大征程》在北京國家體育場盛大舉行。演出以大型情景史詩形式呈現，綜合運用多種藝術手段，生動展現中國共產黨百年來帶領中國人民進行革命、建設、改革的壯美畫卷，熱情謳歌黨的十八大以來，在以習近平同志為核心的黨中央堅強領導下，中國特色社會主義進入新時代，昂首闊步邁向全面建設社會主義現代化國家的新征程。當天，全國「兩優一先」表彰大會在北京人民大會堂舉行。

　　6月29日，慶祝中國共產黨成立100週年「七一勳章」頒授儀式在北京人民大會堂隆重舉行。習近平向29位「七一勳章」獲得者頒授勳章並發表重要講話。講話指出，「七一勳章」獲得者都來自人民、植根人民，是立足本職、默默奉獻的平凡英雄，在他們身上生動體現了中國共產黨人堅定信念、踐行宗旨、拚搏奉獻、廉潔奉公的高尚品質和崇高精神，強調要大力宣傳「七一勳章」獲得者的感人事跡和崇高品德，在全黨全社會形成崇尚先進、見賢思齊的濃厚氛圍。

2021 年 7 月 1 日，習近平在慶祝中國共產黨成立 100 週年大會上發表重要講話

　　7 月 1 日上午，慶祝中國共產黨成立 100 週年大會在北京天安門廣場隆重舉行。各界代表 7 萬餘人以盛大儀式歡慶中國共產黨百年華誕。各民主黨派、工商聯和無黨派人士聯合致賀詞，向中國革命、建設、改革事業的堅強領導核心 —— 偉大的中國共產黨，致以最崇高敬意和最誠摯祝賀。共青團員和少先隊員代表集體致獻詞，向黨致以青春的禮讚，抒發「請黨放心、強國有我」的錚錚誓言。習近平在天安門城樓上發表重要講話。講話莊嚴宣告，經過全黨全國各族人民持續奮鬥，我們實現了第一個百年奮鬥目標，在中華大地上全面建成了小康社會，歷史性地解決了絕對貧困問題，正在意氣風發向着全面

建成社會主義現代化強國的第二個百年奮鬥目標邁進。講話系統回顧一百年來中國共產黨團結帶領中國人民開闢的偉大道路、創造的偉大事業、取得的偉大成就，深刻指出一百年來中國共產黨團結帶領中國人民進行的一切奮鬥、一切犧牲、一切創造，歸結起來就是一個主題：實現中華民族偉大復興。講話明確提出堅持真理、堅守理想，踐行初心、擔當使命，不怕犧牲、英勇鬥爭，對黨忠誠、不負人民的偉大建黨精神，強調這是中國共產黨的精神之源。講話圍繞以史為鑒、開創未來，鮮明提出「九個必須」的根本要求，強調在新的征程上必須堅持中國共產黨堅強領導，必須團結帶領中國人民不斷為美好生活而奮鬥，必須繼續推進馬克思主義中國化，必須堅持和發展中國特色社會主義，必須加快國防和軍隊現代化，必須不斷推動構建人類命運共同體，必須進行具有許多新的歷史特點的偉大鬥爭，必須加強中華兒女大團結，必須不斷推進黨的建設新的偉大工程。講話號召全體中國共產黨員，牢記初心使命，堅定理想信念，踐行黨的宗旨，永遠保持同人民群眾的血肉聯繫，始終同人民想在一起、幹在一起，風雨同舟、同甘共苦，繼續為實現人民對美好生活的嚮往不懈努力，努力為黨和人民爭取更大光榮！習近平的重要講話，是一篇馬克思主義綱領性文獻，是新時代中國共產黨人不忘初心、牢記使命的政治宣言，是中國共產黨團結帶領中國人民以史為鑒、開創未來的行動指南，為奮進新時代、走好新征程進一步指明了前進方向、提供了根本遵循。

　　中國共產黨成立 100 週年慶祝活動是中國特色社會主義大黨大國的重大典禮。慶祝活動盛大莊嚴、氣勢恢宏，禮序乾坤、樂和天地，

2021 年 7 月 1 日，慶祝中國共產黨成立 100 週年大會在北京天安門廣場隆重舉行

充滿儀式感、參與感、現代感，辦出了中國風格、中國氣派、中國風采，辦成了黨的盛典、人民的節日。慶祝活動充分彰顯了百年大黨的蓬勃朝氣、昂揚鬥志，極大增強了全國各族人民堅定不移聽黨話、矢志不渝跟黨走的決心和信心，極大激發了全黨全國各族人民為實現中華民族偉大復興而奮鬥的豪情壯志，起到了統一思想、凝聚力量、振奮人心、鼓舞士氣的作用。

　　實現中華民族偉大復興，是一場接力跑，要一棒一棒跑下去，每一代人都要為下一代人跑出一個好成績。一切早已開始，一切遠未結束。站在「兩個一百年」的歷史交匯點，全面建設社會主義現代化國家新征程勝利開啟。新征程上，不管亂雲飛渡、風吹浪打，我們黨始終秉持以人民為中心，永葆初心、牢記使命，以堅如磐石的信心、只爭朝夕的勁頭、堅韌不拔的毅力，一步一個腳印地把前無古人的偉大事業推向前進，創造讓世界刮目相看的新的更大奇跡。

結束語

　　1921 年中國共產黨的成立，是開天闢地的大事變，深刻改變了近代以後中華民族發展的方向和進程，深刻改變了中國人民和中華民族的前途和命運，深刻改變了世界發展的趨勢和格局。從此，苦難深重的中國人民開始掌握自己的命運，謀求民族獨立、人民解放和國家富強、人民幸福的鬥爭就有了主心骨、領路人。

　　中國共產黨一經誕生，就把實現共產主義作為黨的最高理想和最終目標，義無反顧肩負起為中國人民謀幸福、為中華民族謀復興的初心和使命。一百年來，中國共產黨團結帶領中國人民進行的一切奮鬥、一切犧牲、一切創造，歸結起來就是一個主題：實現中華民族偉大復興。

　　為了實現中華民族偉大復興，中國共產黨團結帶領中國人民，浴血奮戰、百折不撓，創造了新民主主義革命的偉大成就。我們經過北伐戰爭、土地革命戰爭、抗日戰爭、解放戰爭，以武裝的革命反對武裝的反革命，推翻帝國主義、封建主義、官僚資本主義三座大山，建立了人民當家作主的中華人民共和國，實現了民族獨立、人民解放。新民主主義革命的勝利，徹底結束了舊中國半殖民地半封建社會的歷史，徹底結束了舊中國一盤散沙的局面，徹底廢除了列強強加給中國的不平等條約和帝國主義在中國的一切特權，為實現中華民族偉大復興創造了根本社會條件。中國共產黨和中國人民以英勇頑強的奮鬥向

世界莊嚴宣告，中國人民站起來了，中華民族任人宰割、飽受欺凌的時代一去不復返了！

為了實現中華民族偉大復興，中國共產黨團結帶領中國人民，自力更生、發憤圖強，創造了社會主義革命和建設的偉大成就。我們進行社會主義革命，消滅在中國延續幾千年的封建剝削壓迫制度，確立社會主義基本制度，推進社會主義建設，戰勝帝國主義、霸權主義的顛覆破壞和武裝挑釁，實現了中華民族有史以來最為廣泛而深刻的社會變革，實現了一窮二白、人口眾多的東方大國大步邁進社會主義社會的偉大飛躍，為實現中華民族偉大復興奠定了根本政治前提和制度基礎。中國共產黨和中國人民以英勇頑強的奮鬥向世界莊嚴宣告，中國人民不但善於破壞一個舊世界、也善於建設一個新世界，只有社會主義才能救中國，只有社會主義才能發展中國！

為了實現中華民族偉大復興，中國共產黨團結帶領中國人民，解放思想、銳意進取，創造了改革開放和社會主義現代化建設的偉大成就。我們實現新中國成立以來黨的歷史上具有深遠意義的偉大轉折，確立黨在社會主義初級階段的基本路線，堅定不移推進改革開放，戰勝來自各方面的風險挑戰，開創、堅持、捍衛、發展中國特色社會主義，實現了從高度集中的計劃經濟體制到充滿活力的社會主義市場經濟體制、從封閉半封閉到全方位開放的歷史性轉變，實現了從生產力相對落後的狀況到經濟總量躍居世界第二的歷史性突破，實現了人民生活從溫飽不足到總體小康、奔向全面小康的歷史性跨越，為實現中華民族偉大復興提供了充滿新的活力的體制保證和快速發展的物質條件。中國共產黨和中國人民以英勇頑強的奮鬥向世界莊嚴宣告，改革

開放是決定當代中國前途命運的關鍵一招，中國大踏步趕上了時代！

為了實現中華民族偉大復興，中國共產黨團結帶領中國人民，自信自強、守正創新，統攬偉大鬥爭、偉大工程、偉大事業、偉大夢想，創造了新時代中國特色社會主義偉大成就。黨的十八大以來，中國特色社會主義進入新時代，我們堅持和加強黨的全面領導，統籌推進「五位一體」總體佈局、協調推進「四個全面」戰略佈局，堅持和完善中國特色社會主義制度、推進國家治理體系和治理能力現代化，堅持依規治黨、形成比較完善的黨內法規體系，戰勝一系列重大風險挑戰，實現第一個百年奮鬥目標，明確實現第二個百年奮鬥目標的戰略安排，黨和國家事業取得歷史性成就、發生歷史性變革，為實現中華民族偉大復興提供了更為完善的制度保證、更為堅實的物質基礎、更為主動的精神力量。中國共產黨和中國人民以英勇頑強的奮鬥向世界莊嚴宣告，中華民族迎來從站起來、富起來到強起來的偉大飛躍，實現中華民族偉大復興進入了不可逆轉的歷史進程！

一百年來，中國共產黨團結帶領中國人民，以「為有犧牲多壯志，敢教日月換新天」的大無畏氣概，書寫了中華民族幾千年歷史上最恢宏的史詩。這一百年來開闢的偉大道路、創造的偉大事業、取得的偉大成就，必將載入中華民族發展史冊、人類文明發展史冊！

一百年前，中國共產黨成立時只有 50 多名黨員，今天已經成為擁有 9500 多萬名黨員、領導着 14 億多人口大國、具有重大全球影響力的世界第一大執政黨。

一百年前，中華民族呈現在世界面前的是一派衰敗凋零的景象。今天，中華民族向世界展現的是一派欣欣向榮的氣象，正以不可阻擋

的步伐邁向偉大復興。

　　過去一百年，中國共產黨向人民、向歷史交出了一份優異的答卷。現在，中國共產黨團結帶領中國人民又踏上了實現第二個百年奮鬥目標新的趕考之路。

　　中國共產黨立志於中華民族千秋偉業，百年恰是風華正茂！回首過去，我們無比自豪；展望未來，我們滿懷信心。在新的征程上，全黨全國各族人民要緊密團結在以習近平同志為核心的黨中央周圍，堅持以習近平新時代中國特色社會主義思想為指導，高舉中國特色社會主義偉大旗幟，不忘初心、牢記使命，以史為鑒、開創未來，為全面建成社會主義現代化強國、實現中華民族偉大復興的中國夢不懈奮鬥！

責任編輯	楊克惠
書籍設計	吳冠曼
責任校對	江蓉甬
排版印務	馮政光

書　　名	中國共產黨簡史
作　　者	《中國共產黨簡史》編寫組
出　　版	香港中和出版有限公司 Hong Kong Open Page Publishing Co., Ltd. 香港北角英皇道 499 號北角工業大廈 18 樓 http://www.hkopenpage.com http://www.facebook.com/hkopenpage http://weibo.com/hkopenpage Email: info@hkopenpage.com
香港發行	香港聯合書刊物流有限公司 香港新界荃灣德士古道 220-248 號荃灣工業中心 16 樓
印　　刷	中華商務彩色印刷有限公司 香港新界大埔汀麗路 36 號中華商務印刷大廈
版　　次	2021 年 11 月香港第 1 版第 1 次印刷
規　　格	16 開（170mm×240mm）552 面
國際書號	ISBN 978-988-8763-39-9（平裝） 　　　978-988-8763-62-7（精裝）